健康中国2030·专科护理健康教育系

心胸外科护理健康教育

主　编　李　梅　刘　莉　余　艳

副主编　杨　梅　孙　红　梁爱琼　吴秋慧

编　者　（按姓氏汉语拼音排序）

董　文（南方医科大学南方医院）
杜　娜（四川大学华西医院）
宫玉翠（广州医科大学附属第一医院）
李　梅（南方医科大学南方医院）
李俊璞（广州总医院）
利翠莲（南方医科大学第五附属医院）
梁爱琼（广州总医院）
林少燕（南方医科大学南方医院）
刘　莉（中山大学附属肿瘤医院）
刘婵媛（中山市陈星海医院）
孙　红（中山市陈星海医院）
吴秋慧（南方医科大学南方医院）
谢凤姣（南方医科大学第三附属医院）
谢文鸿（南方医科大学南方医院《护理学报》编辑部）
徐红秀（广州总医院）
杨　靓（广州总医院）
杨　梅（四川大学华西医院）
余　艳（南方医科大学珠江医院）
曾　凯（南方医科大学护理学院）
朱以芳（空军军医大学唐都医院）

科学出版社

北　京

内 容 简 介

本书为专科护理健康教育系列丛书之一，主要内容包括胸外科和心脏大血管外科的多种常见疾病，涵盖较多方面的专业知识。本书分两篇，共四十三章。第一篇胸外科疾病部分，介绍了胸外科常见疾病基本概念、病因、病理、临床表现、辅助检查、治疗原则、护理要点、饮食、康复、出院指导和预防保健等。第二篇心脏大血管疾病部分，涉及的内容有疾病健康教育指导、危重症护理要点、常见并发症监护流程及要点等。将学科的发展与临床实际相结合，采用问答形式进行了简明扼要的阐述，使临床第一线护理人员能够更好地掌握有关心胸外科疾病护理相关知识，便于护理人员更加专业地实施护理工作，给患者及其家属提供全面的健康教育指导。

图书在版编目（CIP）数据

心胸外科护理健康教育 / 李梅，刘莉，余艳主编. —北京：科学出版社，2018.7

（健康中国 2030 · 专科护理健康教育系列丛书）

ISBN 978-7-03-057900-3

Ⅰ. ①心… Ⅱ. ①李… ②刘… ③余… Ⅲ. ①心脏外科学–护理学–健康教育 ②胸腔外科学–护理学–健康教育 Ⅳ. ①R473.6

中国版本图书馆 CIP 数据核字（2018）第 127851 号

责任编辑：王锞韫　胡治国 / 责任校对：郭瑞芝

责任印制：徐晓晨 / 封面设计：陈　敬

科学出版社 出版

北京东黄城根北街 16 号

邮政编码：100717

http://www.sciencep.com

北京科印技术咨询服务有限公司数码印刷分部印刷

科学出版社发行　各地新华书店经销

*

2018 年 7 月第　一　版　　开本：787×1092　1/16

2025 年 3 月第五次印刷　　印张：13 1/2

字数：380 000

定价：98.00 元

（如有印装质量问题，我社负责调换）

健康中国2030·专科护理健康教育系列丛书

丛书编委会

主　编　周宏珍　张广清

副主编　王莉慧　覃惠英　陈佩娟

编　者　（按姓氏汉语拼音排序）

陈佩娟　邓瑛瑛　古成播
何景萍　何利君　黄　莉
李海兰　缪景霞　覃惠英
申海燕　屠　燕　王莉慧
王　颖　谢婉花　姚　琳
张广清　张　军　张晓梅
赵志荣　甄　莉　周宏珍
周　霞

丛书前言

随着社会的进步，生活水平和文化生活的不断提高，人们对疾病护理和健康知识的需求越来越高，给护理工作提出了新的要求。同时，随着医学模式由生物学向生物-心理-社会医学的转变，护理模式也由单纯的疾病护理向以患者为中心的整体护理转变。健康教育则是整体护理中的一个重要环节，护士在健康服务体系中不仅仅是一个照护者、治疗者，而且是健康的维护者、教育者。它要求护士不仅为患者提供适当的治疗和护理，还要针对不同的患者、不同的人群开展相关疾病的健康教育，以提高患者的自控行为能力，减轻或消除患者的心理负担，促进疾病的治疗和康复。不仅有利于提高患者对医护人员的信任感，同时有利于增强患者的自我保健意识，防止疾病的复发，而且对患者在住院期间的不同阶段也会产生不同的促进作用。

目前我国护理队伍普遍存在学历偏低、年轻化、经验不足、资源分配不均等特点，如何帮助这支年轻的护理队伍在短时间内掌握疾病的基础知识及新技术的护理要点，使临床护理人员更加专业、全面地给患者或家属提供专业个性的指导成为当务之急。正是在这样的背景下，科学出版社及时组织临床护理专家出版了“健康中国 2030·专科护理健康教育系列丛书”，该系列丛书的出版对于推进我国当前护理工作的开展具有现实意义。第一辑共有20个分册，各分册间相互独立又彼此关联，涵盖了内科、外科、妇科、产科、儿科等多个学科。归纳起来，本系列丛书具有以下特色。

1. 内容丰富、涵盖面广。

2. 注重讲解各专科疾病的基本概念、发病病因、临床表现、相关检查、治疗原则、护理要点、预防保健等，对于各专科患者关心的运动、心理、社会、日常保健、调养、康复等相关的健康教育，以及大众所关心的热点问题、难点问题、常见的认识误区、容易混淆的概念做了明确的解答。

3. 全书采用问答形式，便于查阅。

4. 编写队伍由活跃在临床一线的经验丰富的护理业务骨干组成，具有较高水准，对于实际工作的指导性很强。

我们真诚地希望护理同仁们通过阅读本丛书，能提高自己的专业知识和自身素质，在实践中为患者提供优质、安全、贴心的护理。

本系列丛书的编写，我们力求准确全面，但由于水平有限，不足之处在所难免，我们真诚地希望广大读者和护理同仁批评指正，以便我们今后不断修正。

周宏珍

2017年6月

前　言

呼吸系统和血液循环系统关乎着机体组织、脏器的氧供和血供，影响机体的生活质量甚至生命，并与各种医学学科存有专业交叉。随着医学知识及技术的纵向发展，临床专业分科逐渐细化，带动护理学科亚专业化，以促进护理专业和医疗学科的有效融合，为患者提供专业化、个性化的整体护理。然而，护理专业的细化也导致非心胸外科护理人员对胸部疾病知识、疾病护理及健康宣教等内容较为生疏。为给临床护理人员提供标准的心胸外科疾病知识和健康教育，帮助护理同仁在短时间内获得所需知识，特集合国内知名心胸外科护理专家编纂此书。

本书是“健康中国 2030·专科护理健康教育系列丛书”的重要组成部分。本书知识理论系统而全面，密切结合临床护理实践，不仅包含了国内常见心胸外科疾病，如食管癌、肺癌、肺结核、肋骨骨折、冠状动脉粥样硬化性心脏病、心脏瓣膜病等相关知识，还囊括了三尖瓣下移、主动脉窦瘤、单心室等在我国并不常见的病种，覆盖了疾病的发生发展、病理机制、专业护理及健康教育等知识内容，为心胸外科专业护士提供了系统完善的专业学习教材，也为其他专业护士护理存有交叉心肺脏器疾病的临床工作提供指引。

本书的编纂完成离不开国内各三级甲等医院心胸外科护理专家的支持与配合。但由于是首次编写我国心胸外科疾病护理健康教育，编写存在一定的难度，内容如果存有不足之处，欢迎各位同仁不吝赐教，提出宝贵意见，使我们不断改进。

编　者

2017 年 12 月

目　　录

第一篇　胸外科疾病护理健康教育

第二篇　心脏大血管疾病护理健康教育

第一篇　胸外科疾病护理健康教育

第一章　食　管　癌

一、食管癌的病因主要有哪些?

食管肿瘤与其他肿瘤一样，目前病因和发病机制尚不明确。目前认为主要与以下因素有关。

1. 亚硝胺类化合物　这类化合物及其前体分布很广，可在体内、外形成，致癌性强。在高发区的膳食、饮水、酸菜，甚至患者的唾液中，亚硝酸盐含量均比低发区高。

2. 真菌与亚硝胺有促癌的协同作用　在某些高发区的粮食中，食管癌患者的上消化道中或切除的食管癌标本上，均能分离出多种真菌，其中某些真菌有致癌作用。有些真菌能促使亚硝胺及其前体的形成，更促进癌肿的发生。

3. 微量元素、维生素缺乏　钼、铁、锌、氟、硒等在粮食、蔬菜、饮水中含量偏低。缺乏维生素 A、维生素 B_2、维生素 C，以及动物蛋白、新鲜蔬菜、水果摄入不足，是食管癌高发的一个共同特点。

4. 饮食习惯　长期饮烈性酒、嗜好吸烟，食物过硬、过热，进食过快，引起慢性刺激、炎症、创伤或口腔不洁、龋齿等均可能与食管癌的发生有关。

5. 遗传易感性

6. 食管慢性炎症

二、食管癌的临床表现是什么?

1. 早期　早期食管癌可以无症状。当食管管腔狭窄<14mm 时，最常见症状是吞咽困难（难于吞下或食物沿食管下行时出现梗阻感、异物感），患者首先出现的是对固体食物的吞咽困难，大口进食时有哽噎感，以后是半固体食物，最后是对液体食物和唾液的吞咽困难。这些阶段的进展提示有进行性的恶性病程而非痉挛、良性或消化性狭窄。吞咽时食管内有疼痛，如胸骨后闷胀隐痛不适、反酸，胸痛经常放射至背部。

2. 中期　进行性吞咽困难；进食后呕吐；胸背疼痛；体重减轻。

3. 晚期　进食水困难；恶病质；胸腔积液；腹水。晚期肿瘤常可转移至肺和肝脏，甚至可远处转移，如骨、心脏、脑、肾上腺、肾脏、腹膜。

4. 其他症状　压迫喉返神经可以导致声带麻痹和声音嘶哑；压迫交感神经可以产生霍纳综合征；压迫其他部位的神经也可以产生脊柱疼痛、呃逆、横膈麻痹；恶性胸膜渗出和肺部转移可以产生呼吸困难；向腔内发展的肿瘤可以产生吞咽疼痛、呕吐、呕血、黑粪、缺铁性贫血、咳嗽、肺脓肿、肺炎，还有上腔静脉综合征、恶性腹水和骨疼痛。

三、食管癌的辅助检查有哪些?

1. 食管钡剂 X 线检查　可以在做胃镜前进行，它显示肿瘤部位情况，以减少内镜插入不慎而引起穿孔或损伤的危险。还可以显示肿瘤的阻塞程度，了解咳嗽和吞咽困难是否是由阻塞导致或食物和唾液反流入气管或气管食管瘘所引起。

2. 胃镜　可进行诊断性活检和细胞学检查，并可测定肿瘤大小和确定肿瘤部位（与环咽和膈的关系）；也可以在内镜下扩张食管以维持食管内腔的口径或闭合气管食管瘘。

3. 超声内镜　是一种更新的技术，它可以详细测量肿瘤在壁内（食管壁内）扩展范围和附近淋巴结受累情况。

4. CT 或 MRI 确定有无脑部、肺部等处转移。了解淋巴结肿大，远处脏器转移而有助于分期和恶性液体收集（胸腔渗液和腹水），并有助于确定手术的可能性，放疗范围定位和预后。

5. 食管细胞学检查

四、食管癌的病理分型有哪些？

食管癌发生于食管上皮层基底细胞，高发区（如中国）以鳞状细胞癌为主，占 80%以上；非高发区（如美国和欧洲）的腺癌已超过鳞状细胞癌，占 50%以上。

1. 按形态学分型 早期分为隐伏型、糜烂性、斑块型、乳头型。中晚期分为髓质型、溃疡型、蕈伞型、缩窄型、腔内型。

2. 按组织学分型 分为鳞状细胞癌、腺癌。

五、食管癌的治疗方法有哪些？

1. 手术治疗

（1）根治性手术：食管癌切除，食管、胃吻合，淋巴结清扫。

（2）姑息性手术：空肠造瘘或胃造瘘。其他一些姑息性措施包括扩张术、管道修复术（Stent 固定膜）和管腔内肿瘤的激光凝固法。

2. 化疗 采用化疗与手术治疗相结合或与放疗、中医中药相结合的综合治疗，有时可提高疗效，或使食管癌患者症状缓解，存活期延长。但要定期检查血常规和肝肾功能，并注意药物反应。

3. 放疗

（1）放射和手术综合治疗：可增加手术切除率，也能提高远期生存率。放疗后，休息 3～4 周再做手术较为合适。对术中切除不完全的残留癌组织处做金属标记，一般在术后 3～6 周开始术后放疗。

（2）单纯放射疗法：多用于颈段、胸上段食管癌。这类患者的手术常常难度大，并发症多，疗效不满意；也可用于有手术禁忌证而病变时间不长、患者尚可耐受放疗者。

六、食管癌患者术前的饮食指导有哪些？

1. 根据情况给予高蛋白、高热量、高维生素、低脂、易消化、少渣软食、半流食或流质饮食。

2. 禁食含人参、西洋参类活血的食品。

3. 不能进食者，须经静脉进行营养支持或提供肠内、肠外营养。

七、食管癌术前要进行哪些胃肠道准备？

术前 3 天进少渣饮食，术前 1 天进流质饮食，术前 8 小时禁食、4～6 小时禁饮，以防止在麻醉过程中发生呕吐、误吸而引起吸入性肺炎、窒息等意外。术前 1 天晚需清洁灌肠或口服全肠道灌洗的药物，目的是防止术后长期卧床而腹胀。

1. 出现梗阻和炎症者，术前 3 天分次口服抗菌药物可起到局部抗感染作用。

2. 对进食后有滞留或反流者，术前给予抗菌药物经鼻胃管冲洗，可减轻局部充血水肿，防止吻合口瘘。

3. 拟行结肠代食管术的患者，术前 3～5 天口服抗生素，术前开始清洁灌肠。

八、食管癌术前备皮的范围有哪些？

1. 左侧切口 左侧的前胸正中线至后脊柱线，包括腋下，上从锁骨水平线至剑突下。

2. 食管三切口 左颈部（头发剃至耳上一横指）、前胸左腋后线至右腋后线，双侧腋下，腹部（包括脐孔、会阴部），大腿上 1/3。

九、胃肠减压管的观察与护理有哪些？

1. 保持胃肠减压管的通畅。定时挤捏管道，使之保持通畅，保持有效负压。患者胃管不通时，必要时可用 30～50ml 生理盐水冲洗并及时回抽，避免胃扩张，增加吻合口张力而并发吻合口瘘。

2. 妥善固定胃肠减压管，胶布注意正确粘贴，按需要更换固定胃管的胶布，确保牢固。每班检查胃肠减压管安置的刻度，保持胃管引流通畅。胃管妥善固定，并告知胃管的重要性，切勿自行拔除。翻身时要防止胃管拉出，若胃管不慎脱出，不应盲目插入，以免戳穿吻合口。

3. 严密观察胃液颜色、量及性状，做好记录，若引流液为褐红色，且量多，则应注意是否有胃部出血，立即报告医师处理。同时观察引流量是否逐天减少，若减少不明显，则应警惕是否有胃瘫。

4. 观察安置胃管处鼻黏膜情况，调整胃管角度，避免鼻黏膜受压坏死。

5. 保持半卧位，防止胃液反流至食管。不可下咽唾液，以免感染造成吻合口瘘。

6. 术后待肛门排气、引流量减少后试夹胃管，如无腹胀，可拔除胃管。

十、胃肠营养管的观察与护理有哪些？

1. 妥善固定胃肠营养管，胶布注意正确粘贴，按需要更换固定营养管的胶布，每班检查营养管安置的刻度，确保牢固。

2. 鼻饲前先用温水冲洗营养管，确保通畅后开始鼻饲，鼻饲后再次用温水冲洗管道。

3. 营养液使用胃肠营养泵控制输注速度，先从每小时 30～60ml 开始，逐渐增加至每小时 100～120ml，如有腹胀等不适，随时调整输注速度。每 4 小时用温开水冲管一次，每次输注后或给予研碎药物后及因某种原因停止输注后，均需要用温开水冲洗，每次冲洗的量至少为 40ml。

4. 管饲过程中，使用加热器控制温度在 36～40℃，以防温度过低造成腹泻。床头抬高 30°～40°或半卧位，以免呛咳、呕吐，注完后嘱患者维持 30 分钟或 1 小时，防止因体位过低，食物逆流而发生误吸。注意保持营养管外端及接头的清洁，并检查鼻腔黏膜有无因长时间管道压迫发生溃烂。如发现营养管不通，应查找原因，并注入少量温开水冲洗，确为堵塞不通，需及时通知医师处理。

十一、食管癌术后应如何观察及预防鼻腔的压疮？

1. 近年来，器械性压疮越来越受到关注，食管癌术后患者，长期留置胃管/胃肠营养管的患者，鼻部皮肤常出现红肿、皮疹、脱皮、水疱、溃疡、坏死等情况，且以鼻翼和鼻尖多见，增加了患者皮肤不适、疼痛和感染的机会，最后留下瘢痕，影响患者形象，不仅给患者带来痛苦，还给医护人员增加治疗、护理难度。

2. 术后应及时应用 Braden 评分量表对患者进行压疮风险评估，对于高危患者重点观察，加强巡视，做好交接班，如有皮肤潮红甚至皮肤破损情况发生，及时擦去患者面部的汗液及鼻部分泌物，更换潮湿鼻贴，保持鼻腔、鼻部皮肤及鼻贴的清洁干燥，将鼻部压疮发生率降至最低。

3. 由于食管癌患者术前进食困难，术后长时间禁食，极易导致患者鼻翼及脸部的油脂和汗液分泌增多，加之鼻腔分泌物造成的潮湿环境，在一定程度上增加了鼻部压疮的发生风险。因此可选用黏性大的 3M 胶布进行固定，在交叉固定胃管时，不紧贴鼻孔缠绕胶布，而是距离鼻尖 0.2～0.3 cm 再缠绕胶布于鼻胃管上，避免胃管壁与鼻黏膜过于紧密接触而易致鼻腔压疮的发生。

4. 除改进鼻导管固定方法外，使用新型敷料也是目前常见的预防措施。有研究表明应用水胶体敷料比应用其他敷料更具优势，防压疮效果明显、应用更简单且更具有成本效益性。水胶体敷料可作为一个人工皮肤屏障，有效缓解胶布固定鼻导管，提高了鼻导管固定的有效性，降低更换频率，减轻患者痛苦，减少撕脱时造成的再次机械性损伤所引起的疼痛和皮肤损伤，对患者皮肤完整性起到保护作用。

5. 规范胃管/胃肠营养肠管的护理流程、固定手法、粘贴部位，做好正确的牵引，保护危险区域皮肤，以及保持局部皮肤清洁等，对于降低胃管/胃肠营养肠管相关性鼻部皮肤损伤的发生率具有积极意义。

6. 食管癌术后患者需根据情况经静脉给予白蛋白、脂肪乳和氨基酸等高营养液，经口或鼻肠管给予高热量、高蛋白和高维生素饮食，维持正氮平衡，可以预防压迫性损伤。

十二、食管癌术后早期营养支持治疗的时机及意义？

1. 研究表明，小肠的蠕动和吸收功能在术后 6 小时就能得到有效恢复，可以接受肠内营养。

2. 长期禁食对小肠的功能损伤较大，破坏肠道正常菌群，不利于患者远期营养状态及免疫功能的恢复。早期肠内营养有助于维持肠道正常菌群，有利于小肠吸收功能的恢复，能够促进患者对营养的吸收，对改善患者营养对状态和免疫功能效果显著，肠内营养并发症显著降低。

3. 早期肠内营养支持有助于改善患者营养及免疫状态，促进胃肠道功能恢复，且不增加并发症的发生率，护理干预有助于提高营养支持的临床效果。如将肠内营养液温度调节到适于人体的温度，能减少对胃肠道的刺激；根据引流液的量调节输注速度，能保证患者的最佳耐受情况。另外，帮助及鼓励患者早期下床运动也能促进胃肠蠕动，减少腹胀等不适。

十三、食管癌手术后伤口疼痛，该怎么办？

术后疼痛是人体对手术伤害刺激后的一种反应，它所引起的病理生理改变能影响术后恢复，导致呼吸系统、泌尿系统及心血管系统的并发症，因此，要做好患者的心理护理。

1. 患者术前进行疾病知识讲解，使患者对疾病可能出现的疼痛有了全面了解，从而提高了患者疼痛阈值。

2. 进行心理护理，保持良好的心态对于患者康复及疼痛耐受是必不可少的，而早期疼痛护理恰恰是针对患者即将出现的心理问题及生理问题进行预防，从而获得较为满意的效果。

3. 对患者进行疼痛程度的评估。

4. 患者胸壁切口范围大，加上进行呼吸功能锻炼时疼痛会加重，因此咳嗽时可用双手或枕头扶住伤口位置，减轻疼痛。

5. 告知患者可采用转移注意力的方法缓解疼痛，如听音乐、看电视等。

6. 告知患者使用镇痛泵持续镇痛的目的、意义及方法。

7. 遵医嘱按时应用止痛药物。

十四、食管癌手术后饮食的注意事项是什么？

1. 胃肠减压期间，需禁食禁饮。

2. 禁食期间需进行肠内或肠外营养。

3. 胃管拔除后，若无呼吸困难、胸部剧痛、患侧呼吸音减弱及高热等吻合口瘘的症状时，可开始进食。先开始试饮水，术后 5～7 天给全清流质，每次待第一口食物进入胃内后再进第二口，以免增加吻合口张力，如无不适，进食量可逐渐增加，2 周后可进半流质饮食，4 周后进软食。

4. 应注意少量多餐，细嚼慢咽，进食量不宜过多，速度不宜过快。避免进食生、冷、硬的食物（包括质硬的药片和带刺的鱼肉类、花生、豆类等），以免导致后期的吻合口瘘。

5. 避免睡前、躺着进食，进食后务必慢走，或端坐半小时，裤带不宜系得太紧，进食后避免有低头弯腰的动作，防止反流。睡觉时可把床头摇高，防止反流。

6. 进食后注意有无胸闷、心慌、发热等现象，若有上述情况应立即停止进食并通知医师，警惕吻合口瘘的发生。

十五、食管癌手术后并发症的观察与护理有哪些？

1. 吻合口瘘 是食管肿瘤手术后最严重的并发症，也是造成术后死亡的主要原因之一，大多发生在术后 5～10 天，注意观察有无吻合口瘘的临床表现，即发热、呼吸困难、胸腔积液和全身中毒症状，如高热、寒战，甚至休克等。颈部吻合术后 2 天内限制头部制动，以减少颈部牵拉；颈部伤口必须充分引流，及时冲洗，更换敷料，保持伤口清洁。出现吻合口瘘应积极处理：禁食禁水，胸腔闭式引流，胃肠减压，抗感染及营养支持，如需再次手术者，积极完善各项术前准备。

2. 乳糜胸 表现为胸腔闭式引流管引出淡血性或淡黄色液体，量较多，乳糜液大量积聚在胸腔内，可压迫肺及纵隔并使之向健侧移位。应积极处理：密切观察患者有无胸闷、气急、心悸，甚至血压下降。放置胸腔闭式引流管，及时引流胸腔内乳糜液，促使肺的膨胀。停止管饲，进行肠外营养治疗，进食者停止进食或进素食，如保守治疗无效者应及时进行再次手术。

3. 出血 表现为胃管持续有新鲜血液流出，2小时内引出鲜红色血液大于100ml或24小时大于500ml；胸腔闭式引流量大于200ml、连续3小时，血红蛋白进行性下降。患者主要表现为口渴、心悸、呼吸困难、血压下降、心率增快、面色口唇苍白。患者出现大出血时应积极进行保守治疗，遵医嘱应用止血药物。如果保守治疗无效时应及时进行再次手术。

4. 吻合口狭窄 主要表现为进食普食时吞咽困难，只能进食半流质或流质饮食。处理：术后21天后进普食，同时强调进食馒头餐3～6个月。必要时，进行食管扩张术。

5. 食管气管瘘 主要表现为进食、进饮后呛咳，刺激性、体位性咳嗽，咳痰，胸膜腔感染，胸膜腔积液。处理：禁食、禁饮，胸腔闭式引流，控制胸腔感染，加强营养支持治疗，必要时再次手术或安置支架。

十六、食管癌手术后预防下肢深静脉血栓形成的措施有哪些？

1. 术前护理评估 术前要了解患者的全身情况，完善各项实验室检查，对易引起下肢深静脉血栓的高危人群（长期卧床、肥胖、高龄、下肢外伤史、合并心脑血管疾病、糖尿病等）进行评估，有助于及时了解病情变化，做好术前宣教。同时做好心理护理，使得患者消除恐惧，积极配合，预防术后发生下肢深静脉血栓。嘱患者禁烟，以防烟中尼古丁刺激引起静脉收缩，影响血液循环。

2. 术后早期活动 开胸术后的患者由于留置的各类管道多，加之伤口疼痛，所以患者往往不愿意主动活动。要向患者解释早期活动的重要性，给予心理疏导，生命体征平稳后取半卧位，尤其是下肢深静脉血栓形成高危人群，要抬高双下肢 20°～30°，以促进血液回流。并指导从术后1天开始做深呼吸、有效咳嗽、被动活动四肢、下肢抬高等训练，应鼓励并督促患者在床上主动屈伸下肢做跖屈和背屈运动、内外翻运动、足踝的环转运动，减少静脉血瘀滞，有助于预防下肢深静脉血栓形成；术后第2天或第3天，可床上坐起主动活动四肢；术后第4天或第5天，床边站立5分钟，每天3次；术后第6天或7天，下床扶床活动，每天2次，循序渐进，逐渐增加活动量。

3. 保暖 开胸手术的患者，由于手术暴露时间长，术后可能出现体温不升现象，应给予适当保暖，可改善局部血流，切忌直接给予热敷或冷敷下肢，以防肢体耗氧量增加或组织缺氧，影响肢体血液循环。

4. 病情观察 开胸手术的患者手术创伤大，而且术前紧张、焦虑、术中麻醉的影响，下肢深静脉血栓形成的高危人群，故术后应持续心电监护，密切观察患者意识、瞳孔、生命体征、四肢活动度、桡动脉、足背动脉搏动情况及末梢皮肤温度、色泽，并注意凝血酶原时间、红细胞比容变化，胸部伤口有无渗血等情况。熟练掌握栓塞发生的症状和体征，重视患者主诉，及时发现异常症状，及时采取措施。

十七、食管癌手术后患者出现下肢深静脉血栓，应如何观察与护理？

1. 心理支持 一旦确诊为下肢深静脉血栓形成，患者常表现为精神紧张、烦躁不安，加上患肢疼痛难忍及手术创伤尚未恢复，此时的心理护理尤为重要。要对患者和家属交代目前的病情和将采取的治疗方法，告知患者需卧床休息1～2周，以减轻局部疼痛，促使炎症反应消退。在此期间，应避免用力排便以防血栓脱落导致肺栓塞。充分告知以获得患者和家属的配合，从而减轻患者的不安，帮助患者建立战胜疾病的信心。

2. 加强护理 协助患者抬高患肢至高于心脏水平20～30cm，膝关节稍屈曲，以促进静脉回流，减轻静脉内压力，利于消肿，停止患肢按摩与功能锻炼，禁止在患肢行静脉穿刺，同时加强对健肢的锻炼，以防止继续发生静脉栓塞。必要时穿弹力袜适度地压迫浅静脉，以增加静脉回流量，并嘱患者多做深呼吸及咳嗽动作。

3. 药物治疗 遵医嘱使用抗凝治疗，一般应用低分子肝素 0.6ml 皮下注射；口服阿司匹林50 mg，同时每天询问患者下肢疼痛、肿胀情况；测量下肢周径变化，并观察皮肤颜色，监测凝血酶原时间（PT）、凝血活酶时间（APTT）、纤维蛋白原和D-二聚体、血小板计数等。用药期间注意观察有无出血倾向等症状和体征。

4. 健康指导 给予低盐、低脂、富含维生素、高蛋白食物，每天饮水＞2000ml，保持大便通畅，尽量避免因排便困难引起腹内压增高，影响下肢静脉回流。要求患者严格戒烟，防止烟碱使血管收缩，从而增加血液黏稠度。同时，应告知患者注意防止寒冻、潮湿、劳累及下肢外伤。

5. 并发症的预防 肺栓塞最多见的栓子来自下肢静脉，约占 95%。嘱患者治疗期间绝对卧床休息，床上活动不可动作过大，患肢不可过度屈曲，不要对患肢施加压力、按摩、静脉注射药物，以防血栓脱落造成肺动脉栓塞。保持大便畅通，指导患者做深呼吸及有效咳嗽。若患者出现烦躁、呼吸频率加快、发绀、胸痛等，要考虑肺栓塞，应立即报告医师，同时给予平卧、吸氧，呼吸窘迫者给予气管插管，开放静脉通路，维持血压。

十八、食管癌手术后的出院指导包括哪些？

1. 指导患者改变不良的饮食习惯，避免进食过热、过硬、刺激性的食物，避免进食过快、过量。饮食要以流质、半流质为主，逐渐过渡到软食，选用易消化、易咽下的高蛋白、高维生素类食物，多食新鲜的蔬菜和水果。患者餐后取半卧位，以防止进食后反流、呕吐。

2. 注意休息，并注意天气变化，及时添加衣服，预防感冒。

3. 避免疲劳、重体力活动，一般不做上半身剧烈活动，也不要将头过于后屈或回旋。

4. 实施结肠代食管的患者，因结肠段逆行蠕动，口腔常留粪味，告知患者无须着急，通常半年后可获改善。

5. 告知患者戒烟酒，加强呼吸功能锻炼。每天定时开门、窗，通风换气可保持病室内空气新鲜，通风时注意预防感冒。

6. 每周称一次体重，保持体重逐渐上升。

7. 保持大便通畅，多食粗纤维饮食，必要时给予缓泻剂。

8. 嘱患者遵医嘱用药，坚持治疗，定期复查，第一年每 3 个月复查一次，第二年每 6 个月复查一次，以后每年复查一次，如出现进食后异常不适如恶心、呕吐、呕血、黑便或出现胸痛、咳嗽、气促、乏力、进行性消瘦者，及时就诊。

（刘　莉）

第二章　食管良性肿瘤

一、食管良性肿瘤的类型有哪些？

按其组织发生来源可分为腔内型、黏膜下型及壁内型。

1. 腔内型　包括息肉及乳头状瘤。

2. 黏膜下型　包括血管瘤及颗粒细胞成肌细胞瘤。

3. 壁内型　肿瘤发生于食管肌层，最常见的是食管平滑肌瘤，约占食管良性肿瘤的 3/4。

二、食管良性肿瘤患者的临床表现是什么？

食管良性肿瘤患者的症状和体征主要取决于肿瘤的解剖部位和体积大小。较大的肿瘤可以不同程度地堵塞食管腔，出现咽下困难、呕吐和消瘦等症状。

1. 食管息肉　其临床症状与息肉大小、息肉带蒂有关。息肉巨大或有炎症时，可致咽下困难和不同程度的上腹部或胸骨后疼痛，亦可因黏膜表面糜烂而出血；巨大息肉可压迫气管引起呼吸困难；息肉带长者可以吐出，吐出的息肉有时堵塞喉部，可引起窒息。

2. 食管囊肿　可分为先天性和后天性两类。后者系食管壁腺管闭锁所致的潴留性囊肿。前者较多见，可为单发或多发，囊内含有黏稠性液体，有时呈血性。其症状与囊肿大小、对周围压迫的程度和有无继发感染而异，如囊肿很小，且无感染者，可无症状；囊肿巨大，压迫周围器官或与食管或支气管相通者，则可出现气促、咳嗽、胸痛和咽下困难等症状。

3. 食管血管瘤　常见于食管中段，局部黏膜呈蕈状隆起或为分叶状，呈鲜红或紫红色。本病常见的症状为呕血及黑粪，也可有咽下困难。

4. 食管乳头状瘤　是一种无蒂的良性肿瘤，从黏膜固有层向腔内突入，乳头中央为纤维血管组成的中心柱，表面覆盖增生的鳞状上皮。本病瘤体可呈疣状、结节状、菜花状及弥漫浸润状。瘤体小者可无症状，肿瘤较大时则出现咽下困难、疼痛及对周围器官的压迫症状。

三、食管平滑肌瘤的临床表现是什么？

食管平滑肌瘤常见于 20～60 岁的患者，病变以食管中下段常见，上段较少。肿瘤多为单发，一般 2～5cm，少数可达 10cm 以上。食管平滑肌瘤的临床表现为以下几点。

1. 吞咽困难　是最常见的临床症状，其发展缓慢，呈间歇性，多不严重，有别于食管恶性肿瘤引起的进行性吞咽困难。

2. 疼痛或不适　表现为各种各样的胸骨后、剑突下或上腹部的疼痛或不适，包括上腹部隐痛和饱胀感，疼痛可向后背部或肩部放散，与饮食无关。本病主诉多为上腹部饱胀、压迫感或者上腹部疼痛。

3. 呼吸道症状　有的食管平滑肌瘤患者偶有咳嗽、呼吸困难或哮喘等呼吸道症状，可能因误吸、肿瘤压迫气管或支气管，或巨大平滑肌瘤压迫肺组织所致。

4. 其他消化道症状　包括食欲缺乏、反胃、嗳气、恶心及呕吐等。这些症状均属于非特异性的消化道症状，也是食管平滑肌瘤比较常见的症状。有的有胃灼热，可能与合并食管裂孔疝有关。约 1/2 的患者有消瘦及体重减轻。极个别的食管平滑肌瘤蔓延到胃壁及其黏膜下，可形成溃疡并引起出血，主要表现为反复呕血。

食管平滑肌瘤也可长期不呈现临床症状，而在消化道钡餐 X 线检查时被偶然发现。

四、食管良性肿瘤的检查方式有哪些？

食管良性肿瘤患者，不论有无症状，均须经 X 线检查、胸部增强 CT 和内镜检查，方可做出诊断。以发病最多的食管平滑肌瘤为例，钡餐造影 X 线检查可显示边缘光滑整齐的圆形或椭圆形充盈缺损，其上下缘与正常食管壁交界处呈锐角，肿瘤区食管黏膜皱襞被肿瘤撑平而消失但无破坏，吞咽动作可能见到平滑肌瘤随食管上下移动。食管镜检查可见到黏膜下肿块突入食管腔但黏膜正常。食管镜检查时，禁忌进行活组织检查，以免损伤食管黏膜给以后肿瘤摘除术造成困难。

五、食管良性肿瘤的治疗措施有哪些?

一般而言，不论哪一型的食管良性肿瘤，若临床上无症状，瘤体又很小的病例可定期随诊观察，不必急于施行手术治疗。瘤体较大临床上呈现症状，或虽无症状但发现肿瘤后引致患者心情忧虑不安者，需进行外科手术切除病变。对腔内型小而长蒂的肿瘤可经内镜摘除；对壁内型和黏膜下型肿瘤，一般需行胸腔镜下或经剖胸切口行手术。

六、如何预防食管良性肿瘤发生恶变?

1. 改善与生活密切相关的因素　如戒烟、合理饮食、有规律锻炼和减少体重。

2. 提高免疫系统功能　饮食、锻炼和控制烦恼，健康的生活方式选择可帮助我们远离癌症。保持良好的情绪状态和适宜的体育锻炼可以使身体的免疫系统处于最佳状态，对预防肿瘤和预防其他疾病的发生同样有好处。

七、食管良性肿瘤的居家护理措施有哪些?

食管良性肿瘤的居家护理措施有以下几点。

1. 供给易消化吸收的蛋白质食物，如牛奶、鸡蛋、鱼类、豆制品等，可提高机体抗癌能力。

2. 进食适量糖类，补充热量（糖尿病患者除外）。宜多吃蜂蜜、米、面、马铃薯等含糖丰富的食物以补充热量。

3. 多吃有抗癌作用的食物，如甲鱼、蘑菇、黑木耳、大蒜、海藻、芥菜及蜂王浆等食物。

（刘　莉）

第三章 食管憩室

一、什么是食管憩室?

食管憩室，即食管壁的一部分向外膨出，形成一囊袋样，较大者其内可潴留食物，久而可并发炎症、感染或溃疡出血，偶尔发生恶性变。食管憩室临床并非罕见，处理起来也非易事。食管憩室不是肿瘤，不威胁患者生命，但是处理不慎同样可致患者死亡。

二、食管憩室如何分类?

1. 根据发生时期分类 先天性憩室、后天性憩室。

2. 根据组织学所见分类 真性憩室、假性憩室。

3. 根据发生原因分类 膨出性憩室、牵引性憩室、膨出和牵引混合性憩室。

4. 根据发生部位分类 咽食管憩室（Zenker 憩室）、支气管旁憩室、膈上憩室。

三、咽食管憩室的病因主要有哪些?

1. 咽下缩肌斜纤维与环咽肌横纤维之间存在一个解剖薄弱区，即 Killian 三角。Killian 三角区结构最薄弱又缺乏保护，为咽食管憩室的好发部位。

2. 食管上括约肌松弛不全，吞咽时下咽部压力增加。

3. 咽下缩肌收缩与环咽肌松弛时间失调及功能关系紊乱或其他运动障碍。

4. 创伤、爆震伤、行器械摘取异物后引起、战争中弹片伤后遗症。

四、咽食管憩室的临床表现是什么?

咽食管憩室，又称 Zenker 憩室，以 50～80 岁的患者多见，30 岁以下者罕见。早期无明显临床症状。咽食管憩室的临床表现主要表现为以下几点：①吞咽困难（最常见）。②吞咽时咽部“咯咯”作响。③伴阵发性咳嗽、憋气。④食物反流（当憩室囊变大有食物潴留时）。⑤口涎增多。⑥胸部不适。⑦口臭。⑧声音嘶哑（大的憩室累及喉返神经）。

五、咽食管憩室的辅助检查有哪些?

咽食管憩室的辅助检查有以下 2 个。①X 线钡餐检查（最主要的方法）。②胃镜检查（因有导致食管穿孔的危险，故不作为常规检查）。

六、咽食管憩室的治疗方法有哪些?

咽食管憩室的治疗方法有以下 2 种。①无症状、无并发症者，一般不需要治疗。②症状持续或有并发症者，需要手术治疗，如憩室切除术（最常用）、环咽肌切开术、憩室固定术。

七、支气管旁憩室的病因主要有哪些?

支气管旁憩室可分为膨出型和牵引型两种。膨出型食管憩室病因包括许多因素，如食管动力障碍、功能性或机械性远段食管梗阻及局部食管壁薄弱；牵引型食管憩室是由于诸如肺结核和组织胞浆菌病引起的食管周围淋巴结炎症和粘连造成的。

八、支气管旁憩室的临床表现是什么?

支气管旁憩室是外牵性憩室，憩室体积较小，很少有食物潴留，一般无症状。本病的临床表现有以下几个。①胸骨后疼痛；②胃食管反流；③吞咽困难；④穿孔；⑤引发食管胸膜瘘或食管气管瘘及吸入性肺炎等并发症；⑥伴发癌症、呕血。

九、支气管旁憩室的辅助检查有哪些?

支气管旁憩室的辅助检查有：①X 线钡餐检查（最有效的方法）；②胃镜检查（因有导致食管

穿孔的危险，故不作为常规检查）；③食管运动功能检查；④酸反流试验。

十、支气管旁憩室的治疗方法有哪些？

支气管旁憩室的治疗方法有以下 2 种。

1. 憩室一般较小，不潴留食物，无症状者，通常采取保守治疗。

2. 有合并症、有明显的症状，需要手术切除，如憩室切除术、憩室内翻术、肌层缝补术、食管切除术。

十一、膈上憩室的病因主要有哪些？

膈上憩室的病因主要有：①食管运动异常。②该段食管壁先天性薄弱。

十二、膈上憩室的临床表现是什么？

膈上憩室的临床表现是：①吞咽困难；②胸骨后疼痛；③食物反流；④恶心、呕吐；⑤食欲减退；⑥体重下降；⑦出血（十分罕见）。

十三、膈上憩室的辅助检查有哪些？

膈上憩室的辅助检查有：①X 线钡餐检查（诊断价值较高）；②MRI；③胃镜检查（因有导致食管穿孔的危险，故不作为常规检查）；④食管运动功能检查。

十四、膈上憩室的治疗方法有哪些？

膈上憩室多有症状，需积极治疗。膈上憩室的治疗方法有以下几个。

1. 内科治疗 体位引流、饮水冲洗、食管扩张治疗。

2. 手术治疗 憩室切除术、憩室固定术、憩室切除加肌切开术、憩室切除加抗反流手术。

十五、食管憩室术前护理有哪些？

1. 营养支持 由于食管憩室患者存在进食困难，且经常呕吐，使患者营养状况普遍欠佳，因此术前要评估患者饮食和营养状况，了解患者有无电解质紊乱、贫血、低蛋白血症等。必要时给予静脉输液或静脉高营养治疗，改善患者营养状况，提高机体的抵抗力。

2. 心理支持 与患者主动交流，了解其心理状态和其不适感，并且针对患者的病情和心理状态进行卫生宣传教育，如需手术治疗者，同时告知患者手术的意义、方式，并介绍手术时的环境及手术前注意事项，使患者在心理上对手术有一个认知，减少其对手术的恐惧。

3. 呼吸道准备 术前 7 天戒烟，注意保暖，预防上呼吸道感染，保持口腔清洁，进食后漱口。指导患者进行呼吸功能训练，教会患者深呼吸及有效咳嗽、咳痰的方法。练习吹气球，以避免术后出现肺不张。因误吸发生肺炎的患者需进行抗感染治疗。

4. 消化道准备 为促进食管胃吻合口的愈合，减少吻合口瘘的发生，消化道减菌准备是必需的。

（1）口腔护理：评估患者日常生活习惯，有无口腔感染，如口腔溃疡、龋齿、牙周脓肿等，指导患者正确刷牙，用漱口液漱口。

（2）冲洗憩室：术前 3 天进全流食或禁食，每天用 5%高渗盐水 30ml 有效冲洗食管 2 次，术前 1 天常规留置胃管。用 0.9%生理盐水 500ml 加庆大霉素 8 万 U 反复冲洗憩室直至干净，手术当天的清晨应清洁灌肠。

5. 生活指导及基础病的治疗 术前训练床上大小便。如患者合并高血压等基础疾病，应积极控制血压。由于高血压患者血管壁增厚、管腔变窄、血管弹性明显下降，各种不良刺激极易诱发血压剧烈波动，从而对心、脑、肾功能已经退变的患者造成严重后果。另外，高血压可以增加手术野出血量，以及手术中脑血管意外的发生率，并且高血压的程度与围术期产生并发症的危险性相关。

十六、食管憩室术后护理有哪些？

1. 生命体征的观察 按全麻术后护理常规进行护理。持续心电监护，每 15～30 分钟测生命体征一次，保持呼吸道通畅，给予低浓度氧气吸入，注意血氧饱和度的变化，同时观察敷料有无血性液体渗出。待血压和脉搏平稳后改为半坐卧位。保持静脉输液通畅，严格掌握输液量，有心肺合并疾病患者尽可能使用输液泵。严密观察意识、口唇颜色、尿量等，及时发现休克的早期征象。术后1周内常规进行体温监测，每天4次。如果突然发热，发热不退或退而又升，应警惕肺内感染及吻合口瘘的发生。

2. 胸腔闭式引流管护理 按胸腔闭式引流护理常规护理。

3. 胃肠减压管护理 按胃肠减压护理常规护理。

4. 呼吸道护理 密切观察呼吸形态、频率和节律，听诊双肺呼吸音是否清晰，有无缺氧征兆；术后第1天每1～2小时鼓励患者深呼吸、吹气球，协助叩背排痰，保持呼吸道通畅，促使肺膨胀；每天给予雾化吸入，促排痰和防肺部感染。

5. 疼痛护理 术后3天内应用静脉镇痛泵，每天记录患者疼痛评分；提供安静舒适的环境，协助患者取舒适体位；分散患者注意力，以减轻对疼痛的关注度；停止镇痛泵后根据患者疼痛评分遵医嘱给予口服药镇痛。

6. 饮食指导 耐心指导患者术后严格按照禁食、清流食、流食、半流食、普食循序渐进。开始进食的第1～2天进清流食，每次50～100ml，每2～3小时一次，嘱患者小口慢咽。如无不适可进流食，但应避免牛奶和碳酸饮料等产气饮品。每次150～200ml，每天4～5次。进半流食时指导患者相对固定餐具，定量进食，细嚼慢咽，少量多餐。

7. 心理护理 术后患者最关心手术是否成功，清醒后告知手术很顺利，已安全返回病房，其身体将会逐渐康复，使患者感到心理上的安慰。此时患者身体虚弱，再加上术后疼痛、管道及体位等不适，往往情绪低落，不愿说话，护士应使他们处于舒适的卧位，保持病室安静。让患者好好休息，并告知护理人员会一直在其身边，请患者不用担心。

十七、食管憩室手术后并发症的观察与护理有哪些？

1. 预防肺内感染 术后应给予雾化吸入每天2～4次，咳嗽时协助保护切口，鼓励其咳嗽。翻身叩背促进痰液排出，同时加强口腔护理，必要时在无菌操作下行机械吸痰。保持呼吸道通畅，动态监测血氧饱和度的变化。术后一般给予低流量吸氧，定时检查氧气导管是否通畅，根据血氧饱和度等情况及时调整氧流量。术后第1天每1～2小时鼓励患者做深呼吸、吹气球，使肺部膨胀。

2. 预防吻合口瘘 术后妥善固定胃管，保持胃管固定通畅。确保充分引流和持续有效的胃肠减压，可减轻吻合口的张力，防止残胃扩张，减少消化液的浸泡和外漏，防止吻合口周围感染，有利于吻合口愈合。做好口腔护理，减少口咽部细菌定植和进入食管的机会。观察引流液的颜色、量、性质，并记录。

3. 预防尿路感染 术后留置尿管保持通畅，固定良好。记录尿的颜色、性质及量。每天会阴护理2次及更换尿袋1次。

4. 预防下肢深静脉血栓 术后早期指导患者做足部屈伸活动，注意按摩下肢比目鱼肌和腓肠肌及足踝关节活动，有利于防止下肢深静脉血栓的形成。同时鼓励患者早期离床活动，也有利于促进肛门排气及血液循环。注意观察下肢皮肤颜色、皮温、有无肿胀、末梢循环情况、有无肌肉疼痛及压痛，以便及时发现与治疗下肢深静脉血栓。

5. 术后出血 单纯皮肤及皮下组织出血时，一般仅表现皮肤缝线处渗血或切口渗血，出血颜色较为鲜红，局部压迫可达到良好的效果；深层肌肉出血病例，可见切口处皮肤不平整，有肌肉回缩高起的痕迹，多需拆除局部缝线，清除积血或血块，出血处严密止血，并重新缝合肌肉。胸腔内出血时，可见胸腔闭式引流量大于200ml、连续3小时，血红蛋白进行性下降。患者表现为口渴、心慌、表情淡漠甚至嗜睡等症状，应积极进行保守治疗，遵医嘱应用止血药物，必要时给予手术探查止血治疗。

6. 消化道应激性溃疡 多发生于术后6～10天，其主要表现为柏油样便，呕血相对少见，很少有上腹部疼痛。胃镜检查可见胃黏膜广泛糜烂、多发溃疡。应采用有效的综合保守治疗措施，给予输血、输液、抗生素治疗，经胃管引流冲洗及注入胃黏膜保护剂及止血药。必要时考虑手术治疗，如出血点缝扎止血、迷走神经切除术、胃大部分切除术、全胃切除术等。

7. 食管狭窄　少数患者出现手术后食管狭窄，主要表现为吞咽困难，给予扩张治疗，效果良好。

8. 喉返神经损伤　如患者出现声音嘶哑、进流食呛咳等症状考虑是否存在喉返神经损伤。需加强抗感染和呼吸道管理，多鼓励并协助患者咳嗽排痰，暂时采用鼻饲或静脉高营养，预防肺炎，并加强吞咽训练。

9. 憩室复发　如患者仍诉吞咽困难、食物反流等不适，考虑为憩室复发，再次行憩室切除术和肌切开术。

10. 食管气管瘘　术后严密观察生命体征变化，若出现进食、饮水后呛咳、剧烈咳嗽、胸背部剧痛、高热、胸闷气短、呼吸困难、肺部感染等，应高度警惕食管气管瘘的发生。协助患者取半卧位，防止胃液反流误吸，做好呼吸道管理，给予营养支持及抗生素治疗，每天口腔护理 2 次。

十八、食管憩室手术后的出院指导包括哪些?

食管憩室手术后的出院指导包括指导患者进食时细嚼慢咽，少量多餐，切忌暴饮暴食。至少在 1 个月内避免进食干硬固体及油炸食品。进食后 30～60 分钟内避免平卧，睡觉时应保持头高 10°～15°，最好餐后做短时间散步，告知患者如有不适应及时到医院就诊。

（谢凤姣）

第四章　贲门失弛缓症

一、什么是贲门失弛缓症？

贲门失弛缓症是常见的食管功能性疾病，是指在吞咽动作时，食管体部缺少蠕动，贲门括约肌弛缓不良而继发性食管扩张的一种疾病。本病多见于20～50岁，女性患者稍多。

二、贲门失弛缓症的病因主要有哪些？

贲门失弛缓症的病因至今尚未明确，推测可能与以下因素有关。①食管肌层内神经功能失调，使食管括约肌失去正常的推动力，同时食管下括约肌的张力增加，致食物滞留于食管内。②病毒感染。③基因遗传因素。④情绪激动。⑤不良饮食习惯。⑥进食刺激性食物。⑦免疫性疾病。

三、贲门失弛缓症的临床表现和合并症是什么？

1. 临床表现　①阵发性无痛性吞咽困难（最典型）。②胸骨后疼痛。③食物反流和呕吐。④体重减轻。⑤出血和贫血。

2. 合并症　①反流性食管炎。②吸入性肺炎。③食管癌（少数）。

四、贲门失弛缓症的辅助检查有哪些？

贲门失弛缓症的辅助检查有：①X线钡餐检查（最主要）。②胸部X线片。③食管镜检查。④醋甲胆碱试验（缺乏特异性）。⑤食管动力学检测。

五、贲门失弛缓症的治疗原则是什么？

1. 一般治疗　注意饮食成分、进食速度，调整情绪。

2. 药物治疗　症状轻者可用解痉药物治疗。

3. 非手术扩张疗法　常用的扩张方法有气囊、水囊和各种探条扩张器，也可在内镜下对食管下括约肌区黏膜层进行纵行电烧。

4. 贲门肌层内注射肉毒毒素

5. 手术治疗　药物治疗或扩张治疗效果不满意，症状仍明显，无手术禁忌证者，可行食管下段贲门肌层切开术。

六、贲门失弛缓症术前的饮食指导有哪些？

1. 少食多餐，细嚼慢咽，饭后散步，避免过冷过热的食物，进食高蛋白、高热量、富含维生素的流质或半流质饮食。

2. 进食时保持情绪稳定。

3. 进食后不宜立即平卧。

4. 不能进食者静脉补充液体，纠正水、电解质紊乱。

七、贲门失弛缓症要做哪些术前准备？

1. 呼吸道准备　术前2周戒烟，训练深呼吸、有效咳痰。

2. 胃肠道准备　术前3天给流质饮食，餐后温开水漱口，以冲洗食管，减轻食管黏膜的炎症和水肿。术前晚给予灌肠，术前6～8小时禁饮食。手术当天清晨留置胃管。

3. 术前训练　术前2～3天训练床上排尿、排便的适应能力。

4. 皮肤准备　术前清洁皮肤，常规备皮。

5. 心理指导　讲解手术治疗的意义，解释术后禁食的目的，嘱患者严格遵医嘱恢复饮食。

6. 手术当天　清晨穿病号服，戴手腕带，摘除眼镜、活动义齿及饰物等。

八、贲门失弛缓症术后常规护理措施有哪些？

1. 按全麻术后常规护理 麻醉未清醒前头偏向一侧，以防误吸而窒息，意识恢复、血压平稳后取半坐卧位。

2. 病情观察 加强对生命体征的监测，防止出现血容量不足或心功能不全。

3. 呼吸道护理 观察呼吸频率、幅度、节律及双肺呼吸音变化；氧气治疗；鼓励患者深呼吸及有效咳嗽排痰；用雾化稀释痰液，解痉平喘，抗感染；疼痛显著影响咳嗽者可应用止痛剂。

4. 胸腔闭式引流管护理 按胸腔闭式引流护理常规护理。

5. 胃肠减压护理 按胃肠减压护理常规护理。

6. 饮食护理 食管黏膜破损者，按食管癌术后饮食护理；食管黏膜未破损者，术后禁食 2 天，术后第 3 天先试饮少量水，如无不适感再进食少量流食，少食多餐，术后第 5 天过渡到半流食，以后逐渐过渡到普食，以易消化、少纤维的软食为宜，细嚼慢咽，避免吃过冷或刺激性食物。

九、贲门失弛缓症术后并发症的观察与护理有哪些？

1. 胃液反流 是手术后常见的并发症，表现为嗳气、反酸、胸骨后烧灼样痛、呕吐等，应遵医嘱给予制酸药和胃动力药。

2. 肺不张、肺内感染 术后应保持呼吸道通畅，鼓励患者深呼吸和有效咳嗽，及时使用止痛剂，保持引流管通畅，以预防肺部并发症的发生。

3. 食管穿孔 如患者出现颈部皮下气肿、吞咽疼痛、局部压痛等考虑是否发生颈段食管穿孔。如出现胸骨后疼痛、呼吸困难和吞咽困难等考虑是否出现胸段食管穿孔。应立即采取禁食水，持续胃肠减压，静脉补液及抗生素治疗等，必要时采取手术治疗。

4. 食管裂孔疝 常表现为胃液反流引起胸骨后不适和反酸等症状，可采取制酸药物治疗，调节饮食，避免腹压增高的活动，睡眠时取高枕、左侧卧位等措施，必要时及早手术治疗。

5. 复发可能 如患者仍存在食管梗阻等症状，考虑复发可能，需考虑再次手术治疗。

十、贲门失弛缓症术后的健康教育包括哪些？

1. 休息与运动 术后尽早下床活动，活动量逐渐增加，劳逸结合。

2. 饮食指导 进食高蛋白、高热量、富含维生素的饮食，少食多餐。

3. 用药指导 按医嘱准时准量用药。

4. 心理护理 多与患者交流，增强其战胜疾病的信心。

5. 康复指导 告知患者保持口腔卫生，坚持手术侧肩关节和手臂的锻炼。

十一、贲门失弛缓症手术后的出院指导包括哪些？

1. 饮食指导 进食速度不宜过快，要细嚼慢咽，不宜进食过于粗糙的食物，坚持进软食 1 个月再过渡到普通饮食，加强营养。

2. 康复指导 出院后继续进行手术侧肩关节和手臂的锻炼，以恢复正常的活动功能。

3. 复诊须知 定期复查，如出现发热、胸痛、咽下困难等表现应及时就诊。

（谢凤姣）

第五章　食管吻合口瘘

一、什么是食管吻合口瘘？

食管吻合口瘘是指食管断端与胃（肠）吻合后愈合不良形成瘘口；胃残端、胃壁、食管壁因缝线撕脱等发生穿孔或局部缺血坏死。吻合口瘘是食管外科术后最常见、最严重的并发症，胸内吻合口瘘的死亡率高达50%。

二、食管吻合口瘘的病因主要有哪些？

1. 解剖和生理因素

（1）食管无浆膜层覆盖。

（2）食管肌层纵行为主，质地较脆弱易撕裂。

（3）食管血液供应来自不同的动脉，尽管这些动脉间有交通支，但不丰富，易造成吻合口缺血。

（4）胸腔内负压。

（5）存在消化酶和酸性环境。

2. 吻合技术不当

（1）手术切口选择不当，致使术野暴露不良。

（2）食管游离太长或剥离过多影响血运。

（3）操作粗暴，误扎或损伤胃的供应血管，胃张力过大、扭转和（或）胃黏膜回缩脱开。

（4）缝线结扎过紧、过松或滑脱。

（5）缝合针距过稀、过密、缝线距切线太近。

（6）使用吻合器吻合时，食管的撕裂、吻合钉脱落、操纵杆的摆动、钉合不严等。

3. 局部因素

（1）吻合口周围发炎，形成脓肿穿破吻合口。

（2）胸腔积液浸泡吻合口。

（3）主动脉弓上吻合，因主动脉弓的解剖位置关系，使吻合口成角畸形。

（4）主动脉持续搏动影响吻合口愈合。

（5）缝合时缝住胃管，术后强力拔管撕破吻合口。

（6）颈部负压引流口直接吸附在吻合口，致局部缺血、坏死。

4. 术后护理不当

（1）胃肠减压不通畅、负压不够或早期胃管脱落。

（2）剧烈咳嗽。

（3）过早进食或进食不当。

（4）精神心理因素：由于患者缺乏相关疾病知识，而且害怕手术，心理上处于紧张焦虑状态，造成神经、内分泌系统功能失调，免疫力受到抑制，从而导致术后恢复慢，易发生吻合口瘘。

5. 全身因素　营养不良、贫血、低蛋白血症、维生素C缺乏、高龄、糖尿病、慢性阻塞性肺气肿（COPD）、长期应用肾上腺皮质激素、动脉硬化、高血压、心脏病、蛔虫上窜、残端癌残留。

三、食管吻合口瘘如何分型？

1. 依据发生部位分型　颈部吻合口瘘（发生率最高、风险最小）；胸部吻合口瘘；腹部吻合口瘘。

2. 依据发生时间分型　①早期瘘：术后3天内，多因吻合不当所致；②中期瘘（最多见）：术后4～14天，多为组织愈合不良或进食不当所致；晚期瘘：术后14天以上，常为胸内感染等情况引起的继发性吻合口瘘。

四、颈部吻合口瘘的临床表现是什么？

1. 瘘口较小 局部红肿、压痛或有轻度皮下气肿，而很少有全身症状。

2. 瘘口较大 局部红肿、疼痛较重，患者不敢转头及吞咽，有轻度或中度体温升高，白细胞计数增高，颈部切口有脓液溢出。

五、胸部吻合口瘘的临床表现是什么？

胸部吻合口瘘的临床表现为：①发热；②心动过速；③剧烈胸痛；④胸闷、气短及呼吸困难；⑤胸腔积液；⑥局部切口感染；⑦全身中毒症状：脉搏增快、呼吸急促、面色潮红、烦躁不安，血白细胞计数升高，严重时出现心力衰竭征象，甚至引起休克、死亡。

六、腹部吻合口瘘的临床表现是什么？

腹部吻合口瘘见于贲门癌腹腔吻合，主要症状为腹膜炎及膈下脓肿表现。

七、食管吻合口瘘的辅助检查有哪些？

食管吻合口瘘的辅助检查包括：①胸部 X 线片或胸部 CT。②上消化道造影。③胸穿或行胸腔闭式引流。④口服亚甲蓝。⑤胃镜检查（不作为常规辅助检查）。

八、颈部吻合口瘘的治疗方法有哪些？

颈部吻合口瘘相对容易处理，多采用保守治疗，拆开切口缝线充分引流。

1. 瘘口较小 可进食半流质饮食，同时静脉营养支持，加强换药。

2. 瘘口较大 应禁食，给予肠内营养支持，适度静脉营养支持治疗，静脉滴注抗生素，伤口勤换药。

3. 合并纵隔感染、交通性脓气胸 充分引流、抗感染治疗和支持治疗。

九、胸部吻合口瘘的治疗方法有哪些？

1. 保守治疗 由于胸膜粘连、胸腔感染严重，大多只能采取保守治疗。保守治疗包括以下 2 种方法。有效的胸腔闭式引流，保持引流通畅，必要时进行胸腔冲洗；加强呼吸功能锻炼，促进肺复张；禁食和有效的胃肠减压，以减少消化液流入胸腔；合理应用药物，积极控制感染；加强营养支持，包括静脉营养和经空肠造瘘或小肠营养管管饲肠内营养液；注意预防其他并发症，如肺炎、腮腺炎、压疮、静脉炎等。近年来随着介入治疗开展，可用带膜食管支架治疗胸部吻合口瘘，其效果有待总结。目前，吻合口瘘的非手术治疗还可以在内镜下进行生物蛋白胶封堵或使用钛夹进行夹闭。

2. 手术治疗 包括瘘口修补术、切除吻合口重新吻合、食管造瘘消化道二期重建。再次开胸手术的指征：早期吻合口瘘，瘘口小于 1cm，发生时间短，胸内感染轻；患者体质能耐受，可经受第 2 次手术；胸胃的长度足以再次行高位吻合；胸腔引流量大，疑为胃壁坏死和穿孔或吻合口裂开。

十、腹部吻合口瘘的治疗方法有哪些？

腹部吻合口瘘的治疗方法包括以下 2 个。

1. 瘘口小且周围粘连、消化液溢出不多者，行双套管引流术，同时在瘘口周围放置大网膜。

2. 瘘口较大、发现较早、患者一般情况较好、残胃能行再吻合时，可根据情况选择吻合口切除再吻合术。

十一、食管吻合口瘘的病情观察要点有哪些？

1. 体温变化 大多发生在术后 5～10 天，术后 1 周内要严密观察患者的体温变化。术后并发吻合口瘘主要表现为体温升高且持续不退，使用退热药及更改抗生素后仍不能控制体温，常规检查白细胞计数明显升高。因此，术后体温正常，继而又出现不明原因的高热，应警惕吻合口瘘的发生，及早发现、及时处理，预后较好。

2. 呼吸变化 对判断术后胸腔内有无炎症有重要意义。若术后出现呼吸急促、氧分压下降、突然胸痛加重，在排除手术创伤引起的疼痛外，应高度警惕吻合口瘘的发生，及时报告以明确诊断。

3. 引流液变化 胸腔引流液的变化能较早反映病情变化，吻合口瘘发生时，胸腔引流液明显增多，颜色呈微黄色或暗红色，且有不同程度的混浊，有时可出现纤维物质和食物残渣。应注意：①若发现引流液中混有胃内容物或胆汁时，应及时协助患者取半卧位，以减少胃内容物由吻合口反流外溢污染胸腔的危险。②若引流液的颜色由黑绿色逐渐变淡，继而转为清淡，且患者全身中毒症状好转，则预示吻合口即将愈合。若引流液逐渐减少，患者体温不高，全身情况好转，则提示瘘口已愈合，口服亚甲蓝可证实。

十二、食管吻合口瘘应如何预防?

吻合口瘘是食管癌手术后最为严重的并发症，死亡率可高达50%，护士应采取以下预防措施。

1. 改善术前的营养状况，增强机体抵抗力，纠正电解质紊乱、贫血、低蛋白血症、高血压、高血糖等。

2. 术前冲洗食管，减少食管水肿。

3. 改善口腔感染状况，亦有预防的作用。

4. 指导患者术后禁食期间不可下咽唾液、痰液，以免感染，造成吻合口瘘。

5. 胃管、结肠袢内的减压管应保持负压引流持续有效，避免胃肠道功能恢复前脱管。

6. 胃管脱出后，不可盲目重新置管。

7. 指导患者遵循饮食原则，循序渐进。

8. 餐后饮少量清水，冲下食管表面和吻合口部位的食物残渣。

十三、发现食管吻合口瘘，应采取哪些护理措施?

一旦发现吻合口瘘，应立即通知医师并配合处理。护理措施包括以下几条。

1. 立即叮嘱患者禁食禁饮，直至吻合口瘘愈合。

2. 协助医师行胸腔闭式引流，按常规护理。

3. 持续胃肠减压，按常规护理。

4. 严密观察生命体征、肺部及全身情况，若出现休克症状，应积极抗休克治疗。

5. 加强呼吸道管理，鼓励患者有效咳嗽和深呼吸。

6. 遵医嘱准时准量抗感染治疗。

7. 营养支持治疗。一般采用静脉营养和肠内营养相结合，逐步过渡到全肠内营养的循序渐进的营养支持原则。主张经小肠营养管进行肠内营养治疗。

8. 加强口腔护理。指导患者每天用淡盐水和温开水交替漱口，保持口腔清洁，必要时可给予碳酸氢钠溶液漱口以预防真菌感染。

9. 高热的护理。卧床休息，减少机体消耗；高热给予物理降温；降温过程中出汗时应及时应擦干皮肤，随时更换衣物，保持皮肤和床单清洁、干燥，注意降温后的反应，避免虚脱；降温30分钟后复测体温；及时补充水分以防脱水，管饲高蛋白、高热量、高维生素、营养丰富的流食，保证机体的营养需求。

10. 心理护理。吻合口瘘发生后，患者及其家属的心理压力和经济负担加重，常表现为焦虑、恐惧甚至绝望。护士应了解患者的心理需求，根据其文化程度酌情说明病因及最佳治疗方案，介绍成功病例，在生活上多给予关心和照顾，激发患者战胜疾病的信心，使其在良好的心理状态下接受治疗和护理。

11. 需再次手术者，积极配合医师完善术前准备。

十四、进行肠内营养治疗时应注意什么?

1. 营养液的种类 应选择低脂低糖、富含各种维生素的无渣饮食。如患者出现脂性腹泻，宜减少食物中脂肪含量，可在营养液中加些多酶片类的助消化药。若患者腹泻严重，可暂停，待腹泻停止后再行肠内营养治疗。

2. 营养灌注方法 用 50ml 注射器抽取备好的流质饮食缓慢注入肠内营养管或空肠造瘘管，一开始每隔 1 小时灌注 1 次，每次 50ml，如无不适可逐渐增加至 200ml，每隔 2 小时灌注 1 次，24 小时总量可达 3000ml 左右。也可将营养液制品经胃肠营养泵从肠内营养管或空肠造瘘管持续泵入，从小剂量开始泵注，如无不适，可逐渐增加泵注速度。灌注时应注意从清淡流质饮食过渡到一般流质饮食，匀速灌注逐渐加量，同时注意勿注入空气，以免造成腹胀不适。护士应加强巡视，发现问题及时处理。

3. 营养液的温度 以 38～40℃为宜，温度过高易烫伤肠黏膜，温度过低易刺激肠蠕动而致腹泻。

4. 保持肠内营养管或空肠造瘘管通畅 注意食物的碎细度，而且每次灌注前后均需用温开水 20～40ml 脉冲式冲洗管腔，保持管道清洁通畅，同时注意食具卫生，营养液应新鲜配制以免久置变质导致肠炎、腹泻。

5. 清洁消毒 空肠造瘘管周围每天应予以清洁消毒，更换敷料 1 次，灌注后须将造瘘管远端夹紧并用无菌纱布包裹，妥善固定以防滑脱。

十五、食管吻合口瘘手术后的出院指导包括哪些?

食管吻合口瘘手术后的出院指导包括以下几条。

1. 注意劳逸结合，逐步增加活动量，活动程度以不感劳累为宜。

2. 指导患者在恢复正常饮食的过程中，应循序渐进，从流质到半流逐步过渡到软食，注意少量多餐、切忌暴饮暴食，吃饭时细嚼慢咽，避免食用粗糙、坚硬的食物。

3. 指导患者进餐时可取坐位或半坐位，进餐后半小时内避免平卧，餐后可适当进行活动。

4. 为了避免对吻合口的刺激，指导患者戒烟酒，禁食辛辣等刺激性食物。

5. 出院后定期检查，及时发现早期症状、早期治疗。

（谢凤姣）

第六章 食 管 损 伤

一、食管损伤的定义是什么?

食管损伤是一种常由于器械或异物引起的以食管破裂、穿孔为主要病变的疾病,如不及时处理,几乎毫无例外地发生急性纵隔炎、食管胸膜瘘，并可能致死。

二、食管损伤的分型有哪些?

1. 根据损伤的原因 可分为机械性损伤和化学性损伤。机械性损伤中又可分为腔内损伤和腔外损伤。腔内损伤主要是采用腔内医疗器械诊断和治疗食管疾病时发生的食管损伤。腔外损伤主要由于胸部或颈部挫伤或穿透性枪伤、刀伤，并多与胸部或颈部的其他损伤合并存在。

2. 根据食管损伤的部位 可分为颈部食管损伤、胸部食管损伤和腹部食管损伤。

三、食管损伤的临床表现是什么?

不同原因引起食管损伤的症状和体征不同，90%～97%的患者有颈部或胸骨后剧烈疼痛，伴吞咽时加重。31%的患者有呼吸困难、心率增快、血压下降，甚至出现休克。几乎食管损伤患者均有纵隔或下颈部皮下气肿，后期为纵隔脓肿或脓气胸。87%～90%以上的病例有发热，白细胞计数增高。

1. 颈部食管穿孔 常发生在较薄的食管后壁，由于食管附着的椎前筋膜可以限制污染向侧方扩散。食管穿孔的最初几小时颈部可没有炎症表现，几小时后由于口腔或胃内的液体经过穿孔进入食管后间隙和沿着食管平面进入纵隔，引起纵隔炎症，患者诉述颈部疼痛、僵直，呕吐带血性胃内容物和呼吸困难。体格检查发现患者有各种不同程度的呼吸困难，通常可听到经鼻腔呼吸发出的粗糙的呼吸声。颈部触诊患者有皮下气肿。全身感染中毒症状常在 24 小时后发生。

2. 胸部食管穿孔 与颈部穿孔不同，胸段食管穿孔直接引起纵隔感染，迅速发生纵隔气肿和纵隔炎。尽管早期仅是纵隔的感染，但可迅速发展为坏死性炎症。当薄的纵隔胸膜被炎症穿破，胃液及胃内容物经破口返流到纵隔和胸膜腔，引起胸膜腔的感染和积液，形成纵隔和胸膜腔化脓性炎症。中上段食管穿孔常穿破胸腔。食管穿孔后引起的这种炎症过程和体液的大量蓄积在临床上表现为一侧胸腔剧烈疼痛，同时伴有呼吸时加重，并向肩胛区放射。在穿孔部位有明确的吞咽困难、低血容量、体温升高、心率增快，并且心率增快与体温升高不成比例。全身感染中毒症状、呼吸困难的程度，根据胸腔污染的严重性、液气胸的量及是否存在有气管压迫，而有轻重不同。纵隔镜检查后发生的食管损伤更不易诊断,有时甚至当患者发生纵隔炎和皮下气肿时或病理报告活检组织有食管黏膜或食管肌肉时才做出食管损伤或穿孔的诊断。体格检查可以发现患者有不同程度的中毒症状，不敢用力呼吸，肺底可听到啰音，当屏住呼吸时，可听到随着每次心跳发出的纵隔摩擦音或捻发音。颈根部或前胸壁触及皮下气体，当穿孔破入一侧胸膜腔时，出现不同程度的液气胸的体征。受累侧胸腔上部叩鼓音，下部叩浊音，病侧呼吸音消失。少数病例可发展为伴有气管移位，纵隔受压的张力性气胸，纵隔及胸腔的炎症产生对膈肌的刺激，可表现为腹痛、上腹部肌肉紧张、腹部压痛，应注意同急腹症相鉴别。

3. 腹部食管穿孔 食管腹腔段的损伤较少见，一旦损伤，由于胃的液体进入游离腹腔，主要引起腹腔的污染，临床表现为急性腹膜炎的症状和体征。这同胃-十二指肠穿孔很相似，应注意胸段食管远段的损伤也可以表现为这种情况。有时这种污染可能不在腹腔而在后腹膜，这将使诊断更加困难。这是由于腹腔段食管与膈肌相邻近，常有上腹部疼痛和胸骨后钝痛并放射到肩部的较典型的特征。

四、食管损伤的辅助检查有哪些?

1. X 线片检查 根据穿孔的部位和原因做 X 线片检查，颈部穿孔可以发现颈部筋膜平面含有气体，气管移位，食管后间隙增宽，正常的颈椎生理弯曲消失。还有些患者可以在食管后间隙发现有气液平面、颈部或纵隔气肿及气胸、气腹。胸部食管穿孔时发现纵隔影增宽，纵隔内有气体或气液平面，胸腔内有气液平面。腹部食管穿孔时可发现纵隔下游离气体。

2. 食管造影 许多患者就诊时并非都具有典型症状，而表现为严重的呼吸困难、低血压、败血症、休克、昏迷或是模糊不清的急腹症或胸部急症。因此应对怀疑有食管穿孔而一般情况允许的患者用食管造影来肯定诊断，对普通 X 线片提示有食管穿孔的病例也应用食管造影来明确穿孔的大小和部位。在透视下口服造影剂可以显示食管腔、食管穿孔的部位及食管远端有无狭窄。口服碘油造影响剂的效果较好，刺激性小。如使用钡剂一旦漏出食管外，手术清除困难。应注意，尽管使用造影作为常规诊断手段，但仍有 10%的假阴性，因此当造影阴性时也不能完全除外食管穿孔。

3. 纤维光导食管镜检查 对胸部创伤、异物引起的食管损伤有重要诊断价值，当食管造影阴性时，有时用纤维光导食管镜可直接看到食管损伤的情况，并能提供准确的定位，了解污染的情况。食管镜的结果也有助于治疗方法的选择。

4. CT 检查 当临床怀疑有食管损伤而 X 线片又不能提示确切的诊断依据时，进一步的诊断还包括选用胸部或腹部的 CT 检查。当 CT 影像有以下征象时应考虑食管穿孔的诊断：①围绕食管的纵隔软组织内有气体；②在纵隔或在胸腔的脓腔紧靠食管；③充气的食管与一个邻近纵隔或纵隔旁充液的腔相通。胸腔积液特别是左侧胸腔积液则更进一步提示食管穿孔的可能。当以上任何一项存在时应做食管造影以肯定诊断和确定穿孔的部位，这对指导手术治疗是非常重要的。

5. 其他 食管穿孔患者由于唾液、胃液和大量消化液进入胸腔，在做诊断性胸腔穿刺时，抽得胸腔液体的 pH 低于 6.0，并且淀粉酶的含量升高，是一项简单而有诊断意义的方法。在怀疑有食管损伤的病例口服小量亚甲蓝后可见引流物胸腔穿刺液中有蓝色，同样有助于诊断。

五、食管化学性损伤的定义是什么？

食管化学性损伤是由于吞咽化学物质如酸、碱烧伤食管而引起的腐蚀，常伴有口腔、咽黏膜烧伤。

六、食管化学性损伤可分为哪几个期？

1. 急性期 第 1～4 天。液化、坏死、血管内血栓形成及进行性的炎症改变，黏膜充血、水肿。24 小时内不出现黏膜脱落和坏死。

2. 亚急性期 第 5～14 天。坏死区黏膜脱落，形成溃疡，伴肉芽组织形成，开始出现成纤维细胞、胶原沉积，此时食管壁薄，最易穿孔。

3. 瘢痕形成期 第 15 天至 3 个月，纤维组织形成、胶原进一步沉积，第 3 周开始胶原收缩，造成食管狭窄。

七、食管化学性损伤的临床表现是什么？

1. 一般吞服腐蚀剂会立即感口腔、咽部及胸骨后疼痛，吞咽时尤为明显。疼痛严重时可放射至肩部，胃有灼伤时可有上腹痛，患者因吞咽痛而拒食，亦可发生呕吐，呕吐物常混有血性液体，伤情严重者出现，尚可出现高热、昏迷、虚脱等中毒现象。大量吞服强酸，可引起代谢性酸中毒，少数患者因声门受累或因反流、误吸引起肺部感染，均可出现呼吸困难，甚至引起窒息。

2. 食管或胃有腐蚀伤的患者会出现呕血或黑便，严重者可因大出血无法控制而死亡，少量呕血可由创面渗血或坏死组织脱落出血引起，大量呕血或黑便一般多发生在伤后 10 天左右，常由溃疡穿透至邻近大血管引起。

3. 吞咽困难是食管腐蚀伤的突出表现，常表现为马鞍型。在伤后早期因食管炎性水肿可表现不同程度的吞咽困难，1 周左右随着炎症水肿逐渐消退症状缓解，若食管损伤不严重，可不形成瘢痕狭窄，逐渐恢复正常饮食；如食管灼伤严重 2 周后因纤维结缔组织增生瘢痕挛缩而致狭窄，再度出现吞咽困难最后甚至流质饮食亦难咽下，导致患者贫血消瘦、体重下降、营养不良等症状。

八、食管化学性损伤的并发症有哪些？

1. 食管穿孔 是食管腐蚀伤后早期的严重并发症。食管穿孔以食管下段多见，穿透纵隔可引起纵隔炎，穿入胸腔可引起一侧或两侧脓气胸，患者出现败血症、休克、呼吸困难等症状，也可穿入气管，引起食管气管瘘。胃腐蚀伤后病患者可有腹痛、上腹部压痛，如胃壁发生坏死或穿孔，腹部压痛更为明显，并有腹肌紧缩及反跳痛等弥漫性腹膜炎表现。

2. 食管与胃的瘢痕性狭窄 是灼伤急性期后的主要并发症。

九、食管化学性损伤的辅助检查有哪些？

1. 食管X线吞钡检查 是诊断食管腐蚀伤的重要方法，一般主张在急性期消退后或在伤后1周左右进行，可以了解食管损伤的大致范围。本检查可见到黏膜不规整，局部痉挛、充盈缺损或狭窄。有食管穿孔可用碘油或水溶性碘制剂造影见造影剂外溢定期做造影检查，评估狭窄发展及治疗的反应。

2. 纤维食管镜检查 可直接观察到食管损伤的程度和部位，主张在伤后1周进行，这时肉芽组织正在形成，穿孔的危险性较小，必要时可同时行扩张治疗。

十、食管化学性损伤的治疗方法有哪些？

食管化学性损伤的治疗方法包括立即终止接触毒物，消除胃肠道尚未吸收的毒物，并促进已吸收的毒物排出。根据毒物的性质，选择应用相应的解毒剂，如强酸中毒时可采用弱碱或镁乳、肥皂水、氢氧化铝凝胶等中和。强碱可用弱酸中和，常用稀醋、果汁等。除以上治疗外，腐蚀性食管炎早期阶段，激素和抗生素为主要的治疗药。泼尼松（强的松）一次剂量为20mg，每8小时1次，1个疗程为4～5天，以后逐渐减量，延至几周，方可停药。根据有无感染、感染程度和细菌种类酌情使用广谱抗生素。尽早进行食管扩张，其目的是防止管腔狭窄，早到烧伤后24～48小时进行，一般食管扩张进行4～6周。若扩张无效，需进行食管切除和食管胃吻合，或用结肠代替食管以恢复消化道的连续性。

十一、食管损伤患者术前的饮食指导有哪些？

1. 根据情况给予高蛋白、高热量、高维生素、低脂、易消化、少渣软食、半流食或流质饮食。
2. 禁食含人参、西洋参类活血的食品。
3. 食管损伤严重且不能进食者，须提供肠内、肠外营养支持。

十二、食管损伤术前要进行哪些呼吸道准备？

1. 术前戒烟戒酒，患者应进行有效的咳嗽、咳痰及深呼吸，除去呼吸道分泌物，以利于术后肺复张，防止肺部并发症。

2. 术前应进行呼吸功能练习，鼓励患者起床做适当活动，练习深呼吸、腹式呼吸，做有效咳嗽训练，以利于术后肺功能的恢复及预防肺部感染、肺不张。

十三、呼吸功能锻炼的方法有哪些？

1. 深呼吸训练 坐位练习胸式深呼吸和平卧位练习腹式深呼吸，每天2～3次，每次15分钟左右。吸气时双肩放松，气体由鼻吸入，屏气2秒左右，呼气时用口慢慢呼出。

2. 有效咳嗽训练 指导患者深吸气后，用胸腹部的力量做最大咳嗽，咳嗽的声音应以胸部震动而发出，每天练习3次，每次20秒左右。

3. 吹气球 嘱患者取坐位或立位，先吸一口气，然后尽力将肺内气体吹入气球内。每天锻炼2次，每次10～20分钟。

4. 呼吸训练器的训练 嘱患者取坐位、半卧位，深呼气后口含连接呼吸训练器的喉嘴，做最大吸气。每天早晚各1次，术前1周开始进行，术后第3天后可继续进行，次数应量力而行。

十四、食管损伤术前要进行哪些胃肠道准备?

食管损伤术前3天进少渣饮食，术前1天进流质饮食，术前8小时禁食，4～6小时禁饮，以防止在麻醉过程中发生呕吐、误吸而引起吸入性肺炎、窒息等意外。术前1天晚上需清洁灌肠1次，其目的是防止术后长期卧床而腹胀。

1. 出现梗阻和炎症者，术前1周分次口服抗菌药物可起到局部抗感染作用。

2. 对进食后有滞留或反流者，术前给予抗菌药物经鼻胃管冲洗，可减轻局部充血水肿，防止吻合口瘘。

3. 拟行结肠代食管术的患者，术前3～5天口服抗生素，术前开始清洁灌肠。

4. 术晨常规留置胃管。

十五、食管损伤术前还需要进行哪些准备?

1. 心理指导。根据患者的特点向患者讲解疾病的相关知识，如手术的目的、方法、过程、术后恢复情况等。告知患者不良心理状态对手术预后的影响，让患者学会自我激励，增强患者战胜疾病的信心，积极配合治疗和护理。

2. 注意个人卫生。指（趾）甲、胡须应剪短，保持口腔的清洁卫生，如口腔慢性病灶，术前应积极治疗，并指导患者使用漱口液进行漱口。

3. 指导患者进行床上大小便的训练。

4. 手术前1天做好各项术前准备，具体包括抽血化验、备血、药物过敏试验、备皮等。

5. 术晨更换病号服，不可穿内衣裤，义齿、眼镜和其他贵重首饰应取下，交给家属保管。

6. 手术当天早晨测体温、脉搏、呼吸、血压，按医嘱给予术前用药。

7. 备皮，参见本篇第一章食管癌的备皮范围。

十六、食管损伤术后常规护理有哪些?

1. 准备床单位 包括麻醉床、输液架、吸引器、氧疗装置、引流管（袋）及各种监护设备等。

2. 了解情况 了解麻醉和手术方式、术中情况、切口和引流情况。

3. 基础护理 卧床期间做好基础护理，保持床单位清洁、干燥，防止压疮发生。床挡保护防止坠床。

4. 病情观察 严密观察患者意识、神志，有无谵妄等。进行心电、血氧饱和度监护，有无心动过速及心律失常。约束患者上肢，防止其无意识间拔出胃管、尿管、胸腔闭式引流管。

5. 心理护理 做好心理护理，鼓励患者，增强其战胜疾病的信心。与患者多交流使其产生信任感，建立融洽的护患关系。

6. 口腔护理 因术后禁食，每天用漱口液漱口4次，口腔护理2次，保持口腔清洁，预防感染。

7. 切口观察指导 指导患者不要抓脱敷料，观察切口敷料是否完整。观察切口有无出血、渗液，如敷料渗血、渗液较多，应及时更换敷料。同时观察伤口周围有无皮下气肿。

十七、食管损伤术后呼吸道的观察与护理有哪些?

1. 向患者讲解保持呼吸道通畅、定时翻身拍背、雾化吸入、吸痰的意义，使其配合术后治疗和护理。

2. 术后患者易发生呼吸困难、缺氧，并发肺不张、肺炎，甚至呼吸衰竭。应密切观察呼吸形态、频率和节律，有无口唇、甲床发绀等缺氧表现，听诊双肺呼吸音是否清晰，有无缺氧症状。

3. 全麻清醒前，应采取去枕平卧位，头转向一侧，以防止呕吐物及唾液吸入下呼吸道而致气管梗阻，出现舌根后坠堵塞呼吸道应使其头后仰，凡呼吸有痰鸣音者应及时给予吸痰。麻醉清醒后取半卧位，抬高床头15°～30°，使膈肌下降，利于呼吸。

4. 指导患者早期进行肺功能训练，鼓励患者咳嗽，以尽早排出肺内痰液和陈旧性血块，使肺复张，肺复张有利于胸腔内积气和积液的排出。对无力咳嗽的患者，护士应一手按压切口，另一手的中指按压胸骨上窝处，刺激总气管，以引起咳嗽反射，有利于咳痰。手术和胸腔闭式引流管均可使肋间肌和膈肌运动受限，呼吸功能受到影响，使肺组织的弹性回缩减弱，肺泡和支气管内易积聚分泌物，并逐渐变黏稠，且不易被咳出。遵医嘱予雾化吸入，经常听诊肺部呼吸音，如痰鸣音明显，立即给予雾化、拍背、协助排痰，直至肺部呼吸音清晰。

5. 早期协助叩背，鼓励患者深呼吸和有效咳痰，及时清除呼吸道分泌物，保持呼吸道通畅，预防肺部并发症的发生。叩背前应充分止疼，同时听诊肺部，确定痰潴留部位。叩背排痰后再听诊肺部，了解痰液的排出情况。叩背应由下而上，由边缘至中央有节律地叩拍患者背部或胸壁，轻叩2分钟后，嘱患者主动咳嗽，把痰排出。如果患者不能主动咳嗽时，可在胸骨上凹处刺激气管而诱发患者咳嗽，咳嗽时可用两手掌按压术侧胸壁，减轻疼痛。同时注意湿化呼吸道，雾化吸入，每天2～4次。痰液黏稠不易咳出者，可行鼻导管或气管镜深部吸痰。

十八、留置尿管的观察与护理有哪些？

1. 密切观察尿液的颜色、量、性状，保持通畅，避免受压、打折、弯曲等情况发生。

2. 尿袋不能高于膀胱区，防止逆行感染。

3. 尿道口护理2次/天，注意无菌操作。鼓励患者多饮水，防止尿路感染。

4. 长期置管的患者，每天更换尿袋，每周更换尿管。

5. 每天进行尿管拔管的评估，尽早拔管。

十九、食管损伤手术后饮食的注意事项是什么？

1. 胃肠减压期间，需禁食禁饮。

2. 禁食期间需进行肠内或肠外营养。

3. 胃管拔除后，若无呼吸困难、胸部剧痛、患侧呼吸音减弱及高热等吻合口瘘的症状时，可开始进食。先开始试饮水，术后5～7天给全清流质饮食，每次待第一口食物进入胃内后再进第二口，以免增加吻合口张力，如无不适，进食量可逐渐增加，2周后可进半流质饮食，4周后进软食。

4. 应注意少量多餐，细嚼慢咽，进食量不宜过多，速度不宜过快。避免进食生、冷、硬的食物（包括质硬的药片和带刺的鱼肉类、豆类等），以免导致后期的吻合口瘘。

5. 避免睡前或躺着进食，进食后务必慢走，或端坐半小时，裤带不宜系得太紧，进食后避免有低头弯腰的动作，防止反流。进食时可把床头摇高，防止反流。

6. 进食后注意有无胸闷、心慌、发热等现象，若有上述情况应立即停止进食并通知医师，警惕吻合口瘘的发生。

二十、食管损伤手术后应进行哪些早期活动？

1. 麻醉清醒后，指导患者早期活动，帮助患者做臂部、躯干、四肢的轻度活动，促进血液循环，减少下肢静脉血栓。

2. 病情允许的条件下，适当的下床活动，可以先坐在床沿，再在床旁站立，由他人搀扶在室内慢走，最后到室外活动。

3. 术后第2天，指导患者进行患侧肩臂的主动运动，逐渐练习抬臂、抬肩、手搭对侧肩部、举手过头或拉床带活动，防止术侧肩关节强直。

4. 早期下床活动，可减少肺部并发症，可促进肠蠕动，以利于消化吸收。注意活动时要掌握活动量，以免劳累，应量力而行，循序渐进。

5. 术后早期不宜下蹲大小便，以免引起直立性低血压。

二十一、食管损伤手术后的健康宣教包括哪些？

1. 注意劳逸结合，加强锻炼，提高机体抵抗力，预防感冒。避免去人多拥挤的地方，必要时应戴口罩。注意室内空气调节，预防上呼吸道感染。

2. 饮食。

（1）少量多餐，由稀到干，逐渐增加食量，并注意进食后的反应。

（2）避免进食刺激性食物与碳酸饮料，避免进食过快、过量及硬质食物；质硬的药片应碾碎后服用，避免进食豆类等食物，以免导致吻合口瘘。饮食内容不要限制热量，要做到营养丰富，饭菜细软，容易消化和吸收。

（3）患者餐后取半卧位，以防止进食后反流、呕吐。

3. 保持大便通畅，多食粗纤维饮食，必要时给予缓泻剂。

4. 注意保持精神愉快，情绪稳定。

二十二、食管损伤手术后的出院指导包括哪些?

1. 指导患者改变不良饮食习惯，避免进食过热、过硬、刺激性的食物，避免进食过快、过量。饮食要以流质、半流质饮食为主，逐渐过渡到软食，选用易消化、易咽下的高蛋白、高维生素类食物，多食新鲜的蔬菜和水果。

2. 注意休息，并注意天气变化，及时添加衣服，预防感冒。

3. 避免疲劳、重体力活动，一般不做上半身剧烈活动，也不要将头过于后屈或回旋。

4. 实施结肠替代食管的患者，因结肠段逆行蠕动，口腔常留粪味，告知患者无须着急，通常半年后可获得改善。

5. 告知患者戒烟酒，加强呼吸功能锻炼。每天定时开门窗，通风换气可保持病室内空气新鲜，通风时注意预防感冒。

6. 嘱患者遵医嘱用药，坚持治疗，定期复查，第一年每 3 个月复查一次，第二年每 6 个月复查一次，以后每年复查一次，如出现进食后异常不适，如恶心、呕吐、呕血、黑便或出现胸痛、咳嗽、气促、乏力、进行性消瘦时，应及时就诊。

（朱以芳）

第七章 肺　　癌

一、肺癌的基本概念是什么？

原发性支气管肺癌（primary bronchopulmonary carcinoma），简称肺癌（lung cancer），为起源于支气管黏膜或腺体的，常有区域性淋巴结转移和血行转移的肺部常见的原发性恶性肿瘤。

二、肺癌的流行病学是怎样的？

肺癌是严重危害人类健康的疾病，根据世界卫生组织 2008 年公布的资料显示，肺癌无论是年发病人数（160 万）还是年死亡人数（140 万），均居全球癌症首位。在我国，肺癌已成为癌症死亡的首要病因。肺癌多发于男性，男女之比（3～5）：1。但近年来，女性肺癌的发病率呈明显增加趋势，约占女性新发恶性肿瘤的 13%，居第二位，死亡率居女性恶性肿瘤首位，约占 26%。

三、肺癌的预后如何？

肺癌的预后取决于早发现、早诊断、早治疗。由于早期诊断不足致使肺癌预后差，86%的患者在确诊后 5 年内死亡，只有 15%的患者在确诊时病变局限，5 年生存率可达 50%。规范有序的诊断、分期，以及根据肺癌临床行为，制订多学科治疗（综合治疗）方案，可为患者提供可能治愈或有效缓解的最好治疗方法。

四、肺癌的病因和发病机制主要与哪些因素有关？

虽然病因和发病机制尚未明确，目前认为主要与以下因素有关：①吸烟；②化学物质；③放射性物质；④空气污染；⑤饮食与营养；⑥免疫状态；⑦代谢活动；⑧肺部慢性感染；⑨遗传和基因改变；⑩其他诱发因素。

五、肺癌的病理分型有哪些？

1. 按解剖学分类　中央型肺癌、周围型肺癌。

2. 按病变形态和部位分型　管内型、管壁、浸润型、球型、块型、弥散浸润型等。

3. 按组织学分型　非小细胞肺癌（鳞状上皮细胞癌、腺癌、大细胞癌、腺鳞癌、类癌、肉瘤样癌、唾液腺型癌等）和小细胞癌（燕麦细胞型、中间细胞型、复合燕麦细胞型）。

4. 按病理学分类　采用的是 2004 年世界卫生组织修订的病理分型标准，按细胞类型将肺癌分为 9 种，即鳞状细胞癌、小细胞癌、腺癌、大细胞癌、腺鳞癌、肉瘤样癌、类癌、唾液腺型癌、未分类癌。

六、肺癌如何进行病理分期？

2015 年，国际肺癌研究学会对肺癌分期系统进行了更新，制定了第 8 版国际肺癌 TNM 分期标准，于 2017 年 1 月正式颁布实施，现具体介绍见表 1-7-1 和表 1-7-2。

表 1-7-1　肺癌的 TNM 分期（第 8 版）

原发肿瘤（T）分期
T_x：原发肿瘤大小无法测量；或痰脱落细胞，或支气管冲洗液中找到癌细胞，但影像学检查和支气管镜检查未发现原发肿瘤
T_0：没有原发肿瘤的证据
T_{is}：原位癌
T_1：原发肿瘤最大径≤3cm，局限于肺和脏层胸膜内，未累及主支气管；或局限于气管壁的肿瘤
T_{1a}：原发肿瘤最大径≤1cm
T_{1b}：1cm＜原发肿瘤最大径≤2cm

北京科印

续表

T_{1c}：2cm＜原发肿瘤最大径≤3cm
T_2：3cm＜肿瘤最大直径≤5cm；累及主支气管，但肿瘤距离隆突≥2cm；累及脏层胸膜；产生肺段或肺叶不张或阻塞性肺炎
T_{2a}：3cm＜肿瘤最大直径≤4cm
T_{2b}：4cm＜肿瘤最大直径≤5cm
T_3：任何大小肿瘤有以下情况之一者：5cm＜原发肿瘤最大径≤7cm，累及胸壁（包含肺上沟瘤）、膈神经、壁层心包；同一肺叶出现孤立性癌结节
T_4：肿瘤最大直径＞7cm；无论大小，侵及以下之一者：膈肌、纵隔、心脏、大血管、食管、气管，喉返神经，隆突，或椎体；同侧不同肺叶内孤立癌结节
淋巴结转移（N）分期
N_x：淋巴结转移情况无法判断
N_0：无区域淋巴结转移
N_1：同侧支气管或肺门淋巴结转移
N_2：同侧纵隔和（或）隆突下淋巴结转移
N_3：对侧纵隔和（或）对侧肺门，和（或）同侧或对侧前斜角肌或锁骨上区淋巴结转移
远处转移（M）分期
M_x：无法评价有无远处转移
M_0：无远处转移
M_{1a}：对侧肺叶出现孤立性肿瘤结节；胸膜播散（恶性胸腔积液、心包积液或胸膜结节）
M_{1b}：远处器官单发转移灶
M_{1c}：远处器官多发转移灶

表 1-7-2　TNM 与临床分期的关系

分期	TNM	分期	TNM
0	$T_{is}N_0M_0$	Ⅲ	
Ⅰ		Ⅲa	$T_{1\text{-}2}N_2M_0$；$T_{3\text{-}4}N_2M_0$
Ⅰa1	$T_{1a}N_0M_0$	Ⅲb	$T_{1\text{-}2}N_3M_0$；$T_4N_{2\text{-}3}M_0$
Ⅰa2	$T_{1b}N_0M_0$	Ⅲc	$T_{1\text{-}4}N_3M_0$
Ⅰa3	$T_{1c}N_0M_0$	Ⅳ	
Ⅰb	$T_{2a}N_0M_0$	Ⅳa	$T_{1\text{-}4}N_{0\text{-}3}M_{1a\text{-}1b}$
Ⅱ		Ⅳb	$T_{1\text{-}4}N_{0\text{-}3}M_{1c}$
Ⅱa	$T_{2a}N_0M_0$		
Ⅱb	$T_{1\text{-}2}N_1M_0$；$T_3N_0M_0$		

七、肺癌的临床表现是什么？

与肿瘤大小、类型、发展阶段、所在部位、有无并发症或转移有密切关系。5%～15%的患者无症状，仅在常规体检、胸部影像学检查时发现。其余的患者可或多或少表现出与肺癌有关的症状和体征，按部位可分为原发肿瘤、肺外胸内扩展、胸外转移、肺癌非转移性胸外表现 4 类。

1. 原发肿瘤引起的症状和体征　咳嗽、血痰或咯血、气短或喘鸣、发热、体重下降。

2. 肺外胸内扩展引起的症状和体征　胸痛、声音嘶哑、咽下困难、胸腔积液、上腔静脉阻塞综合征、霍纳综合征。

3. 胸外转移引起的症状和体征 转移至中枢神经系统，可引起颅内压增高，如头痛、恶心、呕吐、精神状态异常等；转移至骨骼，可引起骨痛和病理性骨折等；转移至腹部，部分小细胞肺癌可转移至胰腺，表现为胰腺炎症状或阻塞性黄疸等；转移至淋巴结，锁骨上淋巴结是肺癌可转移的常见部位，可毫无症状，典型者多位于前斜角肌区，固定且坚硬，逐渐增大增多，可以融合，多无痛感。

4. 肺癌非转移性胸外表现 一般为肥大性肺性骨关节病、异位促性腺激素、分泌促肾上腺皮质激素样物，临床上产生库欣综合征、分泌抗利尿激素、神经肌肉综合征、低钠血症、高钙血症、低血糖症、类癌综合征等。

八、肺癌的辅助检查有哪些?

肺癌的辅助检查包括：①胸部 X 线影像学检查；②CT 或 MRI；③PET/CT；④痰脱落细胞检查；⑤支气管镜检查；⑥针吸细胞学检查；⑦纵隔镜检查；⑧胸腔镜检查；⑨其他细胞或病理检查；⑩开胸，肺活检；⑪肿瘤标记物检查；⑫自荧光纤维支气管镜（AFB）；⑬荧光共聚焦显微镜（FCFM）；⑭支气管内超声（EBUS）；⑮电磁导航支气管镜（ENB）。

九、肺癌的治疗原则有哪些?

解剖性肺切除术是早期肺癌的主要治疗手段，也是目前临床治愈肺癌的重要方法。目前推荐个体化多学科综合治疗的原则，肺癌的多学科综合治疗是指根据肿瘤的病理组织学类型、分子分型、侵及范围和发展趋势，结合患者的机体状况，综合应用手术、化疗、放疗、免疫治疗、分子靶向治疗等手段，最大程度地延长患者的生存时间、控制肿瘤进展和改善患者的生活质量。

十、肺癌的治疗方法有哪些?

1. 外科手术治疗 肺癌手术分为完全性切除、不完全性切除和不确定性切除。应力争完全性切除，以达到完整地切除肿瘤，减少肿瘤转移和复发，并且进行精准的病理 TNM 分期，力争分子病理分型，指导术后综合治疗。电视辅助胸腔镜外科（video assisted thoracic surgery，VATS）已经成熟的胸部微创手术技术，在没有手术禁忌证的情况下，推荐使用 VATS 及其他微创手段。

手术适应证主要有：

（1）Ⅰ、Ⅱ期和部分$Ⅲ_a$期（$T_{1-2}N_2M_0$；$T_3N_{1-2}M_0$；$T_4N_{0-1}M_0$ 可完全性切除）非小细胞肺癌和Ⅰ期小细胞肺癌（$T_{1-2}N_0M_0$）。

（2）部分Ⅳ期非小细胞肺癌，有单发对侧肺转移，单发脑或肾上腺转移者。

（3）临床高度怀疑肺癌的肺内结节，经各种检查无法定性或诊断，可手术探查。

2. 化疗 分为姑息化疗、辅助化疗和新辅助化疗，应当严格掌握治疗的适应证，在肿瘤内科医师主导下进行。化疗应当充分考虑患者的病情、体力状况，评估患者可能的获益和对治疗的承受能力，及时评估疗效，密切监测并有效防治不良反应。

适应证主要有：

（1）失去手术机会的晚期肺癌患者，体力状况（performance status，PS）评分≤2 分，重要脏器功能可耐受化疗，对于小细胞肺癌的化疗，PS 评分可放宽到 3 分。

（2）术后辅助治疗：具有高危险因素的$Ⅰ_b$期患者可以考虑选择性地进行辅助化疗。高危因素包括：分化差、神经内分泌癌（除外分化好的神经内分泌癌）、脉管受侵、楔形切除、肿瘤直径＞4cm、脏层胸膜受累和淋巴结清扫不充分等。完全切除的Ⅱ～Ⅲ期非小细胞肺癌患者，推荐含铂两药方案术后辅助化疗 4 个周期。

（3）新辅助化疗：对可切除的Ⅲ期非小细胞肺癌患者可选择 2 个周期的含铂两药方案行术前短程新辅助化疗。手术一般在化疗结束后 2～4 周进行。

（4）小细胞肺癌患者的药物治疗：局限期小细胞肺癌患者推荐化疗、手术和放疗为主的综合治疗。

3. 放射治疗 肺癌放疗包括根治性放疗、姑息放疗、辅助放疗、预防性放疗等。放疗的适应证：放疗可用于因身体原因不能手术治疗的早期非小细胞肺癌患者的根治性治疗、可手术患者的术前及术后辅助治疗、局部晚期病灶无法切除患者的局部治疗和晚期不可治愈患者的重要姑息治疗手段。Ⅰ期非小细胞肺癌患者因医学条件不适合手术或拒绝手术时，大分割放射治疗是有效的根治性治疗手段，推荐使用立体定向放射治疗（SBRT）。对于接受手术治疗的非小细胞肺癌患者，如果术后病理手术切缘阴性而纵隔淋巴结阳性（pN_2期），除了常规接受术后辅助化疗外，建议加用术后放疗，建议采用先化疗后序贯放疗的顺序。对于切缘阳性的pN_2期肿瘤，如果患者身体许可，建议采用术后同步放化疗。对切缘阳性的患者，放疗应当尽早开始。对于因身体原因不能接受手术的Ⅱ～Ⅲ期非小细胞肺癌患者，如果身体条件许可，应当给予适当放疗结合同步化疗。

4. 分子靶向治疗 肺癌分子靶向药物治疗是近年来发展非常迅速的新兴肿瘤治疗方式。与毒副作用很大的化疗相比，肺癌的分子靶向药物疗法最显著的优势就是能够瞄准肿瘤细胞上特有的靶点，准确打击肿瘤而又不伤害正常的细胞。

目前临床常用的分子靶向治疗包括以下 2 种。①以 EGFR 为靶点的肺癌靶向治疗：如吉非替尼、厄洛替尼等。②以肺癌血管生成为靶点的靶向治疗：如贝伐单抗、血管内皮抑素等。

5. 免疫治疗 随着肿瘤免疫学及分子生物学研究的不断深入，肺癌的免疫治疗逐渐得到广泛关注，并为临床肺癌患者提供了一种新的治疗方向。例如，肺癌单克隆抗体依普利单抗是针对细胞毒 T 淋巴细胞相关抗原 4（CTLA-4）的一种单克隆抗体，可通过阻断细胞毒 T 淋巴细胞相关抗原 4 与其配体 B7 分子的结合，从而可以促进 T 淋巴细胞的活化与增殖，提高机体对肿瘤免疫能力。程序性死亡分子 1 抗体（Anti-PD-1 antibody）能够阻断 PD-1 与其受体的结合，从而避免因 T 细胞的免疫耐受所导致的免疫逃逸，这些研究成果均预示着免疫疗法在肺癌治疗方面广阔的前景。

6. 肺癌其他治疗 目前包括中医中药、射频消融等治疗方式。

十一、肺癌术前要进行哪些呼吸道准备？

术前戒烟戒酒，患者应进行有效的咳嗽、咳痰及深呼吸，除去呼吸道分泌物，以利于术后肺复张，防止肺部并发症。老年患者有肺部疾病及其他慢性疾病等高危因素，加上自身呼吸功能减退、疼痛、手术创伤等诸多因素，很容易造成术后低氧血症，故术前应进行呼吸功能训练，鼓励患者起床做适当活动，练习深呼吸、腹式呼吸，做有效咳嗽训练，以利于术后肺功能的恢复及预防肺部感染、肺不张。

十二、肺癌术前为什么要严格戒烟戒酒？

术前戒烟可减少呼吸道分泌物，防止术后肺炎、支气管炎、肺不张等并发症，有利于术后恢复。乙醇能抑制呼吸，吸烟可使呼吸道黏膜抵抗力下降，引起感染。吸烟还可使肺血管收缩，降低肺功能，从而加重缺氧。

十三、肺癌患者术前准备有哪些？

1. 呼吸功能锻炼 术前进行系统呼吸功能锻炼，对患者的肺功能有不同程度改善，同时为术后呼吸锻炼起到铺垫，避免或减少术后肺部并发症的发生，促进肺快速复张。目前常见的练习方法包括以下几种。

（1）腹式呼吸训练：患者取平卧位或坐位练习，集中精神，全身放松，经鼻缓慢深吸气到最大肺容量后屏气 1～2 秒，吸气时膈肌下降，腹部外凸，然后用口缩唇如吹口哨状缓慢呼气，呼气时膈肌上升，腹部内凹。每天训练 2～3 次，每次 15～20 分钟。以患者感到不累为原则。

（2）有效咳嗽训练：指导患者深吸气后，关闭声门，用胸腹部的力量做最大咳嗽，咳嗽的声音应以胸部震动而发出，每天早中晚各练习 3～6 次。

（3）呼吸训练器的使用：患者取坐位，正常呼气后用嘴含紧吸气嘴，以大的吸气量把浮盘吸至目标值刻度，屏气 1～2 秒，然后移开吸气嘴，缩唇慢呼气，重复练习，非睡眠时间每 2 小时练习

1组，每组练习6～10次。

（4）咳嗽排痰训练：深吸气后屏住呼吸，使气体在肺内最大分布，声门紧闭，使横膈抬高增加腹内压肋间肌收缩增加胸膜腔内压，声门快速打开，痰液排出，每天练习3～6次。

2. 控制感染 肺癌患者往往伴有慢性肺部疾病，同时有大量脓性痰。术前遵医嘱应用抗生素控制感染。

3. 积极完善术前检查

4. 术前健康宣教

（1）注意个人卫生，指（趾）甲、胡须应剪短，保持口腔的清洁卫生，如口腔慢性病灶，术前应积极治疗，并指导患者使用漱口液进行漱口。

（2）指导患者进行床上大小便的训练。

（3）保证充足的睡眠，情绪紧张、睡眠质量差者可酌情给予地西泮口服，保证患者的睡眠质量。

（4）术晨更换病号服，不可穿内衣裤，义齿、眼镜和其他物品、首饰应取下，交给家属保管，女性患者应再次确认是否在月经期，长头发者将头发编于耳后两侧。

（5）手术当天清晨测体温、脉搏、呼吸、血压，按医嘱给予术前用药，血压高的患者饮少量水口服抗高血压药等。

（6）心理指导：根据患者的特点向患者讲解疾病的相关知识，如手术的目的、方法、过程、术后恢复情况等。告知患者不良心理状态对手术预后的影响，让患者学会自我激励，增强患者战胜疾病的信心，积极配合治疗和护理。

十四、肺癌患者术后应如何安置体位？

1. 一般情况 患者未清醒前取平卧位，头偏向一侧，以免呕吐物、分泌物吸入而致窒息或并发吸入性肺炎。清醒且血压平稳者，可改为半坐卧位，以利于呼吸和引流。

2. 肺段切除术或楔形切除术者 尽量采取健侧卧位，以促进患侧肺组织扩张。

3. 一侧肺叶切除者 如呼吸功能尚可，可取健侧卧位，以利于手术侧残余肺组织的膨胀与扩张；如呼吸功能较差，则取平卧位，避免健侧肺受压而限制肺的通气功能。

4. 全肺切除术者 避免过度侧卧，可取1/4患侧卧位，以预防纵隔移位和压迫健侧肺而导致呼吸循环功能障碍。

5. 咯血或支气管瘘者 取患侧卧位。

十五、肺癌患者术后常规护理有哪些？

1. 病情观察。严密观察患者意识、神志及有无谵妄等。进行心电和血氧饱和度监护，观察有无心动过速及心律失常。

2. 向患者讲解保持呼吸道通畅、定时翻身拍背、雾化吸入、咳嗽咳痰及床上肢体功能锻炼的意义，使其配合术后治疗和护理。

3. 指导患者进行患侧肩臂的主动运动，逐渐练习抬臂、抬肩、手搭对侧肩部、举手过头或拉床带活动，防止术侧肩关节强直。

4. 根据患者的耐受情况，鼓励患者早期下床活动，预防静脉血栓栓塞症、肺栓塞。

5. 管道的护理。胸腔闭式引流管、尿管、氧气管的护理等。

6. 切口观察指导。观察伤口周围有无皮下气肿，保持切口敷料固定妥善、清洁干燥。

7. 术后健康宣教。

8. 心理护理。鼓励患者，增强其战胜疾病的信心，与患者多交流，使其产生信任感，建立融洽的护患关系。

十六、胸腔闭式引流管的观察与护理有哪些？

1. 保持管道固定妥善 防止管道脱落或折叠，翻身时注意不要用力过猛，不要活动过度，引流瓶应低于胸壁引流口平面60～100cm，有利于胸腔内气体或液体引流出，并保持直立，以免造成逆行感染。水封瓶生理盐水保持在水位线刻度或高于水位线1～3cm，保持引流瓶封闭。若发生非计划性拔除胸腔闭式引流管，应立即用手指捏住引流口周围皮肤，使引流管创缘闭合，然后用凡士林纱布、厚层纱布和橡皮贴封闭引流口，并及时通知医师处理。若引流管连接处滑脱，快速用钳子夹住近端引流管或折叠捏紧引流管，消毒连接处后重新更换引流瓶。

2. 密切观察和记录 观察和记录引流液的量、颜色、性状，如果引流液为鲜红色血性液，引流量超过200ml/h，持续3小时以上，提示可能有活动性出血，应及时通知医师处理。

3. 观察胸内负压 密切观察引流管内的水柱波动情况，水柱波动太大，提示有残腔或肺不张存在，应遵医嘱加强呼吸道管理。咳嗽时无水柱波动，应检查引流管位置是否合适或堵塞，或行胸部X线检查，确定肺组织是否已复张，根据患者具体情况考虑拔管。

4. 全肺切除术后患者 胸腔引流管一般全钳闭或半钳闭，保证术后患侧胸膜腔内有一定的胸液，维持双侧胸腔内压力平衡，防止纵隔过度摆动。全钳闭时，可根据气管位置调整引流管开放的时间及次数。如气管明显向健侧移位，在排除肺不张后酌情放出适量的气体或引流液。每次放引流液不宜超过100ml，速度宜慢，以免快速多量放液引起纵隔突然移位，导致心搏骤停。半钳闭时注意保持引流管内水柱随呼吸波动的幅度为4～6cm。

十七、肺癌患者术后肺栓塞的预防措施有哪些?

1. 入院前健康教育 入院时行静脉血栓栓塞症风险评估，加强静脉血栓栓塞症知识宣教。

2. 复评风险评估 术后及病情变化时复评静脉血栓栓塞症风险评估。

3. 物理预防 术后麻醉清醒后，指导患者早期床上活动，帮助患者做臂部、躯干、四肢的轻度活动，促进血液循环，减少下肢静脉血栓。病情允许的条件下，适当的床旁活动，可以先坐在床沿，再在床旁站立，由他人搀扶在床旁慢走，最后到室外活动。必要时梯度加压袜和（或）间歇充气加压装置的使用。

4. 药物预防 遵医嘱使用抗凝药物，如低分子肝素钠、依诺肝素钠等。

十八、肺癌患者术后并发症的观察与护理有哪些?

1. 出血 发生于术后24小时内，是术中止血不彻底，或者结扎血管的缝线脱落所致，应及时通知医师，立即建立静脉双通道，遵医嘱补液、补充血容量，少量出血可通过止血药物治疗而得以控制，中度出血要在止血治疗的同时密切观察单位时间出血量，必要时做好剖胸止血术的准备。

2. 疼痛 肺癌术后伤口疼痛是许多患者最担心的问题，伤口疼痛是人体应激反应的一个重要表现，疼痛的程度与伤口大小、手术部位、手术方式及人的焦虑情绪也密切相关。对于术后患者，应指导患者进行腹式呼吸减少胸廓运动；咳嗽时协助患者按压伤口，减轻切口张力；帮助患者寻找舒适体位以减轻疼痛。随着医学的发展，对镇痛的理念不再是按需镇痛，而是通过建立完善的疼痛评估、采用多模式镇痛、个体化镇痛、超前镇痛、定时镇痛等新方法达到更好的镇痛效果，使患者安全、舒适地度过围术期和功能康复期，同时能将止痛药物给人体带来的不良反应降到最低。肌内注射阿片受体止痛药时应注意观察患者呼吸情况，以免因抑制呼吸造成痰液潴留。呼吸道并发症：如痰液潴留、肺不张、肺炎、呼吸功能不全等，尤以年老体弱者、原有慢性支气管炎、肺气肿者发病率较高。因手术后伤口疼痛，患者不能做有效咳嗽，痰液留积造成气管阻塞、肺不张、呼吸功能不全，预防在于患者能充分了解和合作，积极做好手术前准备工作，手术后鼓励督促其做深呼吸及用力咳嗽以有效地排痰，必要时可行鼻导管吸痰或支气管镜吸痰，并发肺炎者应积极抗感染治疗，出现呼吸衰竭时，常需要机械辅助呼吸。

3. 支气管胸膜瘘 发生的原因多为肺切除术后支气管残端癌存留，低蛋白血症及手术操作不当等可致手术后支气管残端愈合不良或形成瘘管，该并发症的治疗较困难，死亡率较高。肺切除术后，如发现胸腔引流持续漏气超过10～14天，应怀疑支气管胸膜瘘，于胸腔内注入亚甲蓝液1～2ml，如患者咳出带有蓝色的痰液即可确诊。术后早期发生支气管胸膜瘘时，患者可感呼吸困难、呛咳、痰量增多，并有少量咯血。如自瘘吸入胸腔积液，可引起窒息。术后早期可重新手术修补瘘口，中至晚期患者宜安置胸腔闭式引流，并告知患者患侧卧位，抬高健侧肺，以防患侧胸液经瘘口流入对侧支气管内，使患者窒息并造成健侧肺感染。抬高健侧肺还利于健侧肺代偿性扩张。若引流4～6周瘘口仍不闭合，需按慢性脓胸护理。

4. 脓胸 除了应选择有效的抗生素治疗，还应进行及时彻底的胸腔穿刺抽脓，如效果欠佳可考虑行胸腔闭式引流，患者取半坐卧位，以利呼吸和引流，保持胸腔引流管通畅，维持有效引流，观察引流液的颜色、性状和量，并做好护理记录，鼓励患者进食高蛋白、高热量和富含维生素的食物。有贫血者适当给予输血、血浆或人血白蛋白以纠正贫血、低蛋白血症和营养不良，增强机体免疫机制。

5. 食管胸膜瘘 临床表现主要是由于消化液进入纵隔和胸膜腔，所引起的一系列化学的和感染的反应所导致的，消化液包括唾液和（或）胃液。消化液内含有消化酶和细菌，会刺激纵隔和胸膜产生严重的生物化学反应，故食管胸膜瘘的患者会出现发热、胸痛、呼吸困难的症状，查体会有患侧胸腔积液或积气的体征，食管胸膜瘘可选择的治疗方法很多，但总治疗原则是充分引流、消灭脓腔、营养支持和关闭瘘口。

6. 心血管系统并发症 年老体弱手术中纵隔与肺门的牵拉刺激、低钾、低氧及大出血常成为其诱因，常见的心血管系统并发症有手术后低血压、心律失常、心脏压塞、心力衰竭等。

十九、肺癌手术后的出院指导包括哪些？

1. 指导患者戒烟，加强呼吸功能锻炼。

2. 注意休息，加强营养，预防感冒。

3. 半年内避免疲劳、重体力活动。

4. 伤口敷料3～5天换药一次，切口缝线术后2周拆线、引流管处缝线拔管后3周拆线。

5. 如出现发热、咳嗽、气促、乏力及时就诊。

6. 定期复查，术后1个月，第一年每3个月复查一次，第二年每6个月复查一次，以后每年复查一次。

7. 肿瘤科综合治疗。

（杨　梅）

第八章 肺 大 疱

一、肺大疱的基本概念是什么?

各种原因导致肺泡腔内压力升高，肺泡壁破裂，互相融合，在肺组织内形成直径大于 1cm 的含气囊腔称为肺大疱（也称为肺大泡）。肺泡破裂后空气进入脏层胸膜下间隙，形成的胸膜下肺小疱。

二、肺大疱、肺囊肿与自发性气胸之间有什么区别?

1. 肺囊肿 又称肺内支气管囊肿，是指发生在肺内的先天性支气管源性囊肿，是先天性肺囊性疾病，也是临床较多见的一种先天性肺发育异常。

2. 自发性气胸 是因肺脏实质或脏层胸膜在无外源性或介入性因素的影响下破裂，引起气体在胸膜腔内蓄积。

三、肺大疱主要的病因及病理是怎样的?

肺大疱一般继发于小支气管的炎性病变，如肺炎、肺结核或肺气肿，也有一些病因不清的特发性肺大疱。小支气管发生炎性病变后出现水肿、狭窄，管腔部分阻塞，产生活瓣作用，使空气能进入肺泡而不易排出，致肺泡腔内压力升高，同时炎症使肺组织损坏，肺泡壁及间隔逐渐因泡内压力升高而破裂，肺泡互相融合形成大的含气囊腔。显微镜下可见大泡壁为肺泡扁平上皮细胞，也可仅有纤维结缔组织存在。

四、肺大疱如何分型?

肺大疱有单发也有多发。继发于肺炎或肺结核者常为单发；继发于肺气肿者常为多发，且大疱与周边呈气肿样改变的常界限不清。肺大疱以位于肺尖部及肺上叶边缘多见，依据其形态与正常组织的关系，常将其分为以下 3 型。

1. Ⅰ型 窄基底肺大疱。其突出于肺表面，并有一狭窄的蒂部与肺实质相连。本型常单发，也可见多个大疱呈簇状集中构成，常见于肺上叶，壁薄，易破裂形成自发性气胸。

2. Ⅱ型 宽基底表浅肺大疱。其位于肺实质表层，在脏层胸膜与肺组织之间。肺大疱腔内可见结缔组织间隔，可见于任何肺叶。

3. Ⅲ型 宽基底深部肺大疱。其结构与Ⅱ型相似，但部位较深，周围为肺组织，肺大疱可伸展至肺门，可见于任何肺叶。

五、肺大疱患者的临床表现有哪些?

肺大疱患者的症状与大疱数目、大小及是否伴有基础的肺部疾病密切相关。较小的、数目少的单纯肺大疱可无任何症状，有时只是在胸部 X 线片或 CT 检查时偶然被发现。体积大或多发性肺大疱可有胸闷、气短等症状。尤其是体积超过一侧胸腔容积 1/2 的巨型肺大疱，或合并有慢性阻塞性肺病的患者常会有明显胸闷、气短等症状。大疱内感染可出现肺部感染症状，少数肺大疱患者有咯血和胸痛等症状。

六、肺大疱应如何诊断?

1. 胸部 X 线检查 是诊断肺大疱最常用的方法。其表现为肺野内大小不等、数目不一的薄壁空腔，腔内肺纹理稀少或仅有条索状阴影。最大吸气时拍摄 X 线片可明确肺大疱的数量、位置及真实大小。大疱周围可有受压致密的肺组织阴影，有时（如合并感染）泡腔内可见液平面。

2. 胸部 CT 是有效的诊断方法，比 X 线片更精确。其能清晰地显示大疱的大小、数量及范围，观察 X 线片难以显示的大疱，明确大疱与肺实质的分界及是否伴有其他肺部疾患，并有助于鉴别气胸和肺大疱。

3. 支气管造影 可确诊邻近肺大疱疾病是否引起支气管压迫。

4. 血管造影 可观察肺大疱的大小，是否多发，以及血管缺失情况。

七、肺大疱患者的并发症有哪些？

1. 自发性气胸 是肺大疱最常出现的并发症。患者临床表现为突发胸痛、喘憋、咳嗽及呼吸困难，体格检查可见患侧胸部叩诊呈鼓音，听诊呼吸音减弱或消失，严重时可见气管向健侧移位。患者症状的严重程度取决于气胸量的多少，是否伴有基础肺部疾病。

2. 张力性气胸 当肺大疱破裂后形成活瓣，患者呼气时活瓣关闭、气体不能排出，当气体进入胸腔，声门开放后，气管压力减低，裂口又闭合，久而久之，胸腔内气体量逐渐增加，最后形成张力性气胸。患者表现为呼吸困难、血压下降、脉快，甚至休克、窒息等。

3. 自发性血胸 大多是由肺尖部的大疱或周围的肺组织与肺顶粘连、撕裂、出血而引起的，且由于肺、心脏、膈肌运动的去纤维化作用，胸腔内的血液不凝固，因此出血难以停止，出血缓慢时，患者表现为胸闷、呼吸困难，出血迅速时，患者短期内可出现休克症状。

4. 自发性血气胸 少数肺大疱患者可出现突发的自发性血气胸，一般源于气胸发生时胸膜腔粘连撕裂所致的小血管破裂。患者除了气胸症状外，还可有头晕、心悸、面色苍白等失血症状。胸部X线片检查可见胸膜腔积液。部分患者表现为进行性血胸，需紧急处理。

5. 继发感染 肺大疱继发感染时被炎性物质填充，可使空腔消失，或形成液气平面。患者出现咳嗽、咳痰、寒战和高热，原有的喘憋症状加重。

八、肺大疱的治疗原则有哪些？

肺大疱是一种不可逆转的肺部病损，故无有效的药物治疗。偶然发现的无症状的肺大疱一般不需治疗。手术适应证包括以下几点。

1. 肺大疱破裂引起自发性气胸者。

2. 肺大疱体积大、明显压迫邻近肺组织，症状明显，手术切除大疱，可使受压的肺组织复张，改善肺功能者。

3. 肺大疱反复感染者。

九、肺大疱患者围术期的护理要点有哪些？

1. 戒烟酒，术前戒烟至少2周。

2. 饮食无特殊要求，但应增加营养，多食优质蛋白，多食富含维生素的食物，少食刺激性食物、饮料。

3. 术前进行呼吸功能锻炼，有效咳嗽排痰等呼吸道准备，可解除支气管痉挛，减少呼吸道分泌物。避免用力吸气、屏气、剧烈咳嗽、用力大小便，防止肺大疱破裂。

4. 围术期进行细致的心理护理可缓解患者紧张情绪，减少应激反应。

5. 术后主要注意呼吸道的护理，术后应给低流量持续吸氧，鼓励深呼吸、咳嗽咳痰，行呼吸功能锻炼，促进加速康复。

6. 做好胸腔闭式引流管的护理。

7. 疼痛的护理。遵医嘱使用镇痛药，避免因疼痛而影响呼吸功能锻炼。

8. 出院后要注意休息，术后近期不做重体力活动，要保证足够的营养，适量的锻炼以增强肺功能，尽量少去公共场所以免呼吸道感染，预防感冒。

9. 伤口3～5天换药一次，术后2周拆线，引流管处缝线拔管后3周拆线。

10. 定期复查。

（杨 梅）

第九章　肺　结　核

一、肺结核的基本概念是什么？

肺结核（pulmonary tuberculosis，PTB）是由结核分枝杆菌引发的慢性传染性疾病，可侵及多个脏器，以肺部受累形成肺结核最为常见。

二、肺结核的主要传播途径是什么？

肺结核的主要传播途径是经呼吸道传播。

三、肺结核的传染源是什么？

排菌肺结核患者是肺结核的主要传染源。

四、肺结核病的基本病理变化是怎样的？

结核病的基本病理变化是炎性渗出、增生和干酪样坏死。结核病的病理过程特点是破坏与修复常同时进行，故上述三种病理变化多同时存在，也可以某一种变化为主，而且可相互转化。

五、肺结核临床表现是什么？

1. 咳嗽、咳痰　为常见症状，多以干咳或咳少量白色黏液痰为主。

2. 咯血　部分患者可伴有咯血，咯血量的多少因病灶累及血管的部位、大小而不同。当结核坏死灶累及肺毛细血管壁时，表现为痰中带血；若累及大血管，可出现量不等的咯血；若空洞内形成的动脉瘤或者支气管动脉破裂时可出现致命的大咯血，容易发生失血性休克。

3. 胸痛　当结核累及胸膜时，相应胸壁有刺痛感，一般并不剧烈，随呼吸运动和咳嗽而加重。

4. 呼吸困难　一般肺结核患者无呼吸困难，干酪样肺炎和大量胸腔积液的患者，可出现呼吸困难症状。

5. 发热　表现为午后低热，一般不超过 38℃，部分患者伴有乏力、食欲减退、体重减轻、盗汗等。当肺部病灶急剧进展播散时，可有高热、畏寒。

6. 结核变态反应

（1）结节红斑：皮肤的结节性红斑，表现为突然发病、高热头痛，3～4 天后于两下肢小腿伸侧出现大小不等的红色斑块，腿部疼痛，体温下降后红斑变苍白，之后遗留淡褐色斑块

（2）泡性结膜炎：是机体对内源性微生物蛋白质及毒素引起的表现在结膜上皮细胞的一种迟发性变应性反应。春、夏季多见，多发生于女性儿童和青少年，特别是偏食和腺病体质者。其特点是在结膜反复出现结节状病变，周围结膜局限性充血。

（3）结核风湿症（Poncet 综合征）：少数患者可有类似于风湿热样的表现，以四肢大关节较常受累。受累关节附近皮肤出现结节性红斑、环形红斑、关节痛等，称为结核性风湿症。本症以青少年女性多见。

六、肺结核急症包括哪些？

肺结核急症包括：①咯血；②自发性气胸；③慢性肺源性心脏病。

七、肺结核的辅助检查有哪些？

1. 胸部 X 线检查　是诊断肺结核的常规首选方法。

2. 痰结核分枝杆菌检查

（1）痰标本的收集：肺结核患者的排菌具有间断性和不均匀性的特点，所以要多次查痰。初诊患者至少送 3 份痰标本，包括清晨痰、夜间痰和即时痰。

（2）痰涂片检查：目前 WHO 推荐使用 LED 荧光显微镜检测抗酸杆菌，具有省时、方便的优

点，适用于痰检数量较大的实验室。痰涂片检查阳性只能说明痰中含有抗酸杆菌，不能区分是结核分枝杆菌还是非结核性分枝杆菌，由于非结核性分枝杆菌致病的机会非常少，故痰中检出抗酸杆菌对诊断肺结核有极重要的意义。

（3）培养法：结核分枝杆菌培养为痰结核分枝杆菌检查提供可靠的结果，灵敏度高于涂片法，常作为结核病诊断的“金标准”。

（4）药物敏感性测定。

（5）其他检测技术：如 PCR、核酸探针检测特异性 DNA 片段等。

3. 纤维支气管镜检查 常应用于支气管结核和淋巴结支气管瘘的诊断，可在病灶部位钳取活体组织进行病理学检查和结核分枝杆菌培养，对于肺内结核病灶，可以采集分泌物或冲洗液标本做病原体检查，也可经支气管肺活检获取标本检查。

4. 结核菌素试验 又称为 PPD 试验，广泛应用于检出结核分枝杆菌的感染，而非检出结核病。对儿童、少年和青年的结核病诊断有参考意义。结核菌素试验的方法是取 0.1ml（5U）PPD 于左前臂屈侧中上 1/3 处（避开瘢痕和硬结）进行皮内注射，48～72 小时后观察结果。结核菌素试验阳性仅表示曾有结核菌的感染，并不一定为结核病，若为强阳性（+++），常提示为活动性结核病，具有诊断价值。需注意的是，若结果为阴性，也不能完全排除结核病的可能（表 1-9-1）。

表 1-9-1 结核菌素试验结果判定表

红肿硬结直径及局部表现	<5mm	5～9mm	10～19mm	≥20mm 或虽<20mm 但局部出现水疱和淋巴管炎
符号	−	+	++	+++
结果判定	阴性	弱阳性	阳性	强阳性

5. γ-干扰素释放试验 由于成本较高等原因，目前多用于研究评价工作，尚未广泛推行。

八、结核病分类标准是什么？

我国实施的结核病分类标准（WS196-2001）突出了对痰结核分枝杆菌检查和化疗史的描述，取消按活动性程度及转归分期的分类，使分类法更符合现代结核病控制的概念和实用性。其具体分类如下所述。

1. 原发性肺结核 含原发综合征及胸内淋巴结结核。

2. 血行播散型肺结核 含急性血行播散型肺结核（急性粟粒型肺结核）及亚急性、慢性血行播散型肺结核。

3. 继发型肺结核 含浸润性肺结核、纤维空洞性肺结核和干酪样肺炎等。

4. 结核性胸膜炎 含结核性干性胸膜炎、结核性渗出性胸膜炎、结核性脓胸。

5. 其他肺外结核 按部位和脏器命名，如骨关节结核、肾结核、肠结核等

6. 菌阴肺结核 菌阴肺结核为三次痰涂片及一次培养阴性的肺结核。

九、肺结核治疗方法有哪些？

1. 化学治疗

2. 对症治疗 咯血的治疗。

3. 糖皮质激素治疗 主要是利用其抗感染、抗毒作用，仅用于结核毒性症状严重者。

4. 肺结核外科手术治疗 对于化疗效果不佳或伴有肺结核空洞不闭合、肺结核合并大咯血患者，可考虑外科手术切除病变组织，它是消灭慢性传染病源、预防复发和治疗各种严重并发症的有效手段。患者术前、术后均应使用有效的抗结核药配合治疗。

十、肺结核的化学治疗方法是怎样的？

1. 化学治疗原则 早期、联合、适量、规律、全程。整个治疗方案分强化和巩固两个阶段。

2. 化学治疗的主要作用 杀菌、防止耐药菌产生、灭菌。

3. 常用抗结核病药物 异烟肼、利福平、链霉素、吡嗪酰胺、乙胺丁醇、对氨基水杨酸钠等。

4. 标准的化学治疗方法

（1）初始活动性肺结核（含涂阳和涂阴）治疗方案为以下几个。

1）每天用药方案如下所述。①强化期：异烟肼、利福平、吡嗪酰胺和乙胺丁醇，顿服，2 个月。②巩固期：异烟肼、利福平，顿服 4 个月。其简写为 2HRZE/4HR。

2）间歇用药方案：①强化期：异烟肼、利福平、吡嗪酰胺和乙胺丁醇，隔天一次或每周 3 次，2 个月。②巩固期：异烟肼、利福平，隔天一次或每周 3 次，4 个月。其简写为 $2H_3R_3Z_3E_3/4H_3R_3$。

（2）复治涂阳肺结核治疗方案：复治涂阳肺结核患者强烈推荐进行药物敏感试验，敏感患者按下列方案治疗，耐药者纳入耐药方案治疗。

1）复治涂阳敏感用药方案具体如下所述。①强化期：异烟肼、利福平、吡嗪酰胺、链霉素和乙胺丁醇，每天一次，2 个月。②巩固期：异烟肼、利福平和乙胺丁醇，每天一次，6～10 个月。巩固期治疗 4 个月时，痰菌未转为阴性，可继续延长治疗期至 6～10 个月。其简写为 2HRZSE/6-10HRE。

2）间歇用药方案：①强化期：异烟肼、利福平、吡嗪酰胺、链霉素和乙胺丁醇，隔天一次或每周 3 次，2 个月。②巩固期：异烟肼、利福平和乙胺丁醇，隔天一次或每周 3 次，6 个月。其简写为 $2H_3R_3Z_3S_3E_3/6\text{-}10H_3R_3E_3$。

上述间歇方案为我国结核病规划所采用，但必须采用全程督导化疗管理，以保证患者不间断地规律用药。

十一、常用抗结核药物的毒副作用及注意事项有哪些?

1. 异烟肼 为全杀菌药，可强力杀灭细胞内、外环境中快速增殖和慢速增殖结核菌，一般剂量不良反应少，对巨噬细胞内外的结核分枝杆菌均具有杀菌作用。

（1）主要不良反应：偶有眩晕、周围神经炎、精神异常、发热、皮疹等。

（2）注意事项：避免与抗酸药物同时服用、注意消化道反应，肢体远端感觉及精神状态、定期查肝功能（一般每月一次），可抑制抗凝药物代谢，使抗凝作用增强。

2. 利福平 为全杀菌药、对间歇生长的菌群具有比异烟肼更强的杀菌作用。对巨噬细胞内外的结核分枝杆菌均有快速杀菌作用，特别是对 C 菌群有独特的杀菌作用。

（1）主要不良反应：偶有可逆性血清谷丙转氨酶升高，胃肠道不适，腹泻、白细胞及血小板计数减少，流感样综合征，急性肾功能衰竭。

（2）注意事项：体液及分泌物会呈橘黄色，可使隐形眼镜永久变色，监测肝脏毒性及过敏反应，会加速口服避孕药、口服降糖药、茶碱、抗凝血等药物的排泄，使药效降低或失效。

3. 链霉素 对巨噬细胞外碱性环境中的快速增殖菌有较强的杀菌作用（故称为半杀菌药），能很好地通过浆膜腔，但很少通过正常的血脑屏障。

（1）主要不良反应：一般有听神经损害，眩晕，听力减退，口周麻木，过敏性皮疹等。

（2）注意事项：进行听力检查，注意观察听力变化及有无平衡失调（用药前，以及用药后 1～2 个月复查一次），了解尿常规及肾功能的变化。

4. 吡嗪酰胺 为半杀菌药，特别是在巨噬细胞内酸性环境中、具有很强的灭菌作用，主要是杀灭巨噬细胞内酸性环境中的 B 菌群。在病变处于急性炎症变化阶段的前 2 个月、灭菌作用更高。因此，应用吡嗪酰胺不但可以缩短疗程，同时也可以减少复发率。

（1）主要不良反应：可引起发热、黄疸、肝功能损害及痛风。

（2）注意事项：警惕肝脏毒性，注意关节疼痛、皮疹等反应，定期监测血清尿酸，避免日光过度照射。

5. 乙胺丁醇 为合成药，对结核菌及其他分枝杆菌有效，但对其他微生物如真菌无效。口服易吸收，其作用主要是抑制结核菌的生长，用于防止对主要杀菌药物（异烟肼、利福平、链霉素）产生耐药性。

主要不良反应有视神经损害、视力减退、中心盲点和绿点视觉丧失，一般多见于治疗后 2 个多月。

6. 对氨基水杨酸钠　对结核杆菌有选择性的抑菌作用，仅作用于吞噬细胞外的结核分枝杆菌。

（1）主要不良反应：胃肠道及过敏反应，有恶心、呕吐、食欲减退、腹痛、腹泻、皮疹、黄疸及肝功能损害。

（2）注意事项：监测不良反应的症状、体征、定期查肝功能。

十二、化疗药物所致不良反应的预防及护理措施有哪些？

1. 胃肠道不良反应　胃肠道反应是患者在服用化疗药物期间最常见的不良反应，常在用药后 2～28 小时内发生，主要表现为纳差、恶心、呕吐、腹泻等。护理措施具体如下所述。

（1）服药前需充分与患者沟通，鼓励患者认识到轻度的胃肠道不良反应，通常在治疗数周后消失，是可以耐受的。

（2）将引起不良反应的药品餐后或睡前顿服可减轻患者胃肠道反应的发生。

（3）如患者消化道症状较重时，可在服药前 30 分钟遵医嘱使用止吐药。如症状持续加重或疑有胃炎、溃疡时，应立即停用相关药物。

（4）鼓励患者多饮水，保持每天尿量在 2000ml 以上，以促进毒性代谢产物的排出。

（5）采用艾灸中脘穴、神阙穴可缓解抗结核药引起的胃肠道不良反应。具体方法：使用三孔艾灸盒，将长度为 2cm 的艾炷置于两端孔内，点燃艾柱，准确取穴，置其于中脘穴、神阙穴之上，温和灸 15～20 分钟，1 次/天，10 天为 1 个疗程，2 个疗程后，患者胃肠道反应症状可得到缓解或消失。

2. 过敏反应　抗结核药物所致的过敏反应多出现在服药后 1～3 天，常表现为全身或局部皮肤瘙痒、斑丘疹，严重时可出现全身剥脱性皮炎。护理措施包括以下几点。

（1）抗结核治疗期间，避免食用茄子、无鳞鱼及不新鲜的海鱼、淡水鱼，以避免或降低过敏反应的发生。

（2）避免将异烟肼和含酪胺的食物（奶酪、红酒）同时服用。

（3）出现轻微皮肤发红时无须停药，严重药疹表现时需立即停药，行抗过敏治疗，待患者药疹消退后，再逐一试用治疗药，从最不易引起过敏反应的药品（利福平或异烟肼）开始，对高度可疑的过敏药品不再使用。

（4）剥脱性皮炎患者需保持皮肤清洁，每天温水清洗局部，不可强行剥离皮屑，以免造成局部感染。

（5）补充水分及维生素，避免进食辛辣、刺激食物。

3. 药物性肝功能损害　多出现在治疗 30～60 天，主要临床表现为恶心、呕吐、纳差、腹胀、肝区疼痛、肝功能监测异常等。护理措施包括以下几点。

（1）针对既往有肝病史、酗酒史及高龄等高危患者，应充分考虑潜在危险因素，在抗结核治疗的开始即加入保肝药物治疗可降低药物性肝损害的发生率。

（2）患者出现消化道症状时应急查肝功能，以便与胃肠道不良反应相区分。

（3）饮食上需禁酒，少食脂肪、糖类食物，增加蛋白质、维生素及纤维素的摄入，特别是维生素 C 和维生素 K 的摄入。

（4）ALT＜3 倍 ULN，患者无明显症状时，可在抗结核的同时给予保肝降酶治疗；ALT≥5 倍 ULN 或患者伴有明显黄疸、恶心呕吐等症状时应立即停用所有抗结核药物，积极保肝治疗。

（5）抗结核治疗的前 2 个月每周监测患者肝功能，2 个月后如各项指标稳定则可每月监测一次，发现异常及时处理。

十三、耐药结核应如何控制及护理？

1. 控制　耐药结核的控制措施主要包括管理控制、环境控制和呼吸防护。

（1）培养阳性的耐药结核患者，尤其是 MDR 和 XDR-TB 应与其他结核患者分开，病房每天用循环风消毒机进行空气消毒 60 分钟，有条件者可单独安置于负压病房。

（2）受结核分枝杆菌感染易发病的高危人群，如 HIV 感染者、硅沉着病、糖尿病、长期接受皮质激素或其他免疫抑制剂治疗者，尤其是儿童、与肺结核痰菌阳性者有长期亲密接触者（主要为家庭成员）等，需遵医嘱使用异烟肼或联合使用乙胺丁醇以进行药物预防。

（3）根据患者既往用药史和药物敏感试验结果，详细了解耐药情况，制订个体化治疗方案。

（4）患者在病情允许的情况下，需正确佩戴一次性外科口罩，医护人员及密切接触者需佩戴医用防护口罩。

（5）向患者进行咳嗽礼仪和呼吸道隔离管理培训，避免对着他人咳嗽或打喷嚏，咳嗽时用手或纸巾遮盖口鼻。

（6）不随地吐痰，嘱患者将痰液吐在专用加盖痰杯中，并经 2000mg/L 的消毒液浸泡处理后放于塑料袋中密封，送焚烧处统一处理。

（7）患者尽量不到公开场合去，外出检查时，病房工作人员应加强与护送人员的交接，督导患者正确佩戴口罩。

（8）定期做好病室细菌培养，防止交叉感染。

2. 护理

（1）饮食护理：耐药结核为慢性消耗性疾病，饮食应多样化。鼓励患者进食高蛋白、高热量、高维生素饮食，如牛奶、瘦肉、鸡蛋等。避免进食刺激性强的食物。

（2）用药护理：耐药结核患者服药疗程长达 24 个月甚至更久，应向患者宣传不规范用药的危害性及对预后的影响，使患者能够积极主动接受、配合治疗。

（3）心理护理：耐药结核以复治患者多见，因其病程长、费用高，患者容易产生消极、悲观心理，甚至拒绝治疗。向患者讲解疾病相关知识，引导患者选择适合自己的娱乐消遣方式以减轻其焦虑情绪；鼓励家属关爱患者，不歧视患者，取得家庭社会支持。

十四、肺结核外科治疗的方法包括哪些？

1. 肺切除术　为目前常用的肺结核外科治疗方法。

2. 胸廓成形术　近年来很少采用，原因是其疗效有限，术后易并发脊柱畸形。

十五、肺结核外科治疗肺切除术的适应证有哪些？

1. 肺结核空洞

（1）后壁空洞：内层有较厚的结核肉芽组织，外层有坚韧的纤维组织，不易闭合。

（2）张力空洞：支气管内有肉芽组织阻塞，引流不畅。

（3）巨大空洞：病变广泛，肺组织破坏较多，空洞周围纤维化并与胸膜粘连固定，不易闭合。

（4）下叶空洞：萎陷疗法不能使其闭合。

2. 结核性球形病灶（结核球）　直径大于 2cm 的结核球或干酪样病灶不易愈合，且有时溶解液化成为空洞，故应切除。当结核球难以与肺癌鉴别，或并发肺泡癌或瘢痕组织发生癌变，也应尽早做手术切除。

3. 毁损肺　肺叶或一侧全肺毁损，有广泛的干酪病变、空洞、纤维化和支气管狭窄或扩张，肺功能已基本丧失，药物治疗难以奏效，且成为感染源，引起反复的化脓菌或真菌感染。

4. 结核性支气管狭窄或支气管扩张　瘢痕组织可造成肺段或肺叶不张。结核病灶及肺组织纤维化又可造成支气管扩张，继发感染，引起反复咳痰、咯血。

5. 反复或持续咯血　经药物治疗无效，病情危急，经纤维支气管镜检查确定出血部位，可将出血病肺切除以挽救生命。

6. 其他适应证

（1）久治不愈的慢性纤维干酪型肺结核，反复发作，病灶比较集中在某一肺叶内。

（2）胸廓成形术后仍有排菌，如有条件可考虑切除治疗。

（3）诊断不确定的肺部可疑块状阴影或原因不明的肺不张。

十六、肺结核外科治疗肺切除术的禁忌证有哪些?

1. 肺结核正在扩展或处于活动期 全身症状重，红细胞沉降率等基本指标不正常，或肺内其他部位出现新的浸润性病灶。

2. 一般情况和心肺代偿能力差 临床检查及肺功能测定提示病肺切除后将严重影响患者呼吸功能者。

3. 合并肺外其他脏器结核病 经过系统的抗结核治疗，病情仍在进展或恶化者。

十七、肺结核患者术前护理评估要点有哪些?

1. 询问 询问患者病史与用药疗效情况、患者现状并及时与主治医师沟通。

2. 支气管镜检查 痰菌阳性者应做支气管镜检查，观察有无支气管内膜结核。有内膜结核者应继续抗结核治疗，直到病情稳定。

3. 手术的最佳时机 肺结核患者术前准备要充分，争取病变稳定，痰菌转阴，但不宜拖延，以免出现耐药菌株。合适的手术时机是化疗后6～9个月，在此段时间内，大部分可逆性病变已经愈合或消退。

4. 术前健康宣教 呼吸功能训练、加强全身营养、用药规范、药物毒副作用的自身观察、定期复查及心理护理等。

十八、肺结核患者术后并发症及护理有哪些?

1. 支气管胸膜瘘 其发生率较非结核性肺切除术高，占5%～10%，多因支气管残端内膜结核，缝合不妥造成。肺切除术后，如发现胸腔引流持续漏气超过10～14天，应怀疑支气管胸膜瘘。于胸腔内注入亚甲蓝液1～2ml，如患者咳出带有蓝色的痰液即可确诊。术后早期发生支气管胸膜瘘时，患者可感呼吸困难、呛咳、痰量增多，并有少量咯血。如自瘘吸入胸腔积液，可引起窒息。术后早期可重新手术修补瘘口，中至晚期患者宜安置胸腔闭式引流，并告知患者患侧卧位，抬高健侧肺，以防患侧胸液经瘘口流入对侧支气管内，使患者窒息并造成健侧肺感染。抬高健侧肺还利于健侧肺代偿性扩张。若引流4～6周瘘口仍不闭合，需按慢性脓胸护理。

2. 顽固性含气残腔 大多不产生症状，空腔可保持无菌，应严密观察并采用药物治疗，数月后逐渐消失。少数有呼吸困难、发热、咯血或持续肺泡漏气等征象，可按支气管瘘护理。

3. 脓胸 结核病的肺切除后遗留的残腔易并发感染引起脓胸，其发病率较非结核病者高。护理对策同一般脓胸，即患者取半坐卧位，以利呼吸和引流，保持胸腔引流管通畅，维持有效引流，观察引流液的颜色、性状、量，并做好护理记录，鼓励患者进食高蛋白、高热量和富含维生素的食物。有贫血者适当给予输血、血浆或人血白蛋白以纠正贫血、低蛋白血症和营养不良，增强机体免疫机制等。

4. 结核播散 麻醉操作、患者体位、术后不能有效排痰及发生支气管胸膜瘘等，都能可引起结核播散，通常可用药物控制。术前、术后合理化疗（至少6个月），可减少此并发症。

十九、肺结核患者的预防保健有哪些?

1. 结核病重在预防，现代社会提供给人们优越便捷生活的同时，也使生活节奏变得过于紧张，部分人的生活失去正常规律，运动减少，糖尿病及免疫系统疾病增多，部分人的免疫力下降，人口流动带来疾病传播机会的增加等等，都使得结核病有死灰复燃的机会，所以加强对结核病的认识，提高警惕，提倡健康生活，才能防患于未然。新生儿及时接种卡介苗。

2. 患者居室开窗受阳光照射，保持室内空气流通。

3. 患者的衣物、被褥要经常洗晒。

4. 患者的餐具可煮沸消毒。

5. 患者不要随地吐痰，要将痰吐在纸上焚烧。

6. 有传染性的患者在隔离期避免到公共场所活动，也不要近距离对别人咳嗽、高声谈笑，咳嗽、打喷嚏时要用手帕或纸巾掩口鼻，以免传染给他人。

7. 当家中出现传染性强的排菌肺结核患者时，要确定家庭其他成员是否也感染上结核菌。家庭中其他成员应及时到结核病防治机构检查，以便早发现，早治疗。尤其是老人、儿童机体抵抗力较低，容易感染上结核病。

8. 平衡饮食，加强体育锻炼，增强体质，劳逸结合。

9. 对 15 岁以下儿童接触者，做结核菌素试验，反应强阳性者 20mm 以上，考虑预防性服用异烟肼 3～6 个月。

10. 禁止烟酒，少吃刺激性食物，以减少咳嗽。吸烟能促进结核病的发生和活动。吸烟者结核病患病率明显高于不吸烟者。吸烟还常延误结核病的发现和诊断，影响结核病的治疗效果。

11. 定期复查。可做胸透、胸部 X 线片、血常规和红细胞沉降率，以观察病情变化和药物疗效。

（杜　娜）

第十章 肺 损 伤

一、根据损伤的组织学特点，肺损伤包括哪些类型？

根据损伤的组织学特点，肺损伤包括：①肺裂伤；②肺挫伤；③肺爆震（冲击）伤。

二、肺爆震伤的定义是什么？

肺爆震伤是由爆炸产生的高压气浪或水波浪冲击损伤肺组织。

三、肺挫伤后，机体会产生怎样的病理生理过程？

肺挫伤大多为钝性暴力致伤，在伤后炎症反应中肺毛细血管通透性增加，炎性细胞沉积和炎性介质释放，使损伤区域发生水肿，大面积肺间质和肺泡水肿则引起换气障碍，导致低氧血症。

四、肺损伤的临床表现是什么？

1. 局部肺挫伤 这是肺损伤最常见的类型，由于从破裂血管流出的血液充满肺泡及其周围的肺间质，临床表现为咯血。它只是一个孤立的损伤，并无重要的临床意义。即使血液流入支气管内导致远段肺组织实变，如无重大的肺实质破裂，血块很快被吸收，肺复张。

2. 肺实质撕裂 使血管和支气管破裂，如与胸膜腔相通，可引起血胸、气胸或血气胸。血气胸在穿透性损伤时最常见，而钝性损伤所造成的肺实质撕裂多位于深部，所产生的淤血和气体分别积聚在某处，不是形成血肿就是气腔。

3. 肺血肿 与肺挫伤后因支气管被血液堵塞后并发的肺实变不同，肺血肿是由于肺实质撕裂所产生的淤血积聚形成。临床表现为胸痛、中度咯血、低热和呼吸困难，通常持续 1 周后逐渐缓解，肺血肿在初期的胸部 X 线片上，其阴影的轮廓模糊，由于其周围积血被吸收，轮廓逐渐分明，直径为 2～5cm。肺血肿所处的特殊地位，使人认为钝性损伤引起的肺血肿，是由于反作用力机制在肺实质深部产生剪切力造成。如无伤前胸部 X 线片对比，小的肺血肿难以与肺原有的球形病灶相鉴别，此问题有待此病灶阴影是否很快消失。假如 3 周内阴影还不吸收，应考虑切除活检，以明确诊断。

4. 创伤性肺气腔 肺气腔较罕见。胸部损伤如只撕破 1 根小的细支气管，而无细血管损伤，则空气积存在实质深部，形成 1 个气腔，一般无继发感染，1 周内自行消退。偶尔，如有一较粗的支气管破裂，形成 1 个大气腔，则难以消退，需手术缝扎支气管的残端，控制气体的来源，使气腔萎陷，解除对周围肺组织的挤压。

五、肺损伤后应如何判断血胸的严重程度？

1. 小量血胸指胸腔积血量在 500ml 以下，患者无明显症状和体征。X 线检查可见肋膈角变浅，积血在膈肌顶平面以下。

2. 中量血胸积血量 500～1000ml，患者可有内出血的症状，如面色苍白，呼吸困难，脉细而弱，血压下降等。查体发现伤侧呼吸运动减弱，下胸部叩诊呈浊音，呼吸音明显减弱，X 线检查可见积血上缘达肩胛角平面或膈顶上 5cm。

3. 大量血胸积血量在 1000ml 以上，患者表现有较严重的呼吸与循环功能障碍、休克症状、躁动不安、面色苍白、口渴、出冷汗、呼吸困难、脉搏细数和血压下降等。查体可见伤侧呼吸运动明显减弱，肋间隙变平，胸壁饱满，气管移向对侧，叩诊为浊实音，呼吸音明显减弱以至消失。X 线检查可见胸腔积液超过肺门平面甚至全血胸。

六、肺损伤发生后，急救前的准备工作有哪些？

1. 准备好抢救器械，包括胸部固定带、胸腔穿刺包、胸腔引流瓶、吸氧管、吸痰器、气管切开包、呼吸机、静脉切开包、输血器、输液器及各种抢救药品等。

2. 搬动创伤性血气胸的患者时，应双手平托患者的躯干部，保护患者的受伤部位。抬搬放等动作要轻柔，勿牵拉、扭曲，避免再损伤。

3. 立即去除污染衣裤，暴露受伤部位，用胸带包扎固定胸部，以减轻疼痛和控制反常呼吸，避免加重胸部损伤。

七、肺损伤发生后，如何保持患者的呼吸道通畅，迅速改善呼吸功能？

首先清除口腔及呼吸道的分泌物，给予氧气吸入，争取在短时间内使氧分压达到10.6kPa以上。以蒸馏水湿化为宜，否则导致分泌物干燥，不易咳出，加重呼吸道阻塞。必要时予雾化吸入，及时吸痰，保持呼吸道通畅。吸痰时选择合适的吸痰管，观察痰液的颜色、性质和量。持续监测血氧饱和度，若吸氧状态下 $SpO_2<90\%$，可面罩加压给氧，必要时应用呼吸机辅助呼吸。

八、创伤性血气胸的定义是什么？

创伤性血气胸是由于胸腔内大量积血、积气压迫伤侧肺和纵隔，从而影响呼吸和循环，发病急，病情变化快，临床以胸闷、气促、咳嗽，甚至咯血、呼吸困难等为特征，易并发休克、急性肺水肿或急性呼吸窘迫综合征（ARDS）等。

九、肺损伤的治疗方法有哪些？

1. 局限性肺挫伤 肺血肿和创伤性气腔的患者，如有呼吸困难，在急诊检查患者时，应用鼻导管或面罩氧吸入，同时给予镇痛药以减轻胸痛，有利于呼吸。经胸部X线片证实诊断后，收住院进一步诊治，为预防肺挫伤后并发炎症，应给予抗生素治疗1周左右。严密观察病情变化，重复胸部X线检查，观察肺部阴影的变化，血肿和气腔阴影是否吸收或是否出现弥漫性绒毛状阴影，预示有发展为呼吸窘迫综合征的可能。

2. 肺实质撕裂伤 对肺实质撕裂伤的并发症（血胸、气胸或血气胸）做相应的处理。漏气严重或大量出血、经各种措施无反应、生命体征不稳且病情逐渐恶化的病例，应立即做开胸探查，缝扎漏气的支气管和出血的血管，然后缝合撕裂的肺组织，尽可能保留肺组织，对广泛撕裂破碎的肺组织只做局部切除。术毕置胸腔闭式引流，继续观察。

3. 呼吸治疗 肺组织对其各种损伤的反应都相同，其结果是吸收康复，并发感染或是实变，最终造成肺间质纤维性变。肺损伤如治疗不当，引起呼吸衰竭，导致低氧血症及呼吸性碱中毒，继而发展为组织缺氧和代谢性酸中毒，严重者致死。

为预防低氧血症，应提高血氧合，呼吸治疗是一个有效的方法。一系列动脉血氧分析和每天胸部X线所提供的资料，结合临床症状和体征的变化，可以决定开始和停止使用呼吸治疗。

十、肺损伤后，患者出现气胸，该如何处理？

1. 闭合性气胸 小量闭合性气胸可自行吸收，不需要特别处理，但应注意观察其发展变化。中、大量气胸可先行胸腔穿刺，若一直抽不尽或抽气不久又达抽气前的积气量，则另一侧也有气胸或合并血胸，需行全身麻醉或需用机械通气等，均应放置胸腔闭式引流。原来肺功能差者及老年人，以及有其他部位严重合并伤者，如重型颅脑伤和重度休克患者，对闭合性气胸的处理应持积极态度，治疗中警惕其发展为张力性气胸。

2. 张力性气胸 其急救在于迅速行胸腔排气解压。可用大号针头在锁骨中线第2或第3肋间刺入胸膜腔，即刻排气减压。将针头用止血钳固定后，在其尾端接上乳胶管，连于水封瓶。若张力性气胸系胸壁上较小的穿透性伤口引起，应立即予以封闭、包扎及固定。

3. 开放性气胸 易于诊断，一经发现，必须立刻急救。根据患者当时所处现场的条件，进行自救或互救，尽快封闭胸壁创口，变开放性气胸为闭合性气胸。可用大型急救包，多层清洁布块或厚纱布垫，在伤员深呼气末敷盖创口并包扎固定。如有大块凡士林纱布或无菌塑料布则更为合适。要求封闭敷料够厚以避免漏气，但不能往创口内填塞；敷料范围应超过创缘5cm以上；包扎易固定牢靠。在伤员转送途中要密切注意敷料有无松动及滑脱，不能随便更换，并时刻警惕张力性气胸的发生。开放性气胸者应给予输血、补液和吸氧等治疗，纠正呼吸和循环功能紊乱，同时进一步检查和弄清伤情。

十一、肺损伤后，缓解患者疼痛的方法有哪些？

1. 患者因外伤，都伴有不同程度的疼痛，疼痛可限制患者深呼吸及有效咳嗽，应采取有效的止痛措施。

2. 根据疼痛评分表，对患者进行疼痛的评估。

3. 当患者咳嗽、咳痰时应协助或指导患者及家属用双手按压患者胸壁，以减轻疼痛。

4. 可采取听音乐等转移注意力的方法。

5. 疼痛剧烈者，遵医嘱给予止痛剂。

十二、肺损伤术后，应如何指导患者进行饮食与活动？

1. 无合并症者，术后 6 小时给予清淡流质饮食，观察有无呕吐及不适，逐渐给予软食、普食，应以高蛋白、高热量、含丰富维生素和纤维素及易消化的饮食为主，有利于伤口早期愈合。

2. 保持大便通畅，避免用力排便。

3. 术后 6 小时患者病情稳定后，采取半卧位，有利于呼吸、引流和减轻伤口疼痛。

4. 指导患者练习腹式深呼吸有效咳嗽，促使胸内气体排出，指导正确带管下床活动或吹气球，每天 3～5 次，每天 5～10 分钟，促使肺复张，防止并发症，避免用力及负重活动。

十三、肺损伤术后，应如何进行出院指导？

1. 劳逸结合，加强锻炼，提高机体抵抗力，预防感冒。避免去人多拥挤的地方，必要时应戴口罩。注意室内空气调节，预防上呼吸道感染。

2. 加强营养，少食多餐、多进高蛋白、高热量、高维生素、易消化饮食，禁烟酒。

3. 保持大便通畅，多食粗纤维饮食，必要时给予缓泻剂。

4. 注意保持精神愉快，情绪稳定。

5. 术后 3～6 个月内注意休息，适当进行一些活动，以不感到疲劳为度，可适当散步、练气功、打太极拳等。

6. 门诊随访，及时了解病情变化。

（宫玉翠）

第十一章 支气管扩张

一、支气管扩张的定义是什么？

支气管扩张是由于支气管及其周围肺组织慢性化脓性炎症和纤维化，使支气管壁的肌肉和弹性组织破坏，导致支气管变形及持久扩张。

二、支气管扩张的病变部位主要有哪些？

支气管扩张主要的好发部位有左肺下叶、舌叶和右中叶。

三、支气管扩张的病理生理改变有哪些？

支气管扩张的发病基础多为支气管壁的炎性损伤和支气管阻塞。炎症造成阻塞，阻塞又导致感染，互相影响，管壁的慢性炎症破坏了管壁的平滑肌、弹力纤维甚至软骨，从而削弱了支气管管壁的支撑结构。当吸气和咳嗽时管内压增高并在胸腔负压的牵引下引起支气管扩张，而呼气时却又因管壁弹性削弱而不能充分回缩，久之则逐渐形成支气管的持久性扩张。

四、支气管扩张的病因主要有哪些？

1. 先天性支气管扩张时由于支气管先天性发育不良，呈囊状扩张，可伴有心脏移位、副鼻窦炎和胰腺囊性纤维化等。

2. 继发性支气管扩张时，支气管-肺脏反复感染和支气管阻塞，既往常与麻疹和百日咳有关，现在多因革兰氏阴性菌肺炎所致。

五、支气管扩张的病理分型有哪些？

1. 囊状 先天性的为主。

2. 柱状 继发性的为主。

3. 混合状

六、支气管扩张的临床表现是什么？

支气管扩张的临床表现是慢性咳嗽、咳大量脓痰、咯血和反复肺部感染。

七、支气管扩张的辅助检查有哪些？

支气管扩张的辅助检查包括：①胸部 X 线片。②CT。③支气管造影。④纤维支气管镜检查。

八、支气管扩张患者发生大咯血的诊断标准是什么？

支气管扩张患者发生大咯血的诊断标准是一次咯血量超过 200ml，或 24 小时内咯血量超过 500ml 以上者。需要强调的是，对咯血患者病情严重程度的判断，不要过分拘泥于咯血量的多少，而应当结合患者的一般情况，包括营养状况、面色、脉搏、呼吸、血压、神志及是否发绀等，进行综合判断。患者咯血时的表现有突然出现胸闷、烦躁、端坐呼吸、发绀、吸气性呼吸困难；肺部听诊单侧或双侧肺部呼吸音消失，继而呼吸频率减慢直至停止，血压降低或测量不到，意识丧失，甚至 心脏停搏而死亡。对那些久病体衰或年迈咳嗽乏力者，即使是少量咯血也可造成患者窒息死亡，故对这类患者也应按照大咯血的救治原则进行救治。

九、支气管扩张患者合并大咯血时的观察与处理要点有哪些？

1. 就大咯血而言，即刻止血至关重要，否则可能窒息致死。因此预防咯血窒息应视为大咯血治疗的首要措施。

2. 大咯血患者，应绝对卧床休息，以咯血停止 1 周为宜。尽量减少搬动，并采取患侧卧位，头偏向一侧，这样有利于体位引流，保持呼吸道通畅，并可减少血液流向健侧支气管或肺引起肺部感染。

3. 大咯血的患者常有精神紧张，严重者甚至可诱发喉头痉挛，尤其是体质孱弱、咳嗽反射差、肺功能低下者易因咯血而发生窒息。患者常表现为咯血突然中止，或咯血不畅，或咯出暗红色的血块；患者发生窒息时，应立即果断采取措施予以救治，应密切观察病情变化，于床旁备好抢救用品，以便及时抢救治疗，应尽快清除口腔、咽部的血块，患侧卧位，头偏向一侧，并采取头低脚高位，拍击背部，以便排除肺部积血，必要时用电动吸引器吸出血块，同时给予高浓度吸氧，无效者立即给予插管或气管切开，吸出气管内的血块，以保持呼吸道通畅。咯血窒息解除后，应严密观察血压、呼吸、脉搏等生命体征及神志的变化，保持呼吸道通畅，并注意咯血的性质和量，防止窒息再度发生。

4. 遵医嘱应用止血药，并注意观察疗效。

5. 补充营养，给予支持疗法。大咯血时应暂时禁食，待咯血停止后可进高蛋白、高维生素、易消化的流质与半流质饮食，禁食过热或过冷及刺激性食物，咯血停止 3 天后方可进普通饮食。因患者卧床休息，肠蠕动减慢和饮食减少，易发生便秘。嘱患者排便时勿用力，以免再度诱发咯血。可给患者缓泻剂或开塞露，并可用温水灌肠。

6. 失血量大并持续出血者应及时、少量、多次输新鲜全血，以补充血小板和凝血因子。合并有肺部其他细菌感染和肺不张的患者应加用相应的抗菌药物，并加强护理。

7. 心理护理。咯血发病比较突然，患者缺乏足够心理准备，常会出现紧张、恐惧、悲观、绝望的情绪变化。特别是在初次咯血和大量咯血患者，患者的交感神经兴奋性增高，血流加快，肺循环血量增多，不利于止血。精神高度紧张还可以反射性地引起喉头痉挛而易发生窒息。只有消除紧张、恐惧心理，建立良好的护患关系，取得患者的信任和配合，才利于咯血的抢救治疗和护理。因此，护士应有高度的同情心和责任心，安慰和体贴患者，消除其紧张、恐惧的心理，鼓励患者树立战胜疾病的信心。

十、支气管扩张的治疗方法有哪些？

1. 内科治疗 控制感染；应用支气管扩张药；积极物理治疗，主要是体位引流、叩背、呼吸锻炼和宣教呼吸保健原则等。

2. 介入治疗 对于内科治疗无效的大咯血的患者，不适应手术或不愿意接受手术者可采用介入治疗。

3. 外科治疗 胸腔镜下切除所有受累的肺段，同时最大限度地保留肺功能。对 95%的患者来说，手术有益，局限性病变者疗效更佳。

十一、支气管扩张患者应用垂体后叶素时的注意事项有哪些？

1. 垂体后叶素为治疗大咯血的首选药物，该药能收缩肺细小动脉并同时刺激迷走神经，使心室率减慢，心排出量减少，肺血管内压下降而达到止血作用，止血效果显著。一般静脉注射后 3～5 分钟起效，维持 20～30 分钟后由肝脏灭活失效。

2. 用法。垂体后叶素 5～10U 加 5%葡萄糖注射液 20～40ml 稀释后缓慢静脉注射，继之以 10～20U 加生理盐水或 5%葡萄糖注射液 500ml 稀释后静脉滴注，每天 2～4 次。出血停止后，再继续使用 2～3 天，以巩固疗效。

3. 因垂体后叶素有收缩小动脉的作用，因此应选择合适的血管进行输注，输注过程中严密观察患者输液部位局部有无渗漏、肿胀、灼痛及皮温等情况。一旦渗漏，应立即停用，并行局部冷敷，切忌热敷或用普鲁卡因浸润封闭，抬高患肢，以稀释药液，减轻药物对局部的刺激。

4. 要向患者做好用药前的解释工作，说明该药可引起的不良反应，使其心理上有安全感。

5. 垂体后叶素主要成分为缩宫素和血管加压素，如血管加压素对冠状动脉和胃肠道平滑肌也有收缩作用，可引起胸闷、心悸、腹痛、恶心等不良反应。血管加压素又称抗利尿激素，有抗利尿作用，可以增加远端肾小管及集合管的自由水重吸收，导致血钠稀释引发抗利尿激素分泌异常综合征，造成低钠血症，使血浆渗透压下降，产生脑细胞水肿，临床上患者可出现头痛、头晕、乏力、反应迟钝，严重时可出现嗜睡、精神障碍等低钠性脑病的表现，如不能及时发现处理，可遗有严重的精神症状，严重者可致患者死亡。因此，应严密观察患者的生命体征变化，及时发现异常，及时处理。

6. 冠状动脉粥样硬化性心脏病（冠心病）、高血压、肺源性心脏病、心力衰竭及孕妇均忌用。

十二、支气管扩张患者术前的饮食指导有哪些？

保证患者饮水量应在 1500ml/d 以上。充足的水分有利于痰液稀释，易于咳出。因患者慢性长期咳嗽和咳大量脓性痰，机体消耗大，故应进食营养丰富的饮食，特别是供给优质蛋白，如蛋、奶、鱼、虾、瘦肉等，避免冰冷食物诱发咳嗽，少食多餐。

十三、支气管扩张术前要进行哪些呼吸道准备？

1. 术前 48 小时内，充分给予有效的抗生素及叩背和体位引流等积极的物理治疗，使痰量降至 50ml/d 以下。

2. 患者应进行有效的咳嗽、咳痰及深呼吸，除去呼吸道分泌物，以利于术后肺复张，防止肺部并发症。老年患者有肺部疾病及其他慢性疾病等高危因素，加上自身呼吸功能减退、疼痛、手术创伤等诸多因素，很容易造成术后低氧血症，故术前应进行呼吸功能训练，鼓励患者起床做适当活动，练习深呼吸、腹式呼吸，做有效咳嗽训练，以利于术后肺功能的恢复及预防肺部感染、肺不张。

十四、支气管扩张的内科治疗有哪些？

支气管扩张患者最初的主要治疗为内科治疗，包括控制感染、应用支气管扩张药和积极物理治疗等。

1. 保持呼吸道通畅

（1）支气管扩张药物的应用，部分患者因支气管反应性增高或炎症的刺激，可出现支气管痉挛，影响痰液排出。通常使用喷雾剂，可减轻黏膜水肿，解除支气管痉挛。

（2）呼吸物理治疗对于多段病变最为重要，主要是体位引流、每天叩背数次、呼吸锻炼和宣教呼吸保健原则等。体位引流，其目的是促进痰液的排出，减轻全身中毒症状，其作用有时较抗生素治疗更易见效。根据病变部位采取不同体位，使病肺处于高位，其引流支气管的开口向下，以利痰液顺流咳出。如中叶或下叶支气管扩张，可将床脚垫高 30cm 左右，取头低足高位；病变在中叶取仰卧位，在下叶取卧位，在上叶时取坐位。患者做体位引流应在空腹时，每天可做 2～4 次，每次 15～20 分钟。做引流时要观察患者的呼吸、脉搏等变化，如有呼吸困难、心慌、出冷汗等症状时应停止引流，给予半卧位或平卧位吸氧。引流完毕应协助患者清洁口腔分泌物。年老体弱者慎用，咯血时应暂停治疗。

（3）内科治疗：支气管扩张的其他方法还有湿化呼吸道以增加黏液流动性，应用祛痰药有利排痰，以及戒烟减少刺激物的接触。

（4）纤维支气管镜吸痰，如体位引流痰液仍难排出，可经纤维支气管镜吸痰，以及注入生理盐水冲洗方法清除痰液。

2. 控制感染　现在临床上常在易感季节（春、冬季）应用多种细菌萃取类药物，如泛福舒，可使体内产生针对多种细菌的抗体，从而预防感染的发生。如果发生急性感染应根据症状、体征、痰液性状，必要时需参考细菌培养及药物敏感试验结果选用抗菌药物。

3. 咯血的治疗　密切观察患者病情变化，采取患侧卧位，头偏向一侧，尽量把血咯出，保持气道通畅，必要时可用吸痰管吸引。并迅速建立静脉通路，遵医嘱用药。

（1）一般治疗：保持患者安静卧床休息，患侧卧位，予以易消化半流食，注意保持大便通畅。

（2）止血药物应用：根据咯血量不同选择止血药物。一般少量咯血给予口服止血药，中、大量咯血者应遵医嘱给予垂体后叶素、甘氨酸、氨甲苯酸（止血芳酸）、酚磺乙胺（止血敏）

等药物止血。

（3）顽固性大咯血的介入治疗：可通过纤维支气管镜将 4 °C 冰盐水 5ml 或 1∶2000 肾上腺素 3～5ml 或凝血酶溶液（100U/ml）3～5ml 等注入支气管出血部位，可使局部血管收缩并促进凝血作用。也可经纤维支气管镜将 Fogarty 气囊送至支气管出血部分，注气堵塞达到止血目的。选择性支气管动脉栓塞术治疗大咯血的有效率可达 80%左右，尤其是对心肺功能差、不能耐受手术的顽固性大咯血者，是一种很好的替代手术治疗方法。在大咯血时，患者突然停止咯血，并出现呼吸急促、面色苍白、口唇发绀、烦躁不安等症状时，常为咯血窒息，应及时抢救。置患者头低脚高俯卧位，拍击健侧背部，保持充分体位引流，尽快使积血和血块由气管排出，用粗吸引管吸出气管内血块，并立即通知医师，必要时可进行气管插管、气管切开等。

十五、术前主动咳嗽排痰的方法有哪些?

1. 暴发性咳嗽　是最为有效的咳嗽和咳痰方法，它可使气管和支气管内的痰液直接排除。排痰过程：患者取一放松体位（常用坐位、站位或半卧位），吸气时胸部不动，腹部凸起并屏气后声门关闭。胸肌、腹肌骤然收缩，气流上行冲至声门，使声门打开，气流冲出，痰液随之咳出。但由于这种方法咳嗽剧烈，适用于疼痛较轻或应用镇痛药后的患者。

2. 小声咳嗽　可将小支气管深部的痰液通过不断的震动移至较大的支气管内。咳痰过程：患者取放松体位（常用坐位、站位或半卧位），小吸气后声门关闭，令腹肌进行小幅度连续的收缩，声门间断张合，发出小声咳嗽，将深部痰液排至大气管内。这种咳嗽适用于疼痛较重或痰液较深的患者。但应注意，它不能单独完成排痰工作，须与发声咳嗽合作完成。

3. 发声咳嗽　可将大气管内的痰液排出声门。本法适用于痰液不太黏稠或痰液位置不深的患者。咳嗽过程：患者取放松体位（常用坐位、站位或半卧位），先深吸气，张口并保持声门开放，令腹肌收缩，发出咳嗽同时发出吼声，气流直接从气管冲出时，可将大气管内的痰液随之排出。

十六、支气管扩张患者应如何进行体位引流?

支气管扩张患者多伴有呼吸道的严重感染，大量脓性分泌物集聚气管，对痰多患者首先应给予祛痰剂，使痰液变稀薄容易咳出，以减轻支气管感染和全身毒性反应。指导患者根据病变的部位使患侧向上，开口向下，做深呼 吸、咳嗽，并辅助拍背，使分泌物在气管内振荡，借助重力作用排出体外。患者做体位引流应在空腹时，每天可做 2～4 次，每次 15～20 分钟。做引流时要观察患者的呼吸、脉搏等变化，如有呼吸困难、心慌、出冷汗等症状时应停止引流，给予半卧位或平卧位吸氧。引流完毕应协助患者清洁口腔分泌物。

十七、支气管扩张术前还需要进行哪些准备?

1. 心理指导。支气管扩张是由于支气管及其周围组织的慢性炎症损坏管壁，导致支气管持久扩张和变形。其临床表现为慢性咳嗽、咳大量浓痰、反复咯血、感染、发热，经过长期内科治疗效果不佳，因此对手术治疗存有疑虑，心理压力较大，会出现焦虑、紧张、不安等不良心理反应。这些都会干扰手术和麻醉等医疗活动实施，向患者讲解疾病的相关知识，如手术的目的、方法、过程、术后恢复情况等，消除患者对手术的恐惧和焦虑，让患者学会自我激励，增强患者战胜疾病的信心，积极配合治疗和护理。

2. 戒烟戒酒，训练患者主动排痰。

3. 术前 1 天晚上进流质饮食，术前 8 小时禁食，4～6 小时禁饮，以防止在麻醉过程中发生呕吐、误吸而引起吸入性肺炎、窒息等意外。术前 1 天晚上给予灌肠或缓泻药。

4. 备皮。左侧切口，左侧的前胸正中线至后脊柱线，包括腋下，上从锁骨水平线至脐水平；右侧切口：右侧的前胸正中线至后脊柱线，包括腋下，上从锁骨水平线至脐水平。

十八、支气管扩张术后常规护理有哪些?

1. 一般护理。严密观察患者意识、神志、呼吸等，进行心电监护和血氧饱和度监护，观察有无心动过速及心律失常。麻醉未醒时取去枕平卧位，头偏向一侧，防止误吸，清醒后取半坐卧位。

2. 保持呼吸道通畅。

3. 鼓励患者早日下床活动，必要时遵医嘱给予镇痛药，避免患者因疼痛采取低效性呼吸形态，预防术后喉头水肿，鼓励患者深呼吸、有效咳嗽。

4. 做好胸腔闭式引流管的护理。

5. 营养支持。支气管扩张患者因长期反复感染，咳大量脓痰或反复咯血，耗损很大，加上手术对机体的创伤，患者极易造成负氮平衡，所以要鼓励患者进食高热量、高蛋白食物，纠正贫血，多食新鲜的蔬菜、水果，必要时静脉补充营养物质，如氨基酸、血浆等，促进伤口愈合。

十九、支气管扩张术后呼吸道的观察与护理有哪些？

1. 术前向患者讲解保持呼吸道通畅、定时翻身叩背、雾化吸入、吸痰的意义，使其配合术后治疗和护理。

2. 术后患者易发生呼吸困难、缺氧，并发肺不张甚至呼吸衰竭。应密切观察呼吸形态、频率和节律，有无口唇、甲床发绀等缺氧表现，听诊双肺呼吸音是否清晰，有无缺氧症状。

3. 全麻清醒前，应采取平卧位，头转向一侧，以防止呕吐物及唾液吸入下呼吸道而致气管梗阻，出现舌根后坠堵塞呼吸道应使其头后仰，凡呼吸有痰鸣音者应及时给予吸痰。麻醉清醒后取半卧位，抬高床头 15°～30°，使膈肌下降，以利于呼吸和引流。病情较重或呼吸功能较差者应避免健侧卧位，以免压迫健侧肺影响通气。全肺切除术后 3 天内只允许平卧或 1/4 侧卧位，避免完全侧卧位，以免纵隔过度移位，导致心血管扭曲引起休克，更不允许健侧卧位以免压缩健侧肺造成严重缺氧。

4. 患者清醒 6 小时后，鼓励患者实施主动咳嗽进行排痰，指导患者早期进行肺功能训练，以尽早排出肺内痰液和陈旧性血块，使肺复张，肺复张有利于胸腔内积气和积液的排出。对无力咳嗽的患者，护士一手按压切口，另一手的中指按压胸骨上窝处，刺激总气管，以引起咳嗽反射有利咳痰。手术和胸腔置管均可使肋间肌和膈肌运动受限，呼吸功能受到影响，使肺组织的弹性回缩减弱，肺泡和支气管内易积聚分泌物，并逐渐变黏稠，且不易被咳出。遵医嘱予雾化吸入，经常听诊肺部呼吸音，如痰鸣音明显，应立即给予雾化、叩背，协助排痰，直至肺部呼吸音清晰。

5. 早期协助叩背，鼓励患者深呼吸和有效咳痰，及时清除呼吸道分泌物，保持呼吸道通畅，预防肺部并发症的发生。叩背前应充分止疼，同时听诊肺部，确定痰潴留部位。叩背排痰后再听诊肺部，了解痰液的排出情况。叩背应由下而上，由边缘至中央有节律地叩拍患者背部或胸壁，轻叩 2 分钟后，嘱患者主动咳嗽，把痰排出。如果患者不能主动咳嗽时，可在胸骨上凹处刺激气管而诱发患者咳嗽，咳嗽时可用两手掌按压术侧胸壁，减轻疼痛。同时注意湿化呼吸道，雾化吸入，每天 2～4 次。

二十、支气管扩张手术后应进行哪些早期活动？

1. 鼓励患者早期下床活动 目的是预防肺不张，改善呼吸循环功能，增进食欲，振奋精神。术后第一天，生命体征平稳，鼓励及协助患者做床上肢体运动；带有引流管的要妥善保护，要严密观察患者生命体征。

2. 促进手臂和肩关节的运动 预防术侧胸壁肌肉粘连、肩关节强直及失用性萎缩。患者清醒后，可协助患者进行臂部、躯干和四肢的轻度活动，每 4 小时一次，术后第一天开始做肩、臂的主动运动。

3. 训练患者主动咳嗽

二十一、支气管扩张手术后并发症的观察与护理有哪些？

1. 进行性出血 胸腔引流瓶内持续有鲜血引出，每小时超过 200ml，伴有进行性血压下降、脉搏细弱、面色苍白、四肢厥冷、烦躁等失血征象时，应疑有大血管损伤或胸腔活动性出血的可能，立即报告医师，并做好开胸探查术前准备。

2. 肺部感染　要经常协助和鼓励患者咳嗽、排痰，以保持呼吸道通畅，严格遵守无菌操作规程，水封瓶位置一定要低于胸腔水平，防止引流液倒流造成逆行感染。

3. 肺不张　即全肺或部分肺成收缩和无气状态，常见原因为黏稠支气管分泌液阻塞气管，或胸腔积液积气压迫肺组织而引起，应密切观察胸部症状体征，如胸痛、呼吸困难是否改善，定期做胸部X线或CT检查，及早发现及早处理。

4. 支气管胸膜瘘　是最严重的术后并发症。患者高热，继而咳出大量胸水样痰或脓痰，尤其是在体位改变后发生，或出现顽固性嗝逆，均应考虑支气管胸膜瘘可能。护理上必须保持胸腔闭式引流管的通畅，早期鼓励患者咳嗽咳痰，加强肺复张锻炼，消灭残腔，防止残腔积液、感染，预防支气管胸膜瘘的发生。

二十二、支气管扩张手术后的健康宣教包括哪些？

1. 多做深呼吸运动，腹式呼吸及有效咳嗽，运动以散步为主，注意劳逸结合，加强锻炼，提高机体抵抗力，预防感冒。避免去人多拥挤的地方，必要时应戴口罩。注意室内空气调节，预防上呼吸道感染。

2. 饮食。宜进高蛋白质、高热量、高维生素及粗纤维食物，如蔬菜、水果、米粥等高维生素，保证营养供给。

3. 多食粗纤维饮食，保持大便通畅，必要时给予缓泻剂。

4. 注意保持精神愉快，情绪稳定，遵医嘱定期到医院复查。

（李俊璞）

第十二章　气管、支气管肿瘤

一、气管、支气管肿瘤的病因主要有哪些？

原发性气管和支气管肿瘤无论是良性或恶性肿瘤均不多见。原发性气管肿瘤是指原发于环状软骨下缘至隆突间的气管肿瘤，其发病率在呼吸系统肿瘤中约占 0.2%。原发性气管肿瘤病因不清，空气污染及严重的吸烟习惯可能为其致病因素，但同时与气管纤毛上皮的功能是否正常密切相关。另外发现，某些患者多年前曾因甲状腺或胸腺疾病接受过放射治疗，因此放射线致癌亦可能与本病有关。国外研究发现癌基因的激活、抑癌基因失活可能在原发性气管肿瘤中占重要作用。成人原发性气管肿瘤多为恶性，而儿童多为良性。

二、气管、支气管肿瘤的病理分型有哪些？

1. 根据良性、恶性分类

（1）气管肿瘤按分化程度可分为恶性、低度恶性和良性三种。恶性气管肿瘤有鳞状上皮细胞癌、腺癌和分化不良型癌，其中以鳞状上皮细胞癌最为常见，约占原发性气管肿瘤的 50%；低度恶性肿瘤有腺样囊性癌、黏液表皮样癌和类癌，其中以腺样囊性癌最为多见，约占原发性气管肿瘤的 30%。

（2）气管良性肿瘤有平滑肌瘤、错构瘤、乳头状瘤、神经纤维瘤、唾液腺混合瘤、血管瘤等；还有一些少见的肿瘤，如癌肉瘤、软骨肉瘤、软骨瘤等。

2. 依据其来源的病理组织学分类

（1）起源于上皮层的肿瘤：鳞状上皮细胞癌、腺癌、乳头状瘤。

（2）起源于黏膜腺体或黏膜下腺体的有腺样囊性癌、黏液表皮样癌。

（3）起源于黏膜上皮嗜银细胞的有分化不良型癌和类癌。

（4）起源于间质组织的有平滑肌瘤、血管瘤、软骨瘤、神经纤维瘤、错构瘤、癌肉瘤等。

三、气管、支气管肿瘤的临床表现是什么？

气管、支气管肿瘤的临床表现取决于其生长方向、可动性、瘤体是否溃烂或破裂。气管肿瘤无论良性、恶性，症状按肿瘤的部位、大小和性质而异，症状产生的主要原因基本都是管腔狭窄受阻、通气障碍。气管肿瘤的临床表现可有黏膜刺激和溃疡引起的咳嗽、咯血；上呼吸道梗阻造成的呼吸困难、喘息及喘鸣；肿瘤直接侵袭邻近组织造成的喉返神经麻痹及吞咽困难等。另外，可有远处转移。

1. 咳嗽　常呈刺激性干咳，吐少量白色痰液，肿瘤表面破溃时则有血性痰，出血量不多。肿瘤破裂时，也可有腐臭味。偶尔患者可咳出小块瘤组织，呼吸困难便随之缓解。

2. 上呼吸道梗阻　其典型症状为气短、气急、喘息、呼吸困难、发绀等，体力活动、体位改变、气管分泌物增多时均可使症状加重。气管肿瘤较典型的症状是气急、喘息及喘鸣，通常是在气管堵塞严重、管腔大小已不及原来的 1/3 时才会出现。一般来说，管腔缩小到直径为 1cm，呼吸时就可能出现特殊的喘鸣音，犹似鸭嘎声，吸气期延长，此时即应引起注意。当管腔不及 1cm 时则有明显的呼吸困难；不及 0.5cm 时，患者活动明显受限，有典型的三凹症出现，甚至不能活动。气管肿瘤所致的呼吸困难多为吸气性呼吸困难，此点不同于支气管哮喘症或肺气肿。

3. 复发性肺炎　气管肿瘤患者合并呼吸道感染或分泌物潴留，可引起肺炎，甚至窒息死亡。很多气管肿瘤患者临床上都是表现为反复发作的肺炎，常因抗感染效果不佳而反复就诊。主支气管受侵可造成一侧或双侧反复发生肺炎，不少患者死于窒息或肺炎。

4. 声音嘶哑或音色改变　此症状是气流量及速度改变所造成的，原因可能是一侧喉返神经受累或肿瘤侵犯声带所致，是晚期表现。

5. 气管肿瘤通常并不引起疼痛，仅有胸部或颈部有一种压迫感。少数患者可出现下咽困难，提示食管受到肿瘤压迫。恶性气管肿瘤晚期可有远处转移表现，常有食欲下降、消瘦、贫血、发热等。

四、气管、支气管肿瘤的辅助检查有哪些？

1. 胸部 CT。

2. 胸部 MRI。

3. 气管碘油造影明确诊断。

4. 纤维支气管镜检查，必要时取活检组织检查。

5. 肺功能检查。

6. 其他检查。如食管钡餐造影、食管镜，尤其是肿瘤生长在气管后壁者。

五、气管、支气管肿瘤主要有哪些类型？

1. 气管恶性肿瘤

（1）鳞状细胞癌：最常见，约占原发性气管肿瘤的 50%。

（2）腺样囊性癌：发病率仅次于鳞状细胞癌，约占原发性气管肿瘤的 30%。

（3）其他恶性肿瘤：其他原发性气管肿瘤的自然病程尚无足够的经验给出明确结论。气管类癌一般是可以治愈的，癌肉瘤和软骨肉瘤通过手术切除也有治愈的可能。

2. 气管良性肿瘤

（1）乳头状瘤：为儿童最常见的气管肿瘤，约占儿童气管良性肿瘤的 60%。

（2）软骨瘤：是最常见的一种良性间质细胞肿瘤，由正常的软骨细胞构成，多发于上段气管环状软骨处。

（3）其他：错构瘤也有细小的蒂与气管壁相连，肿瘤表面光滑、坚硬，活检钳不易取到肿瘤组织。手术是最好的选择。

六、气管、支气管肿瘤的治疗方法有哪些？

1. 手术治疗 喉气管切除术、气管袖式切除对端吻合术、气管隆突切除重建术、气管造口术、气管切开肿瘤切除术、气管侧壁切除成形术、气管镜下气管切除肿瘤及腔内支架置入、人工气管置换术。

2. 综合治疗 化疗、放疗、免疫治疗，对合并感染者给予抗感染治疗。

七、气管、支气管肿瘤患者术前的饮食指导有哪些？

建立令人愉快的进食环境、提供色香味齐全的均衡饮食，注意口腔清洁以促进食欲。伴有营养不良者，可遵医嘱给予肠内或肠外途径补充营养，以改善其营养状况。饮食宜高蛋白、高热量，以及含丰富维生素、易消化。

八、气管、支气管肿瘤术前需要进行哪些呼吸道准备？

呼吸道术前准备充分是术中安全、术后顺利康复的保障。气管支气管肿瘤患者术前常伴不同程度的通气功能障碍，有的呼吸困难十分严重，致缺氧和二氧化碳蓄积，病情非常危急，盲目进行常规麻醉诱导、气管插管，可能导致严重后果，甚至死亡，所以术前应进行细致的评估和充分的准备。除进行常规检查外，还需进行呼吸系统的特殊检查，包括气管支气管镜检查、支气管造影与肺功能测定等。除了胸外常规准备外，还应指导患者做好正确的深呼吸、有效咳嗽、排痰训练，帮助患者建立有效的呼吸形态，掌握正确咳嗽、排痰的方法，有效清理呼吸道，必要时术前进行雾化吸入，以预防术后的并发症。

九、气管、支气管肿瘤术前还需要进行哪些准备？

1. 心理护理 详细地向患者讲解病情、手术的方法、需要配合的注意事项、手术预后效果，尽量消除或减少患者的不安和焦虑。鼓励患者向医护人员倾诉自觉不适的心理感受，同时运用相关医学知识，耐心地向患者解释引起不适的原因，减轻顾虑，增加对治疗的认同感，以积极的心态配合治疗与护理。尽可能在床旁完成检查，患者离开病房时有医护人员或家属陪同，让患者获得安全感。认知帮助：帮助患者了解疾病、手术、麻醉的相关情况，消除对手术、麻醉的疑虑，对手术有充足的心理准备，以良好的心态迎接手术。

2. 做好呼吸道的准备

3. 颈部特殊体位的训练 气管肿瘤切除术后，吻合口处张力增加，所以要求术后采取颈部屈曲体位（Pearson 头部固定法）。术前训练患者头颈前屈，为术后较快适应这种体位做好准备。护理人员通过示范及讲解让患者明白这个特殊体位的重要性，并在保护隐私的前提下给前几例患者术后拍照，把照片给后面几例患者观看，更让患者有一种真实感，以此受到鼓励，从而在心理上积极配合。操作方法：头部下方垫枕逐步增高，时间渐渐延长；使患者逐步适应颈部屈曲下能进行有效咳痰、饮水及进食，为术后康复创造条件。

4. 胃肠道准备 术前 8 小时禁食，4～6 小时禁饮，以防止麻醉过程中发生呕吐，误吸而引起吸入性肺炎、窒息等意外。术前一天晚进行灌肠一次，防止术后因长期卧床而腹胀。

十、气管、支气管肿瘤术后常规护理有哪些？

1. 患者体位 术后用粗线将下颌下方缝在胸骨前皮肤上，使颈部处于前屈 10° ～30° 的位置（Pearson 头部固定法即颈部屈曲体位），此缝线作为术后恢复的一种保护机制，以防颈部突然移动使愈合的吻合口受牵拉，缝线保留约 7 天，此时已经早期愈合，患者也已习惯颈部屈曲体位，继之 7 天，患者可自如活动；因气管两段端吻合口一般多采用较细的可吸收缝合材料，它可被吸收，能维持张力 3 周左右，文献中周建平、吴子易等及袁慧等认为颈部固定缝线应保留 2～3 周，以上基于临床经验，事实也证明效果良好。辅助翻身时应保持头部姿势，避免因体位变动而发生吻合口移位或崩裂等并发症。2 次/天消毒缝线处防止感染，并保持前颈部干燥，防止皮肤浸渍。Pearson 体位易导致颈部肌肉疲劳，护理中注意每天进行 2～3 次局部按摩。在更换床单、协助翻身、下床时注意各引流管、切口和下颌缝线，动作轻柔，防止脱管及其他意外发生。床挡保护防止坠床。

2. 气管插管护理 气管袖式切除对端吻合术后，由于易并发吻合口狭窄、吻合口瘘等而发生窒息，患者术后均带气管插管，必要时呼吸机辅助通气。定时吸痰保持呼吸道通畅，定时雾化稀释痰液，加强观察患者生命体征。每天 2 次口腔护理。

3. 皮肤护理 使用气垫床加强翻身，翻身时应两个人一起，其中一人保护头颈部，保持颏胸位制动。温水擦身，保持皮肤清洁干燥，由于患者下颌固定于前胸，切口暴露不佳，易导致颌下颈前区域内分泌物积聚，引发感染，因此需加强颈部皮肤护理 2 次/天，使用聚维酮碘消毒颈部伤口处，及时更换敷料，防止分泌物污染。

4. 营养支持 由于伤口的原因，术后初期会引起吞食困难，宜少食多餐，做好患者的饮食指导，保证充足的热量供应，给予高蛋白、高热量的流质饮食，吞咽动作宜慢，以免引起呛咳。气管插管拔除 6 小时后，若无吞咽困难，可饮水，无特殊不适，才可进食。

十一、气管、支气管肿瘤术后呼吸道的观察与护理有哪些？

1. 呼吸道护理 患者在气管、支气管成形术后应进行密切监护治疗，应保持 Pearson 体位，术后保留气管插管的患者应注意气管导管的气囊不应放置于吻合口水平。术后行呼吸支持正压不宜过大，并充分镇静，避免咳嗽和胸膜腔内压增高，以免吻合口漏气及影响气管吻合口的愈合。由于气管及支气管的生理功能主要与咳嗽反射有关，隆突切除术后咳嗽反射减弱甚至消失，同时伴有肺迷走神经切断导致支气管神经支配张力降低，小气管萎陷，加之吻合口水肿及切口疼痛等因素致使肺内分泌物排出不畅，术后辅助咳痰尤为重要。其具体操作方法：咳嗽前嘱患者做深呼吸 5～6 次，用双手轻按术侧胸壁，尽量减轻胸壁的震动。患者咳嗽时，护士要一手固定患者头部，减少缝合处的牵拉，另一手由下向上、由外向内叩背，对痰多黏稠而又无力咳嗽者应采取纤维支气管镜吸痰，排出肺内分泌物以保持呼吸道通畅，同时应加强呼吸道管理和抗感染治疗。

2. 拔管护理　拔管前评估，患者神志清醒，呼吸肌力量恢复，气管通畅，咳嗽排痰能力好，实验室检查示血气分析正常，胸部X线片提示肺部无明显异常，同时需用纤维支气管镜吸净气管内分泌物和血液，检查吻合口通畅程度后拔管，拔管时需有外科医师及麻醉医师在场，床边备好气管插管包或气管切开包。留置气管插管的患者一旦拔管后，呼吸道分泌物增加，可采用鼻导管或纤维支气管镜进行吸痰，并局部应用抗生素，术后遵医嘱超声雾化吸入及低剂量激素的应用，可减少术后并发症，确保呼吸道通畅。拔管后鼓励患者咳嗽、咳痰，观察患者呼吸及氧合情况，如果发现异常及时处理。拔管后加强气管护理，预防肺部感染。气管插管拔除6小时后，若无吞咽困难，可饮水；若无特殊不适，方可进食。

十二、气管、支气管肿瘤手术后伤口疼痛，该怎么办？

麻醉后切口疼痛是机体对疾病和手术创伤的一种保护反应，患者往往会经历一种不愉快的情感体验，并产生一系列生理和心理反应。此时不及时和不充分处理或镇痛，将会造成一系列不良的临床后果，如切口疼痛影响患者休息、睡眠、早期活动和饮食状况等，造成创口愈合延迟、康复过程减慢等。而气管肿瘤手术创伤大，术后带气管插管需保持颏胸位制动姿势，给患者带来相当大的痛苦，因此镇静显得尤为重要。常规使用丙泊酚微量泵维持，镇静深度以Ramsay镇静评分4～5分为宜，经常询问患者感受，疼痛明显时可适当遵医嘱使用氟比洛芬酯注射液等镇痛药物，也可使用PCA（患者自控镇痛泵）。建立疼痛评估表，每4小时评估一次，观察并记录镇痛效果，如镇痛效果不佳或患者需要做镇痛剂剂量的调节时，应及时联系麻醉医师。若遇到镇痛泵脱管、断管等异常情况，应立即停止使用镇痛泵，同时请麻醉医师会诊处理。对应用阿片类，尤其是吗啡药物的患者，因其有抑制呼吸的作用，应加强对生命体征的监测，尤其是呼吸的频率和深度及血氧饱和度，一旦出现呼吸抑制等紧急情况，应立即报告医师，积极配合抢救。

十三、气管、支气管肿瘤手术后饮食的注意事项是什么？

气管插管患者术后常规留置鼻营养管，文献中彭苹等及余海燕等认为第2天起给予鼻饲营养制剂外加米汤，使用营养泵控制鼻饲速度，开始时50ml/h，6小时左右观察无明显胃潴留、腹痛、腹胀情况后即可逐步将速度增至100～125ml/h。监测胃残余量，如胃残余量超过150ml暂停鼻饲，协助患者床上活动，腹部按摩促进肠蠕动，注意监测生化指标，观察白蛋白、电解质、血糖等变化。未留置气管插管患者，术后第一天进食水，注意了解有无喉返神经损伤。术后由于采取被迫头颈前屈体位，不同程度地影响了患者的进食方式和咀嚼功能，给患者进食带来困难，因此指导患者正确的进食方法是很重要的。患者应以软食、流质和半流质食物为主，当进流质或半流食物时，嘱患者取坐位，身体前倾，尽量使用吸管，减少下颌关节的活动和减少呛咳；进食软食时，以细嚼慢咽为宜；要鼓励患者进食，增加机体抵抗力，以促进伤口愈合。

十四、气管、支气管肿瘤手术后应进行哪些早期活动？

1. 鼓励患者早期下床活动　其目的是预防肺不张，改善呼吸循环功能，增进食欲，振奋精神。术后第一天，生命体征平稳，鼓励及协助患者床上肢体运动，带有引流管的要妥善保护，严密观察患者生命体征。

2. 促进手臂和肩关节的运动　预防术侧胸壁肌肉粘连、肩关节强直及失用性萎缩。清醒后，可协助患者进行臂部、躯干和四肢的轻度活动，每4小时一次，术后第一天开始做肩、臂的主动运动。

十五、气管、支气管肿瘤手术后并发症的观察与护理有哪些？

气管袖式切除对端吻合术后由于易并发吻合口狭窄、吻合口瘘等而发生窒息。

1. 吻合口水肿　气管切除患者术后应在床旁准备好较细的气管导管及气管切开包，一旦患者发生严重水肿时，随时协同医师行气管插管或远端气管切开。

2. 吻合口漏气 轻微的针孔漏气通常很快可以自行闭合。观察患者伤口周围皮肤，轻触出现“握雪感”，提示术后出现皮下气肿，报告医师，轻度观察，必要时配合医师部分敞开切口减压。

3. 吻合口狭窄 是一种中、晚期并发症，通常发生在术后4～6周以后。其治疗方法包括内镜扩张、冷冻或激光治疗，以及选择性再次切除。对于肉芽增生，可通过硬式支气管镜用活检钳咬除，用硝酸银棒烧灼，也可用冷冻或激光切除。若冷冻或激光治疗效果不佳，放置内支架可能是唯一的选择。

（1）激光、冷冻、氩气刀术后护理：术后密切监测患者生命体征，除了为患者进行基础的日常护理，保持呼吸道通畅之外，还要多跟患者沟通交流，缓解其紧张情绪，鼓励其咳嗽、排痰，把术中残留气管中的少许坏死组织排出，如果患者排出痰液中有大量焦痂，则表明患者的气管中仍可能有大量坏死组织，应及时通知医师。必要时用纤维支气管镜清理气道，防止患者窒息。年龄较大者，应在1～2小时高流量吸氧后换用低流量吸氧或撤除。①呼吸困难缓解情况：以患者自评呼吸困难目测量表（1～10分）为观察指标，观察患者治疗前、治疗后当时、治疗后3天、治疗后7天的呼吸困难情况。②气管狭窄缓解情况：以患者气管镜检查前后管径阻塞情况（气管狭窄+残留管腔直径/气管直径）作为气管狭窄缓解客观指标。对喉咽部、胸部疼痛者，应少讲话，多休息，饮食方面忌辛辣刺激性，尽量进食温凉饮食，约3天症状会缓解。③阻塞性肺炎：术中局部干燥组织脱落及术后少量组织水肿阻塞管腔导致继发性肺部感染，可出现术后低热，应注意监测体温。④咯血：恶性肿瘤广泛浸润支气管管壁，容易造成管壁外血管损伤导致出血，对此类患者要警惕，床旁应备气管插管、气管切开包及吸痰装置，一旦出现大咯血者应立即配合医师抢救，保证患者呼吸道通畅。

（2）支架置入后护理：术后禁食3小时，以防误吸而发生窒息，由于支架置入后气管膜部活动受限，加上N-T支架为网状结构使患者呼吸道分泌物不易排出。做好呼吸道的护理，避免痰液潴留导致呼吸道感染。协助患者排痰，指导其做腹式呼吸及有效咳嗽，必要时遵医嘱应用雾化吸入，以稀释呼吸道分泌物。支架置入术后48小时内避免剧烈咳嗽，因为N-T支架自置入后至膨胀到最佳状态需要24～48小时，剧烈咳嗽可致气管内压反复变化，使未完全膨胀的支架移位。

十六、气管、支气管肿瘤手术后的健康宣教包括哪些?

1. 体位护理 气管切除术后要采取Pearson体位，这种特殊体位更加重咳痰的困难，因此术前教会患者有效咳痰方法尤为重要。在患者意识未完全恢复清醒时，应由专人固定头部，以防其烦躁而挣开固定缝线，并在头下垫硅胶软枕以保证患者Pearson体位时头部正中制动，以减轻气管肿瘤切除术后气管对端吻合口张力；患者清醒后要做好宣教工作，嘱其保持低头姿势，勿左右活动颈部，并告知保持体位的重要性。辅助翻身时应保持头部姿势，避免因体位变动而发生吻合口移位或崩裂等并发症。拆除缝线后，向患者及家属解释手术后避免抬头的重要性。虽然下颌与前胸部皮肤缝线已拆除，但气管愈合后，组织抗张力达100%，因此嘱患者3个月内避免头颈后仰及抬头动作，走路时眼睛要平视，不要仰头看物，睡觉时床头要抬高将头部垫起约15°，以免发生吻合口瘘。术后3个月后可逐渐仰头，逐步增加伸展转动程度，避免剧烈运动，出现呼吸困难等不适时要及时随诊，定期复查。

2. 活动与休息 鼓励患者早期下床活动。促进手臂和肩关节活动，预防术侧胸壁肌肉粘连、肩关节强直及失用性萎缩。出院时嘱患者回家后数星期内，仍应进行呼吸运动及有效的咳嗽。保持口腔卫生，避免出入公共场所或与上呼吸道感染者接近，避免居住或工作于布满灰尘、烟雾及化学刺激物品的环境。

3. 饮食 肠蠕动恢复后，即可开始进食清淡流质、半流质饮食；若患者进食后无任何不适则改为普食，饮食宜为高蛋白、高热量、丰富维生素、易消化。伴有营养不良者，可遵医嘱给予肠内或肠外途径补充营养，以保证营养，提高机体抵抗力，促进伤口愈合。

4. 定期复查 需接受化学药物治疗者，在治疗过程中应注意血常规的变化，定期复查红细胞和肝功能。

（李俊璞）

第十三章 肋骨骨折

一、肋骨骨折的病因主要有哪些？

1. 直接暴力或间接暴力作用于胸壁可以造成肋骨骨折，约占全部胸部外伤的 60%。

（1）直接暴力在肋骨受到打击处引起骨折，此时骨折断端多向胸内部凹陷而损伤肋间血管、胸膜和肺，继而产生血胸、气胸或血气胸。

（2）间接暴力多为胸部遭受前后严重挤压，易在肋骨中段或肋骨角处发生折断，骨折端向外戳破胸壁，易引起继发感染和产生肋骨骨髓炎。

2. 老年人骨质疏松脆性增加，胸部外伤更容易造成肋骨骨折。

3. 枪弹或爆炸伤产生的骨折多为粉碎性，且多伴有胸内脏器损伤。

4. 患者肋骨已有转移性恶性病灶，外伤易发生病理性骨折，此情况比较罕见。

二、肋骨骨折的类型有哪些？

1. 根据骨折断端是否与外界相通，分为：①开放性肋骨骨折。②闭合性肋骨骨折。

2. 根据损伤程度，分为：①单根单处肋骨骨折。②单根多处肋骨骨折。③多根单处肋骨骨折。④多根多处肋骨骨折。

三、肋骨骨折的临床表现是什么？

1. 症状 疼痛、咯血、呼吸循环变化。

2. 体征 压痛、骨擦音、反常呼吸运动、皮下气肿。

四、肋骨骨折的辅助检查有哪些？

1. 胸部 X 线正位片、侧位片。

2. 胸部 CT 或 MRI 检查。

五、肋骨骨折的治疗方法有哪些？

1. 保守治疗

（1）包扎固定法及牵引固定法。

（2）止痛、保持呼吸道通畅，预防肺部感染。

（3）并发症的治疗：引起气胸、血胸或血气胸时，必须立即行胸腔闭式引流以便肺复张，并检测引流量情况。

2. 手术治疗 对于伴有明显反常呼吸的连枷胸、合并有活动性血气胸的肋骨骨折、断端移位明显可能危及重要血管脏器的肋骨骨折，行肋骨骨折内固定术。

六、连枷胸的临床表现是什么？

连枷胸（flail chest）是指多根或多处肋骨骨折（rib fracture），使局部胸壁失去完整肋骨支撑而软化，受伤部位局部疼痛，并因呼吸运动、咳嗽和体位改变使疼痛加剧，同时有憋气、心慌和呼吸困难等症状。检查可见呼吸增快、发绀、休克，还可发现骨折部位的浮动胸壁及反常呼吸运动，即吸气时软化区胸壁内陷，呼气时外突。

七、连枷胸有哪些类型？

1. 前壁连枷胸 前胸壁多根肋骨骨折伴或不伴有胸骨骨折，最危险的是易引起呼吸困难。

2. 侧壁连枷胸 四根或更多的连续的侧胸壁肋骨发生两处以上骨折，最常见。

3. 后壁连枷胸 后胸壁多根肋骨骨折，最少见，发生肺部并发症的危险最小。

八、肋骨骨折患者术前的饮食指导有哪些？

肋骨骨折患者术前的饮食前期主要是补充盐和水为主，如蔬菜、水果、米粥等高维生素、低脂、高铁的食物，继续补充鸡蛋、瘦肉、排骨、牛奶等高蛋白食物。患者应多饮水，以增加胃肠蠕动。

九、肋骨骨折术前要进行哪些呼吸道准备？

肋骨骨折断端可刺激肋间神经产生局部疼痛，在深呼吸、咳嗽或转动体位时加剧。疼痛使呼吸变浅、咳嗽无力、呼吸道分泌物增多而发生潴留，易致肺不张、通气功能减弱和肺部感染。肋骨骨折首先的处理原则就是镇痛，在此基础上清理呼吸道分泌物，术前戒烟戒酒，对患者进行呼吸功能训练，练习有效咳嗽、咳痰及深呼吸，除去呼吸道分泌物，鼓励其早期下床活动，以减少呼吸系统的并发症。连枷胸的反常呼吸运动可使伤侧肺受到塌陷胸壁的压迫，呼吸时两侧胸腔压力的不均衡造成纵隔扑动，影响肺通气，导致体内缺氧和二氧化碳潴留，严重时可发生呼吸和循环衰竭。对咳嗽无力不能有效排痰或呼吸衰竭者，应保持呼吸道通畅，及时清除呼吸道分泌物，除鼻导管吸痰或经纤维支气管镜吸痰外，必要时行气管插管或气管切开，以利于抽吸痰液、给氧和给予呼吸机辅助呼吸。

十、肋骨骨折术前还需要进行哪些准备？

1. 心理指导 肋骨骨折患者大多发病突然，患者以中青年较多，平时在工作及家庭中扮演重要角色，患者因胸痛、呼吸困难加上意外伤害，担心手术是否顺利等可引起焦虑、恐惧心理。根据患者的特点向患者讲解疾病的相关知识，如手术的目的、方法、过程、术后恢复情况等。告知患者不良心理状态对手术预后的影响，让患者学会自我激励，增强患者战胜疾病的信心，积极配合治疗和护理。

2. 常规术前基础准备 如进行床上大小便的训练、双上肢功能的锻炼、备皮、备血、药物过敏试验等。

3. 呼吸功能训练

4. 疼痛护理 肋骨骨折断端可刺激肋间神经产生局部疼痛，在深呼吸、咳嗽或转动体位时加剧，镇痛尤为重要。经皮电刺激神经可用于轻微肋骨骨折的镇痛治疗。单处肋骨骨折无须整复及固定，治疗主要是止痛，可口服止痛药进行止痛。多根肋骨骨折除止痛外，可用多头胸带固定胸部。若止痛药物效果不佳，可酌情行骨折痛点封闭、肋间神经阻滞。其具体方法为1%普鲁卡因或0.5%利多卡因做骨折部痛点或肋间神经阻滞,肋间神经阻滞的范围原则上应包括断端肋上、下各1肋间，操作时需注意勿损伤肺组织造成气胸。对于多根肋骨骨折，自控镇痛泵联合肋间神经阻滞可能更有效，也可给予短效麻醉药治疗（如芬太尼）。除此之外，还有胸腔内置管麻醉，但其效果受许多因素的影响，如置管的位置、胸膜厚度、有无血胸等。

5. 严密监测患者生命体征 严密观察患者的脉搏、呼吸、血压及血氧饱和度，持续24小时心电监护。同时注意观察患者有无呼吸困难、气管有无偏移及胸廓活动度、有无反常呼吸，观察口唇及颜面色泽，必要时定期行血气监测。观察患者有无皮下气肿、气胸、血胸的相应体征，如有以上异常状况要及时联系医师进行处理。

（1）连枷胸的反常呼吸运动严重地限制了胸膜腔产生足够负压，使伤侧肺受塌陷胸壁的压迫，吸气时两侧胸腔压力的不均衡造成纵隔扑动，限制了肺的通气功能，若不及时有效处理，容易产生呼吸和循环衰竭。严密监测患者生命体征，其治疗原则为尽快消除浮动胸壁造成的反常呼吸运动，阻断恶性循环：①加压包扎固定胸壁软化区，针对反常呼吸运动程度较轻，有足够自主呼吸能力的，不需要机械通气。②机械通气-呼吸内固定。经气管插管或气管切开进行控制性机械通气，是消除反常呼吸，纠正呼吸循环障碍最有效的方法。

（2）多发肋骨骨折合并胸腔活动性出血者：密切观察患者胸腔内出血情况，明确胸腔内是否存在活跃性出血，是否需紧急手术开胸止血。①定期挤压胸腔引流管使其保持通畅，引流血量每小时超过200ml，连续2～3小时；②经积极抗休克治疗和补充全血后，患者脉搏、血压和呼吸无明显改善，或暂时好转又迅速恶化；③胸腔内引流出的血液很快凝固；④血常规检查示血红蛋白和血细胞比容呈进行性持续下降；⑤胸腔引流出的血性液体颜色呈鲜红色。除此之外，还要警惕迟发性血胸的发生，迟发性血胸指外伤后患者并无血胸症状，检查也未发现胸内积液，但在数天后证实存在血胸，甚至存在大量血胸。其原因可能为肋骨骨折当时无出血，以后因活动或姿势等造成骨折断端刺破肋间血管，或血管破口被凝血块暂时封闭、血凝块脱落等。因此多发肋骨骨折患者体位变化时，动作要轻缓，短期内应重复胸部X线检查。

（3）广泛肺挫伤合并低氧血症者：临床表现为呼吸困难、咯血、血性泡沫痰及肺部啰音，严密观察患者血氧饱和度，保持呼吸道通畅，谨防急性肺损伤，甚至急性呼吸窘迫综合征的发生，同时应控制输液速度，以防发生肺水肿。

十一、肋骨骨折术前备皮的范围有哪些?

1. 左侧切口 左侧的前胸正中线至后脊柱线，包括腋下，上从锁骨水平线至脐水平、会阴部。

2. 右侧切口 右侧的前胸正中线至后脊柱线，包括腋下，上从锁骨水平线至脐水平、会阴部。

十二、肋骨骨折术后常规护理有哪些?

1. 密切监测患者生命体征 全麻术后患者24小时内密切监测生命体征及血氧饱和度变化，术后根据患者的病情给予合适的氧流量。

2. 体位护理 全麻未清醒时，采用去枕平卧位，头偏向一侧，防止呕吐物误吸，避免术后肺部并发症。清醒后，血压平稳取半卧位，床头抬高30°～40°，减轻局部充血和水肿，使膈肌下移，可增加肺活量，缓解呼吸困难，利于胸腔引流管的引流。鼓励患者尽早下床活动，不能下床活动者，指导并协助其进行床上运动，防止坠积性肺炎、下肢深静脉栓塞、肺栓塞及压疮的发生。

3. 呼吸道护理 术后因全麻插管，支气管痉挛，呼吸道水肿，使呼吸道分泌物增加，影响肺通气，又因切口疼痛，患者不敢用力咳嗽，极易造成呼吸道分泌物潴留，易诱发肺部感染。尽量鼓励患者咳嗽咳痰，咳嗽时用双手轻压胸壁，以减轻疼痛，常规雾化吸入每天2～4次，以湿化呼吸道、稀释痰液，有利于痰液的咳出，必要时行床旁吸痰，指导患者进行呼吸功能训练。

4. 镇痛 询问患者感受，疼痛明显时可适当遵医嘱使用凯纷等镇痛药物，也可使用PCA（患者自控镇痛泵）。建立疼痛评估表，4小时评估一次，观察并记录镇痛效果。

5. 做好胸腔闭式引流管的护理

十三、肋骨骨折术后呼吸道的观察与护理有哪些?

早期协助叩背，鼓励患者深呼吸和有效咳痰，及时清除呼吸道分泌物，保持呼吸道通畅，预防肺部并发症的发生。患者清醒6小时后开始鼓励患者咳嗽咳痰，指导患者早期进行呼吸功能训练，以尽早排出肺内痰液和陈旧性血块，使肺复张。叩背前应充分止痛，同时听诊肺部，确定痰潴留部位，叩背应由下而上，由边缘至中央有节律地叩拍患者背部或胸壁，轻叩2分钟后，嘱患者主动咳嗽，把痰排出。如果患者不能主动咳嗽时，护士一手按压术侧胸壁，减轻疼痛，另一手的中指按压胸骨上窝处而诱发患者咳嗽，同时注意湿化呼吸道，雾化吸入，每天2～4次。排痰治疗机协助排痰或者体位引流排痰法进行排痰。痰液黏稠不易咳出者，可行经鼻气管内吸痰或纤维支气管镜下深部吸痰。

十四、肋骨骨折手术后饮食的注意事项是什么?

麻醉清醒6小时后，可先少量饮水，无呛咳后给少量清淡、易消化的食物，如无胃肠道不适，可逐步过渡到普食。肋骨骨折手术后宜进高蛋白质、高热量、高维生素及粗纤维食物，保证营养供给。肋骨骨折手术后多饮水及多食粗纤维食物、新鲜水果等增加胃肠蠕动，保持大便通畅。

十五、肋骨骨折手术后应进行哪些早期活动?

1. 鼓励患者早期下床活动，目的是预防坠积性肺炎、改善呼吸循环功能，可增进食欲，促进肠蠕动，以利消化吸收。术后第一天，生命体征平稳，鼓励及协助患者进行床上肢体运动，带有引流管的要妥善保护，严密观察患者生命体征。

2. 指导患者进行患侧肩臂的主动运动，逐渐练习抬臂、抬肩、手搭对侧肩部、举手过头或拉床带活动，防止术侧肩关节强直。

十六、肋骨骨折手术后并发症的观察与护理有哪些？

1. 休克 严密观察生命体征，密切观察呼吸频率、节律、深浅度及血氧饱和度的变化，若出现烦躁不安、口唇发绀，面色苍白、呼吸困难、脉搏细数、四肢厥冷，应立即报告医师，并做好抢救准备。

2. 进行性出血 胸腔引流瓶内持续有鲜血引出，每小时超过 200ml，伴有进行性血压下降、脉搏细弱、面色苍白、四肢厥冷、烦躁等失血征象时，应怀疑有大血管损伤或胸腔活动性出血的可能，立即报告医师，并做好开胸探查的术前准备。

3. 肺部感染 要经常协助和鼓励患者咳嗽、排痰，以保持呼吸道通畅，严格遵守无菌操作规程，水封瓶位置一定要低于胸腔水平，防止引流液倒流造成逆行感染。

4. 肺不张 常见原因为黏稠的支气管分泌物阻塞气管，或胸腔积液、积气压迫肺组织而引起，应密切观察胸部的症状和体征，如胸痛、呼吸困难是否改善，定期做 X 线或 CT 检查，及早发现，及早处理。

十七、肋骨骨折手术后的健康宣教包括哪些？

1. 运动以散步为主，多进行深呼吸运动，适当增加胸廓活动，锻炼心肺功能。注意劳逸结合，加强锻炼，提高机体抵抗力，预防感冒。避免去人多拥挤的地方，必要时应戴口罩。注意室内空气调节，预防上呼吸道感染。

2. 饮食。戒除烟酒刺激，宜进高蛋白质、高热量、高维生素及粗纤维食物，如蔬菜、水果、米粥等，保证营养供给。

3. 保持良好心态，保证充分休息和睡眠。

4. 出院后定期复诊。

（李俊璞）

第十四章　气　　胸

一、气胸的定义是什么？

胸膜腔内积气称为气胸，气胸的形成多由于肺组织、气管、支气管、食管破裂，空气逸入胸膜腔，或因胸壁伤口穿破胸膜，胸膜腔与外界相通，外界空气进入所致。

二、气胸的病因主要有哪些？

1. 有胸部疾患的患者，如慢性支气管炎、慢性阻塞性肺病、肺气肿、支气管扩张、支气管哮喘、肺结核、肺脓肿、纵隔及食管肿瘤等。

2. 多见于瘦高型男性青壮年，与吸烟、身高、小气管炎症可能有关。

3. 可能与非特异性炎症瘢痕或弹性纤维先天性发育不良有关，少见的有月经性气胸、妊娠性气胸。

三、气胸的病理分型有哪些？

气胸可分为闭合性气胸、开放性气胸、张力性气胸三类。

四、什么是闭合性气胸？

闭合性气胸为肺裂伤或胸壁穿透伤后，少量空气（从肺内或胸膜外）进入胸膜腔，肺部或胸壁的伤口闭合，不再有气体漏入到胸膜腔内，这样造成的胸膜腔积气称为闭合性气胸。

五、什么是开放性气胸？

开放性气胸是指胸膜腔有与外界相通的开口，以致空气随呼吸而自由出入胸膜腔内。

六、什么是张力性气胸？

张力性气胸，又称高压性气胸，有裂口与胸膜腔相通，且形成活瓣，吸气时空气从裂口进入胸膜腔内，而呼气时活瓣关闭，不能让腔内空气回入气管排出。

七、气胸的临床表现是什么？

1. 闭合性气胸　临床表现取决于胸膜腔积气量的多少和发生的快慢。小量气胸肺萎陷在 30% 以下，无明显症状；中量气胸肺萎陷在 30%～50%，50%以上则为大量气胸，患者有胸闷、胸痛、气促等症状。

2. 开放性气胸　胸膜腔与外界相通，伤侧负压消失，肺萎陷而丧失呼吸功能，患者有气急、呼吸困难和发绀。

3. 张力性气胸　常由肺裂伤、支气管损伤或胸壁穿透伤所引起，创口与胸膜腔相通，形成单向活瓣。患者极度呼吸困难，缺氧严重时出现发绀、烦躁不安、大汗、呼吸加快，脉搏细速，甚至休克；体检可见伤侧胸部饱满，常有皮下气肿，叩诊呈高调鼓音，听诊呼吸音消失。

八、气胸的紧急处理措施有哪些？

1. 闭合性气胸　气胸发生缓慢且积气量少的患者，不需要特殊处理，胸腔内的积气一般在 1～2 周内自行吸收。大量气胸需进行胸膜腔穿刺，或行胸腔闭式引流术，排除积气，促使肺尽早膨胀。

2. 开放性气胸　易于诊断，一经发现，必须立刻急救。根据患者当时所处现场的条件，自救或互救，尽快封闭胸壁创口，变开放性气胸为闭合性气胸。可用大型急救包，多层清洁布块或厚纱布垫。如有大块凡士林纱布或无菌塑料布则更为合用。要求封闭敷料够厚以避免漏气，但不能往创口内填塞；范围应超过创缘 5cm 以上。

3. 张力性气胸　急救治疗原则为立即排气，降低胸膜腔内压力。在紧急状况下，可用粗针头在伤侧第 2 肋间锁骨中线处刺入胸膜腔，有喷射状气体排出，即能起到排气减压效果。患者在转送过程中，在插针的接头处，缚扎一橡胶手指套，将指套硬端剪 1cm 开口，起活瓣作用，即在吸气时能张开裂口排气，呼气时闭合，防止空气进入；进一步处理应安置胸腔闭式引流管。

九、气胸的辅助检查有哪些?

1. 胸部 X 线检查。

2. 胸部 CT。

3. 胸腔穿刺。

4. B 超检查。

十、气胸的治疗方法有哪些?

1. 非手术治疗，小量气胸肺萎陷小于 30%。

2. 胸腔穿刺术。

3. 胸腔闭式引流术。

4. 剖胸探查术。

十一、胸腔穿刺术的适应证有哪些?

1. 单侧或双侧气胸、液气胸，可起到排气、排液或减压的作用。

2. 疑有胸内感染或肿瘤者，用于注射药物治疗或抽取标本检验。

十二、胸腔穿刺术的禁忌证有哪些?

1. 体质衰弱、病情危重难以耐受穿刺术者。

2. 对麻醉药过敏。

3. 凝血功能障碍，严重出血倾向，患者在未纠正前不宜穿刺。

4. 有精神疾病或不合作者。

5. 疑为胸腔棘球蚴病患者，穿刺可引起感染扩散，不宜穿刺。

6. 穿刺部位或附近有感染。

十三、胸腔穿刺术的穿刺部位有哪些?

气胸的胸腔穿刺部位一般是在锁骨中线第 2 肋间隙，胸腔积液则在腋中线与腋后线间第 6、7 肋间隙。

十四、胸腔穿刺术一次抽液、抽气不宜超过多少?

胸腔穿刺术一次抽液、抽气不应过多、过快。气胸减压抽液，首次不超过 600ml，以后每次不超过 1000ml（交通性、张力性气胸除外），抽液时间至少应控制在 1 小时以内。对心功能较差的患者，首次抽气，抽液量宜更小，600ml 内更安全。

十五、胸腔穿刺术的注意事项有哪些?

1. 操作前应向患者说明穿刺目的，消除顾虑，同时签好知情同意书；对精神紧张者，可于术前半小时予地西泮或可待因，以镇静止痛。

2. 胸穿时咳嗽易引起肺膨胀，穿刺针易损伤肺组织，嘱患者穿刺过程中切勿咳嗽、深呼吸或说话，必要时以手示意通知手术医师。胸穿术中，应密切观察患者脉搏、呼吸、血压等生命体征变化，防患者过度紧张，出现休克、呼吸困难等症状；密切观察患者有无头晕、心悸、胸闷、面色苍白、出汗、刺激性干咳，甚至晕倒等胸膜反应。如果患者有上述症状时立即停抽液操作或进行其他对症处理。

3. 一次抽液不应过多、过快。

4. 严格无菌操作，操作中要始终保持胸腔负压，防止空气进入胸腔。

5. 应避免在第 9 肋间以下穿刺，以免穿透膈肌损伤腹腔脏器。

6. 操作前、后测量患者生命体征，操作后嘱患者卧位休息 30 分钟。

十六、胸腔穿刺术的并发症有哪些？

1. 继发气胸 气胸发生率为 3%～20%。产生原因其一为气体从外界进入，如接头漏气、更换穿刺针或三通活栓使用不当。这种情况一般不需要处理，预后良好。其二为穿刺过程中误伤脏层胸膜和肺脏所致。无症状者应严密观察，拍摄 X 线片进行随访。如有症状，则需行胸腔闭式引流术。

2. 出血，血胸 穿刺针刺伤可引起肺内、胸腔内或胸壁出血。少量出血多见于胸壁皮下出血，一般无须处理。如损伤肋间动脉可引起较大量出血，形成胸膜腔积血，需立即止血，抽出胸腔内积血。肺损伤可引起咯血，小量咯血可自止，较严重者按咯血常规处理。

3. 膈肌损伤，肝脏等腹腔脏器损伤 穿刺部位过低可引起膈肌损伤，肝脏等腹腔脏器损伤。

4. 胸膜反应 部分患者穿刺过程中出现头昏、面色苍白、出汗、心悸、胸部压迫感或剧痛、昏厥等症状，称为胸膜反应，多见于精神紧张患者，为血管迷走神经反射增强所致。此时应停止穿刺，嘱患者平卧、吸氧，必要时皮下注射肾上腺素。

5. 胸腔内感染 主要见于反复多次胸腔穿刺者，操作过程中引起胸膜腔感染所致。一旦发生应全身使用抗菌药物，并进行胸腔局部处理，形成脓胸者应行胸腔闭式引流术，必要时外科处理。

6. 复张性肺水肿 多见于较长时间胸腔积液者经大量抽液或气胸患者。由于抽气过快，肺组织快速复张引起单侧肺水肿，患者出现不同程度的低氧血症和低血压。大多发生于肺复张后即刻或 1 小时内，一般不超过 24 小时。患者表现为剧烈咳嗽、呼吸困难、胸痛、烦躁、心悸等，继而出现咳大量白色或粉红色泡沫痰，有时伴发热、恶心及呕吐，甚至出现休克及昏迷。处理措施包括纠正低氧血症、稳定血流动力学，必要时给予机械通气。

十七、胸腔闭式引流术的适应证有哪些？

1. 原发自发性气胸穿刺有大量气体抽出，且难以抽尽或胸腔压力较高者。
2. 张力性气胸，或疑有张力性气胸经穿刺减压后复发者。
3. 原发自发性气胸，同时合并有中等量以上的血胸者。
4. 气胸合并胸内感染，疑有早期脓胸者（必要时行上、下胸管引流）。
5. 继发自发性气胸，为大多数患者的首选治疗方法。
6. 在机械通气治疗中出现气胸，但仍须进行机械辅助呼吸者。

十八、胸腔闭式引流术的部位有哪些？

气胸的胸腔引流部位一般是在锁骨中线第 2 肋间隙，胸腔积液则在腋中线与腋后线间第 6、7 肋间隙，脓胸选择在脓液积聚的最低位置进行置管。

十九、胸腔闭式引流管的观察与护理有哪些？

1. 管道与引流瓶 翻身时注意不要用力过猛，活动过度，防止管道脱落，或者被身体压住。引流瓶应低于胸壁引流口平面 60～100cm，水封瓶长管没入无菌生理盐水中 3～4cm，并保持直立，以免造成逆行感染。

2. 体位引流 给予抬高床头 15°～30°，抬高床头有利于引流和呼吸。术后第 1 天清晨协助患者坐起，摇高床头，背后垫一薄枕，使患者舒适。术后早期活动不仅可以预防术后并发症，有利机体康复，而且有利于引流，早期拔管，减轻痛苦。

3. 咳嗽有利引流 鼓励患者咳嗽，以尽早排出肺内痰液和陈旧性血块，使肺复张，肺复张有利于胸腔内积气和积液的排出。对无力咳嗽的患者，护士一手按压切口，另一手的中指按压胸骨上窝处，刺激总气管，以引起咳嗽反射，有利于咳痰。手术和胸腔置管均可使肋间肌和膈肌运动受限，呼吸功能受到影响，使肺组织的弹性回缩减弱，肺泡和支气管内易积聚分泌物，并逐渐变黏稠，且不易被咳出。遵医嘱予雾化吸入，经常听诊肺部呼吸音，如痰鸣音明显，立即给予雾化、叩背、协助排痰，直至肺部呼吸音清晰。

4. 观察引流液 密切观察引流液的量、颜色、性质，正常情况下引流量应＜200ml/h，开始为血性，以后颜色为浅红色，不宜凝血。若引流量超过200ml/h，颜色为鲜红色或暗红色，性质较黏稠、持续观察3小时未见减少，引流液血红蛋白超过60g/L，床边胸部X线片显示凝固性血胸阴影，有呼吸循环障碍，脉搏为120次/分以上，呼吸为30次/分以上，则诊断胸腔内活动性出血，需再次开胸止血，应做好床旁护理，经常挤压引流管，以免发生堵管现象。

5. 观察胸内负压 随时观察水封管中液面的波动情况是引流管护理不可忽视的内容之一。随着胸膜腔内气体和液体的排出，残腔缩小，手术后48小时、72小时负压波动范围小，结合胸部X线片，根据患者具体情况考虑拔管。

6. 观察漏气现象 术后患者在咳嗽、深呼吸后会有气体自引流管逸出，这种现象是正常的，均可自行愈合。必要时胸腔闭式引流瓶接低负压吸引。

7. 敷料 保持敷料的清洁干燥，有渗液及时更换，注意无菌操作。

二十、气胸行胸腔闭式引流术后观察漏气如何分度?

1. 轻度漏气 患者在咳嗽或用力屏气时，有气泡自水封瓶逸出。

2. 中度漏气 患者在用力屏气及深呼吸时有气泡自水封瓶逸出，而在平静呼吸时则无。

3. 重度漏气 平静呼吸时也有较多气泡持续自水封瓶中逸出，说明肺表面漏气严重，常须进一步手术处理。

二十一、气胸患者胸腔闭式引流管的拔管指征是什么?

引流管无气体逸出1～2天后，夹闭胸管1天后患者无气急、呼吸困难，胸部X线片示肺已全部复张，可拔除引流管。

二十二、气胸患者的术前护理措施有哪些?

1. 生命体征的监测 严密监测生命体征，密切观察患者意识、血压、呼吸、 脉搏、皮下气肿及肺膨胀等情况。详细、准确地记录引流液的量和引流速度，注意观察引流液的性质、量、颜色，检查引流装置是否通畅、引流量是否迅速增加，如有异常及时报告医师进行处理。

2. 呼吸道护理 根据肺压缩的情况的不同，患者常伴有呼吸困难的症状出现，及时清除口腔内及呼吸道的分泌物，保持患者呼吸道通畅，必要时采用超声雾化吸入。如果胸腔内气体量小，一般无明显呼吸困难，可不用吸氧，应以限制活动，卧床休息为主，避免过多搬动，气体可逐渐被吸收。如果有明显的呼吸困难或胸痛，应给予半坐卧位，并给予吸氧，应用止痛剂等对症治疗。

3. 对于积气较多者，应立即行胸腔穿刺抽气或胸腔闭式引流术。术前戒烟，因吸烟可使呼吸道黏膜抵抗力下降，引起感染。吸烟还可使血管收缩，减低肺功能，从而加重缺氧。

4. 保持适宜的温度及湿度，调节室内温度在18～20℃之间为宜，湿度应为50%～70%。

5. 进食热量充足，富于营养、易消化的食物。手术前后，不宜食用含人参、西洋参类活血的食品。

6. 术前指导患者戒烟，练习吹气球，深呼吸、咳嗽排痰等肺功能锻炼。

7. 手术前一天做好各项术前准备，具体包括灌肠、抽血化验、备血、药物过敏试验、备皮等。注意个人卫生，指（趾）甲、胡须应剪短。术晨义齿、眼镜和其他贵重首饰应取下，交给家属保管。

二十三、气胸患者的术后护理措施有哪些?

1. 心理护理 给予必要的疾病知识宣教，向患者耐心讲解术后的各种注意事项，解除其因术后疼痛或因插有引流管，以及对自已伤情的担心等多重思想压力，应稳定患者的情绪。

2. 疼痛 主要是胸壁切口的疼痛，患者由于痛阈不同对疼痛耐受性存在差异。术后采用放松训练，注意力分散法和音乐疗法等方法进行疼痛干预，减轻疼痛、增强患者的舒适感，以促进恢复。

3. 严密监测体温、脉搏、血压、血氧饱和度的变化 观察患者有无气促、胸闷、烦躁不安，听诊两肺呼吸音，早期发现低氧血症。

4. 加强呼吸道护理 持续吸氧，保持呼吸道通畅，促进肺复胀。术后 6 小时在充分镇痛的基础上，每 2～3 小时协助患者翻身、扣背一次，具体方法：手掌呈背隆起的环状，从下向上，自外向内拍背，并用双手轻压住伤口，用力适度。遵医嘱给予雾化吸入每天 2～3 次，指导患者做深呼吸运动或吹气球、使用呼吸训练器以促进肺复张，同时鼓励患者尽早下床活动。

5. 饮食 麻醉清醒后 6 小时，无恶心、呕吐时，可试饮少量温开水。手术后第一天开始，可进食流质、半流质饮食（米汤、粥、汤粉、汤面等），以后逐渐过渡到普通饮食。

6. 体位护理 定时协助患者变动适当的体位，促使肺扩张，以利于胸腔内积液、积气排出，减少对肺脏的压迫，改善呼吸功能，避免包裹性积液造成的粘连性胸膜炎发生。完全清醒，且血压、脉搏、呼吸稳定的患者可采取半坐卧位，该体位有利于呼吸及循环功能。

7. 伤口护理 若发现伤口敷料潮湿或伤口渗液时要及时消毒更换，以防切口感染。

二十四、气胸手术后并发症的观察与护理有哪些?

1. 血气胸 小的出血随血管的收缩和内皮的卷缩可自动停止；大的血气胸则发病急骤，除胸痛、胸闷、气促外，还有头昏、心慌、面色苍白、皮肤凉湿、血压下降等出血性休克征象，X 线检查可见液气平面，胸腔穿刺为全血。护理措施具体如下所述。

（1）严密监测生命体征、尿量、皮肤黏膜的颜色、中心静脉压等。

（2）经常挤压胸腔引流管，保持引流管通畅，并记录量、颜色与性质。

（3）根据血压、心率、尿量等进行输血输液，按医嘱使用止血药。

（4）做好重新开胸探查止血的术前准备。

2. 脓气胸 发热、胸痛、胸部呼吸音减低，胸部 X 线检查提示有胸腔积液，胸腔积液混浊甚至脓性，培养有细菌生长。护理措施具体如下所述。

（1）紧急行胸腔引流排脓排气，注意观察引流液的颜色、气味、性质及量。

（2）注意患者体温及生命体征的变化，保持胸腔引流管通畅。

（3）控制感染和营养支持治疗。

3. 纵隔气肿和皮下气肿 胸腔引流管附近皮肤肿胀，皮下捻发感，严重的可蔓延至颈部、腹部，甚至阴囊、头面部。患者出现胸闷、呼吸困难、胸骨后疼痛、气短、发绀、血压降低、心浊音界缩小或消失、心音遥远，以及纵隔区可闻及粗的、与心脏搏动同期的破裂音。X 线片上可见到皮下和纵隔旁缘透明带，纵隔内大血管受压。护理措施具体如下所述。

（1）保持引流管通畅，皮下气肿和纵隔气肿随着胸膜腔内气体排出而自行吸收。

（2）吸入浓度较高的氧气可加大纵隔内氧的浓度，有利于气肿的消散。

（3）纵隔气肿张力过高而影响呼吸和循环者，可做胸骨上窝穿刺或切开排气。

4. 肺泡漏气 表现为胸腔闭式引流管内持续排出气体，尤其咳嗽及说话时明显。护理措施具体如下所述。

（1）早期轻微漏气，一般不必处理，可自愈。

（2）晚期明显漏气则需考虑注射黏合剂或者手术探查，封闭肺破口。

（3）观察肺部呼吸音的变化及肺膨胀情况，并注意观察有无皮下气肿。

二十五、气胸手术后的健康宣教包括哪些?

1. 体位指导 术后生命体征平稳，给予半卧位，鼓励早期活动，术后 6～8 小时可在床上坐起活动；术后 18～20 小时可下地活动，活动时采用渐进下床法。

2. 疼痛护理指导 告知术后疼痛的必然性和对策，鼓励咳嗽，避免患者因怕痛而不敢咳嗽，必要时可遵医嘱应用药物止痛。

3. 功能锻炼指导 告知患者术后需加强肺功能锻炼，促进肺复张。术后在充分止痛的基础上尽早让患者坐起咳嗽、排痰，行氧气雾化吸入，每天 2～4 次，并指导患者深呼吸运动，术后第 2 天即进行吹气球等呼吸功能锻炼，以促进肺早日复张；加强术侧肩关节、手臂的抬举运动。

4. 胸管的自我护理　保持引流管通畅，避免受压、扭曲、折叠，防止逆流；保持引流系统的密闭性，防止翻身活动时胸管脱出，指导脱管的应急措施。

5. 并发症的护理指导

6. 营养护理　给予患者高蛋白、高维生素、易消化、营养丰富的饮食，如骨头汤、牛奶等，避免生冷硬及辛辣等刺激性食物，合理饮食，多食新鲜蔬菜、水果，保证营养平衡，有利于伤口康复。

二十六、气胸手术后的出院指导包括哪些?

1. 劳逸结合，提高机体抵抗力，预防感冒。避免去灰尘大的地方，必要时应戴口罩。注意室内空气调节，预防上呼吸道感染。

2. 加强营养，多进食高蛋白、高热量、高维生素、易消化食物，禁烟酒。

3. 保持大便通畅，多食粗纤维饮食，必要时给予缓泻剂。

4. 气胸痊愈后，1 个月内避免剧烈运动，避免抬、举重物，避免屏气。

5. 一个月后返院复查胸部 X 线片，门诊随访，及时了解病情变化。

（利翠莲）

第十五章　血　胸

一、血胸的定义是什么?

胸膜腔内积血称为血胸，与气胸同时存在称为血气胸。胸腔积血主要来源于心脏、胸内大血管及其分支、胸壁、肺组织、膈肌和心包血管出血。

二、血胸的病因主要有哪些?

1. 肺组织裂伤出血，最为多见。

2. 胸壁血管破裂出血（肋间血管或胸廓内血管）。

3. 心脏或大血管出血（主动脉、肺动、静脉等）。

4. 开放性胸部创伤、气管或食管破裂。

5. 胸椎骨折，特别是第 4～6 胸椎的骨折也常引起血胸，但多在伤后数天才出现，易被忽视。

三、血胸的临床表现有哪些?

血胸的临床表现取决于出血量和出血速度及并发伤的程度。

1. 胸腔内积血少于 500ml 者为小量血胸，临床上可无明显症状。

2. 积血 500～1000ml 为中量血胸，临床可见面色苍白、脉搏细弱、血压下降、呼吸困难。

3. 积血在 1000ml 以上为大量血胸，临床可见面色苍白、脉搏细速、烦躁不安、呼吸急促、血压逐渐下降等低血容量性休克症状；伴有胸膜腔内积液的明显体征：伤侧呼吸运动明显减弱，肋间隙变宽，胸腔饱满，气管向健侧移位，呼吸音减弱以至消失；X 线检查可见伤侧胸膜腔内在大片积液阴影，纵隔向健侧移位。

四、判断胸腔内活动性出血的指标有哪些?

1. 持续脉搏加快、血压降低，或虽经补充血容量后血压仍不稳定。

2. 胸腔闭式引流量每小时超过 200ml，持续 3 小时。

3. 血红蛋白量、红细胞计数和红细胞比容进行性降低，引流液的血红蛋白计量和红细胞计数与周围血接近，且迅速凝固。

五、判断感染性血胸的指标有哪些?

1. 有畏寒、高热等感染的全身表现。

2. 抽出胸腔积血 1ml，加入 5ml 蒸馏水，无感染呈淡红透明状，出现浑浊或絮状物提示感染。

3. 胸腔积血无感染时红细胞、白细胞计数比例应与周围血相似，即 500∶1，感染时白细胞计数明显增加，比例达 100∶1 可确定为感染性血胸。

4. 积血涂片和细菌培养发现致病菌有助于诊断，并可依此选择有效的抗生素。

六、血胸的辅助检查有哪些?

1. B 超检查。

2. X 线检查。

3. CT 扫描。

4. 胸腔穿刺是诊断血胸传统的直接方法。

七、血胸的治疗方法有哪些?

1. 胸腔穿刺或闭式胸膜腔引流术。

2. 进行性出血性血胸要在输血、补液、纠正低血容量休克的同时，及时剖胸探查，手术止血。

3. 胸腔镜手术可用于血胸的治疗。

八、血胸患者发生创伤性休克的观察要点有哪些？

1. 严密观察病情变化 严重的创伤性血胸病情变化快，一定要高度重视，详细记录病情变化及液体出入量，特别是尿量的记录。

2. 严密观察患者的生命体征和临床表现变化 采用“一看、二摸、三听、四测压”：一看患者意识表情、面色皮肤、甲床黏膜颜色、出血部位及瞳孔大小，尤其是对合并昏迷患者及颅脑损伤的患者要严密观察其双侧瞳孔大小、对光反射是否正常，对出血者要对出血量做好记录；二摸伤者头部、指端、皮肤温度；三听患者有无呻吟、异常声响；四测血压及脉压的变化。

3. 血压与脉压的观察 血压是诊断休克最重要的依据，但在休克早期脉压的变化很重要。通常血压低于 80/50 mmHg，脉压＜30 mmHg，且伴有毛细血管灌流量减少症状，如肢端厥冷、皮肤湿冷等。若血压再次下降，甚至不能测知脉压大小，说明病情加重。血压回升达 70/40 mmHg，脉压＞30 mmHg，或血压虽低，但脉搏有力、手足转暖，提示休克趋向好转。

4. 周围血循环状况的观察 皮肤湿度、色泽是体表灌流情况的标志。面色苍白、四肢皮肤湿冷，说明微循环血量不足，进入休克期，应加强保暖，及时通知医师进行抢救。皮肤逐渐转红、出汗停止、肢体转暖，压迫指甲后，苍白区消失快（＜1s），迅速转红润，均说明血流灌注良好，休克好转。

5. 尿量的改变 尿量能反映肾血液灌流情况，休克期尿量的观察尤为重要，应留置导尿管并记录每小时尿量，尿量少于 1ml/（kg · h）或更少，尿比重增加，提示休克加重，应快速采取抗休克有效措施。

6. 胸腔引流液的观察 患者出现呼吸困难、脉速、血色苍白、血压下降、烦躁不安和休克、伤侧呼吸音减弱或消失、叩诊实音、气管向健侧移位，需进行胸腔穿刺或放置胸腔闭式引流管。需密切观察胸腔引流液的改变，如果胸腔闭式引流血量每小时超过 200～300ml，或在积极抗休克和输全血后，血压仍不升，脉搏、呼吸及失血症状仍无改善等情况，说明胸腔内仍有进行性出血，则应紧急手术开胸止血。

九、血胸患者发生创伤性休克的护理要点有哪些？

1. 体位护理 休克患者选取休克卧位，头和躯干抬高 20°～30°，下肢抬高 15°～20°，尤其是合并颅脑损伤或胸部创伤时，以免增加颅内出血及影响气体交换。

2. 保持呼吸道通畅 胸部创伤致大量血胸患者常伴有呼吸道阻塞而导致窒息，必须首先清除口腔及呼吸道的分泌物，给予氧气吸入，争取在短时间内使氧分压达到 10.6kPa 以上，必要时行气管切开或气管插管，予中流量吸氧或呼吸机辅助呼吸。

3. 密切观察病情变化，迅速排出胸腔内积血 密切观察记录患者的意识、瞳孔、面色、呼吸、脉搏、血压、尿量、出血量及伤情变化情况。当患者胸腔大量积血时，使气管移位，肺被压缩30%以上，引起呼吸及循环衰竭，因此应在抢救休克的同时，立即配合医师放置胸腔式引流。保持管道引流通畅，以防止血凝块阻塞管道。观察引流液的性质、量及颜色，并正确记录。

4. 快速建立 2 条以上静脉通道 选择粗大静脉，应用静脉留置针进行静脉穿刺，为抢救用药及补液提供快捷通道。原则上选择离心脏近，输入的液体迅速进入体循环，达到增加有效循环的目的。

5. 紧急控制止血 创伤引起的活动性大出血，因在短时间内血容量锐减，易造成休克甚至死亡。遵医嘱给予止血药物，并观察疗效，同时备好各种急救器材。

6. 及时镇静止痛，防止创伤后痛性休克的发生 胸部创伤后疼痛，常可导致痛性休克，护士应迅速按医嘱使用镇静止痛剂，并安慰患者，减少疼痛。

7. 心理护理 大多数患者是在毫无思想准备的前提下受伤的，病情变化快，随时有生命危险，患者多存在焦虑、恐惧、紧张等心理。因此，护士应有高度的同情心和责任感，沉着冷静，细心观察病情，做好安慰和解释，增加患者及家属的信任和安全感，以保证抢救工作顺利进行。

8. 做好有紧急手术指征者的术前准备 据资料统计，在胸部创伤病例中，需要剖胸手术者约占 10%，对有紧急手术指征者，应及时做好采血、配血、皮试、药物过敏试验等术前准备，通知手术室、麻醉科做好相应准备，并由医师、护士送入手术室，确保氧气供给及输液、输血通道的通畅，并与手术室护士交班。

十、血胸的手术指征有哪些？

1. 胸腔闭式引流术的指征

（1）血胸每天穿刺抽液，经 3 天以上仍未能抽吸干净者。

（2）血液较黏稠或已有小凝血块，不易抽出者。

（3）血胸疑有继发感染者。

2. 开胸探查止血手术指征 凡已明确或疑有胸腔内持续大量活动出血者。凝固性血胸应待病情稳定后，争取在 2 周内手术。

十一、血胸术前需要进行哪些术前准备？

进行性出血性血胸要在输血、补液、纠正低血容量休克的同时，快速完成术前准备，及时剖胸探查。

十二、血胸术后的常规护理有哪些？

1. 全麻未醒者 去枕平卧位，头偏向一侧，全麻清醒、血压平稳后取半卧位，利于呼吸和引流。

2. 生命体征的观察 测量体温、脉搏、呼吸、血压，如有异常，及时报告医师处理。遵医嘱给予吸氧，氧流量视患者情况而定，老年、肺功能不全者术后氧疗时间适当延长。

3. 呼吸功能锻炼 由于术后切口疼痛及胸腔置管，呼吸功能受到影响，肺内积聚分泌物多，黏稠不易咳出，应协助患者翻身、叩背，鼓励患者有效咳嗽、咳痰，做深呼吸，必要时雾化吸入。

4. 做好胸腔闭式引流管的护理

5. 饮食指导 术后 6 小时可指导患者进流质饮食，无特殊不适后方可进普食。鼓励患者进食高热量、高蛋白、高维生素、易消化饮食，保持大便通畅。

十三、血胸手术后并发症的观察与护理有哪些？

1. 出血 胸腔引流液颜色深且引流量大、色红或伴有血块；出血量大时会出现低血容量表现，如面色苍白、脉速、血压下降等。护理措施如下所述。

（1）密切观察各种引流管连接及通畅情况，观察引流液的颜色、性质、量，术后每小时引流量大于 200ml，持续 3 小时以上，且引流液为鲜红色，提示有出血的可能。经常挤压胸腔引流管，保持引流管通畅，并记录量、颜色和性质。

（2）严密监测生命体征、尿量、皮肤黏膜的颜色、中心静脉压等。

（3）根据血压、心率、尿量等进行输血输液，按医嘱使用止血药。

（4）做好重新开胸探查止血的术前准备。

2. 肺部和胸腔感染 术后早期发热、咳嗽、咳痰、呼吸困难。血常规提示白细胞和中性粒细胞比例升高；X 线片见肺部片状阴影、肺纹理增粗。

（1）密切观察体温，若体温大于 38.5℃，伴呼吸频率和心率增快，引流液出现混浊或絮状物提示感染，应通知医师及时处理。

（2）生命体征稳定后，摇高床头取半卧位，鼓励患者深呼吸，协助患者多翻身、咳嗽、咳痰。痰液黏稠不易咳出时，可使用雾化吸入等方法，以利于咳出。

（3）在进行胸腔闭式引流护理过程中，严格无菌操作，保持引流通畅，及时更换创面敷料，保持敷料洁净干燥以防胸部继发感染。

（4）加强营养支持治疗：增进患者的食欲，提供高热量、高蛋白、高维生素的饮食，必要时进行肠外营养。

3. 肺不张 发热、呼吸急促、心动过速、血压升高，查体可有气管向患侧移位、呼吸音减弱或消失，有时可听到管状呼吸音。护理措施如下所述。

（1）解除呼吸道梗阻，给予雾化吸入，协助咳嗽排痰或支气管镜吸痰，清理呼吸道分泌物。进行呼吸功能训练，练习吹气球或使用呼吸功能训练器，有助于肺复张。

（2）解除肺的压迫，保持引流管通畅，及时引流出胸腔积血和积液。

（3）术后充分镇痛，鼓励早期活动。

4. 休克 休克早期在原发症状体征为主的情况下出现轻度兴奋征象，如意识尚清，但烦躁焦虑，精神紧张，面色、皮肤苍白，口唇、甲床轻度发绀，心率加快，呼吸频率增加，出冷汗，脉搏细速，血压可骤降，也可略降，甚至正常或稍高，脉压缩小，尿量减少。休克中期患者烦躁，意识不清，呼吸表浅，四肢温度下降，心音低钝，脉细数而弱，血压进行性降低，可低于 50mmHg 或测不到，脉压小于 20mmHg，皮肤湿冷发花，尿少或无尿。休克晚期患者表现为弥散性血管内凝血和多器官功能衰竭。护理措施如下所述。

（1）应立即建立静脉通路，快速补充有效血容量是抢救休克的重要措施。给予建立双静脉通路，选肘静脉或颈内静脉，采用 18～22 号静脉留置针，若静脉穿刺有困难，立即报告医师，做大隐静脉切开或锁骨下静脉穿刺。以保证大量输液、输血通畅，必要时加压输血输液。

（2）先输入晶体液，再输入胶体，其晶体与胶体之比为 3∶1。

（3）根据患者的血压、中心静脉压和尿量调节液体滴速。如患者经过输液、输血后血压仍不回升，反而下降，应考虑胸内有活动性出血或合并其他脏器损伤的可能，应及时报告医师，迅速查明原因，对症处理。

十四、血胸手术后的出院指导包括哪些？

1. 禁烟、忌酒。

2. 少食刺激性食物，增加营养，保持适量水分摄入。

3. 适当休息，加强体育锻炼，增强机体的抗病能力和肺活量。加强肺功能锻炼，如深呼吸、吹气球等。

4. 预防呼吸道感染，避免着凉、感冒，尽量少去公共场所。

5. 遵医嘱按时服药，定期复查，不适随诊。

（利翠莲）

第十六章　脓　　胸

一、脓胸的定义是什么？

脓胸是指脓性渗出液积聚于胸膜腔内的化脓性感染。

二、脓胸的病因主要有哪些？

脓胸的致病菌以肺炎球菌、链球菌多见。脓胸的致病菌多来自肺内感染灶，也有少数来自胸内和纵隔内其他脏器或身体其他部位病灶，直接或经淋巴侵入胸膜引起感染化脓。继发于脓毒血症或败血症的脓胸，多通过血行播散。

三、致病菌进入胸膜腔的途径有哪些？

1. 直接由化脓病灶侵入或破入胸膜腔。

2. 经淋巴途径。

3. 血源性播散。

四、脓胸的病理分型有哪些？

1. 按病理发展过程分　急性脓胸、慢性脓胸。

2. 按致病菌分　化脓性脓胸、结核性脓胸、特异病原性脓胸。

3. 按波及的范围分　全脓胸、局限性脓胸。

五、脓胸的临床表现是什么？

1. 急性脓胸　常有高热、脉快、呼吸急促、食欲缺乏、胸痛、全身乏力、白细胞计数增高等征象。积脓较多者尚有胸闷、咳嗽、咳痰等症状，严重者可伴有发热和休克。体检患侧语颤减弱，叩诊呈浊音，听诊呼吸音减弱或消失。胸部X线检查显示有积液所致的致密阴影，若有大量积液，患侧呈现大片浓密阴影，纵隔向健侧移位。

2. 慢性脓胸　常有长期低热、食欲减退、消瘦、贫血、低蛋白血症等慢性全身中毒症状。有时有气促、咳嗽、咳脓痰等症状。体格检查及胸部X线片均可见前述病理特征。曾行引流术者胸壁可见引流口瘢痕或瘘管。

六、脓胸的辅助检查有哪些？

1. 实验室检查。

2. 胸部X线检查。

3. 胸部CT扫描。

4. 胸部MRI检查。

七、急性脓胸的治疗原则有哪些？

1. 根据致病菌对药物的敏感性，选用有效抗生素。

2. 彻底排净脓液，使肺早日复张。

3. 控制原发感染，全身支持治疗。

八、慢性脓胸的治疗原则有哪些？

1. 改善全身情况，消除中毒症状和营养不良。

2. 消灭致病原因和脓腔。

3. 尽力使受压的肺复张，恢复肺的功能。

九、脓胸的手术治疗方法有哪些?

1. 改进引流手术。

2. 胸膜纤维板剥除术。

3. 胸廓成形术。

4. 胸膜肺切除术。

十、脓胸患者术前的营养支持有哪些?

鼓励患者进食，尤其要多进高热量、高蛋白和高维生素饮食，注意补充电解质。症情危重、体质虚弱者，要静脉输入高营养物质、血浆及白蛋白，并少量多次输入新鲜血液，以纠正贫血，增加抵抗力。

十一、脓胸患者的术前护理措施有哪些?

1. 心理护理。以诚挚、温和的态度与患者接触，建立一种指导与合作及参与性的护患关系，使患者乐于接受护士传递的信息，取得理解，消除顾虑，积极配合治疗。关心体贴患者，帮助他们解决生活上的困难，坦诚回答他们提出的问题，以真诚的态度，提供准确、清楚的治疗情况，使患者产生信赖感和安全感。

2. 除按胸外科常规护理外，特别注意全身支持治疗，补充营养，纠正低蛋白血症和贫血，必要时可输血，以全面改善全身状况。如果是结核性脓胸术前 2～4 周应用抗结核药物，如链霉素、异烟肼、利福平、乙胺丁醇等。

3. 术前进行深呼吸及有效咳嗽排痰的训练，有利于术后肺膨胀，预防肺不张等并发症的发生。加强呼吸道护理，必要时行雾化吸入。

4. 高热的护理。由于脓液积聚于胸腔，经常会出现高热，注意观察体温的变化，体温超过 38.5℃，用冰袋冷敷头部；超过 39℃，用温水擦浴或在大动脉走行处冷敷；体温超过 39.5℃，行物理降温的同时，适当配合药物降温。密切观察降温情况，防止体温骤降引起寒战、虚脱，在退热过程中，往往大量出汗，应及时擦干汗液，更换内衣，以防着凉，并且鼓励患者多饮水，以达到补充水分和排除毒素的作用。

5. 加强口腔护理，每天晨起、睡前或饭后协助患者漱口、刷牙，以保持口腔清洁、湿润。

6. 指导患者进食高蛋白、高热量和富含维生素的食物，必要时给予静脉高营养治疗，多次胸腔穿刺抽脓和进行胸腔闭式引流，应用有效抗生素使患者红细胞沉降率减慢，血液白细胞总数及中性粒细胞百分比下降，体温降至 38℃以下，纠正患者的消耗状态，提高患者对手术的耐受性。

十二、脓胸患者的术后常规护理有哪些?

1. 生命体征的观察 术后监测生命体征，尤其是血压的变化，血压可反映心肌泵血功能、血管容积、有效血容量，同时给予心电监护。

2. 呼吸系统的监测

（1）给予吸氧，改善组织缺氧，保持血氧饱和度在 90%以上。

（2）鼓励和协助排痰：术后患者卧床，痰液较黏稠，加之伤口疼痛，痰液不易咳出，应加强叩背排痰，也可用手指刺激颈部气管的方法强迫咳嗽，利于排痰。

（3）雾化吸入每天 2～4 次，每次 20～30 分钟，以达到湿化气管、稀释痰液、减轻气管黏膜水肿的目的，有利于痰液引出，减少肺部感染。术后未清醒或未完全清醒患者，床边备电动吸引器，防止痰液堵塞呼吸道，引起窒息。

3. 做好胸腔闭式引流管的观察与护理

4. 皮肤护理 由于患者术后卧床，加上疾病的消耗，全身营养较差，局部受压过久，可导致血液循环障碍，每 2 小时翻身更换体位，保持皮肤清洁干燥，避免压疮发生，病情允许，鼓励患者及早离床活动。

5. 饮食护理 胃肠功能恢复后，可给予流食，逐渐进清淡、易消化饮食；逐渐增加营养，给予高热量、高蛋白、高维生素饮食，有利于疾病的恢复。

6. 疼痛的护理　疼痛可明显限制通气功能和气管分泌物清除。可采取各种有效措施缓解疼痛。向患者讲述引起疼痛的原因，给予安慰、疏导，尽量满足生活需要，减轻疼痛。必要时给予胸带包扎固定胸部，限制胸廓过度活动，减轻咳嗽时的疼痛。指导联合使用放松技术，可采用听音乐等的方法，分散患者的注意力，以缓解疼痛。可适当用止痛药物预防疼痛，或应用自控止痛泵。

十三、脓胸术后呼吸道的观察与护理有哪些？

1. 注意保持呼吸道通畅，术后麻醉清醒后取半卧位，在充分止痛的基础上，每 2～3 小时指导患者深呼吸并协助患者咳嗽排痰。从下到上，从健侧到患侧叩击背部，鼓励患者采用术前训练的方法，将呼吸道的分泌物有效咳出。

2. 给予氧气吸入，氧流量（3～4）L/min，老年患者应警惕缺氧，防止纠正呼吸抑制而导致二氧化碳潴留，进而呈嗜睡状态而加大误吸的概率，加重肺部的感染，常规定时监测动脉血气及酸碱平衡的改变。

3. 常规给予氧气雾化吸入 2～3 次/天。

4. 对不能有效咳痰或痰多且无力咳出者，经气管内吸痰，以此来保持呼吸道通畅。

十四、胸腔内注药的观察与护理措施有哪些？

1. 加强营养及饮食指导。胸腔内注药治疗不宜空腹进行。结核性脓胸患者有不同程度的中毒症状，整体情况欠佳，体质较弱，需仔细照顾，以免引起患者虚脱。

2. 胸腔内注药时一般取坐位或斜坡位，合并支气管胸膜瘘的患者瘘口在高位且无注药禁忌时，取患侧卧位。注药的速度不宜过快，20ml 的药液注射时间应≤5 分钟，100ml 的药液应≥20 分钟，连续灌洗的患者滴速应≤100 滴/分。多种药物联用时要间隔注射。①先经尿激酶溶解的胸液彻底引流后再注入另一种药物；②有生理盐水、碳酸氢钠灌洗时，要先执行灌洗并充分引流干净后再行胸腔内注药，以免影响药物的浓度与效果；③如果需注入丁胺卡那、异烟肼、尿激酶、生理盐水，则顺序是先注尿激酶溶解引流后，用生理盐水灌洗干净再注入丁胺卡那和异烟肼；④应用局部麻醉药物减少尿激酶等药物引起的胸膜刺激导致的疼痛时，麻醉药物与治疗药物要间隔时间执行，注射局部麻醉药物 5～10 分钟，让胸腔充分吸收局部麻醉药物后再注入治疗药物，并密切注意止痛的效果与患者的反应。注射药物后指导患者多变动体位，让药物均匀分布和充分吸收，合并支气管胸膜瘘患者禁转健侧体位。

3. 操作中严格遵守无菌操作原则，认真落实无菌操作。

4. 密切观察患者注药后的反应，夹管后患者出现难以耐受的疼痛、气促症状时要及时开放引流管，减低胸腔内压力，缓解症状。保持胸导管的密闭性和引流的通畅，如有堵塞、折叠、扭曲，应加以处理。观察引流液颜色、性质，准确记录引流量。

十五、脓胸手术后并发症的观察与护理有哪些？

1. 出血　胸腔引流液颜色深且引流量大、色红或伴有血块；出血量大时会出现血压不平稳、心率快、四肢湿冷等休克表现。护理措施具体如下所述。

（1）密切观察各种引流管连接及通畅情况，观察引流液的颜色、性质、量，术后每小时引流量大于 200ml，持续 3 小时以上，且引流液为鲜红色，提示有出血的可能。

（2）建立静脉通路并保持通畅，积极补充血容量和抗休克。

（3）密切观察血压、心率、呼吸、血氧饱和度变化。

（4）积极做好开胸手术的术前准备。

2. 支气管胸膜瘘　胸膜腔脓液经支气管瘘口进入呼吸道，引起频发性咳嗽、咳脓性痰，其程度除了与瘘口的大小和胸膜腔脓液量的多少有关外，体位改变常影响症状的轻重。护理措施具体如下所述。

（1）密切观察病情变化：支气管胸膜瘘的发生多在术后 7～13 天，如患者出现随体位变化的刺激性咳嗽，并咳出多量泡沫样稀痰，同时胸腔引流管内大量气泡逸出，应警惕支气管胸膜瘘的发生，立即报告医师进行处理。

（2）加强呼吸道管理，促进深呼吸，有效咳嗽、咳痰，必要时行纤维支气管镜吸痰。

（3）保持引流管通畅，及时排出胸腔积液，避免支气管残端被残余渗液浸泡或胸腔积液进入支气管内，发生感染或窒息。

（4）抗感染和支持治疗：给予适量有效的抗生素，控制胸膜腔感染，纠正中毒症状。辅以大量维生素，多次小量输入全血及白蛋白，纠正低蛋白血症，促进瘘口的修复。

（5）必要时做好再次开胸的准备。

3. 肺不张 发热、呼吸急促、心动过速、血压升高，体检可有气管向患侧移位、呼吸音减弱或消失，有时可听到管状呼吸音。护理措施具体如下所述。

（1）解除呼吸道梗阻，给予雾化吸入，协助咳嗽排痰或支气管镜吸痰，清理呼吸道分泌物。加强呼吸功能训练，练习吹气球或使用呼吸功能训练器，有助于肺复张。

（2）解除肺的压迫，保持引流管通畅，及时引流出胸腔内的积血和积液。

（3）术后充分镇痛，鼓励早期活动。

4. 胸腔漏气 是脓胸术后最常见的并发症，分为损伤性漏气和病理性漏气。护理措施具体如下所述。

（1）应密切观察胸腔闭式引流管中有无气体逸出，以及气体逸出的速度、时间。

（2）如气体逸出过多，应嘱患者避免用力咳嗽排痰，并注意呼吸音的变化；轻微漏气者可不予处理。

（3）术后出现持续漏气患者，需保持胸管引流通畅，必要时置管负压吸引、调整体位及全身支持治疗，直至肺完全复张，无气体漏出后停止负压吸引，经久不愈者则考虑再次手术。

5. 复张性肺水肿 其发生是由于肺压缩时间过长，肺萎缩＞80%，术中或术后复张过快，且患者心功能不全，可在肺复张后即刻或数小时内发生。表现为患者呼吸急促，咳泡沫样痰，典型病例为粉红色泡沫样痰，心率增快，听诊患侧肺部有明显湿啰音，血氧饱和度明显下降。应密切观察心功能情况，加强肺复张前的心脏保护治疗，逐步排痰，使受压肺组织缓慢复张。

十六、胸部手术后应如何进行患侧肢体的康复操？

1. 手术当天 充足睡眠，鼓励深呼吸运动，做有效咳嗽。请家属协助按摩患侧上肢及背部肌肉。

2. 术后第 1 天 锻炼手指、手腕、前臂，每次 3～5 分钟，包括握拳运动、屈腕运动、旋腕运动、屈肘运动。

3. 术后第 2～3 天 锻炼上臂、肩，每次 3～5 分钟，每天 3 次，包括摆臂运动、旋臂运动、外展运动、上举运动。

4. 术后第 4 天 增大上肢活动范围，包括背手运动、绕头运动，每次 3～5 分钟，每天 3 次。

5. 术后第 5 天 纠正站立姿势：下床活动，重复上述动作，加做划臂运动、攀缘运动，每次 3～5 分钟，每天 3 次。

十七、脓胸手术后的出院指导包括哪些？

1. 禁烟酒。

2. 注意加强营养，多进食蔬菜和水果，予高热量、高蛋白、高维生素饮食，如牛奶、豆浆、蛋类、鱼类、肉类等。

3. 保持乐观情绪，并做好长期服药治疗的思想准备，积极配合医师治疗。

4. 多饮水，常洗澡，保持身体的清洁。饭后多散步，做些适当的体育锻炼，增强身体的抵抗力，防止继发感染。

5. 门诊随访，有规律地、按时间、按剂量服药，定期去医院复查。

（利翠莲）

第十七章　乳　糜　胸

一、乳糜胸的定义是什么？

创伤或手术所造成的胸导管损伤和乳糜渗漏到胸腔，即为乳糜胸。

二、造成乳糜胸的病因有哪些？

1. 先天性　胸导管闭锁、胸导管胸膜瘘。

2. 创伤性　钝挫伤、穿透伤。

3. 手术损伤　肺癌、食管癌等手术。

4. 肿瘤性　淋巴肉瘤。

5. 其他　丝虫病

三、乳糜胸的分类有哪些？

乳糜胸可分为先天性和创伤性（医源性、非医源性、自发性）两类，以外伤性和医源性损伤较常见。

四、乳糜胸是怎样发生的？

当胸导管受压或堵塞时，管内压力增高致导管或其在纵隔内分支破裂，乳糜液反流、溢出而进入纵隔，继之穿破纵隔进入胸腔，形成乳糜性胸腔积液。也有可能因胸导管压力高，发生肺内及肋间淋巴管的扩张、反流，乳糜液不经纵隔而直接漏入胸腔，由于解剖上的原因，阻塞或压迫发生在第5胸椎以下时，仅出现右侧乳糜胸，在第5胸椎以上时，则出现双侧乳糜胸。

五、乳糜胸的临床表现是什么？

乳糜胸可有外伤或其他基础病史，可有胸痛、气短、心悸、发热等症状，积液多时可出现呼吸困难，晚期有消瘦、乏力、口渴等症状。患侧呼吸运动减弱，叩诊浊音，呼吸音减弱或消失。

六、乳糜胸的辅助检查有哪些？

1. 胸腔穿刺液检查　液体呈乳白色油状，碱性，无臭味，苏丹Ⅲ染色呈红色，可见脂肪滴，胸液碱化后再以乙醚提取后变清亮。镜检可见到淋巴细胞和红细胞，中性粒细胞罕见。

2. 胸部X线　漏出的积液较少时，表现为纵隔包裹性积液征象，上纵隔增宽，明显的乳糜胸同一般胸腔积液。

3. B型超声检查　帮助乳糜胸定位和定量，指导胸腔穿刺。

4. 淋巴管造影　可明确淋巴管和胸导管有无阻塞、压迫和损伤的部位。

七、乳糜胸的治疗方法有哪些？

1. 一般治疗　加强营养，采用低脂高蛋白质饮食，必要时肠道外营养支持，输血浆、白蛋白及氨基酸等。

2. 给予相关病因治疗　如因恶性肿瘤压迫所致者加强放化疗。

3. 胸腔穿刺抽液引流　目的在于减轻胸部压迫症状，若反复抽液丢失大量脂肪和蛋白质，应给予全身营养支持。

4. 手术治疗　内科保守治疗无效，考虑手术解除胸导管的压迫和阻塞，如外伤引起，可缝合修补胸导管或采用结扎术。

八、乳糜胸的饮食指导有哪些？

1. 禁食是减少乳糜液产生的关键。因禁食可直接阻断肠道吸收乳糜颗粒的来源，同时胃肠减压可减少肠道运动，间接使肠道对乳糜颗粒的吸收减少，从而减少乳糜液的生成量，促进破裂口愈合。为减少乳糜液的产生，要严格禁食。

2. 康复期的饮食指导。可进高蛋白、高糖、低脂或无脂流质饮食。

3. 乳糜液的成分与血浆相似，乳糜液中含有大量蛋白质、脂溶性维生素、脂肪、胆固醇、糖、酶、电解质、各种淋巴细胞和抗体等。大量富含营养的乳糜液丢失直接导致营养不良，因此要常规进行静脉营养支持，如输血浆、全血、白蛋白或应用静脉高营养液，维持患者的营养，减少乳糜液的丢失，保持水和电解质平衡。

4. 由于患者较长时间不能经口进食，口腔内细菌繁殖，易引起口腔及呼吸道感染，因此应做好口腔护理。

九、乳糜胸的胸腔引流量达到多少是决定手术治疗的重要因素？

通畅有效的胸腔闭式引流是治疗乳糜胸的重要措施，确诊乳糜胸后应立即放置胸腔闭式引流管，胸腔引流液＞1000ml/d 或保守治疗 3～5 天引流量不减少甚至增加者，需积极进行手术治疗。

十、乳糜胸患者呼吸系统的观察与护理有哪些？

1. 观察与监测 严密观察患者病情变化，监测生命体征的变化，特别是心率、呼吸情况，因为乳糜液积于胸膜腔，可压迫肺组织，造成肺萎陷，出现呼吸窘迫伴胸廓运动减弱、呼吸音减低、心率增快、发绀等病情变化。注意观察患者是否出现胸闷、呼吸困难、乏力、心悸、胸部沉重压迫感，如有异常及时处理。

2. 注重呼吸道护理 观察患者的面色、有无呼吸困难和血氧饱和度低下等症状，同时根据呼吸困难、发绀程度及动脉血气监测结果，给予合适的氧流量，避免长时间吸入高浓度氧气造成氧中毒；听诊患者的呼吸音，若双肺呼吸音粗，分泌物多，可给予雾化吸入、震动排痰机拍背后吸痰，以保持呼吸道通畅；指导患者进行正确的叩背，由外向内由下向上沿气管走向进行叩背，鼓励患者床上活动或适度下床活动。

十一、乳糜胸患者的胸腔闭式引流管的护理及观察要点有哪些？

1. 按一般胸腔闭式引流管的常规护理。

2. 因乳糜凝固性较高，应经常挤压引流管以防乳糜液堵塞引流管，持续低负压吸引，保持引流管通畅。如引流量过少，应考虑引流管是否通畅并报告医师。如因胸腔内出现纤维分隔状所致引流不畅者，需更换引流管位置或做胸部小切口，分离纤维后再置引流管。

3. 患者胸液黏稠，容易堵塞胸腔引流管，堵管时，可用尿激酶进行冲洗。尿激酶会增加纤溶酶活性，降低血循环中的未结合型纤溶酶原和与纤维蛋白结合的纤溶酶原，注射后要密切关注患者引流液的颜色及性状，防止出血。

4. 胸腔灌注粘连剂后护理。患者发现乳糜胸后，如胸液持续 3 天少于 500 ml，则予保守治疗，经胸管注入胸腔粘连剂，目的是促进脏壁胸膜广泛粘连，有利于胸导管瘘口粘连愈合。如患者无胸闷气促，指导正确翻身（头低足高位、头高足低位、俯卧位、仰卧位和左右侧卧位），翻转 10 分/次，确保药物充分分布于整个胸腔。视患者的病情决定夹管时间的长短，夹管期间观察有无胸闷、气急等不适，切口敷料有无渗液，密切观察体温变化。间隔 2～3 天后重复注入，直至拔管。

（曾　凯）

第十八章　纵隔肿瘤

一、纵隔肿瘤的病因主要有哪些?

1. 化学致癌因素　直接或间接作用的化学致癌物，如烷化剂、酰化剂、多环芳烃、芳香胺类以及氨基偶氮染料、亚硝胺类、真菌毒素。

2. 物理致癌因素　离子辐射引起各种癌症。长期的热辐射也有一定的致癌作用，金属元素镍、铬、镉、铍等对人类也有致癌的作用。

3. 其他因素　对于纵隔肿瘤中的生殖细胞肿瘤，可能起源于胚胎时期的泌尿生殖系的原始细胞，在迁移过程中遗留，停留在纵隔，出生后异常增生，形成肿瘤。胸腺瘤跟自身免疫系统相关，临床还与创伤、寄生虫、遗传有关。

二、纵隔肿瘤常见病理分型有哪些?

1. 神经源性肿瘤。
2. 畸胎瘤与皮样囊肿。
3. 胸腺瘤。
4. 胸内甲状腺肿。
5. 纵隔囊肿。
6. 脂肪瘤。
7. 纵隔内异位组织肿瘤。

三、纵隔肿瘤的临床表现是什么?

1. 最常见的症状　胸闷、胸痛。

2. 呼吸道压迫症状　气短、咳嗽、严重时呼吸困难。

3. 神经受压或被侵症状　眼睑下垂，瞳孔缩小，眼球内陷、截瘫等。临床表现对于甲状腺肿患者还会出现甲状腺功能亢进等。对于神经节瘤、神经母细胞瘤会出现高血压、腹泻等。

4. 心血管症状　心慌、心律不齐、面部、颈部水肿。

5. 食管受压症状　吞咽困难。

四、纵隔肿瘤的辅助检查有哪些?

1. X 线检查。常规胸部正侧位，X 线片及透视检查，可做出初步诊断。进一步检查方法有支气管造影、断层造影、血管造影及纵隔充气造影等。
2. 内窥镜检查。食管镜、气管镜、纵隔镜。
3. 放射性同位素检查。
4. 经皮穿刺活检。
5. 试验性放射治疗。
6. 活体组织检查。
7. 电子计算机 X 线分层摄影检查（CT）。
8. 磁共振（MRI）和 PET。

五、纵隔肿瘤的治疗方法有哪些?

手术为纵隔肿瘤的主要治疗方法。原发性纵隔肿瘤，无论良性、恶性，一经发现，都应尽早行手术切除。其他的治疗方法有化疗、放疗、中医中药治疗、生物治疗等。

1. 手术治疗为主，恶性变可能者、转移者，应辅以化疗、放疗。
2. 恶性淋巴瘤可放疗、化疗相结合。

六、什么是上腔静脉压迫综合征？

上腔静脉压迫综合征是上腔静脉或其周围病变引起上腔静脉完全或不完全阻塞，导致经上腔静脉回流到右心房的血液部分或全部受阻，从而表现为上肢、颈、颜面部淤血水肿，以及上半身浅表静脉曲张的一组临床综合征。

七、纵隔肿瘤合并上腔静脉压迫综合征的患者，应如何进行呼吸的观察与护理？

1. 呼吸困难、胸闷、窒息感是上腔静脉压迫综合征的主要症状，尤以夜间为甚，因此保障气体交换应放在所有治疗的首位。

2. 严密观察患者的呼吸及临床表现，保持呼吸道通畅。为减少患者静脉回流量，减轻心脏负担，在应用脱水剂的同时，给患者取半卧位，以利于头颈血液回流，膈肌下降，胸廓扩大，增加肺通气量，减轻水肿及呼吸困难。

3. 给予持续低流量吸氧，如患者剧烈咳嗽、呼吸紧迫、口唇发绀时应立即给予高流量吸氧，以提高血氧饱和度，减轻脑缺氧，改善呼吸困难。鼓励患者深呼吸以纠正呼吸性酸中毒。重度缺氧者，给予气管插管辅助呼吸，监测血气分析，以指导呼吸机各种参数的调整和酸碱紊乱的处理。

4. 协助患者翻身，勤更换体位，给予雾化吸入。指导患者进行有效咳嗽和排痰。必要时适当使用激素、利尿剂，以减轻患者喉部、气管、支气管黏膜的水肿。注意保暖，防止因受凉致呼吸道感染而加重呼吸困难。密切观察患者的生命体征，有异常时应及时处理。

八、纵隔肿瘤合并上腔静脉压迫综合征的患者，术前的观察与护理要点有哪些？

1. 观察水肿情况，必要时记录 24 小时出入量。

2. 注意患者面部肿胀程度及双上肢皮肤瘀血、水肿和胸部浅静脉曲张情况，了解上腔静脉压力变化，水肿严重者给予利尿剂和激素，可迅速缓解液体潴留所致的症状。

3. 注意监测血生化，防止水电解质平衡失调。

4. 选择下肢静脉进行穿刺输液，禁止上肢输液及测量血压，以免增加上腔静脉内压力，加重上肢水肿。严格限制补液量，控制输液速度。

5. 加强头面部及上肢水肿部位的皮肤护理，定时协助患者变换体位，按摩各骨突处，防止受压时间过长及搔抓，以免皮肤破损和发生压疮。

九、纵隔肿瘤患者术前的饮食指导有哪些？

1. 合理科学的饮食是每位患者都需要的，对于高纤维素、高蛋白质的食物一定要多吃，高蛋白的食物如牛奶、鱼类、豆制品等，高纤维的食物如动物肝脏、胡萝卜、番茄，特别是胡萝卜、香菇、木耳、豆类、黄花菜、芦笋、甲鱼等，都是纵隔肿瘤患者必备的良好食物。癌症患者免疫力低下，蛋白质低于正常人是正常的，因此补充蛋白质是重要的，可以多吃一些，如羊肉、狗肉、牛肚、鸡肉等。

2. 纵隔肿瘤在饮食上要注意一些禁忌，有些食物不适合进行放疗和化疗的患者食用，很多食物里含有致癌的物质，如高温油炸、烧烤、腌制的食物等，都被证明与肿瘤患者的治疗有很大的关系。

3. 食物中含有很多抗癌物质，如木耳、菠菜、西兰花等，以及许多绿色蔬菜都有生血、补充维生素、增强免疫力的功效，有利于术后的恢复。

十、纵隔肿瘤术前要进行哪些呼吸道准备？

1. 常规做心肺功能检查。

2. 劝其戒烟，预防感冒。

3. 术前宣教，向家属和患者讲述术后咳痰的重要性。

4. 必要时术前雾化吸入。

5. 控制肺部感染。有呼吸道慢性疾病的患者，术前应用抗生素。

6. 指导患者深呼吸及练习有效咳嗽，让患者深吸气后屏气，胸及腹部突然发力，使胸膜腔内压升高，深咳使气体或痰快速咳出。

十一、纵隔肿瘤术前还需要进行哪些准备?

1. 心理指导。根据患者的特点向患者讲解疾病的相关知识，如手术的目的、方法、过程、术后恢复情况等。告知患者不良心理状态对手术预后的影响，让患者学会自我激励，增强患者战胜疾病的信心，积极配合治疗和护理。

2. 注意个人卫生，保持口腔的清洁卫生，如口腔慢性病灶，术前应积极治疗，并指导患者使用漱口液进行漱口。

3. 指导患者进行床上大小便的训练。

4. 手术前 1 天做好各项术前准备，具体包括抽血化验、备血、药物过敏试验等。术前 1 天进流质饮食，术前 8 小时禁食、4～6 小时禁饮，以防止在麻醉过程中发生呕吐、误吸而引起吸入性肺炎、窒息等意外。术前 1 天晚需灌肠 1 次，其目的是为了防止术后长期卧床而腹胀。必要时术晨留置胃管。

5. 术晨备皮，更换病号服，不可穿内衣裤，义齿、眼镜和其他贵重首饰应取下，交给家属保管。

6. 手术当天早晨测体温、脉搏、呼吸、血压，按医嘱给予术前用药。

十二、纵隔肿瘤术前备皮的范围有哪些?

纵隔肿瘤术前备皮的范围为上至锁骨及肩上，下至脐水平，包括患侧上臂及腋下，胸背部均超过中线 5cm 以上。

十三、纵隔肿瘤合并上腔静脉压迫综合征的患者，术后的护理有哪些?

1. 予心电监护 密切观察生命体征及血氧饱和度的变化情况，监测体温变化，观察有无发热及发热持续的时间，必要时遵医嘱给予处理。

2. 维持术后早期循环稳定 注意有创动脉血压监测和 CVP 监测。术后早期适当控制晶体入量，根据术中失血量和术后引流量，补充胶体；并给予强心、利尿处理。同时注意肾功能及电解质的变化，必要时记录 24 小时出入量，严格控制胶体的输入量，但仍应保持血浆容量不低于正常，参考中心静脉压进行调节。

3. 凝血酶原时间及凝血酶原活动度监测 患者手术后导致组织和血管损伤，释放凝血活素，加之行上腔静脉及无名静脉血管置换，血液呈高凝状态，手术后卧床，导致血流缓慢，术后患者容易形成血栓。术后遵医嘱给予抗凝治疗，每天监测凝血酶原时间及凝血酶原活动度，密切观察注射部位皮肤有无发紫和血肿，测血压后袖带捆绑处有无出血点，观察有无牙龈出血、切口渗血或血肿，特别注意有无头痛、呕吐、意识障碍等颅内出血症状。

4. 严密观察上腔静脉回流症状及体位 肿瘤压迫上腔静脉导致血液回流受阻，术前患者表现为呼吸困难、颜面水肿、颈静脉怒张、胸壁静脉曲张，不能平卧。术中切除上腔静脉及无名静脉行人工血管置换，术后严密观察患者呼吸困难改善情况，同时观察颜面、颈部及双上肢皮肤淤血、水肿和胸部浅静脉曲张的情况，注意观察患者头面部、颈部、上肢水肿的消退情况。

十四、纵隔肿瘤术后呼吸道的观察与护理有哪些?

1. 向患者讲解保持呼吸道通畅、定时翻身叩背、雾化吸入、吸痰的意义，使其配合术后治疗和护理。

2. 术后患者易发生呼吸困难、缺氧，并发肺不张、肺炎，甚至呼吸衰竭。应密切观察呼吸形态、频率和节律，有无口唇、甲床发绀等缺氧表现，听诊双肺呼吸音是否清晰，有无缺氧症状。同时，床旁备气管插管和气管切开包，避免患者气管塌陷导致严重呼吸困难。

3. 全麻清醒前，应采取去枕平卧位，头转向一侧，以防止呕吐物及唾液吸入下呼吸道而致气管梗阻，出现舌根后坠堵塞呼吸道应使其头后仰，凡呼吸有痰鸣音者应及时给予吸痰。麻醉清醒后取半卧位，抬高床头 15°～30°，使膈肌下降，以利于呼吸。

4. 指导患者早期进行肺功能训练，鼓励患者咳嗽，以尽早排出肺内痰液和陈旧性血块，使肺复张，肺复张有利于胸腔内积气和积液的排出。对无力咳嗽的患者，护士一手按压切口，另一手的中指按压胸骨上窝处，刺激总气管，以引起咳嗽反射有利咳痰。手术和胸腔置管均可使肋间肌和膈肌运动受限，呼吸功能受到影响，使肺组织的弹性回缩减弱，肺泡和支气管内易积聚分泌物，并逐渐变黏稠，且不易被咳出。遵医嘱予雾化吸入，经常听诊肺部呼吸音，如痰鸣音明显，应立即给予雾化、叩背、协助排痰，直至肺部呼吸音清晰。

5. 早期协助叩背，鼓励患者深呼吸和有效咳痰，及时清除呼吸道分泌物，保持呼吸道通畅，预防肺部并发症的发生。叩背前应充分止痛，同时听诊肺部呼吸音，确定痰潴留部位，叩背排痰后再听诊呼吸音，了解痰液的排出情况。叩背应由下而上，由边缘至中央有节律地叩拍患者背部或胸壁，轻叩 2 分钟后，嘱患者主动咳嗽，把痰排出。如果患者不能主动咳嗽，可在胸骨上凹处刺激气管而诱发患者咳嗽，咳嗽时可用两手掌按压术侧胸壁，减轻疼痛。同时注意湿化呼吸道，雾化吸入，每天 2～4 次。痰液黏稠不易咳出者，可行鼻导管或气管镜深部吸痰。

十五、纵隔肿瘤手术后应进行哪些早期活动？

1. 麻醉清醒后，指导患者早期活动，帮助患者做臂部、躯干、四肢的轻度活动，促进血液循环，减少下肢静脉血栓。

2. 病情允许的条件下，适当的下床活动，可以先坐在床沿，再在床旁站立，由他人搀扶在室内慢走，最后到室外活动。

3. 术后第 2 天，指导患者进行患侧肩臂的主动运动，逐渐练习抬臂、抬肩、手搭对侧肩部、举手过头或拉床带活动，防止术侧肩关节强直。

4. 由于肿瘤患者血液多处于高凝状态，合并头颈部静脉回流障碍的患者极易形成血栓，应引起高度重视。早期下床活动，不仅可以降低深静脉血栓的形成，也可减少肺部并发症，可促进肠蠕动，以利于消化吸收。注意活动时要掌握活动量，以免劳累，应量力而行，循序渐进。

5. 术后早期不宜下床及下蹲大小便，以免引起直立性低血压。

十六、纵隔肿瘤手术后并发症的观察与护理有哪些？

1. 切口感染　保持切口敷料完整、清洁、干燥并及时更换，同时观察切口有无红、肿、热、痛等炎症表现，如有异常，及时报告医师采取抗感染治疗。

2. 气管塌陷　由于气管长期受压，在术后有可能会出现气管塌陷。应密切观察呼吸形态、频率和节律，有无口唇、甲床发绀等缺氧表现，听诊双肺呼吸音是否清晰，有无缺氧症状。同时，床旁备气管插管和气管切开包。避免患者气管塌陷导致严重呼吸困难。

3. 手足抽搐　为甲状旁腺被误切或血供不足所致，血钙下降至 2.0mmol/L 以下，轻则面唇、手足麻木，重则四肢抽搐。预防应强调术中保护好甲状旁腺安全区域，避免甲状旁腺被误切或丧失血供。

4. 膈肌麻痹　肿瘤侵犯或术中损伤膈神经，部分单侧膈肌麻痹患者主诉剧烈运动时有呼吸困难。早期患者可在皮下埋置电极以刺激膈神经，使膈肌恢复收缩功能，达到改善通气的目的。单侧膈肌麻痹通常无明显的症状，无须特殊治疗。两侧膈肌麻痹引起严重呼吸困难和呼吸衰竭时，多数需用机械通气辅助呼吸。应该首选无创性鼻（面）罩正压机械通气或胸外负压通气。当无创机械通气不能达到理想的通气效果或有明显肺部感染时，应考虑行气管插管或切开。对于双侧膈神经永久性麻痹的患者，当基础疾病稳定时，可考虑做膈肌折叠术。通过缩短膈肌的长度来增加膈肌被动向上牵拉的张力。

5. 肺炎和肺不张　由于麻醉药的不良反应，患者的膈肌受抑制，患者术后软弱无力及疼痛、胸带包扎过紧等，限制了患者的呼吸活动，不能有效咳嗽排痰，导致分泌物滞留堵塞支气管，引起肺炎、肺不张。其表现为烦躁不安、不能平卧、心动过速、体温升高、哮鸣、发绀、呼吸困难等症状，血气分析显示为低氧血症、高碳酸血症。肺炎及肺不张应注重预防。鼓励患者咳嗽排痰，痰液黏稠者予以雾化吸入，必要时行鼻导管深部吸痰或协助医师行支气管镜吸痰，病情严重时可行气管切开，以确保呼吸道通畅。

6. 胸腔内感染 监测体温，密切观察体温变化及痰液性状，如患者出现畏寒、高热或咳脓痰等感染征象，及时报告医师并配合处理。

7. 出血 手术时胸膜粘连紧密、止血不彻底或血管结扎线脱落，胸腔内大量毛细血管充血及胸腔内负压等因素均可以导致胸腔内出血。应密切观察患者的生命体征，定时检查伤口敷料及引流管周围的渗血情况，胸腔引流液的量、颜色和性状。当引流的血性液体量多（每小时 100～200ml）、呈鲜红色、有血凝块，患者出现烦躁不安、血压下降、脉搏增快、尿少等血容量不足的表现时，应考虑有活动性出血，需立即通知医师，在监测中心静脉压下加快输血、补液速度，遵医嘱予止血药，保持胸腔引流管的通畅，确保胸内积血能及时排出，注意保暖。必要时做好开胸探查止血的准备。

8. 心律失常 多发生于术后 4 天内。与缺氧、出血、水电解质酸碱失衡有关。患者术前合并糖尿病、心血管疾病者，术后更容易并发心律失常。术后应持续心电监护，如有异常，立即报告医师。遵医嘱予应用抗心律失常药，密切观察心率、心律，严格掌握药物剂量、浓度、给药方法、速度，观察药物的疗效及不良反应，控制静脉输液量和速度。

9. 肺水肿 表现为呼吸困难、发绀、心动过速、咳粉红色泡沫痰等。一旦发生肺水肿，应立即减慢输液速度，控制液体入量；予吸氧，氧气以 50%乙醇溶液湿化；注意保持呼吸道通畅；遵医嘱予心电监护、强心、利尿、镇静及激素治疗，安抚患者的紧张情绪。

10. 重症肌无力危象 胸腺瘤者术后更易发生，因其术前往往已出现肌无力症状。肌无力突然加重，特别是呼吸肌（包括膈肌、肋间肌）及咽喉肌的严重无力，导致呼吸困难，喉头与气管分泌物增多而无法排出，需排痰或人工呼吸。加强监护，鼓励患者咳嗽排痰，痰液黏稠者予以雾化吸入，必要时行鼻导管深部吸痰或协助医师行支气管镜吸痰，病情严重时可行气管切开，以确保呼吸道通畅。凡能影响神经肌肉传导功能的药物应避免应用。

十七、纵隔肿瘤手术后的健康宣教包括哪些？

1. 戒烟，注意劳逸结合，加强锻炼，提高机体抵抗力，预防感冒。避免去人多拥挤的地方，必要时应戴口罩。注意室内空气调节，预防上呼吸道感染。

2. 饮食。少量多餐，由稀到干，逐渐增加食量，并注意进食后的反应。饮食内容不要限制热量，要做到营养丰富，饭菜细软，容易消化和吸收。

3. 保持大便通畅，多食粗纤维饮食，必要时给予缓泻剂。

4. 注意保持精神愉快，情绪稳定。

十八、纵隔肿瘤手术后的出院指导包括哪些？

1. 指导患者饮食要以流质、半流质为主，逐渐过渡到软食，选用易消化的高蛋白、高维生素食物，多食新鲜的蔬菜和水果。

2. 注意休息，并注意天气变化，及时添加衣服，预防感冒。

3. 避免疲劳、重体力活动，一般不做上半身剧烈活动，也不要将头过于后屈或回旋。

4. 告知患者戒烟酒，加强呼吸功能锻炼。每天定时开门、窗，通风换气可保持病室内空气新鲜，通风时注意预防感冒。

5. 嘱患者遵医嘱用药，坚持治疗，定期复查，第一年每 3 个月复查一次，第二年每 6 个月复查一次，以后每年复查一次，如出现胸痛、咳嗽、气促、呼吸困难等，及时就诊。

（刘婵媛）

第十九章　胸腺瘤和重症肌无力

一、胸腺瘤的病因主要有哪些？

起源于胸腺上皮细胞或淋巴细胞的胸腺肿瘤最为常见，占胸腺肿瘤的 95%，在整个纵隔肿瘤中排名第 1～3 位。绝大多数胸腺瘤在组织细胞学上为良性表现，但其中一部分在生物学行为上呈侵袭性生长，属于恶性胸腺瘤。恶性胸腺瘤还包括胸腺癌，即组织细胞学表现呈典型的恶性特征。

二、胸腺瘤有哪些病理分型？

组织学按 WHO（2004）分型标准，将胸腺瘤分为 A 型、AB 型、B_1 型、B_2 型和 B_3 型。将胸腺瘤分为两种主要类型，即肿瘤上皮细胞呈梭形或卵圆形，形态均一温和（A 型）；或者肿瘤上皮细胞呈树突样或上皮样（B 型）；具有两种特征者为 AB 型。其中 B 型胸腺瘤根据逐渐增加的上皮细胞/淋巴细胞比例，以及上皮细胞异型程度分为 B_1 型、B_2 型、B_3 型。

三、胸腺瘤有哪些分期？

肿瘤分期主要包括两种，一种是 Masaoka 分期，一种是 TNM 分期，目前临床较多采用前者进行胸腺瘤分期，主要包括Ⅰ期、ⅡA 期、ⅡB 期、ⅢA 期、ⅢB 期、ⅣA 期和ⅣB 期。

1. Ⅰ期　肉眼见完整包膜，无镜下包膜外侵犯。

2. Ⅱ期　镜下侵出包膜或肉眼见侵犯纵隔脂肪组织或纵隔胸膜。

3. Ⅲ期　肉眼见侵犯邻近结构（如心包、大血管或肺）。

4. ⅣA 期　胸膜腔播散（胸膜或心包转移）。

5. ⅣB 期　淋巴或血源转移，胸腔外播散（以骨转移最为常见）。

四、胸腺瘤的临床表现是什么？

1. 30%～60%的患者可无症状，仅在偶然的胸部 X 线片检查时发现。

2. 有症状的患者主要表现为瘤体侵犯或压迫邻近纵隔结构所引起的胸部局部症状，包括咳嗽、胸痛、喘鸣、反复发作的呼吸道感染、呼吸困难、吞咽困难、声音嘶哑、霍纳综合征、上腔静脉综合征、心脏压塞、脊髓受压等症状。

3. 全身症状有发热、体重下降、疲劳、食欲减退、盗汗等。

4. 胸腺瘤常具有特异性表现，合并多种副瘤综合征，如重症肌无力（最常见）、红细胞发育不良、低丙种球蛋白血症、多肌炎、系统性红斑狼疮、类风湿关节炎、甲状腺炎等多种疾病。

5. 胸腺瘤最常见的转移是胸内转移（如胸膜、心包），可伴胸腔积液，引起呼吸困难、胸部不适等症状。胸外和血行转移少见，转移部位以骨骼系统最为常见，引起相关的转移症状。

五、胸腺瘤的辅助检查有哪些？

1. X 线检查　标准的后前位与侧位胸部 X 线片是诊断大多数胸腺瘤的是简单有效的检查方法。

2. 胸部 CT　了解纵隔占位及与周围组织关系情况，初步评估手术的可能性，为胸腺瘤的首选检查。

3. 磁共振成像（MRI）　对于了解大血管受累与否价值较大。

4. 肺功能检查　评估肺功能能否耐受全麻手术。

5. 心脏彩超和心电图检查　评估心脏功能能否耐受全麻手术。

6. 腹部（肝胆、胰、脾、双肾、肾上腺）**彩超**　常规术前检查。

7. 入院后的化验检查　入院五项（甲型肝炎、乙型肝炎、淋病、梅毒、艾滋病）、血常规、肝肾功能及各种病毒检测，为手术常规检查。

8. 其他检查　通过以上检查整体了解病情后，必要时可能会通过 B 超下引导进行肿物的穿刺活检，提前明确病理类型；胸部 CT 观察肿物与周围组织关系不明确时，有时会行血管造影进一步明确。

六、胸腺瘤的治疗方法有哪些？

胸腺瘤一经发现，如果没有手术禁忌，首选手术切除，并在手术中留意观察肿物有无包膜、包膜是否完整及有无侵袭周围组织的情况，这些与术后病理一起用于评估肿瘤的良恶性。除Ⅰ期和ⅡB 期外，其余胸腺瘤通常需要术后化疗等辅助治疗；晚期患者，选择综合治疗，术后会进行放疗和化疗。

1. 手术治疗 外科手术切除是当前公认的治疗胸腺瘤的首选治疗方法。

2. 放疗 胸腺肿瘤对放射线较为敏感，对于部分胸腺瘤患者，手术之后可以行放疗来进一步巩固治疗的效果。

3. 化疗 对于晚期患者，或者手术无法彻底切除的患者，可以考虑术后采用化疗的方式进一步治疗。

七、胸腺瘤患者在手术前应该进行哪些准备？

胸腺瘤多位于前纵隔内，患者手术之前需要做相关的检查，评价胸腺瘤的大小，以及患者的身体素质能否耐受全麻手术。术后会导致一部分患者肌无力症状加重，甚至出现肌无力危象，胸腺瘤中伴有重症肌无力患者尤其要加强术前护理。术后的护理和正确处理尤为重要，如果患者有吸烟史或者肺功能欠佳，患者除了进行相关术前检查外，还需加强呼吸功能锻炼。

八、胸腺瘤预后及生存期的影响因素包括哪些？

1. 已经发生转移。

2. 肿瘤直径大于 10cm。

3. 肿瘤已经压迫血管和气管，或已经发生了上腔静脉综合征。

4. 年龄小于 30 岁。

5. 病理类型为上皮或混合型。

6. 出现相应的血液系统伴瘤综合征，如红细胞发育异常、丙种球蛋白减少症等。

7. 有研究指出 Masaoka 分期是预测胸腺瘤患者生存的独立影响因素。此外，肿瘤的浸润程度及切除的完整性也是其预后的重要影响因素。

九、胸腺瘤手术后饮食护理有哪些注意事项？

1. 注意膳食平衡，食物多样化、搭配合理化，少量多餐、吃清淡易消化的食物。

2. 不宜忌口，多选择具有抗癌功效的食物，如蔬果类（如芦笋、胡萝卜、菠菜、西红柿、西兰花、薯类、猕猴桃、柑橘）、大豆及其制品类、食用菌、坚果、海藻类、薏苡仁、牛奶、鸡蛋等。

3. 补充多种维生素，如维生素 C、维生素 B_6、胡萝卜素和维生素 E 等。

十、重症肌无力的病因主要有哪些？

1. 先天遗传性 极少见，与自身免疫无关。

2. 自身免疫性疾病 最常见。本病发病原因尚不明确，普遍认为与感染、药物、环境因素有关。同时重症肌无力患者中有 65%～80%有胸腺增生，10%～20%伴发胸腺瘤。

十一、重症肌无力的诱发因素有哪些？

1. 环境因素 主要包括化工厂、重金属生产地、粉尘噪声等，环境污染造成免疫力下降，从而容易诱发重症肌无力的发生。

2. 食物污染与中毒 是引起重症肌无力的主要病因，部分患者是吃不洁的食物或饮被化学品污染的劣质饮料而发病的。

3. 营养因素 很多患者家庭条件都比较贫困，可能与长期营养不足、劳累有关。

4. 精神紧张，过度劳累 一些重症肌无力患者常由于长时间玩麻将、玩电脑游戏后发病，因此要劳逸结合，保持心情舒畅。

十二、重症肌无力的早期症状有哪些?

1. 全身无力症状 从表面看患者体征并无异常，但是一旦行动起来，多为浑身无力，手不能提，蹲下站不起来，甚至无法自理。

2. 呼吸障碍 多为呼吸困难，临床上又称为重症肌无力危象，该病症是比较严重的，可导致缺氧而死亡，患者感到喘气很困难，夜里不能躺平睡，只能端坐呼吸。有痰咳不出，既不像心脏病，也不像哮喘，更不像肺部肿瘤所致。有这种呼吸困难的患者大多同时伴有吞咽困难、四肢无力或眼睑下垂等。

3. 吞咽困难 虽然该病并不会造成消化道的障碍，但是因为体质衰弱，往往会使患者无力进食，喝水时因呛入气管引起咳嗽，或是从鼻孔流出来。有的患者由于严重的吞咽困难而必须依靠鼻饲管进食。

4. 上睑下垂 通常情况下又称为耷拉眼皮子，是病患典型的症状表现。重症肌无力的表现为眼裂减小、复视、弱视，或视物时姿势异常。症状晨轻暮重，休息或睡眠后可缓解。嘱其重复睁闭眼动作，10～20 次后症状明显加重，甚至完全不能睁眼。此即疲劳试验阳性，可协助诊断，这些都是重症肌无力的症状。

5. 咀嚼无力 很多患者会出现咀嚼无力的现象，吃东西时吃不动。牙齿好好的，但咬东西没劲，连咬馒头也感到费力。头几口还可以，可越咬越咬不动，吃煎饼、啃烤肉就更难了。

6. 其他部位的肌肉无力 主要的还是出现在眼睛上，眼球运动不利，一副没有力气的样子，咀嚼和吞咽困难、构音困难、饮水呛咳、转颈耸肩力弱等是重症肌无力的症状。

十三、重症肌无力患者的肌无力症状有哪些特点?

1. 全身骨骼肌易疲劳或肌无力呈波动性。
2. 多数患者表现为肌肉持续收缩后出现肌无力甚至瘫痪，休息后减轻或缓解。
3. 肌无力症状经常从一组肌群无力开始，逐渐累及到其他肌群，直到全身肌无力。
4. 晨轻暮重，表现为晨起时肌力正常或肌无力症状减轻，而在下午或傍晚肌无力明显加重。
5. 首发症状常为一侧或双侧眼外肌麻痹，如上睑下垂、斜视和复视。
6. 四肢肌肉受累，以近端（近躯干侧肌肉受累）为重，表现为抬臂、梳头、上楼梯困难，腱反射通常不受累，感觉正常。
7. 首次采用抗胆碱酯酶药物治疗都能缓解肌无力的症状，是该病突出的特点。

十四、重症肌无力的临床分型有哪些?

临床上对于重症肌无力的分型方式主要包括两种：改良式的 Osserman 分型和 MGFA 分型。目前主要采用改良 Osserman 分型。

1. 改良 Osserman 分型

（1）Ⅰ型（眼肌型），单纯眼外肌受累，无其他肌群受累。对肾上腺皮质类固醇治疗反应及预后佳。

（2）Ⅱ型（全身型），有一组以上肌群受累，主要累及四肢，药物治疗反应及预后好。

（3）ⅡA 型（轻度全身型），四肢肌群轻度受累，常伴有眼外肌受累，一般无咀嚼、吞咽、发音困难。对药物治疗反应及预后一般。

（4）ⅡB 型（中度全身型），四肢肌群中度受累，常伴有眼外肌受累，一般有咀嚼、吞咽、发音困难。对药物治疗反应及预后一般。

（5）Ⅲ型（重度激进型），急性起病、进展较快，多于起病数周或数月内出现延髓麻痹，常伴眼肌受累，生活不能自理，多于半年内出现呼吸肌麻痹。对药物治疗反应及预后差。

（6）Ⅳ型（迟发重症型），潜隐性起病，进展较慢。本型多于 2 年内由 1 型、ⅡA 型、ⅡB 型发展到延髓麻痹和呼吸肌麻痹。临床起病半年以后出现呼吸麻痹者属本型。本型对药物治疗反应及预后差。

（7）Ⅴ型（肌萎缩型），于起病半年即出现肌肉萎缩者。因长期肌肉无力而出现继发性肌肉萎缩者不属本型。

2. MGFA 分型 2000 年美国重症肌无力协会（MGFA）提出新临床分型，比 Osserrman 分型更细致客观，有利于患者的预后及疗效的分析和判断，MGFA 分型如表 1-19-1 所示。

表 1-19-1 MGFA 分型

分型	临床表现
Ⅰ型	任何眼肌无力，可伴有眼闭合无力，但其他肌群力正常
Ⅱ型	无论眼肌无力的程度，其他肌群轻度无力
Ⅱa	主要累及四肢和（或）躯干肌，可有同等程度以下的咽喉肌受累
Ⅱb	主要累及肌咽喉和（或）呼吸肌，可有同等程度以下的四肢肌受累
Ⅲ型	无论眼肌无力的程度，其他肌群中等无力
Ⅲa	主要累及四肢肌和躯干肌，可有同等程度以下咽喉肌受累
Ⅲb	主要累及咽喉肌和（或）呼吸肌，可有同等程度以下的四肢肌躯干肌受累
Ⅳ型	无论眼肌无力的程度，其他肌群重度无力
Ⅳa	主要累及四肢肌和（或）躯干肌，可有同等程度以下的咽喉肌受累
Ⅳb	主要累及咽喉肌和（或）呼吸肌，可有同等程度以下的四肢肌躯干肌受累
Ⅴ型	气管插管伴或不伴机械通气（除外术后常规使用），无插管的鼻饲病例为Ⅳb 期。

十五、重症肌无力的辅助检查有哪些？

1. 新斯的明试验。

2. 胸腺 CT 和 MRI。

3. 重复电刺激。

4. 单纤维肌电图。

5. 乙酰胆碱受体抗体滴度的检测。

十六、胸腺瘤与重症肌无力有什么关系？

胸腺瘤与重症肌无力之间的关系非常密切。①胸腺瘤患者中有重症肌无力的患者占 30%。②胸腺瘤患者的胸腺细胞通常不表达乙酰胆碱受体，但血清中乙酰胆碱受体抗体滴度升高并存在数种细胞内肌肉蛋白的抗体，从而产生重症肌无力。③一般胸腺切除后症状大多能得到改善或缓解，这与切除胸腺组织减少了胸腺素的分泌有关。

十七、重症肌无力的治疗方法有哪些？

1. 非手术治疗

（1）胆碱酯酶抑制剂。

（2）免疫抑制。

（3）血浆置换。

（4）静脉注射免疫球蛋白。

（5）中医药治疗。

2. 手术治疗 患者多有胸腺异常，胸腺切除是重症肌无力有效治疗手段之一。本法适用于16～60岁之间发病的全身型、无手术禁忌证的重症肌无力患者，大多数患者在胸腺切除术后可获显著改善，合并胸腺瘤的患者是胸腺切除术的绝对适应证。

十八、重症肌无力患者应用激素治疗有什么不良反应？

1. 消化道溃疡 为预防胃溃疡的发生，每次服用激素前可服用抗酸药物。平时注意观察大便颜色，若有黑便应及时报告医师。以往有胃溃疡或消化道出血病史者最好改用其他疗法，避免用激素。

2. 糖尿病 因激素有升高血糖作用，故可引起糖尿病，开始治疗前应普查血糖，开始治疗后应定期复查，一旦发现了糖尿病应积极采用降糖措施，甚至可并用胰岛素疗法。

3. 骨质疏松症 可适当服用钙剂和维生素D。

4. 股骨头坏死 成年人大剂量应用激素时应高度警惕股骨头坏死的可能。应早期合用一些降血脂和活血的药物，肌无力症状改善后应及时减少激素剂量。若发生坏死，应停用激素并减少活动。

5. 白内障 长期服用激素的患者应定期到眼科检查，如果发生了白内障则激素应减量。

6. 肾上腺功能不全 既往按每天3次服用激素的方法很容易引起肾上腺功能不全，故现在特别强调激素应每天1次，早饭后顿服。

7. 感染 患者容易发生感染，这是因为激素可以降低患者的身体免疫力。长期大量使用皮质类固醇激素可以降低机体的抵御疾病的能力，增加细菌和真菌的感染机会。

由此可见，激素治疗重症肌无力虽然有一定的作用，但是激素是一把双刃剑，既能够为人们治疗疾病，又可能会把患者带向深渊。所以在使用激素治疗疾病的时候一定要把握好度，需要专业的医护人员全程指导。

十九、重症肌无力手术前需要做哪些术前准备？

1. 术前护理要格外注意监测患者的生命体征，如血压、脉搏、呼吸变化等，如果出现了呼吸困难、缺氧等情况，应及时采取相应措施。

2. 做好呼吸道护理，保持呼吸道通畅，及时帮助患者咳嗽、排痰，防止吸入性肺炎、肺部感染、窒息等严重呼吸道并发症的发生。

3. 常规备好吸痰用品、气管插管包、气管切开包、简易人工呼吸器等抢救用品于床旁，必要时行紧急气管插管或气管切开以及人工辅助呼吸。

4. 合理用药。胆碱酯酶抑制剂是这种疾病的常用治疗药，在患者的用药方面，也要注意控制剂量以免因药物毒副作用而造成伤害。

二十、重症肌无力术后护理有哪些注意事项？

1. 起居有常，作息规律，早睡早起，劳逸结合。

2. 注意各种感染，生活保持有规律，饮食方面应多食富含高蛋白的食物，如鸡、鸭、鱼、蛋类、豆制品及新鲜蔬菜水果，营养搭配对患者来讲非常重要。同时应该注意食物的易消化性。

3. 避风寒、防感冒。肌无力患者抵抗力较差，伤风感冒不仅会促使疾病复发或加重，还会进一步降低机体对疾病的抵抗力。

4. 饮食要有节制。痿病（指筋骨痿软、肌肉瘦削、皮肤麻木、手足不用的一类疾患）的病理机制与脾气亏虚关系密切，因此调节饮食更为严重，不能过饥或过饱，在有规律、有节度的同时，各种营养要调配恰当，不能偏食。

5. 忌生、冷、辛辣性食物及烟酒等刺激。服药期间禁食绿豆，以防寒上加寒或减弱温补类中药的疗效。

6. 注意适量运动，锻炼身体增强体质，但不能运动过量，特别是重症肌无力患者运动过量会加重症状，所以患者要根据自己的情况选择一些有助于恢复健康的运动，多做一些主动运动，加强关节活动范围训练，加强身体协调性训练和肌力训练。病情较重的患者或长期卧床不起的患者，应给予适当的按摩防止压疮的产生。

7. 应有良好的心态与康复的信心，鼓励患者，让其有积极乐观的治疗信心，减少患者的心理负担，避免精神刺激和过度脑力（体力）劳累。

二十一、重症肌无力患者有哪些饮食指导？

1. 不能过饥过饱，在有规律、有节度的同时，注意各种营养的搭配，不能偏食。

2. 一般不采取炸、烤、爆等烹调方式，以免破坏食材的有益成分，或使其性质发生改变而失去治疗作用，应采取蒸、炖、煲汤等方式为宜。

3. 饮食清淡适宜，以高蛋白、高纤维素饮食为主，服用激素期间，尽量避免影响大便颜色的食物，如动物血等。

4. 禁食生、冷、辛辣、寒凉食物，如芥菜、萝卜、海带、紫菜等。

（刘婵媛）

第二十章　手足多汗症

一、手足多汗症的病因主要有哪些？

1. 交感神经过度兴奋。

2. $T_2 \sim T_4$交感神经节支配。

二、手足多汗症的病理分型有哪些？

1. 由于全身性疾病造成的　内分泌失调（甲状腺功能亢进、糖尿病、垂体功能亢进等）、神经系统疾病、部分感染性疾病（疟疾、结核等）和长期生病造成体质虚弱。只要这些全身性疾病得到控制后多汗的情况就能得到解决。

2. 精神性出汗　见于高度紧张和情绪激动，是因为交感神经失调所致，内服一些镇静药（如阿托品、溴丙胺太林、颠茄合剂等）具有暂时性的效果，但有口干等不良反应。

3. 味觉性出汗　见于另一种生理现象，如吃某些刺激性的食物（辣椒、大蒜、生姜、可可、咖啡）后引起的多汗，这种情况一般不必进行治疗，只需要忌口。

三、手足多汗症的临床表现是什么？

1. 手掌多汗伴有足底及腋下多汗。

2. 轻度者手掌湿润。

3. 重度者，肉眼可见的汗珠，甚至出现滴汗状。

四、手足多汗症的分级有哪些？

根据出汗的程度手足多汗症可分为三级。

1. 轻度　手或脚掌潮湿。

2. 中度　手或脚掌出汗时湿透一条手帕。

3. 重度　手或脚掌出汗时呈滴珠状。

五、手足多汗症对患者有什么危害呢？

因大量出汗而影响生活、工作和社交，同时也严重影响了患者的身心健康。手部多汗容易影响手操作的灵活性，干扰手工操作，甚至存在安全隐患，比如操作带电设备。患者在人际交往时易出现尴尬、焦虑等负面情绪。此外，手足多汗症患者的手或脚掌因长期潮湿容易造成脱皮、开裂，又痒又疼，更是生理与心理的双重折磨。

六、手足多汗症的辅助检查有哪些？

常规的胸部正侧位片（或胸部 CT）、肺功能检查、心电图及腹部 B 超等辅助检查可排除继发性手汗症。

七、手足多汗症的治疗方法有哪些？

1. 非手术治疗

（1）物理治疗：直流电、电离子透入疗法及 CT 引导下经皮穿刺交感神经阻滞术等。

（2）药物治疗：分外用及口服两种方法。

（3）注射肉毒杆菌。

2. 手术治疗

（1）传统开胸手术，伤口大，手术时间长。

（2）胸腔镜下胸交感神经切断术，具有创伤少、恢复快、安全、有效的特点。

八、手足多汗症患者术前的饮食指导有哪些？

手足多汗症患者术前根据情况给予高蛋白、高热量、高维生素、低脂、易消化食物。

九、手足多汗症术前还需要进行哪些准备？

1. 心理指导。手汗症的患者由于长年累月的出汗，造成自卑心理、性格内向，因此加强手术术前宣教，打消患者的顾虑，让患者学会自我激励，增强患者战胜疾病的信心，积极配合治疗和护理。

2. 呼吸道准备。术前戒烟戒酒，注意避免呼吸道感染。术前采用讲解加示教相结合的方式，指导患者进行腹式呼吸功能锻炼、缩唇呼吸锻炼及咳嗽、咳痰训练。

3. 手术前 1 天做好各项术前准备，具体包括抽血化验、备血、药物过敏试验等。

4. 胃肠道准备。术前 1 天进流质饮食，术前 8 小时禁食，4～6 小时禁饮，以防止在麻醉过程中发生呕吐、误吸而引起吸入性肺炎、窒息等意外。

5. 术晨备皮，更换病号服，不可穿内衣裤，义齿、眼镜和其他贵重首饰应取下，交给家属保管。

6. 术晨测体温、脉搏、呼吸、血压，按医嘱给予术前用药。

十、手足多汗症术前备皮的范围有哪些？

手足多汗症术前应从锁骨水平线至剑突下，尤其是双侧腋下皮肤进行备皮准备。

十一、手足多汗症患者术后为什么要鼓励患者主动咳嗽、咳痰？

交感神经切断术的过程会引起气胸，术后鼓励患者主动咳嗽、咳痰，有利于肺膨胀，尽快地让肺组织填充胸腔，防止气胸、胸腔积液的产生。术后 12 小时复查胸部 X 线片，如果双肺膨胀良好，即可出院。如果双肺膨胀不良，出现气胸或者胸腔积液，严重时则需要进行胸腔闭式引流术。

十二、手足多汗症术后呼吸道的观察与护理有哪些？

1. 向患者讲解保持呼吸道通畅、定时翻身拍背及雾化吸入的意义，使其配合术后治疗和护理。

2. 术后患者易发生呼吸困难、缺氧，并发肺不张、肺炎，甚至呼吸衰竭。应密切观察呼吸形态、频率和节律，有无口唇、甲床发绀等缺氧表现，听诊双肺呼吸音是否清晰，有无缺氧症状。

3. 全麻清醒前，应采取去枕平卧位，头转向一侧，以防止呕吐物及唾液吸入下呼吸道而致气管梗阻，出现舌根后坠堵塞呼吸道应使其头后仰，凡呼吸有痰鸣音者应及时给予吸痰。麻醉清醒后取半卧位，抬高床头 15°～30°，使膈肌下降，利于呼吸。

4. 指导患者早期进行肺功能训练，鼓励患者咳嗽，以尽早排出肺内痰液和陈旧性血块，使肺复张，肺复张有利于胸腔内积气和积液的排出。对无力咳嗽的患者，护士一手按压切口，另一手的中指按压胸骨上窝处，刺激总气管，以引起咳嗽反射有利咳痰。手术和胸腔置管均可使肋间肌和膈肌运动受限，呼吸功能受到影响，使肺组织的弹性回缩减弱，肺泡和支气管内易积聚分泌物，并逐渐变黏稠，且不易被咳出。遵医嘱予雾化吸入，经常听诊肺部呼吸音，如痰鸣音明显，立即给予雾化、拍背，协助排痰，直至肺部呼吸音清晰。

十三、手足多汗症手术后伤口疼痛，该怎么办？

1. 手足多汗症手术后伤口疼痛主要是由于术中胸腔镜戳孔对肋间神经的刺激或轻微损伤肋间神经引起的放射痛，多数患者可忍受。术后采用放松训练、注意力分散法等方法对减轻疼痛，增强患者舒适感，促进恢复具有较好的效果。

2. 患者胸壁上有切口，加上进行呼吸功能锻炼时疼痛会加重，因此咳嗽时可用双手扶住伤口位置，减轻疼痛。

3. 对患者进行疼痛程度的评估，必要时遵医嘱应用止痛药物。

4. 胸腔镜交感神经切断术切口小，切口疼痛轻微，但可能并发胸背部疼痛。绝大多数患者术后 6 小时均可起床活动，疼痛轻微，一般无须使用镇痛药。

十四、手足多汗症手术后饮食的注意事项是什么?

手足多汗症患者术后禁食 6 小时后，进少量米汤、鱼汤等流质饮食，避免进牛奶、豆浆等产气的食物，以免引起腹胀等不适。

十五、手足多汗症手术后并发症的观察与护理有哪些?

1. 霍纳综合征 发生率为 0～17%，是本症手术后最严重的并发症，是由颈部交感神经节受累损伤造成。本症临床可表现为典型的三联征：眼裂变小、瞳孔缩小及同侧面部潮红少汗。若发现上述症状应及时通知医师。

2. 代偿性出汗 发生率为 30%～75%，手足多汗症患者最常见的并发症，多发生于躯干及大腿上部，症状轻微，多数患者可在术后 3～6 个月缓解。如果出现本症应向患者详细说明术后代偿性出汗的特点。

3. 术后气胸及皮下气肿 发生率高达 30%～75%。少量气胸通常术后 3～5 天吸收，仅 0.4%～2.3%患者需放置胸腔引流管排气。胸交感神经切断术后高达 75%的手术患者胸内都有少许气体残留，由于术毕一般不做常规胸腔冲洗，肺破裂难以发现，术后应严密观察患者呼吸频率、节律及血氧饱和度等情况，另外要观察有无胸痛和肺不张及切口周围皮肤是否有捻发感等，必要时安放胸腔闭式引流。少量皮下气肿可自行吸收，一般无须处理。如皮下气肿迅速增大，常提示肺有损伤，要及时处理。

4. 手足皲裂 发生率较低，一般冬天较常见，此现象可逐渐缓解，可用护手霜进行保护。

十六、手足多汗症手术后的出院指导包括哪些?

1. 术后 1 周内不适合做剧烈的体育运动，如竞技性的跑步、篮球赛、足球等活动。
2. 保持切口敷料清洁干燥，防止切口感染。
3. 防寒保暖，防治各种呼吸道感染，避免吸入有害烟雾和刺激性气体。
4. 提倡不吸烟，劝说吸烟者戒烟。
5. 指导患者出院后仍要坚持呼吸锻炼及有效咳嗽。

（刘婵媛）

第二十一章 漏 斗 胸

一、什么是漏斗胸?

漏斗胸是胸骨连同肋骨向内向后凹陷呈舟状或漏斗状。

二、漏斗胸的病因主要有哪些?

确切病因尚不明确，目前认为主要与以下因素有关。

1. 有家族倾向或伴有先天性心脏病。

2. 肋骨生长不协调，下部较上部迅速，挤压胸骨向后形成。

3. 膈肌纤维中心腱过短，将胸骨和剑突向后牵拉所致。

三、漏斗胸的病理生理改变有哪些?

1. 漏斗胸畸形常是第 4～8 肋软骨从肋-软骨连结的内侧或外侧向脊柱方向凹陷而构成漏斗的两侧壁，下陷的胸骨构成漏斗的最低点。儿童漏斗胸畸形常呈对称性，随着年龄的增长可出现非对称性并伴有胸骨的旋转，部分同时出现脊柱侧弯。

2. 据统计，约 10%的漏斗胸患者同时存在脊柱侧弯，而约 2%同时患有先天性心脏病。

四、漏斗胸的临床表现是什么?

1. 症状 绝大多数漏斗胸患者出生时或生后不久胸部便出现浅的凹陷，且多以剑突处明显。随年龄增长，一般在婴幼儿期及学龄前期凹陷进行性加深，学龄期时基本趋于稳定，但也有少数儿童胸廓凹陷出现较晚，学龄期甚至青春期随身体的快速发育而进行性加重。由于凹陷的胸壁对心肺造成挤压，气体交换受限，肺内易发生分泌物滞留，故常发生上呼吸道感染。幼儿循环系统症状发生较少，年龄较大的可以出现活动后呼吸困难、脉搏快、心悸，甚至心前区疼痛、短暂缺氧、反常呼吸等，主要是因为心脏受压、心排血量在运动时不能满足需要，心肌缺氧，因而引起疼痛。用力呼气量和最大通气量明显减少，活动能力受到限制，活动时出现心慌、气短和呼吸困难。特别值得注意的是年长儿由于胸廓畸形而产生的心理障碍，变得性格内向，严重者患儿精神忧郁而导致精神失常、食量少、消瘦。

2. 体征 大多数的漏斗胸患者体型瘦长，最为常见的是胸骨下 3/4 出现对称性或非对称性的凹陷，绝大多数伴有前胸凹、后背弓、双肩收、腹膨隆的表现。部分患儿还合并有胸肌发育不良、扁平胸和叉状肋等。

五、漏斗胸的辅助检查有哪些?

1. 胸部 X 线片检查 显示胸骨下部和相邻肋软骨明显下陷，脊柱与胸骨间距缩短。

2. 胸部 CT 扫描 用 CT 扫描能更准确的评价漏斗胸的凹陷程度、对称性、心脏受压和移位程度、肺受压程度和合并其他问题。

3. 漏斗胸指数 漏斗胸指数=（a×b×c）/（A×B×C）。意义：重度为 FI＞0.3；中度为 0.3＞FI＞0.2；轻度为 FI＜0.2。FI＞0.2 时则具有手术指征。

（1）a 代表漏斗胸凹陷外口纵径长度。

（2）b 代表漏斗胸凹陷外口横径长度。

（3）c 代表漏斗胸凹陷外口水平线至凹陷最深处长度。

（4）A 代表胸部 X 线片（后前位）胸骨长度（胸骨柄上缘至剑突间长度）。

（5）B 代表胸部 X 线片（后前位）胸部横径（两侧腋前线间长度）。

（6）C 代表胸部 X 线片（侧位片）胸骨角后缘至脊柱前缘间长度。

4. 肺功能检查 用力呼气量和最大通气量明显降低。

六、漏斗胸的治疗方法有哪些?

1. 手术指征

（1）CT 检查示 Haller 指数（凹陷最低点的胸廓横径/凹陷最低点到椎体前的距离）大于 3.25。

（2）肺功能提示限制性或阻塞性气管病变。

（3）心电图、超声心动检查发现不完全右束支传导阻滞、二尖瓣脱垂等异常。

（4）畸形进展且合并明显症状。

（5）外观的畸形使患者不能忍受。

2. 传统手术 胸骨翻转术、Ravitch 手术和改良 Ravitch 手术，基本原则是切除畸形的肋软骨，楔形切胸骨并用各种方法重新固定使胸骨上抬。所不同的是改良 Ravitch 手术切除肋骨数目有所减少。

3. 微创手术 在胸腔镜导引下手术植入量身塑造的金属板，将胸骨凹陷往外推出来，做矫正手术。所有向内凹陷变形的肋软骨也用金属板向外推出，但是没有任何肋骨被切除，也没有胸大肌被切开。最近几年开展的微创手术为 Nuss 方法。该手术创伤轻，术后恢复快，术后下床活动早，手术后并发症少，畸形矫正效果满意率高，复发率低，对成年人也获得了良好的效果。

七、漏斗胸患者术前的饮食指导有哪些?

漏斗胸患者术前应根据情况给予高蛋白、高热量、高维生素、低脂、易消化、少渣软食、半流食或流质饮食。

八、漏斗胸术前还需要进行哪些准备?

1. 心理指导。年龄较大的漏斗胸患儿思想顾虑较重，主要表现在对手术、麻醉的恐惧，担心漏斗胸手术矫形的效果，以及手术对学习、生活的影响。护士要及时同患儿及家属进行沟通，了解患儿的心理状况，配合医师进行疾病知识宣教。根据不同患儿的年龄和心理特点，讲解漏斗胸手术的必要性、简要过程和术后效果。护士可介绍本科室以往病例的情况，还可以借助图片、照片、文字等宣传材料。

2. 呼吸道准备。术前戒烟戒酒，患者应进行有效的咳嗽、咳痰及深呼吸，除去呼吸道分泌物，以利于术后肺复张，防止肺部并发症。

3. 指导患者进行床上大小便的训练。

4. 手术前 1 天做好各项术前准备，具体包括抽血化验、备血、药物过敏试验等。

5. 术前备皮，更换病号服，不可穿内衣裤，义齿、眼镜和其他贵重首饰应取下，交给家属保管。

6. 术晨测体温、脉搏、呼吸、血压，按医嘱给予术前用药。

九、漏斗胸术前备皮的范围有哪些?

漏斗胸术前备皮的范围为左右两侧至腋中线，包括腋下，上至两侧锁骨水平线，下至平肚脐处。

十、漏斗胸术后呼吸道的观察与护理有哪些?

1. 向患者讲解保持呼吸道通畅、雾化吸入、吸痰的意义，使其配合术后治疗和护理。

2. 术后患者易发生呼吸困难、缺氧，并发肺不张、肺炎，甚至呼吸衰竭。应密切观察呼吸形态、频率和节律，有无口唇、甲床发绀等缺氧表现，听诊双肺呼吸音是否清晰，有无缺氧症状。

3. 全麻清醒前，应采取去枕平卧位，头转向一侧，以防止呕吐物及唾液吸入下呼吸道而致气管梗阻，出现舌根后坠堵塞呼吸道应使其头后仰。

4. 指导患者早期进行肺功能训练，鼓励患者咳嗽，以尽早排出肺内痰液和陈旧性血块，使肺复张，有利于胸腔内积气和积液的排出。对于因疼痛而咳痰无力患者，向其讲述术后咳嗽咳痰的重要性，增强患者克服困难的勇气，以取得积极配合。避免翻身拍背和肺部叩打，避免矫形板移位损伤肺脏而造成医源性气胸，可予雾化吸入，促进痰液的排出。

十一、漏斗胸手术后饮食的注意事项是什么？

1. 术后 6 小时后如果无腹胀、恶心呕吐等症状，方可进食，一般先进食流质饮食，并逐步过渡到正常饮食。应注意少量多餐，细嚼慢咽，进食量不宜过多，速度不宜过快，避免进食生、冷、硬的食物。

2. 术后应当指导患者进食高蛋白、高热量、高维生素饮食，如肉类、蛋类、奶类食物，还应当多吃新鲜水果和蔬菜。

3. 饮食中多补充含钙高的食物，如虾皮、海带、芝麻酱等，补钙的同时注意适量的运动及维生素 D 的补充。

十二、漏斗胸手术后应如何进行体位管理？

1. 漏斗胸矫形术后体位特殊而重要，不同于一般胸科手术，术后尽量保持平卧，选择硬板床，不要使用海绵等软床垫。年长儿童可枕一薄枕，盖被轻薄，避免胸部负重。同时严禁翻身侧卧，以防胸廓受压变形，胸骨、肋软骨缝合处及克氏针移位，影响矫形效果，导致手术失败。

2. 术后 1 天视情况协助坐起、平行翻身，翻身时不屈曲、不转动胸腰，不滚翻。术后 3 天协助下床，护士两手托颈部、背部、臀部并保持背部挺直，避免单独牵拉上肢。注意扶患儿坐起时应平托其后背，保持胸背部挺直，不要仅牵拉上肢。鼓励早下床活动，站立、行走时注意要保持上身平直，不能侧弯，以防发生脊柱侧弯。

十三、漏斗胸手术后并发症的观察与护理有哪些？

1. 气胸　Nuss 术后可发生气胸，文献报道发生率为 1.7%～59.6%，一般是缝合切口时膨肺不彻底，或因患者胸壁薄气体由伤口进入造成。典型症状为突发性胸痛，继之有胸闷和呼吸困难，并可有刺激性咳嗽。这种胸痛常为针刺样或刀割样，持续时间很短暂。气胸是术后早期最常见的并发症，单侧多见，双侧少见。可床旁备胸腔穿刺包，注意观察呼吸频率、节律变化；听诊两肺呼吸音是否清晰一致；避免翻身拍背及肺部叩打，避免支架移位刺破肺脏；若少量气胸不需处理，中等量气胸穿刺抽吸，大量气胸需放置胸腔闭式引流。

2. 胸腔积液　文献报道发生率为 1.2%～56.7%，一般是肋间、胸骨后粘连或渗出造成；也有肥胖的漏斗胸患者，因对支撑板压力过大，撕开肋间造成。绝大多数用止血药，胸腔闭式引流可以治愈。

3. 心包积液　发生率低，与术中心包损伤有关，应高度警惕，早期诊断，激素治疗有效。

4. 支撑架移位　文献报道发生率为 1.2%～29.9%，支撑架移位是导致再次手术的最常见原因，包括上下旋转、向后滑脱及左右移位三种。

5. 获得性脊柱侧弯　一般是由于害怕疼痛保护性体位造成。重视术后的疼痛管理，尤其是大年龄的患者中，早期应用静脉泵止痛，后期进行心理甚至口服止痛药的治疗，以防止发生获得性脊柱侧弯。

十四、漏斗胸手术后的健康宣教包括哪些？

1. 注意劳逸结合，加强锻炼，提高机体抵抗力，预防感冒。一周内不屈曲，不转动胸腰，不滚翻，保持平卧，起床时最好有人扶持。

2. 饮食。患儿进食高蛋白、高热量、高维生素饮食，如肉类、蛋类、奶类、新鲜水果和蔬菜。饮食中多补充含钙高的食物，如虾皮、海带、芝麻酱等，补钙的同时注意适量的运动及维生素 D 的补充。

3. 保持大便通畅，多食粗纤维饮食，必要时给予缓泻剂。

4. 注意保持精神愉快，情绪稳定。

十五、漏斗胸手术后的出院指导包括哪些？

1. 注意姿势、体位，不滚翻，少屈曲；平时站立、行走要保持胸背挺直。伤口完全愈合后方可洗澡。

2. 睡觉尽量平卧，避免碰撞伤口及周围，以免造成钢板移位影响远期效果。避免行磁共振检查。

3. 避免外伤、剧烈运动使钢板移动影响手术效果或损伤血管及周围组织。一般 2～4 周可以正常上学及工作。

4. 1 个月内保持背部伸直的良好姿势，免提重物包括较重的书包，1 个月复查后可以进行常规的活动。

5. 术后 2 个月内不弯腰搬重物，不滚翻，不大力的扭动上身。

6. 术后 3 个月内尽量不要进行剧烈运动。避免身体接触性运动，之后可恢复正常运动。

7. 钢板在体内保留 2 年以上。定期复诊评估胸壁的矫形效果，取钢板前尽量不要进行对抗性运动。

8. 如生长发育过快，有可能钢板移位或双侧凹陷，应及时复诊。

9. 如有外伤、呼吸困难，立即复诊，拍胸部正侧位 X 线片。

10. 如伤口周围局部突然凸起等，应立即复诊，拍胸部正侧位 X 线片。

11. 通常在两年半后，患者的胸壁巩固到足以支撑胸骨时，可再次手术去除植入物。取出钢板后 2 天内运动稍加限制，以后完全正常，以后每年随访一次以评估胸壁的矫正效果。

（刘婵媛）

第二十二章 胸 壁 肿 瘤

一、胸壁肿瘤的定义是什么?

胸壁肿瘤是指发生在胸廓深层组织的肿瘤，包括骨骼、骨膜、肌肉、血管、神经等组织的肿瘤，但不包括皮肤、皮下组织及乳腺肿瘤。

二、胸壁肿瘤的分类有哪些?

胸壁肿瘤分原发性和继发性两大类，原发性肿瘤又分为良性及恶性两种。胸壁肿瘤在全身肿瘤中较少见，据报道，原发性胸壁肿瘤占全身原发性肿瘤的 2%；原发性胸壁恶性肿瘤占所有恶性肿瘤的 5%。原发性肿瘤和继发性肿瘤的发病率几乎相等。原发性肿瘤中良性占 40%～70%，包括骨软骨瘤、软骨瘤、骨肿瘤、硬纤维瘤、脂肪瘤、纤维瘤、神经鞘瘤、神经纤维瘤、骨纤维发育不良；恶性肿瘤占胸壁肿瘤的 50%～80%，包括骨髓瘤、软骨肉瘤、骨尤文肉瘤、骨肉瘤、恶性纤维组织细胞瘤、横纹肌肉瘤、脂肪肉瘤、神经纤维肉瘤、平滑肌肉瘤、血管肉瘤、淋巴瘤。继发性肿瘤多为转移性骨骼及软组织肿瘤，以及邻近器官直接播散、侵犯胸壁的肿瘤，常造成肋骨的局部破坏或病理性骨折，引起疼痛。

胸壁转移瘤最多见于肋骨，常造成局部破坏或病理性骨折，可切除或做放射治疗。胸壁肿瘤早期可无症状，后有局部疼痛、压痛，尤其是恶性肿瘤。胸壁肿瘤不论是良性或恶性，均应及早做手术切除。化疗、放射及中西医结合治疗有一定缓解作用。

三、胸壁肿瘤的临床表现是什么?

胸壁肿瘤通常表现为逐渐增大的无症状肿块，随着肿瘤的进一步生长，出现疼痛症状，表现为局部疼痛或压痛。在胸壁肿瘤中，以肿块就诊的约为 70%，以疼痛症状就诊的为 25%～50%。胸壁肿瘤的临床表现取决于肿瘤的部位、大小、生长速度、与邻近器官的关系及压迫程度。肿块生长缓慢、无痛、边界清楚者多为良性。有严重持续性局部疼痛、肿瘤生长速度快、边界不清、表面有扩张血管者多为恶性或良性肿瘤有恶变的征兆。肿瘤生长速度过快可发生瘤体内坏死，形成溃疡，出血或感染。发生于特殊部位的肿瘤可引起相应的症状，如肿瘤压迫和侵及肋间神经、臂丛神经及交感神经时，除有神经疼痛外，还有肢体麻木或霍纳综合征。晚期的恶性肿瘤可有远处转移、胸腔积液或血性胸腔积液。瘤体主要向胸腔生长时，患者有体重下降、气促、贫血等恶病质表现，可产生呼吸困难、刺激性咳嗽等症状，有的可发生病理性骨折。单个胸壁孤立性肿瘤考虑为恶性肿瘤时，应详细询问病史并做系统的检查，以判别肿瘤是原发性或转移性。除淋巴系统肿瘤外，肺、甲状腺、乳腺、直肠、前列腺和肾的恶性肿瘤转移至胸壁较为多见。

四、胸壁肿瘤的辅助检查有哪些?

1. X 线检查、CT 扫描（图 1-22-1，图 1-22-2，图 1-22-3，图 1-22-4，图 1-22-5），MRI 显示血管结构更清楚。

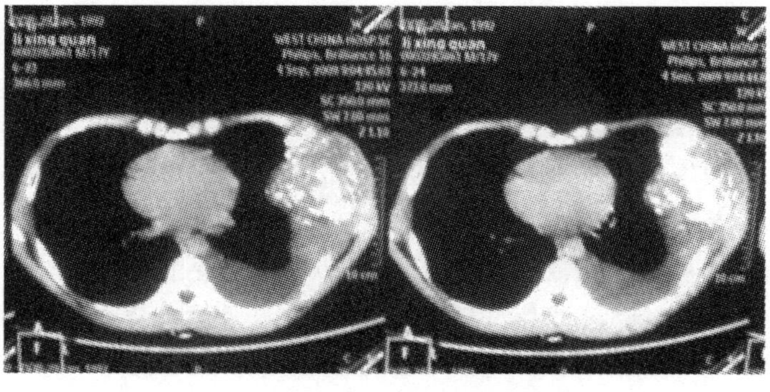

图 1-22-1 胸部 CT 示胸壁恶性肿瘤

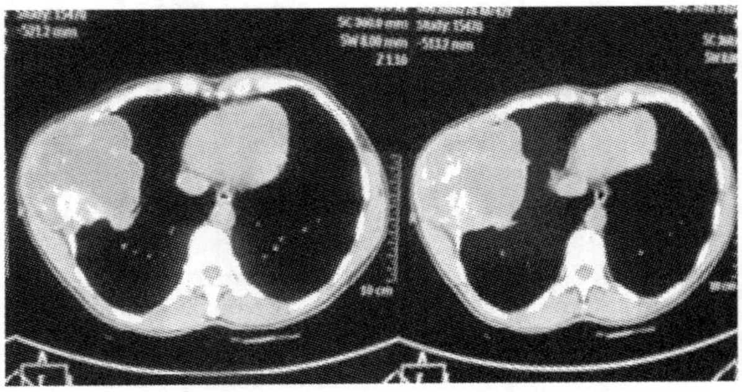

图 1-22-2　胸部 CT 示胸壁恶性肿瘤

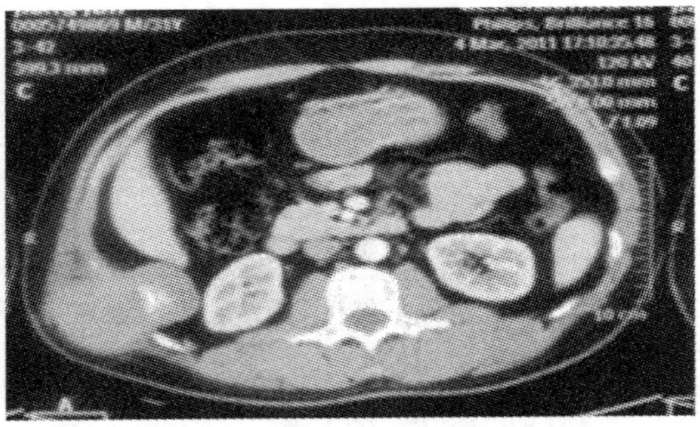

图 1-22-3　胸部 CT 示胸壁恶性肿瘤

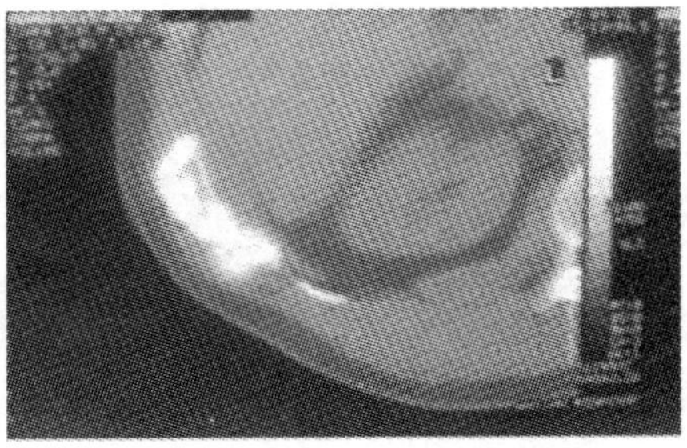

图 1-22-4　胸部 CT 示肋骨肿瘤

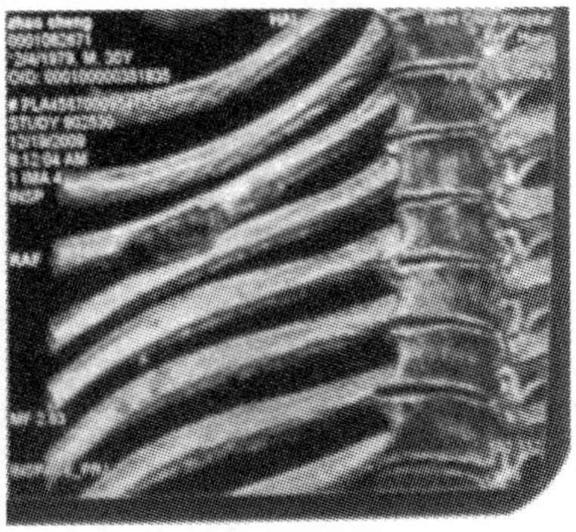

图 1-22-5　肋骨三维重建 CT 示肋骨肿瘤

2. 血管造影术对于特大肿瘤，有助于确定肿瘤的血液供应，以便肿瘤切除时及早结扎动脉。

3. 若怀疑有肿瘤胸壁转移，应行骨扫描检查（图 1-22-6），必要时行全身 ECT 检查，以搜寻原发灶等。

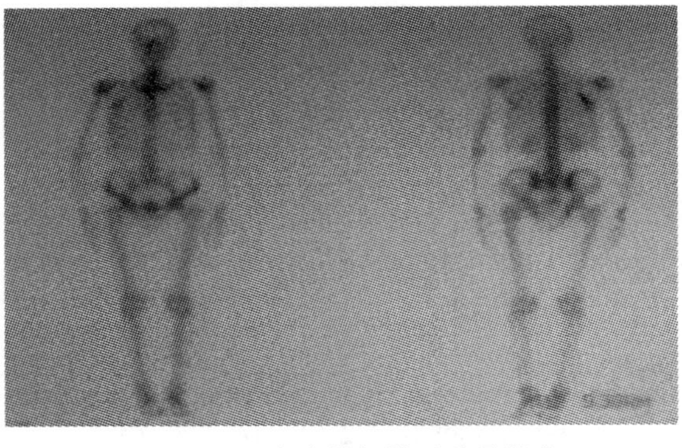

图 1-22-6　全身骨扫描示肋骨肿瘤

4. 超声检查因瘤体不同的组织结构密度而显示不同的影像，对诊断有一定帮助。

5. 实验室检查对某些肿瘤有诊断意义，如肋骨骨髓瘤患者尿中本周蛋白阳性，广泛骨质破坏的恶性肿瘤血清碱性磷酸酶升高。

6. 必要时可行穿刺或切除部分组织活检明确诊断，但活检最好与手术治疗一同进行。

五、胸壁肿瘤的诊断标准是什么？

胸壁肿瘤的主要诊断依据应包括详细的病史、体征、体格检查、实验室检查，以及胸部 X 线片及胸部 CT 检查。既往的胸部 X 线片对于估计肿瘤的生长速度非常重要。

1. X 线检查　是诊断胸壁肿瘤的重要方法。它不仅可确定肿瘤是来自胸骨骨骼还是起源于软组织，并可判定胸壁骨骼的肿瘤部位，确定有无骨质破坏、增生或者变形，另外尚可了解胸内脏器病变和胸壁肿瘤的关系。胸壁软组织肿瘤，X 线阴影密度不高，其内缘清晰、锐利，外缘较模糊，瘤体与胸壁成钝角，基底紧贴胸壁，瘤体两端可见胸膜反褶线。在肿瘤与肺组织无粘连时，透视可见肿块吸气时随胸廓上升，呼气时则下降，与肺纹理的运动方向相反。胸壁骨骼肿瘤良性者一般呈圆形、椭圆形，骨皮质无断裂，恶性者则主要表现为侵蚀性骨破坏，呈筛孔样、虫蚀样改变，可有溶骨或成骨，边缘毛糙，骨皮质缺损、中断或有病理性骨折。有些肿瘤存在典型的 X 线特征，如肋骨呈局限性膨大、疏松，其内为密度较均匀的纤维组织，常为肋骨纤维结构不良的表现；骨质破坏伴有骨膜下骨质增生，似“葱皮样”改变，为骨尤文瘤的表现；软组织块影伴骨质破坏者，常为恶性肿瘤表现；广泛骨质破坏，有放射状新骨形成，骨肉瘤表现；高密度肿块影，其间有点片状骨质形成，但无骨质破坏，多为骨或软骨瘤；肋骨呈局部膨大、变窄，内有骨梁，呈泡状影像，为肋骨巨细胞瘤的表现。

2. CT 检查 CT 有助于鉴别实体瘤或囊性病变，可清晰显示肿瘤部位、形态、大小、范围，显示骨质受累情况，以及胸壁软组织、胸膜、纵隔内结构和肺受累情况。测定 CT 值可判断肿瘤密度，对诊断有较大帮助。

3. 组织活检 多数原发性胸部肿瘤的诊断需要进行外科组织活检，活组织检查技术包括针吸、切开或切除。小的肿瘤（小于 4cm）操作应为诊断性和治疗性的，即在施行组织学活检的同时，完成胸壁肿瘤的治疗，包括可完整切除肿瘤；可获得足够的组织标本以明确肿瘤的病理学诊断，必要时可以尽早施行术后辅助治疗。大的肿瘤可选择针吸或切开的活组织检查，但需注意外科手术不会影响以后的胸壁重建，得到组织学结果后应尽早进行下一步治疗。尽管如此，活检与手术切除的间隔时间应尽量缩短，有冰冻切片条件的单位应争取在术中做活组织检查，以明确肿瘤的性质，决定术中肿瘤切除的范围。

六、胸壁肿瘤与易混淆的疾病如何鉴别诊断？

1. 胸壁结核多为继发于肺内结核病，如肺或胸膜结核累及胸骨旁或胸椎旁的淋巴结，之后形成结核性脓肿，穿透肋间组织而形成冷脓肿，脓肿破溃后可形成慢性窦道。可有或无结核病症状。胸壁结核是全身结核病的一部分，应首选予以正规的抗结核治疗，待结核病控制后再考虑外科治疗。

2. 脓胸向胸壁溃破多为慢性脓胸，直接穿破胸膜，经肋间隙穿出，形成哑铃性脓肿，称为外穿性脓胸，常为结核性脓胸治疗不及时的并发症。由于长期感染和慢性消耗，患者有慢性全身中毒症状，如低热、乏力、食欲缺乏、消瘦、营养不良、贫血、低蛋白血症等。胸部 X 线片可见胸膜增厚，肋间隙变窄，呈一片密度增强的毛玻璃样模糊阴影。膈肌升高，纵隔向患侧移位等，多需外科手术治疗。

3. 外伤性脓胸有胸壁穿透伤病史，由于异物带入致病菌在胸内存留，又常有血胸同时存在，很容易引起胸膜腔化脓性感染。且胸壁开放性伤口与胸膜腔相通，也可导致胸膜腔化脓性感染。患者常有胸痛、高热、呼吸急促、食欲缺乏、周身不适等症状。血液化验有白细胞总数和中性粒细胞计数增高。胸部 X 线片检查，患者有胸腔积液的均匀致密阴影，胸部穿刺可确诊。外伤性脓胸的治疗原则包括抗感染、排除脓液和全身治疗 3 个方面。

4. 肋骨或肋软骨畸形或变形（如肋软骨炎、痛性非化脓性肋软骨肿胀）好发于青壮年。其表现为肋软骨有痛性的非化脓性肿胀，原因尚不确切。其临床表现为单根或多根肋软骨肿大，有时明显凸起，以第 2、3 肋软骨多见，常为单侧，有时双侧。局部有疼痛或压痛，多数患者疼痛症状为反复发作，可迁延数月或数年。胸部 X 线检查和各种化验检查多无异常，一般采取对症治疗。

5. 胸内肿瘤主要是指发生在胸膜上的肿瘤，如胸膜间皮瘤、胸膜的上皮样血管内皮细胞瘤、血管肉瘤、胸腺瘤、恶性淋巴瘤等，以胸膜间皮瘤为多见。一般分为局限型和弥漫型两种。局限型多呈良性病程，约 30%有恶性倾向，多无症状，可有或无胸腔积液，肿瘤巨大或胸腔积液增多时有相应的压迫症状和体征。弥漫型多为恶性，病程进展较快，临床常有剧烈疼痛、气急、全身进行性衰竭，本病主要取决于胸部 X 线片所示的胸膜病灶改变特点、血性胸腔积液的细胞学检查和胸膜组织病理学检查。临床上怀疑或确诊本病时，应积极争取手术治疗。对于病灶弥散，大量血性胸腔积液及有远处转移等情况，则予以保守治疗。

七、胸壁肿瘤的治疗原则有哪些?

1. 胸壁良性肿瘤 可行肿瘤局部切除，但某些具有易复发及恶性倾向的良性肿瘤如纤维瘤、软骨瘤、骨软骨瘤、骨巨细胞瘤等应适当扩大切除范围，除切除病变肋骨外，尚应切除上下各一正常肋骨。

2. 胸壁恶性肿瘤 必须行广泛的胸壁大块组织切除，对肋骨的恶性肿瘤应包括肌层、病肋及其上下各一根正常肋骨及肋间肌、壁层胸膜整块组织切除，切除范围应超过肿瘤边缘 5cm，并行局部淋巴结清扫，如肿瘤已侵及肺，应同时行肺切除。

3. 胸壁大块组织缺损 必须修补，其目的是闭合胸膜腔及维持胸壁的稳定。皮肤及软组织缺损可用带蒂肌皮瓣或乳房组织填充，骨性缺损可用自身肋骨，也可用不锈钢丝、钽合金条等作支撑。目前多主张用人工合成材料，如 Marlex 网、Prolene 网及涤纶网等修补，这类材料组织相容性好，并具有较好的支撑效果，是目前修补胸壁缺损应用较多的材料。恶性胸壁肿瘤手术切除后，应联合放射治疗及化疗，以期提高治疗效果。

八、胸壁肿瘤的预后如何?

良性胸壁肿瘤患者预后良好。原发性恶性胸壁肿瘤患者的预后取决于肿瘤细胞类型、胸壁切除范围和肿瘤侵及的范围。若切除范围超过肿瘤边缘 4cm 以上、肿瘤无复发者，5 年生存率可达 56%，局限切除者仅 29%。软骨肉瘤广泛切除后 5 年生存率可达 96%，而局限切除仅 70%。软骨肉瘤和横纹肌肉瘤的 5 年生存率约为 70%，而恶性纤维组织细胞瘤 5 年生存率仅为 38%。若肿瘤复发，5 年生存率仅 17%。

九、胸壁肿瘤术后并发症有哪些?

1. 胸壁缺损修复处反常呼吸 术后早期胸壁反常运动，手术部位要适当加压包扎，松紧应适度，防止积液和感染，可用呼吸机支持呼吸 1～5 天，待胸壁稳定后，可拔除气管插管。若大范围切除胸壁，仍需进行胸壁重建，以避免出现反常呼吸和呼吸困难。

2. 胸壁重建部位感染 手术区渗液多，若引流不畅，易积聚形成感染。另外，人工材料的置入增加了感染的风险。为了防治感染，除术中严格无菌操作外，对有感染的胸壁手术，避免用人工材料进行胸壁重建。一旦发生感染，应做充分引流，必要时取出人工支持材料。

十、胸壁肿瘤患者的术前准备有哪些?

1. 积极完善术各项前检查

2. 生理准备 是对患者生理状态的调整，使患者能在较好的状态下安全度过手术和术后治疗过程。

（1）患者营养状态的评估。

（2）适应性锻炼：包括术前练习床上大小便、教会患者呼吸功能锻炼方式、术前戒烟 2 周。

（3）对有水电解质及酸碱平衡失调和贫血者，术前予以纠正。

（4）预防及控制感染：及时处理龋齿或已发现的感染灶，肿瘤局部有炎症或感染时，术前应给予抗生素治疗。

（5）胃肠道准备：术前 8～12 小时开始禁食禁饮，以防止因麻醉或手术过程中的呕吐而引起窒息或吸入性肺炎。

（6）女性患者应避开月经期，如月经来潮应延迟手术。

（7）手术前晚，可给予镇静剂，以保证良好的睡眠。

（8）高血压患者，应继续服用降压药物，避免戒断综合征。

（9）糖尿病患者，术晨停用胰岛素，术中因根据血糖监测结果，静脉滴注胰岛素以控制血糖。

3. 心理准备 患者术前难免有恐惧、紧张及焦虑等情绪，或对手术及预后有多种顾虑，护理人员应从关怀、鼓励出发，就病情、施行手术的必要性及可能取得的效果、手术的危险性及可能发生的并发症以恰当的言语和安慰的口气对患者及家属做适度的解释，使患者能以积极的心态配合手术和术后治疗。

十一、胸壁肿瘤患者术后的护理措施有哪些？

1. 一般护理

（1）体位：密切观察患者神志、意识，全身麻醉未清醒者，应去枕平卧，头偏一侧，清醒后改半卧位，以利于呼吸及引流。

（2）病情观察：常规监测生命体征，包括体温、脉率、血压、呼吸频率、血氧饱和度、尿量、出入量，并做好记录。

（3）术后医嘱：遵医嘱使用止痛、止血、抗生素等。

2. 做好胸腔闭式引流管的护理。

3. 疼痛护理 胸部手术患者术后疼痛较剧烈，为避免由于疼痛而限制呼吸，引起呼吸道并发症，术后镇痛非常重要。护士应主动与患者沟通，分散注意力，提高疼痛阈，及时调整舒适体位，教会患者正确使用自控镇痛泵。动态评估患者疼痛情况，及时与医师沟通给予处理。

4. 肺功能康复锻炼 鼓励患者深呼吸、腹式呼吸、咳嗽排痰，指导患者使用呼吸训练器，促进肺功能快速康复。

5. 肢体功能锻炼 患者意识清醒后即可鼓励患者床上活动四肢，根据患者情况，指导患者行术侧肢体的弯曲、外展、内旋等功能锻炼。

6. 伤口管理 密切观察手术伤口有无红肿、渗液，手术区域有无积液。如有异常，及时通知医师，并协助医师进行处理。伤口 3～5 天换药一次，术后 2 周拆线，引流管处缝线拔管后 3 周拆线。

7. 定期复查

（杨　梅）

第二篇　心脏大血管疾病护理健康教育

第一章　动脉导管未闭

一、动脉导管的定义是什么？

动脉导管是胎儿期连接主动脉峡部与左肺动脉根部之间的生理性血流通道。

二、动脉导管未闭的定义是什么？

婴儿出生后由于肺动脉阻力下降、前列腺素 E_1 及前列腺素 E_2 含量显著减少，血液氧分压增高，约 85%婴儿在出生后 2 个月内动脉导管闭合，成为动脉韧带，逾期不闭合者即为动脉导管未闭。

三、根据动脉导管未闭的粗细、长短和形态，动脉导管未闭的分类有哪些？

根据动脉导管未闭的粗细、长短和形态，动脉导管未闭的分类包括①管型；②漏斗型；③窗型。

四、造成动脉导管未闭的病因有哪些？

1. 遗传是造成动脉导管未闭的主要内因。

2. 在胎儿期任何影响心脏胚胎发育的因素均可能造成心脏畸形，如孕母患风疹、流行性感冒、腮腺炎、柯萨奇病毒感染、糖尿病、高钙血症等。孕母接触放射线，孕母服用抗癌药物或甲苯磺丁脲等药物也可造成胎儿动脉导管未闭。

五、动脉导管未闭的病理生理过程是怎样的？

正常主动脉压力超过肺动脉压，由于未闭动脉导管的存在，血液从主动脉持续流向肺动脉，形成左向右分流。分流量大小取决于导管直径和主动脉、肺动脉之间的压力阶差。左向右分流导致肺循环血流增加，左心室容量负荷加重，左心室肥大；同时，肺循环血流量增加使肺动脉压力升高，引起肺小动脉反应性痉挛。早期出现动力性肺动脉高压，如果分流量大或时间长，则肺小动脉内膜增厚、中层平滑肌和纤维增生及管腔狭窄，终至不可逆性病理改变，形成阻力性肺动脉高压，此时肺血管阻力和压力明显升高，右心负荷加重，右心室肥厚。当肺动脉压力接近或超过主动脉压时，血液呈现双向或右向左分流，患者出现发绀、杵状指（趾），即艾森曼格综合征，可致右心衰竭。

六、动脉导管未闭的临床表现是什么？

动脉导管直径细、分流量小者常无明显症状。动脉导管直径粗、分流量大者常并发充血性心力衰竭，表现为易激惹、气促、乏力、多汗，以及喂养困难、发育不良等。当病情发展为严重肺动脉高压且出现右向左分流时，可表现为下半身发绀和杵状指（趾），称为“差异性发绀”。

七、动脉导管未闭的临床体征是什么？

胸骨左缘第 2 肋间闻及粗糙的连续性机器样杂音，以收缩末期最为响亮，向颈背部传导，常扪及连续性震颤。肺动脉高压时，表现为收缩期杂音或杂音消失，肺动脉瓣第二心音亢进。左向右分流量大者，可因相对性二尖瓣狭窄而闻及心尖部舒张中期隆隆样杂音。由于舒张压降低，脉压增大，有甲床毛细血管搏动、水冲脉、股动脉枪击音等周围血管征。

八、动脉导管未闭的辅助检查有哪些?

1. 心电图检查 轻者可无明显异常变化，典型表现示电轴左偏、左心室高电压或左心室肥大。肺动脉高压明显者，示左右心室均肥大。晚期则以右心室肥大为主，并有心肌损害表现。

2. 胸部X线检查 心影增大，早期为左心室增大，晚期时右心室也增大，分流量较多者左心房也扩大。升主动脉和主动脉弓阴影增宽，肺动脉段突出。肺动脉分支增粗，肺野充血，有时透视下可见肺门舞蹈征。

3. 超声心动图检查 左心房、左心室增大，肺动脉增宽；如存在肺动脉高压，右心室也可增大，在主动脉与肺动脉分叉之间可见异常的管道交通；彩色多普勒显示降主动脉至肺动脉的高速双期分流；连续多普勒可测得双期连续高速血流频谱。

4. 升主动脉造影检查 左侧位连续X线片示升主动脉和主动脉弓部增宽，峡部内缘突出，造影剂经此处分流入肺动脉内，并显示出导管的外形、内径和长度。

5. 右心导管检查或逆行性主动脉造影检查 对经过上述检查尚不能确诊者，可行右心导管检查或逆行性主动脉造影检查。前者可示肺动脉血氧含量高于右心室血氧含量0.5VOL%以上，同时可测定肺动脉压力及阻力情况，如插管通过动脉导管进入降主动脉更可确诊逆行性主动脉造影，可见对比剂经动脉导管进入肺动脉的情况。

九、动脉导管未闭的手术方法有哪些?

1. 结扎/钳闭、切断缝合术。
2. 导管封堵术。
3. 体外循环下结扎导管及内口缝闭术。

十、动脉导管未闭的手术适应证有哪些?

1. 早产儿、婴幼儿反复发生肺炎、呼吸窘迫、心力衰竭、喂养困难或发育不良者，应及时手术。
2. 无明显症状者若伴有肺充血、心影增大，宜择期手术。

十一、动脉导管未闭的手术禁忌证有哪些?

1. 艾森曼格综合征是手术禁忌。
2. 在某些复杂先天性心脏病中，动脉导管未闭是患者赖以生存的代偿通道，如主动脉弓离断、完全性大动脉转位、肺动脉闭锁等，在此情况下，不可单独结扎动脉导管，需同期进行心脏畸形矫治。

十二、动脉导管未闭的患儿术前应如何安排休息，以增强手术抵抗力?

应为患儿安排合理的生活制度，既要增强锻炼、提高机体的抵抗力，又要适当休息，避免劳累过度。如果患儿能够胜任，应尽量和正常儿童一起生活和学习，但应防止剧烈活动。避免患儿情绪激动，尽量不使患儿哭闹，减少不必要的刺激，以免加重心脏负担。

十三、动脉导管未闭的患儿术前的饮食指导有哪些?

有持续青紫的患儿，应避免室内温度过高，导致患儿出汗、脱水。给予高蛋白、高热量、富含维生素的饮食，少量多餐，每次不宜进食太饱。有先天性心脏病的婴儿，喂养比较困难，吸奶时往往易气促、乏力而停止吮吸，且易呕吐和大量出汗，故喂奶时可用滴管滴入，必要时可留置胃管进行鼻饲，以保证婴儿能以最佳的营养状态接受手术。哺乳后轻轻放下侧卧，以防呕吐物吸入而引起窒息。手术前禁食4～6小时。

十四、动脉导管未闭的患儿用药指导有哪些？

术前如果需要使用药物来改善心功能，使用血管活性药物的患儿必须保证良好的静脉通路，以免外渗带来局部组织坏死，一旦外渗，可用酚妥拉明湿敷。并监测心率、血压，避免药物突然大量进入体内造成心率与血压的大幅度波动。先天性心脏病患儿禁止大量输液，如必须输液时，滴液速度须缓慢，以防加重心脏负担，导致心力衰竭。使用前列腺素，可选择性的降低肺动脉的压力。

十五、动脉导管未闭的患儿术后从手术室转入ICU途中，需要注意哪些情况？

1. 转运前保证血流动力学稳定。

2. 所有引流管和导线必须固定于皮肤上，婴儿鼻气管插管也应固定于上唇，避免脱落。

3. 心电、血压监测，为明确血氧饱和度和外周灌注情况，应检测动脉血氧饱和度。

4. 所有药物应用输液泵或注射泵给予，并保证泵的电池电源充足。

5. 在转运中应准备再次气管插管的设备、心源性休克抢救的药物、起搏器、便携式除颤仪等急救药品及器械。

十六、动脉导管未闭的患儿手术后应如何进行体温监测？

动脉导管未闭的患儿手术后常规采用肛温作为体温监测的指标。低体温的新生儿、低体重的婴儿可以使用暖箱、辐射台或使用热水袋（使用时注意水温防止烫伤）。反应性高热的婴儿以物理降温为主，可用冷水袋、温水擦浴、乙醇湿敷（禁忌使用刺激强的降温方法）。术后低温会使患儿出现微循环灌注不良，增加左心后负荷，对心功能恢复不利；高温则增加心脏负担和全身耗氧量。因此，维持术后患儿的正常体温对术后康复十分有利。

十七、不同年龄段的小儿，正常的呼吸频率是多少？

不同年龄段的小儿，正常的呼吸频率见表2-1-1。

表2-1-1　不同年龄段小儿呼吸频率的正常值

年龄	呼吸频率（次/分）
新生儿	40～60
1个月～1岁	30
1～2岁	26
2～4岁	24
4～6岁	22
6～8岁	21
8～10岁	20
10～12岁	19
12～14岁	18

十八、动脉导管未闭的患儿手术后应如何进行呼吸道的管理？

1. 术后应用呼吸机辅助通气　要确保小儿充分镇静，防止气管插管脱出，也防止因剧烈活动而致的耗氧量增加。气管插管位置固定于最佳状态，应约束好患儿上肢，每班测量导管露出部分的长度和床旁X线检查以确定气管插管的位置，防止气管导管过深进入一侧支气管而致对侧肺通气不良。经常听诊两肺呼吸音，观察双侧胸部呼吸动度是否一致，根据肺部听诊掌握吸痰时机，尽量少吸，吸痰管的外径应小于气管插管内径的 2/3，吸痰时动作轻柔，上下旋转一次不超过 15 秒，吸痰前后给予吸纯氧 2 分钟。加强肺部运动治疗，如翻身、拍背等。患儿神志清醒，自主呼吸有力，咳嗽反射好，血流动力学稳定，血气分析正常，引流液不多，胸部X线片正常，可在同步间歇指令基础上逐步减少辅助呼吸次数，直至脱机，改为气管插管内低流量吸氧 30 分钟，血气分析满意，常规使用地塞米松，经充分吸痰后，可拔除气管插管，改为面罩吸氧或双鼻吸氧管吸氧。

2. 拔除气管插管后的管理　拔除气管插管后取半卧位，指导患儿做深呼吸及有效的咳嗽，若带呼吸机时间超过 24 小时者，为了预防喉头水肿，生理盐水 20ml 加盐酸肾上腺素 1mg 和地塞米松 5mg 喷喉，每 20～30 分钟 1 次，连续 2～3 次，并根据喉头喘鸣改善情况适当减少或增加喷喉次数，另外定时雾化吸入，每次雾化结束后立即坐起拍背和双侧卧位侧拍，以利于痰液从细支气管向大气管引流，并鼓励患儿咳嗽。对不配合者，可经鼻咽吸痰，防止痰液滞留，阻塞呼吸道。在病情允许的情况下，除了定时翻身拍背之外，还应鼓励患儿早期下床活动，以增加肺活量，减少肺部并发症的发生。

十九、不同年龄段的小儿，应如何选择气管插管的管径大小？

不同年龄段的小儿，选择气管插管的管径大小见表 2-1-2。

表 2-1-2　小儿气管插管管径大小

年龄或体重	插管管径大小（mm）
＜1500g	2.5～3.0
新生儿～6 个月	3.0～3.5
6～18 个月	4.0
18 个月～3 岁	4.5
3～5 岁	5.0
5～6 岁	6.0
6～10 岁	6.5
10～16 岁	6.0～7.0

二十、小儿全麻体外循环心脏直视手术后，为何要尽早停用机械通气？

1. 小儿术后常规应用机械通气，可减少呼吸肌做功，减轻心脏负担，保证全身供氧。

2. 由于小儿喉腔狭窄、短小，黏膜组织疏松等生理特点，使用呼吸机时间延长，合并症较多。因此应及时停用机械通气，减少并发症。

二十一、动脉导管未闭的患儿手术后呼吸机脱机的指征有哪些？

患儿完全清醒，肺功能状况好，自主呼吸增强而平稳，咳嗽有力，痰液明显减少，肌力良好，各循环稳定，动脉压＞11.7KPa（90mmHg），无心律失常，胸部X线片大致正常，肢端温，尿量正常，精神状态好，逐渐减小呼吸末正压（PEEP）降至零水平，同时把 FiO_2 降到 0.40 以下，同步间歇指令呼吸为 4 次/分，血气分析氧分压（PaO_2）为 11.9kPa（80mmHg），二氧化碳分压（$PaCO_2$）少于 6kPa（45mmHg）可行脱机。

二十二、动脉导管未闭的患儿手术后，应如何进行循环系统的监护？

术后常规给予心电及有创及无创血压监测，静脉应用强心利尿药物。通过补液及应用血管活性药物使术后早期血压维持在 80/50mmHg～100 mmHg，根据血压变化随时调整药物剂量及输液速度，若血压仍不稳定，应立即通知医师。保持心血管功能稳定，维持良好的血压和末梢灌注是患儿术后恢复的重要条件。术后密切观察心率及心律的变化，使患儿术后心率维持在（120～140）次/分，若安静时患儿突然出现心率或心律变化，及时检查电解质并立即报告医师，并准备好抗心律失常药物及除颤等抢救物品。

二十三、不同年龄段的小儿，正常的收缩压是多少？

不同年龄段的小儿，正常的收缩压见表 2-1-3。

表 2-1-3　不同年龄段小儿收缩血压的正常值

年龄	均值（mmHg）	范围（mmHg）
新生儿	80±16	46±16
6 个月～岁	90±25	50±20
1～4 岁	95±25	65±25
4～5 岁	100±20	65±15
6～10 岁	105±15	57±8
10～16 岁	115±19	60±10

二十四、不同年龄段的小儿，正常的心率是多少？

不同年龄段的小儿，正常的心率见表 2-1-4。

表 2-1-4　不同年龄段小儿心率的正常值

年龄	均值（次/分）	范围（次/分）
新生儿	123	94～154
1～2 天	123	91～159
3～6 天	129	91～166
1～3 周	148	107～182
1～2 个月	149	121～179
3～5 个月	141	106～186
6～11 个月	134	109～169

续表

年龄	均值（次/分）	范围（次/分）
1～2岁	119	89～151
5～7岁	100	65～133
8～11岁	91	62～130
12～15岁	85	60～119

二十五、动脉导管未闭的患儿手术后，应如何进行泌尿系统的监护？

尿量能直接反映术后肾灌注及肾功能状况，也是反应心功能和组织灌注是否良好的重要指标之一。应每小时记录尿量一次，并密切观察尿色、滴速及性质，一旦出现血红蛋白尿，立即给予利尿、碱化尿液等处理。

二十六、动脉导管未闭的患儿手术后，应如何进行消化系统的监护与营养支持？

动脉导管未闭的患儿手术后，体外循环使消化道处于较长时间的低灌注状态，术后低血容量、低氧血症多会使消化道症状持续和加重，容易产生腹胀。术后可留置胃管进行胃肠减压引流，注意其色、质、量。气管插管拔除后6小时可进食水，确保患儿无呕吐、呛咳及胃内潴留后可循序渐进地恢复正常喂养。让患儿少食多餐，食物宜清淡、易消化，保证摄入足够蛋白质、维生素，控制零食和饮料摄入。病症复杂、心功能低下及术后持续有充血性心力衰竭的患儿应限制钠盐的摄入。术后3～4天根据病情应适当的控制摄入量，以减轻心脏负担，以利于术后恢复。对于术后禁食超过2～3天者，需肠外营养或静脉营养以保证热量。

二十七、动脉导管未闭的患儿手术后，应如何进行神经系统的监护？

严密观察患儿有无双眼凝视、视觉是否存在、肢体有无抽搐及运动障碍、何时清醒、两侧瞳孔是否等大等脑损伤症状。当疑有脑损伤时，按时按剂量使用脱水剂及脑保护药物。

二十八、动脉导管未闭的患儿手术后，应如何进行心包纵隔引流管的护理？

1. 保持引流管通畅　保持管道的密闭和无菌，应仔细检查引流装置的密闭性，引流瓶有无破损，各衔接处是否密封，以免漏气。水封瓶平面应低于引流管胸腔出口水平60～100cm，避免引流液倒流而造成逆行感染。手术后经常挤压引流管，特别是术后12小时内，每30～60分钟挤压1次，应用止血药物后特别注意挤压引流管，以免管口被血凝块堵塞造成心脏压塞。更换引流瓶时，必须先双重夹闭引流管，以防空气进入，注意无菌操作，防止感染。遇到特殊情况时，如发生活动性内出血，应不停地挤压引流管。若引流量偏多且有凝血块，或引流量突然减少或引流不畅，经挤压引流管无效且伴有生命体征变化，首先考虑心脏压塞的发生。

2. 密切观察引流液的颜色、量、性质　正常情况下，心脏手术后2～3小时内引流量较多，3小时后引流量逐渐减少，颜色由鲜红色变为淡红色，呈浆液性。若出血量成人为200ml/h，小儿为＞4ml/（kg·h），并且连续3小时以上者，引流的颜色逐渐加深，由淡红、暗红转为鲜红色，则提示有活动性出血，需再次开胸止血。出血较多时应持续挤压引流管，以免发生堵管现象。

3. 拔管的护理　手术后48～72小时，引流量明显减少，且颜色变淡，引流液逐渐转为淡红色或黄色液体，引流量在每24小时50ml以下，即可拔除引流管。拔管时要快速，拔管时用无菌纱布按压插管处伤口并拉紧线打结，以防气体进入，拔管后要立即观察患者有无胸闷、呼吸困难、切口漏气、漏液、出血、皮下气肿等症状。保持引流口清洁干燥，注意观察引流口有无分泌物或红肿，发现异常情况及时报告医师处理。

二十九、动脉导管未闭的患儿手术后，应如何进行健康指导？

1. 患儿术后应逐步增加活动量，在术后 3～6 个月内要限制剧烈活动和重体力劳动，不可过度劳累，以免发生心力衰竭。

2. 儿童术后应加强营养供给，多进高蛋白、高热量、高维生素饮食，以利于生长发育。

3. 注意气候变化，尽量避免到公共场所，避免呼吸道感染。

4. 遵医嘱按时服药，不可随意停药，不可增减药物用量。

5. 一般术后 3～6 个月可以去上学，定期门诊随访。

（吴秋慧）

第二章　房间隔缺损

一、房间隔缺损的概念及病因主要有哪些?

房间隔缺损（atrial septal defect，ASD）是指胚胎期房间隔的发育异常，左右心房间残留未闭房间孔，造成心房之间由左向右分流的先天性心脏病。目前认为主要与以下因素有关：①胎儿发育的宫内环境因素；②母体情况；③遗传基因。

二、房间隔缺损的病理解剖及分类主要有那些?

1. 由于发生机制不同，房间隔缺损分为原发孔型和继发孔型房间隔缺损。

2. 根据缺损部位不同，继发孔型房间隔缺损分为以下四型。

（1）中央型：也称卵圆孔型，最为常见（占 80%），位于房间隔中央，相当于卵圆孔处，缺损四周心房间隔结构完整。

（2）上腔型：又称静脉窦型缺损，位于房间隔的头侧，相当于上腔静脉入口处，因此这种缺损没有上缘，常合并右上肺静脉畸形引流。

（3）下腔型：仅次于中央型，缺损位于房间隔后足侧，与下腔静脉开口相延续，后缘为左房后壁。

（4）混合型：缺损巨大，兼有上述两种以上特点。

三、房间隔缺损的病理生理改变及临床表现有哪些?

房间隔缺损最基本的血流动力学改变是心室舒张期心房水平由左向右分流,分流量的大小取决于缺损的大小，肺血管阻力及两心房间的压力差，病变过程可分为三个阶段。

1. 小儿房间隔缺损，无明显症状，左向右分流使肺血流量增加，常表现为肺充血及反复呼吸道感染。极少数情况可发生右心衰竭。

2. 长时间大量由左向右分流形成动力性肺动脉高压，右心负荷加重，临床症状逐渐明显，出现活动后心慌气短、易疲劳、咳嗽等症状。

3. 若病变未及时矫正，肺动脉压将持续增高，极度增加右心负荷，心房水平即可出现右向左分流，并出现低氧血症，表现为发绀、杵状指、咯血、晕厥及右心衰竭等。

四、房间隔缺损的体征有哪些?

1. 视诊　心前区隆起，晚期可出现发绀、杵状指、肝大、水肿等右心衰竭体征。

2. 听诊　胸骨右缘第 2 肋间可闻及Ⅱ～Ⅲ级收缩期柔和吹风样杂音。

五、房间隔缺损的辅助检查有哪些?

1. 心电图。

2. 胸部 X 线片。

3. 超声心动图。

4. 右心导管。

六、房间隔缺损的治疗方法有哪些?

1. 低温体外循环下直视修补术。

2. ASD 介入（封堵术）。

七、房间隔缺损手术治疗的适应证有哪些?

1. 有临床症状及反复呼吸道感染或肺炎史。

2. 胸部 X 线片示肺充血，肺动脉段突出，右心室或伴右心房增大。

3. 心电图示右心室或右心房肥大，右束支传导阻滞或伴心肌损害。

4. 超声显示 ASD 的部位和大小，若见心室间隔"矛盾运动"，则提示右心室容量负荷过重。

5. 右心导管检查，心房水平左向右分流量相当于肺循环血流量的 30%以上，Qp/Qs＞1.5。

6. 身长、体重明显低于正常同龄儿标准。

7. 无明显临床症状，但在胸部 X 线片、心电图、超声检查有改变者，可考虑手术。

八、房间隔缺损手术治疗的禁忌证有哪些？

1. 重度肺动脉高压，右向左分流。

2. 左心发育不良。

3. 感染及心力衰竭未控制住。

九、房间隔缺损的术前护理要点主要有哪些？

1. 积极控制感染。

2. 纠正心力衰竭改善循环。

3. 预防和治疗低氧血症。

4. 控制肺动脉高压。

5. 纠正水电平衡紊乱。

6. 加强呼吸道管理。

7. 改善营养。

十、房间隔缺损术前要进行哪些准备？

1. 入院宣教，帮助患者及家属熟悉病区环境，以降低患者的恐惧和焦虑情绪。

2. 术前宣教工作。

（1）介绍手术前后注意事项，指导患者练习深呼吸、有效咳嗽、床上排尿、排便，要求患者戒烟 2 周以上。

（2）介入封堵手术，术前介绍手术的方法、必要性、优点，手术前后注意事项。

3. 仔细了解病情，注意皮肤、口腔有无感染病灶，女患者妇科病史及月经来潮日期，发现异常及时向医师报告。

4. 术前 1 天，按医嘱准备。

（1）抽血化验、备血，药物过敏试验，备皮，测量体重。

（2）理发，修剪指（趾）甲、胡须，沐浴并更换衣裤。

（3）胃肠道准备：术前 1 天给予药物排便，晚餐清淡饮食，成人术前 8 小时禁食，小儿 4～6 小时禁饮食，2～4 小时禁水。术前按医嘱可行静脉补液。

5. 手术当天去手术室前工作。

（1）术晨测体温、脉搏、呼吸并记录。

（2）术前 30 分钟按医嘱使用安定、阿托品等。

（3）备齐病历等手术需要资料送患者入手术室。

十一、房间隔缺损术前备皮的范围有哪些？

1. 正中开胸　上至锁骨及上臂上 1/3，下过大腿上 1/3，前后过腋中线，包括双侧腋下，腹部（包括脐孔、会阴部）。

2. 经胸小切口封堵术　备皮范围同正中开胸。

3. 介入下封堵器封堵术　双侧腹股沟及会阴处。

十二、房间隔缺损术后常规护理有哪些？

1. ICU 准备工作

（1）床单位准备：常规铺好麻醉床、备无菌吸痰盘、准确填写床头牌放到规定位置。

（2）仪器准备：根据患者情况选择合适的呼吸机及所用管道，预先调试好各种仪器，如呼吸机、心电监护仪、除颤仪、微量注射泵、负压吸引装置、吸氧装置、体外起搏器、简易呼吸器、ACT监测仪、血气分析仪等。

（3）药品、液体准备：备好各种血管活性药物、抗心律失常药物、镇静药物及各种液体。

（4）其他准备：精密集尿器、中心静脉及动脉测压传感器及管路、固定各种管道胶布及绷带等。

2. ICU 接收术后患者工作

（1）接患者前再检查一遍床位的准备情况，患者入室前 30 分钟打开呼吸机。

（2）连接呼吸机、心电监护仪等仪器并观察各仪器运作过程有无报警或异常情况。

（3）与麻醉科、外科医师和手术室护士进行交接：了解麻醉和体外循环情况、术中情况，出血量、血容量情况，手术方式和名称、手术矫正是否满意、术中有无意外及护理中应注意的特殊情况，了解各静脉通道用药名称、剂量及速度。

（4）抽取各种血标本送检，有异常指标及时遵医嘱处理。

（5）密切观察病情变化及指标变化主要有心率、心律、经皮脉搏血氧饱和度、体温、有创动脉压、中心静脉压、神志、瞳孔的变化、引流液量和性质、血气分析等各项化验指标检测，准确记录每小时尿量和 24 小时出入量并做好记录。

（6）预防急性左心衰竭，术后早期限制液体入量和速度。大心房缺损者，应用药物降低心脏后负荷，改善心功能。伴肺动脉高压者按肺动脉高压术后处理。

（7）做好基础护理，防止并发症的发生。

（8）保持各输液管、测压管、尿管、气管插管及引流管固定通畅。密切观察引流液的量及性质、切口有无渗血现象。

（9）一般清醒、有自主呼吸、病情稳定者拔除气管插管后 4～6 小时开始进流质，术后 2～3 天开始床上活动，活动后无心慌、气促、呼吸困难者可鼓励逐渐下地活动。

（10）做好心理护理，鼓励患者，增强其战胜疾病的信心。与患者多交流使其产生信任感，建立融洽的护患关系。

（11）术后安排专人护理，病情稳定后遵医嘱转回病区。

十三、心包纵隔引流管的观察与护理有哪些？

1. 定时、准确记录引流液的量、颜色、性质，有无血凝块，渗出血液较多时应 30 分钟观察记录一次，并及时补充血容量。

2. 若引流量成人＞200ml/h，小儿＞4ml/（kg·h），颜色为鲜红色或暗红色、性质较黏稠，持续观察 3 小时未见减少，应根据检测 ACT 结果补充鱼精蛋白并给予止血药。效果不佳时应及时准备行二次开胸止血术。

3. 如果引流液偏多以后突然减少或引流不畅，经挤捏引流管仍不通畅，且伴有心率增快、脉压差小、血压低、CVP 升高、尿量少、末梢凉，精神差，听诊心音遥远，考虑心包压塞，可行床边 B 超协助诊断。明确后及时行二次开胸止血、清除血块。

4. 引流管的管理。

5. 保持密闭、引流通畅。引流管长度以患者能够翻身活到为宜，避免管道脱落、受压、扭曲或打折。引流瓶应低于胸壁引流口平面 60～100cm，水封瓶长管没入无菌生理盐水中 3～4cm，并保持直立。定时挤捏引流管，持续低负压吸引，保持通畅。术后抬高床头 30º，循环稳定后取半卧位以利于呼吸和引流。

6. 保持无菌。严格无菌操作，防止逆行感染。搬动患者或更换水封瓶时，需双重夹闭引流管；挤捏引流管时要防止引流液自引流管内逆流入胸腔或心包，切口有渗出及时更换敷料。

7. 拔管。胸腔无积气、积液，引流液逐渐转为淡红色，每天量＜50ml，X 线显示肺膨胀良好即可拔管。拔管后注意患者是否有不适症状，敷料有无渗液。

十四、房间隔缺损手术后并发症的观察与护理有哪些？

1. 急性左心衰竭 缺损较大或左心发育不良者，术后可能发生左心衰竭，术后早期限制液体入量和速度；如发生左心衰竭应及时应用镇静剂、强心利尿剂、血管扩张药，以及及时吸除气管内分泌物、增加吸入氧浓度、应用PEEP延长呼吸机辅助时间等。

2. 心律失常 常见的有心房颤动、房性或室性期前收缩、结性心律，房室传导阻滞等。一般经对症处理可恢复正常，如果发生Ⅲ度房室传导阻滞需安装心脏永久起搏器。

3. 低心排综合征 多见于术前心功能差，年龄大或伴有中度肺动脉高压患者，为预防其发生，术前应积极控制心力衰竭，改善心功能。

4. 残余分流 小的残余分流无血流动力学意义，术后临床症状仍可得到改善，可不予处理。如果修补下腔型缺损失误造成下腔静脉开口被隔到左心房，则必须再次行手术矫正。

十五、房间隔缺损封堵术后并发症的观察与护理有哪些？

1. 封堵器移位或脱落 密切观察患者病情，若术后突然出现胸闷、气短、呼吸困难或心律失常，应注意有无封堵伞脱落或移位，及时汇报医师。一般脱入左心房、左心室，右心房、右心室和肺动脉。确诊后须行再次手术的准备。

2. 封堵器血栓形成 术后应密切观察患者神志、意识、瞳孔、足背动脉搏动情况及下肢皮肤温度、颜色的改变，注意患者有无咳嗽、气喘、发绀等表现。为防止血栓形成，术中、术后12小时遵医嘱静脉注射肝素后改口服肠溶阿司匹林，连服3～4个月，抗凝治疗期间，注意检查患者的PT，观察皮肤伤口、皮肤黏膜及吐泻物中有无出血征兆。

3. 穿刺部位出血 术后患者卧床休息24小时，保持穿刺肢体制动6～8小时。拔管后按压穿刺点20分钟，用纱布垫加压包扎，沙袋压迫4小时。观察局部有无出血及血肿形成。

十六、房间隔缺损手术后的疼痛管理有哪些？

1. 充分止痛是有必要的，可使患者舒适，防止有害的机体反应，如呼吸急促、心动过速、肺膨胀不全、活动减弱及组织缺血等。因此要做好时疼痛的管理，对患者进行疼痛程度的评估。

2. 患者胸壁切口范围大，加上进行呼吸功能锻炼时疼痛会加重，因此咳嗽时可用双手扶住伤口位置，减轻疼痛。必要时可给予胸带固定胸部。

3. 评估患者疼痛承受能力，告知患者一些非药物止痛的方法，如幼儿可用抚慰、抱、低调声音和母亲的心跳声音等，大儿或成人可进行合适的活动、游戏、听音乐、看电视等。

4. 必要时遵医嘱予药物止痛。

十七、房间隔缺损手术后的健康宣教包括哪些？

1. 养成良好的生活作息、适当活动，避免过度劳累。如患者出现气促，心悸，无力等症状。请停止活动，卧床休息。

2. 手术后会有很多不适，为了顺利恢复，患者需配合医护人员。可采取听音乐、看电视、玩玩具等分散注意力的方法来缓解疼痛等不适。保持心情舒畅，根据医嘱给予少量止痛药等。

3. 发热的患者家属应配合医护人员做好物理降温，如冰敷、温水擦浴。冰袋请放在患儿额部、颈部、腋下或双侧股动脉处。体温下降时出汗较多，应及时更换衣服。

4. 采取半卧位，床头摇高30°～45°，这样有利于患者的呼吸及管道的引流。半卧一段时间后可更换为平卧位或侧卧位，也可以在臀下放置水垫，每2小时更换。翻身或活动时注意管道，防止脱落、打折或堵塞。

5. 术后家长要经常给患儿翻身、拍背，鼓励患儿多咳嗽。预防肺部感染及肺不张。咳嗽时可用双手扶住伤口位置，减轻患儿疼痛。

6. 告知患儿及家长保持引流管通畅。不要折叠、抓脱、扭曲。注意观察引流物的颜色和量。如有异常变化及时通知医护人员。

7. 切口护理。指导家属注意观察切口有无出血、渗血，伤口敷料有无脱落。切口局部有无红、肿、热、压痛等症状。告知患者不要自行抓脱敷料，必要时指导家属做好四肢约束。

8. 术后家长每天要准确记录患者的尿量，有助于医务人员观察病情。若是婴儿每次更换尿布前后需对尿布进行称重。以便记录患儿的尿量。

9. 饮食。拔除气管插管 6 小时后无呛咳、呕吐，可进流食，注意少量多餐，避免进食过饱加重心脏负担，适当添加清淡、易消化、高蛋白、高能量的食物，如乳类、粥、瘦肉、鱼虾等食品。可适当食些水果、蔬菜、尚不可进食补气活血等中药材。

十八、房间隔缺损手术后的出院指导包括哪些?

1. 术后患儿体质虚弱，应少食多餐。指导家长给予高维生素、高蛋白、清淡易消化的乳类、瘦肉、鱼虾等食品。可适当摄入水果、蔬菜。病症复杂、心功能低下及术后持续有充血性心力衰竭者，应少食盐。

2. 术后半年内根据心功能恢复情况逐渐增加活动量，避免剧烈运动。活动原则是先户内再户外，活动量由小到大，循序渐进。

3. 术后患者应减少去公共场合，外出时戴好口罩，并随天气变化增减衣物。休养环境应安静舒适，室内保持适宜的温湿度。勤通风，保持清洁。

4. 术后注意患者体温的变化，如有感眩晕、腹泻、牙龈炎、扁桃体炎、不明原因发热等，应及时就医。避免情绪激动，保证充足睡眠。前胸正中切口者为防止术后胸骨形成“鸡胸”，睡眠时尽量仰卧，避免侧卧。

5. 遵医嘱服药，每次服用强心药物前测量脉搏数，心率低于 60 次/分者应停服。术后定期称体重，短期内体重增加明显者可咨询医师是否加用利尿剂。

6. 交代患者定期回医院复诊，以了解其恢复情况。发现异常情况及时给予干预，包括药物的调整，甚至需要再次行手术或介入治疗。

（1）一般时间安排为出院后 2 周、1 个月、3 个月回院复查，其中第 3 个月为全面检查，如恢复较好建议每 1～2 年复查一次，直到成年。

（2）建议到接受手术的医院进行复查，以便对手术前后的资料及每次复查的资料进行对比。

（3）复查时需告知医师自出院或上次复查以来的精神、饮食、活动、大小便情况、身高体重增长情况及患者的服药情况等。

（4）需要复查的内容有心电图、胸部 X 线片、心脏彩超等。

（林少燕）

第三章　室间隔缺损

一、室间隔缺损的概念及病因主要有哪些?

室间隔缺损（ventricular septal defect，VSD）是胚胎期室间隔的发育不良导致左右心室之间形成异常交通，在心室水平上产生左向右的血液分流。可单独存在或是构成多种复杂心脏畸形，目前认为主要与胎儿发育的宫内环境、母体情况及遗传基因等因素有关。

二、室间隔缺损根据缺损解剖分类主要有哪些?

1. 膜部缺损。

2. 漏斗部缺损。

3. 肌部缺损。

三、室间隔缺损的病理生理改变及症状有哪些?

室间隔缺损的病理生理学特征为经室间隔缺损，血液由左向右分流，肺血流量增加，分流量的大小和方向取决于缺损的大小，肺血管阻力及左右心室的压力差。

1. 小型室间隔缺损　常位于膜部，分流量小，对人体血流动力学影响不大，无明显症状，不易发生肺动脉高压。

2. 中等或较大的室间隔缺损　早期左向右分流大，肺血流量明显增多，肺动脉压力渐渐增高，分流量随之减少，患者幼时常有呼吸道感染，不同程度的生长发育迟缓及活动耐力下降，易合并左心衰竭。

3. 巨大室间隔缺损　由左向右分流几乎无阻力，肺充血严重，肺动脉高压出现早，出生后即出现症状，表现为婴儿期反复发生呼吸道感染、肺炎、充血性心力衰竭、喂养困难、发育迟缓，部分于幼年死亡。同时，出现肺纤维化使肺功能减退，当右心室压力增高后，由左向右分流减少，后期右心室压力超过左心室时，出现由右向左的逆流，导致艾森曼格综合征。

四、室间隔缺损的体征是什么?

1. 听诊　心前区可闻及粗糙的全收缩期杂音，以胸骨左缘第 3、4 肋间处最为响亮。

（1）分流量大时，胸骨左缘第 3～4 肋间可闻及Ⅲ级以上粗糙全收缩期杂音，心尖区闻及低音调舒张期杂音。

（2）肺动脉高压时，肺动脉瓣区第二心音亢进，呈单一金属音。

2. 触诊　收缩期杂音最响部位可触及收缩期震颤。

五、室间隔缺损的辅助检查有哪些?

1. 心电图。

2. 胸部 X 线片。

3. 超声心动图。

4. 右心导管。

六、室间隔缺损的治疗方法有哪些?

1. 非手术治疗　缺损小，无血流动力学改变者，可门诊随访观察，有自行闭合的可能。

2. 手术治疗

（1）低温体外循环下直视修补术。

（2）介入（封堵术）治疗。

七、室间隔缺损手术治疗的适应证有哪些？

1. 婴幼儿期有大室间隔缺损 趋向更积极、更早进行，可防止延误手术时机。

2. 儿童小室间隔缺损 肺血管阻力不高又无临床症状者，可不急于手术，部分病例有可能自行闭合，经随诊观察至学龄前期，仍未闭合及有分流者仍以手术治疗为宜。

3. 大龄儿童及以上年龄有较大室间隔缺损。

（1）如仍存在较大量的由左向右分流及中度肺动脉高压应积极手术治疗。

（2）已出现发绀，以右心负荷加重为主或双向分流以右向左为主，则不宜手术。如难以确定手术适应证应做右心导管检查。

八、室间隔缺损的术前护理主要有哪些？

1. 观察病情变化。

2. 改善心功能。

3. 积极控制感染。

4. 加强营养情况，纠正营养不良、贫血。

5. 心理护理。

九、室间隔缺损术前要进行哪些准备？

1. 入院宣教，帮助患者及家属熟悉病区环境，以降低患者的恐惧和焦虑情绪。

2. 术前患者应以高蛋白，高维生素易消化的饮食为主，加强营养。多注意休息，预防感冒及呼吸道感染。

3. 术前宣教。介绍手术前后注意事项，指导患者练习深呼吸、有效咳嗽、床上排尿、排便，要求患者戒烟 2 周以上。

4. 仔细了解病情，注意皮肤、口腔有无感染病灶，女性患者妇科病史及月经来潮日期，如发现异常及时向医师报告。

5. 术前 1 天，按医嘱准备。

（1）抽血化验、备血，药物过敏试验，备皮，测量体重。

（2）理发，修剪指（趾）甲、胡须，沐浴并更换衣裤。

（3）胃肠道准备：术前 1 天给予药物排便，晚餐清淡饮食，成人术前 8 小时禁食，小儿 4～6 小时禁饮食，2～4h 禁水。术前按医嘱可行静脉补液。

6. 手术当天去手术室前工作。

（1）术晨测体温、脉搏、呼吸并记录。

（2）患者洗漱毕更换病号服，不可穿内衣裤，义齿、眼镜和其他贵重首饰应取下，交给家属保管，留长发女性梳成辫子。

（3）按医嘱注射术前基础麻醉药

（4）备齐病历等手术需要资料送患者入手术室。

十、室间隔缺损术前备皮的范围有哪些？

正中开胸：上至锁骨及上臂上 1/3，下过大腿上 1/3，前后过腋中线，包括双侧腋下、腹部（包括脐孔、会阴部）。

十一、室间隔缺损术后常规护理有哪些？

1. ICU 准备工作

（1）床单位准备。

（2）常规铺好麻醉床、备无菌吸痰盘、准确填写床头牌。

（3）仪器准备。

（4）预先调试好各种参数备用的呼吸机、心电监护仪、除颤仪、微量注射泵、负压吸引装置、吸氧装置、体外起搏器、简易呼吸器、ACT 机、血气分析仪等。

（5）药品、液体准备。

（6）备好各种血管活性药物、抗心律失常药物、镇静药物及各种液体。

（7）其他准备。

（8）精密集尿器、中心静脉及动脉测压传感器及管路、固定各种管道胶布及带子等。

2. ICU 接收术后患者工作

（1）进入 ICU 后立即连接呼吸机、心电监护仪等仪器并观察各仪器运作过程有无报警或异常情况。

（2）与麻醉科、外科医师和手术室护士进行交接：了解麻醉和手术方式、术中情况，出血量、血容量情况，手术方式和名称、手术矫正是否满意，术中有无意外及护理中应注意的特殊情况。

（3）抽取各种血标本送检，有异常指标及时遵医嘱处理。

（4）监测生命体征、密切观察病情变化，观察指标主要有心率、心律、经皮脉搏、血氧饱和度、体温、神志、瞳孔的变化、有创动脉压、中心静脉压、引流液及血气分析等各项化验指标检测，准确记录每小时尿量和 24 小时出入量并做好记录，周围末梢循环差者予保暖。

（5）保持各输液管道通畅，了解各管道泵注的血管活性药物，根据患者的情况调整。

（6）患者清醒后、有自主呼吸、病情稳定者可拔除气管插管，4～6 小时后可开始进流质，逐渐过渡到正常饮食。

（7）术后鼓励患者早期活动，2～3 天开始床上活动，活动后无心慌、气促、呼吸困难者可鼓励逐渐下地活动。

（8）病情稳定者，可由专人转送至普通病房。

（9）做好心理护理，鼓励患者，增强其战胜疾病的信心。与患者多交流使其产生信任感，建立融洽的护患关系。

十二、室间隔缺损合并重度肺动脉高压的患者，术后应采取哪些措施预防肺动脉高压危象的发生？

1. 辅助通气时间相对延长。因肺动脉高压的患者肺动脉压力在手术后短期时间内仍较高，术后必须较长时间辅助通气及充分供氧。

2. 肺动脉高压的患者，在辅助通气时间内，提倡适当过度通气，使 PH 在 7.50～7.55，$PaCO_2$在 25～35mmHg，PaO_2＞100mmHg，这将有利于降低肺动脉压力。辅助通气要设置 PEEP（4cmH_2O），增加功能残气量，以防止肺泡萎陷。

3. 肺高压的患者吸痰的时间间隔相对延长。吸痰及运动治疗的次数应减少到最低限度。尽可能减少刺激，吸痰前应给镇静剂，待患者安静后再吸痰，以防躁动加重缺氧，使肺动脉压力进一步升高，加重心脏负担及引起肺高压危象。

4. 如果肺动脉压力增高不明显，吸入氧浓度应逐渐降到 50%，使 PaO_2 保持在 95mmHg 左右，$PaCO_2$ 可以逐渐上升到正常水平。

5. 气管插管拔除后，要保持充分给氧。密切观察患者呼吸情况并连续监测血氧饱和度。

十三、室间隔缺损手术后并发症的观察与护理有哪些？

1. 残余分流　如术后恢复顺利，仅听诊有收缩期杂音而无自觉症状，残余分流量小者，可随诊观察，有可能愈合，残余分流量较大，有明显血流动力学影响可考虑再次手术修补。

2. Ⅲ度房室传导阻滞　表现为房室脱节、心动过缓如心脏骤停的危险，可用异丙肾上腺素治疗，术中注意保护心肌及传导系统，术终安装心外膜起搏导线作为临时起搏，3 个月后不能恢复者安装永久性起搏器。

3. 急性左心衰竭　VSD 修补术后，由左向右分流消除，左心血容量增大，容易诱发左心衰竭，表现为呼吸困难、咳嗽、咳痰、咯血等急性肺水肿症状，治疗护理上应以维护左心功能为重，控制出入量，遵医嘱给予强心利尿等处理。

十四、室间隔缺损手术后的健康宣教包括哪些？

1. 养成良好的生活作息、适当活动，避免过度劳累。如患者出现气促、心悸、无力等症状，立即停止活动，卧床休息。

2. 手术后会有很多不适，为了顺利恢复，需要患者配合医护人员。可采取听音乐、看电视、玩玩具等分散注意力的方法来缓解疼痛等不适，保持心情舒畅，我们也会根据医嘱给予少量止痛药等

3. 发热的患者家属应配合医护人员做好物理降温，如冰敷、温水擦浴、冰袋请放在患儿额部、颈部、腋下或双侧股动脉处。体温下降时出汗较多，应及时更换湿衣服。

4. 卧位。采取半卧位，床头摇高 30°～45°，这样有利于患者的呼吸及管道的引流，半卧一段时间后可更换为平卧位或侧卧位，也可以在臀下放置术垫，每 2 小时更换 1 次，翻身或活动时注意管道，防止脱落、打折或堵塞。

5. 术后家长要经常给患儿翻身、拍背，鼓励患儿多咳嗽。这样可以预防肺部感染及肺不张。咳嗽时可用双手扶住伤口位置，减轻患儿疼痛。

6. 告知患儿及家长保持引流管通畅。不要折叠、抓脱、扭曲。注意观察引流物的颜色和量。如有异常变化及时通知医护人员。

7. 切口护理。指导家属注意观察切口有无出血、渗血，伤口敷料有无脱落。切口局部有无红、肿、热、压痛等症状。告知患者不要自行抓脱敷料，必要时指导家属做好四肢约束。

8. 术后请家长每天要准确记录患者的尿量，有助于医务人员观察病情。婴儿每次更换尿布前后需对尿布进行称重，以便记录患儿的尿量。

9. 饮食。拔除气管插管 6 小时后无呛咳、呕吐可进流食，注意少量多餐，避免进食过饱加重心脏负担，适当添加清淡、易消化、高蛋白、高能量的食物，如乳类、粥、瘦肉、鱼虾等食品。可适当食些水果、蔬菜、尚不可进食活血等补药。

十五、室间隔缺损手术后的出院指导包括哪些？

1. 术后患儿体质虚弱，指导家长给予营养价值高、清淡易消化的乳类、瘦肉、鱼虾等食品。可适当食些水果、蔬菜。少食多餐，减少零食和饮料的摄入。病症复杂、心功能低下及术后持续有充血性心力衰竭者，应予低盐饮食。

2. 术后半年内根据心功能恢复情况逐渐增加活动量，但避免剧烈运动。活动原则是先户内再户外，活动量由小到大，循序渐进。

3. 休养环境应安静舒适，保持室内适宜的温湿度。避免情绪激动，保证充足睡眠。前胸正中切口者为防止术后胸骨形成“鸡胸”，睡眠时尽量仰卧，避免侧卧。

4. 术后应少去人多场所，外出时戴口罩，随天气变化及时增减衣物。居室应勤通风，保持清洁。术后注意体温的变化，如有感冒眩、腹泻、牙龈炎、扁桃体炎、不明原因发热等，应及时就医。

5. 遵医嘱服药。每次服用强心药物前测量脉搏，心率低于 60 次/分者应停服。术后定期称体重，短期内体重增加明显者要咨询医师是否加用利尿剂。

6. 遵医嘱定期回医院复诊，以了解其恢复情况。发现异常情况及时给予干预，包括药物调整，甚至需要再次手术或介入治疗。

（1）一般时间安排为出院后 2 周、1 个月、3 个月回院复查，其中第 3 个月为全面检查。如恢复较好建议每 1～2 年复查一次，直到成年。

（2）建议到接受手术的医院进行复查，以便对手术前后的资料与每次复查的资料进行对比。

（3）复查时告知医师的内容：患者自出院或上次复查以来的精神、饮食、活动、大小便情况、身高体重增长情况及患者的服药情况等。

（4）需要复查的内容有心电图、胸部 X 线片、心脏彩超等。

（林少燕）

第四章　完全型肺静脉异位引流

一、完全型肺静脉异位引流的概念及按病理解剖分型主要有哪些？

完全型肺静脉异位引流（TAPVC）又称完全型肺静脉异位连接，是指全部肺静脉不与左心房直接连接，而与右心房或体静脉系统连接。约1/3患儿合并其他心血管畸形，常见的有动脉导管未闭、室间隔缺损、单心室、法洛四联症及右心室双出口等，房间隔缺损为完全型肺静脉异位引流患儿存活的必要条件。完全型肺静脉异位引流根据连接部位不同分为四型，各型均同时并存房间隔缺损或卵圆孔未闭。

1. 心上型　左、右肺静脉汇合成共同静脉干，经垂直静脉，连于左无名静脉引流至上腔静脉，约占45%。

2. 心内型　多为左、右肺静脉分别开口于右心房或左右肺静脉汇合成共同静脉干，开口于冠状静脉窦，约占25%。

3. 心下型　左、右肺静脉汇合成共同静脉干，经垂直静脉穿过膈肌食管裂孔处引流至门静脉或下腔静脉，为常见的肺静脉回流梗阻，约占25%。

4. 混合型　为以上两种或两种以上类型的合并畸形，最常见的为左肺静脉经垂直静脉引流至上腔静脉，其余肺静脉引流至冠状静脉窦，约占5%。

二、完全型肺静脉异位引流的病理生理改变有哪些？

1. 肺静脉回流没有梗阻的TAPVC　两侧肺静脉氧合血全部引流至右心房，形成大量的左向右分流，导致肺循环血量明显增加，并逐渐形成肺动脉高压及右心衰竭。右心房内体静脉血与肺静脉血充分混合，经房间隔缺损或未闭卵圆孔进入左心房，因此右心室、肺动脉、左心房、左心室、主动脉的血氧饱和度均与右心房相等。

2. 肺静脉回流有梗阻的TAPVC　肺静脉回流受阻，一方面可导致肺毛细血管压力增加，产生肺水肿，同时产生肺动脉高压，肺血流量减少、右心肥厚和右心衰竭；另一方面，因为肺静脉氧合血回流受阻，流入右心房的氧合血减少，右心房内混合血的饱和度明显下降。

三、完全型肺静脉异位引流的临床表现有哪些？

1. 肺静脉回流没有梗阻的TAPVC患儿

（1）临床表现：为严重肺动脉高压，多出生一个月内即出现，最常见的表现是呼吸急促和喂养困难，可有反复的呼吸道感染、生长发育缓慢。半岁后出现心力衰竭，发绀不明显，患儿常较瘦，哭闹不安或活动后有轻微发绀，常有呼吸困难，心动过速。如不治疗大多数出生后1岁内死亡。

（2）听诊：第一心音明显亢进，第二心音分裂，肺动脉瓣区可听到柔和的收缩期杂音。

（3）体征：肝大、外周水肿等。

2. 肺静脉回流有梗阻的TAPVC患儿

（1）临床表现：为缺氧，患儿病情危重，出生后第1天或几周内即出现发绀、呼吸急促和喂养困难，时有阵发性呼吸困难、喘憋等肺水肿表现，如不治疗，大多数在出生后2天至5个月内死亡。

（2）听诊：通常没有杂音，仅可听到第二心音亢进及分裂。

（3）体征：发绀、肝大。

四、完全型肺静脉异位引流的辅助检查有哪些？

1. 超声心动图。

2. 心电图。

3. 胸部X线片。

4. 心导管及心室造影检查。

五、完全型肺静脉异位引流的鉴别诊断有哪些?

完全型肺静脉异位引流的鉴别诊断有心房间隔缺损物和纵隔肿瘤。

六、完全型肺静脉异位引流的治疗方法有哪些?

本病患者病情危急，特别是肺静脉回流受阻的患儿，自然预后很差，故早期诊断、早期手术治疗特别重要。

1. 根治手术　对于病情允许的患者，不论年龄大小均应争取尽早行根治手术。

2. 姑息手术　对于3～4个月以内，病情严重患儿，可采用介入疗法扩大原有卵圆孔未闭或心室间隔缺损，增加左心血流量，促进左心发育，改善体循环供血，减轻症状，待以后再行根治手术。

七、完全型肺静脉异位引流的术前护理主要有哪些?

1. 改善循环状况　充分休息，每天低流量吸氧2～3次，每次20～30分钟，可遵医嘱适当给予镇静剂；控制每次进食量，避免过饱，引起剧烈哭闹诱发缺氧发作。使用强心、利尿药物，减轻水肿，注意水、电解质平衡。有梗阻的TAPVC，特别是心下型的TAPVC病情危重，常需急诊手术，按医嘱做好紧急手术的各项准备工作。

2. 控制呼吸道感染　选择合适的抗生素，应加强营养以增强抵抗力。对于危重患儿可以使用机械通气，以改善心功能和肺部情况。

3. 心理护理　由于患者病情危重、病种复杂，患儿监护人存在精神和经济的双重压力，术前应用通俗易懂的语言与监护人沟通，使其减轻恐惧。

八、完全型肺静脉异位引流术前要进行哪些准备?

1. 术前宣教工作　向患儿监护人解释手术的方式、风险程度及配合的注意事项。

2. 术前一天　按医嘱进行准备。

（1）抽血化验、备血，药物过敏试验，备皮，测量体重。

（2）理发，修剪指（趾）甲，沐浴并更换衣裤。

（3）胃肠道准备：术前一天给予药物排便，小儿手术前4～6小时禁饮食，麻醉前2小时可饮糖水或者无渣饮液100～150ml。

3. 手术当天去手术室前的工作

（1）术晨测体温、脉搏、呼吸并记录。

（2）患儿洗漱毕更换病号服或包被包裹，身上不佩戴任何物品。

（3）按医嘱注射术前基础麻醉药。

（4）备齐病历等手术需要资料，与家长一起送患儿入手术室，并与手术室护士进行交接。

九、完全型肺静脉异位引流术前如何备皮?

患儿一般为婴幼儿，只需要清洁皮肤，无须备皮。

十、完全型肺静脉异位引流术后常规护理有哪些?

1. 循环系统监测　严密监测血流动力学指标，如动脉血压、左心房压、中心静脉压、肺动脉压，术后常规应用正性肌力药物和扩血管药物减轻心脏前、后负荷，改善心功能。

2. 心电图监测　严密观察术后患者的心律、心率的变化，若发现异常，及时上报医师，并给予相应的抗心律失常药物进行处理。

3. 呼吸系统的监测　术后患者均呼吸机辅助呼吸，以改善血氧饱和度。加强呼吸道管理保持呼吸道通畅，按需吸痰，吸痰时患者需充分镇静，掌握吸痰的最佳时期和方法，预防肺高压危象。每班严格观察气管插管的长度、位置，观察患者口唇、甲床及浅表黏膜颜色，根据血气结果及时调整呼吸机参数。

4. 严格控制出入量 术后 24 小时内控制液体速度为 3～5ml/（kg · h），保持尿量在 1～2ml/（kg · h）；若尿量＜1ml/（kg · h），可按医嘱使用呋塞米。患者术前肺动脉压高，右心室发育差，因此应在补足有效循环血容量的同时加强利尿，以防止左心负荷加重。

5. 皮温及体温的监测 体温循环术后的体温具有一定的特殊性，早期患儿四肢末梢常呈低温，须保暖，一般术后 2～4 小时末梢可恢复正常。若肛温与体表温度之差超过 3～4℃时，应结合其他临床表现警惕低心排综合征。

6. 加强营养支持 一般患者术前营养状况差，术后应用呼吸机时间长，应特别注意加强营养的支持，以提高自身免疫力。术后消化功能正常者尽早予胃肠内营养。

十一、完全型肺静脉异位引流手术后并发症的观察与护理有哪些？

1. 脉高压危象的预防和护理 由于术前肺血流量的增加，患者肺小动脉平滑肌增厚，术后早起易发生肺血管阻力的变化，引起肺高压危象。并发症多发生于术后 3 天，因此术后有效的预防肺动脉高压危象是 TAPVC 手术成功的关键。

（1）有效镇静、镇痛：因患者躁动会使耗氧量增加导致缺氧和肺动脉压力增高，从而诱发肺高压危象，所以术后有效镇静很重要。可遵医嘱使用力月西、芬太尼，必要时可使用部分肌松药，使患者处于睡眠状态。

（2）掌握吸痰的最佳时机和技巧是预防肺高压危象发生的重要环节。吸痰前后给予 2 分钟纯氧以提高缺氧耐受力，吸痰时动作轻柔、严密观察生命体征，异常时应立即停止操作。

（3）遵医嘱应用肺血管扩张药物。如前列环素类，应用微量泵匀速泵入，并保持微量泵泵管固定通畅。

（4）定时复查血气分析，及时纠正体内酸中毒。对肺动脉压持续增高或反复肺动脉高压危象者，可给予一氧化氮（NO）吸入，浓度为 20～50mg/L。一氧化氮吸入是治疗肺动脉高压危象的一种治疗手段。

2. 急性肺水肿 是 TAPVC 术后早期常见而有严重的并发症。患者可表现为呼吸急促、发绀、咳粉红色泡沫痰。血气分析示氧分压下降，二氧化碳分压升高；X 线片示两肺渗出性病变、透明度降低、肺纹理增多、边缘模糊。

（1）严格控制液体的入量，给予血浆、蛋白维持正常胶体渗透压，加强利尿，维持尿量至 1～2ml/（kg · h）。

（2）术后常规给予如地塞米松的肾上腺糖皮质类的激素，防止微血栓形成降低毛细血管通透性，提高组织耐缺氧能力。

3. 心律失常 缺氧和内环境紊乱是术后发生心律失常的重要因素。应避免缺氧，维持水电解质的平衡。对于心房颤动的患者应注意控制心室率，室性期前收缩予以利多卡因静脉注射或微量泵泵注，注意识别一些严重影响血流动力学的心律失常，及时报告医师进行对症处理。

十二、完全型肺静脉异位引流手术后的健康宣教包括哪些？

1. 手术后患者需放置各种管道（如气管插管、尿管、心包纵隔引流管等），对于年长可沟通的患者，以各种方式讲解其放置的目的和配合方法。年幼可采取听音乐、看电视、玩玩具等分散注意力的方法来缓解疼痛等不适，保持心情舒畅，随病情发展按医嘱使用适量镇静剂并密切观察神志。

2. 患者回到普通病房后，应向患儿家属告知饮食注意事项。注意少量多餐，避免进食过饱加重心脏负担，适当添加清淡、易消化、高蛋白、高能量的食物，如乳类、粥、瘦肉、鱼虾等食品。可适当食些水果、蔬菜，尚不可进食活血等补药。

3. 采取半卧位，床头摇高 30°～45°，这样有利于患者的呼吸及管道的引流。经常给患儿翻身、拍背，鼓励患儿多咳嗽，预防肺部感染及肺不张。咳嗽时可用双手扶住伤口位置，减轻患儿疼痛，必要时适当使用镇痛药。

4. 告知患儿家属活动注意事项，恢复期以休息为主，可适当活动。若活动时出现心悸、头晕、异常哭闹等时应立即停止活动，并报告护士及医师。

5. 术后家属须每天准确记录患者的尿量，有助于医务人员观察病情。婴儿每次更换尿布前后需对尿布进行称重，以便记录患儿的尿量。

十三、完全型肺静脉异位引流手术后的出院指导包括哪些？

1. 嘱患儿及家属出院 1 个月后复查 B 超、X 线片等，与出院结果进行对照，了解恢复情况。

2. 休养环境应安静舒适，保持室内适宜的温湿度，避免情绪激动，保证充足睡眠。前胸正中切口者为防止术后胸骨形成“鸡胸”，睡眠时尽量仰卧，避免侧卧。

3. 术后半年内根据心功能恢复情况逐渐增加活动量。学龄儿童休息 3 个月后可上学，但避免剧烈运动。患者的活动原则是先户内户外，活动量由小到大循序渐进。

4. 术后减少去公共场所，随天气变化及时增减衣物，预防感冒，不适随诊。

5. 坚持遵医嘱服用强心药及利尿药。教会家属自数脉搏，每次服用强心药前测量脉搏数，心率低于 60 次/分者应停服。何时更改剂量及停药需每次复查后再确定。

（林少燕）

第五章　法洛四联症

一、法洛四联症的概念及病因主要有哪些？

法洛四联症（tetralogy of Fallot，TOF）是右心室漏斗部或圆锥动脉干发育不全引起的一种心脏畸形，是最常见的发绀型先天性心脏病，约占先天性心脏病的 12%～14%，1888 年，法洛详细阐明法洛四联症是由四种不同病变（肺动脉狭窄、室间隔缺损、主动脉骑跨和右心室肥厚）组成的心脏畸形。近年来研究认为本病与胎儿发育的宫内环境因素、母体情况、遗传基因等有关。

二、法洛四联症根据缺损部位主要病理解剖有哪些？

1. 法洛四联症的四种病理改变中，最为重要的是肺动脉狭窄和室间隔缺损。因为主动脉骑跨和心室间隔缺损的大小及位置有关，右心室肥厚则由肺动脉狭窄所致。

2. 法洛四联症肺动脉狭窄的特点　几乎都包含漏斗部和右心室流出道的其他部位如肺动脉瓣、主肺动脉或分支。严重的肺动脉狭窄若使右心室至肺动脉的血液完全中断则为肺动脉闭锁，肺血来自未闭的动脉导管和（或）体肺侧支。

3. 法洛四联症室间隔缺损的特点　大多数位于主动脉或主动脉和肺动脉下方，为嵴下型或干下型缺损。此外，法洛四联症的室间隔缺损较大，直径与主动脉瓣口相近。

三、法洛四联症的病理生理改变有哪些？

1. 法洛四联症的病理生理改变取决于肺动脉狭窄的程度，如肺动脉狭窄轻，则心室水平主要是由左向右分流，肺循环血量超过体循环血量，这类患者临床称为淡红色四联症，发绀不明显，有的在婴幼儿期会出现心力衰竭。中度肺动脉狭窄时，在心室水平的分流是双向的，婴儿多在活动时才出现发绀。重度肺动脉狭窄时，在心室水平主要是由右向左分流，患儿发绀明显，行动受限，常有蹲踞或晕倒现象。

2. 另一方面，因心室间隔缺损大，主动脉又骑跨于心室间隔缺损之上，在收缩期两心室压力相等，主动脉同时接受左右心室的排血，主动脉右移骑跨越多，主动脉接受右心室排血越多，发绀也越重。所以发绀的轻重还取决于右心室流出道阻塞的严重程度及肺动脉发育的情况，流出道越窄发绀就越重。

四、法洛四联症的临床表现有哪些？

发绀、喜爱蹲踞和缺氧发作是法洛四联症的主要症状。

1. 发绀　是法洛四联症的主要症状。由于组织缺氧，动脉血氧饱和度降低，新生儿即可出现发绀、啼哭，情绪激动时症状加重，引起喂养困难、生长发育迟缓、体力和活动力较同龄人差，且发绀随年龄增长而加重。

2. 喜爱蹲踞　是法洛四联症患儿劳累及缺氧时的习惯性特征姿态。蹲踞时，患儿下肢屈曲，静脉回心血量减少，减轻了心脏负荷，同时增加体循环阻力，提高了肺循环血流量，使发绀和呼吸困难症状暂时有所缓解。

3. 缺氧发作　表现为活动后突然呼吸困难，发绀加重，出现缺氧性昏厥、抽搐，甚至死亡，常见于漏斗部重度狭窄的患儿。

五、法洛四联症的体征是什么？

1. 生长发育迟缓，口唇、指（趾）甲床发绀，杵状指（趾）。

2. 听诊。胸骨左缘第 2～4 肋间可闻及响亮、粗糙的收缩期喷射性杂音，肺动脉瓣第二心音减弱甚至消失。杂音愈低、愈短，则右心室流出道狭窄愈重。

六、法洛四联症的辅助检查有哪些？

1. 心电图。

2. 胸部 X 线片。

3. 超声心动图。

4. 心导管及心室造影检查。

七、法洛四联症的鉴别诊断有哪些？

1. 完全性大动脉错位。

2. 法洛四联症合并肺动脉闭锁。

3. 室间隔缺损合并肺动脉狭窄。

4. 右心室双出口合并肺动脉狭窄。

5. 单心室合并肺动脉狭窄。

6. 纠正性大动脉错位合并心室间隔缺损及肺动脉狭窄。

7. 永存动脉干合并肺动脉狭窄等。

八、法洛四联症的治疗方法有哪些？

法洛四联症的治疗主要依赖于手术，包括姑息手术和心内矫治手术。绝大多数肺动脉及左、右分支发育正常的患儿均应争取在 1 岁内行根治术。

1. 姑息手术　行锁骨下动脉-肺动脉吻合术或右心室流出道补片扩大术，以增加肺循环血流量、改善缺氧，等条件成熟后再做矫治根治手术。

2. 心内矫治手术　基本方法有两种。

（1）深低温停循环体外循环，适用于 1 岁以下、体重小于 10kg 的患婴。

（2）中度低温体外循环，用于 1 岁以上、体重大于 10kg 的患儿。主要术式有右心室流出道疏通、室间隔缺损修补，同时矫正所合并的其他心内畸形。

九、法洛四联症手术治疗的适应证有哪些？

下列情况可先行姑息手术，术后密切随诊情况再行第二期的根治手术。

1. 出生后 1～2 个月，病情发展严重，婴儿期严重缺氧，屡发呼吸道感染和昏厥，不宜行根治手术者。

2. 肺动脉闭锁，以及必须等到 3 岁或 5 岁以后才可以移植同种瓣外通道者。

3. 左前降支起源于右冠状动脉，并横跨右心室流出道。

十、法洛四联症的术前护理主要有哪些？

术前应按重病先心病护理常规护理好缺氧发作、肺部或其他部位慢性感染、贫血等。

1. 注意休息　严格限制患者活动量，避免患儿哭闹或情绪激动，减少不必要的刺激，以免加重心脏负担，减少急性缺氧性晕厥的发作。

2. 纠正缺氧

（1）每天吸氧 2～3 次，每次 15～30 分钟，观察吸氧效果，缺氧发作时应立即吸氧，采用蹲踞姿态。

（2）改善微循环，纠正组织严重缺氧，多饮水，防止因脱水导致的血液黏稠度增加，诱发缺氧发作。

3. 预防感染　注意保暖，预防呼吸道感染，注意口腔卫生，防止扁桃体及口腔黏膜感染。

4. 改善营养　根据患者口味进食易消化、高蛋白、高热量、高维生素饮食，进食避免过饱，对于婴儿，喂养比较困难，吸奶因气促乏力而停止吸吮，且易呕吐和大量出汗，故喂奶时可用滴管滴入，减轻患儿体力消耗。

十一、法洛四联症术前要进行哪些准备?

1. 术前宣教工作 介绍手术前后注意事项，减少患者及家属紧张心理，指导患者练习深呼吸、有效咳嗽、床上排尿、排便。

2. 仔细了解病情 注意皮肤、口腔有无感染病灶，发现异常及时向医师报告。

3. 术前一天 按医嘱准备

（1）抽血化验、备血，药物过敏试验，备皮，测量体重。

（2）理发，修剪指（趾）甲，沐浴并更换衣裤。

（3）胃肠道准备：术前一天给予药物排便，晚餐清淡饮食，小儿术前 4～6 小时禁饮食，2～4 小时禁水。术前按医嘱静脉补液防止脱水导致血液黏稠度增加，诱发缺氧发作。

4. 手术当天去手术室前工作

（1）术晨测体温、脉搏、呼吸并记录。

（2）患者洗漱毕更换病号服，不可穿内衣裤，义齿、眼镜和其他贵重首饰应取下，交给家属保管，留长发女性将头发梳成辫子。

（3）按医嘱注射术前基础麻醉药。

（4）备齐病历等手术需要的资料，并送患者入手术室。

十二、法洛四联症术前备皮的范围有哪些?

1. 婴幼儿一般无须备皮。

2. 其他人正中开胸。上至锁骨及上臂上 1/3，下过大腿上 1/3，前后过腋中线，包括双侧腋下、腹部（包括脐孔、会阴部）。

十三、法洛四联症术后的护理要点有哪些?

1. 监测循环功能，预防低心排综合征

（1）动态监测患者的心律、心率、血压、血氧饱和度、体温变化；监测平均动脉压、中心静脉压，以及四肢温度、末梢循环的情况，综合判断循环的功能情况。

（2）使用微量泵精确应用血管活性药物剂量，并确保微量泵泵管的通畅。用药期间严密观察患者的生命体征，维持在相对正常的范围内。药物剂量可依病情增减。

（3）因红细胞易被破坏，可出现血红蛋白尿，所以严密观察术后患者的尿色、尿量。保持每小时尿量不低于 1ml/（kg · h），观察有无肾功能损害。

2. 加强呼吸道管理，预防肺部并发症

（1）预先调节好呼吸机参数，确保呼吸机正常使用。可根据患者病情、血气分析结果调整呼吸机参数。

（2）妥善固定气管插管，定期测量气管插管长。勤听双肺呼吸音，及时发现气管插管是否有脱出或移位。

（3）法洛四联症根治术后，肺血较术前增多，呼吸道分泌物增多。对婴幼儿应及时清理呼吸道分泌物，吸痰时选择合适的吸痰管，严格无菌操作，并密切观察病情变化。一旦出现异常情况应停止吸痰，做相应处理。

（4）成人脱机后，病情稳定者应鼓励患者咳嗽、咳痰，遵医嘱辅以氧气雾化，减少肺部并发症。

十四、心包纵隔引流管的观察与护理有哪些?

1. 引流液的观察 观察引流液的量及性质，患儿术前低氧血症，侧支循环丰富，以及术中抗凝及血液稀释等，均可导致术后出血。

（1）术后每小时准确记录单位时间内引流液的量、颜色、性质，有无血凝块，渗出血液较多时应 30 分钟观察记录一次，并及时补充血容量。

（2）若血性引流量大于 4ml/（kg · h），应想到可能发生急性出血，如果引流液偏多以后突然减少或引流不畅，可能血块堵塞引流管，对这种现象应引起高度重视，并向医师报告及时做好二次开胸等准备。

2. 引流管的管理

（1）保持密闭、引流通畅：引流管长度以患者能够翻身活到为宜，避免管道脱落、受压、扭曲或打折，引流瓶应低于胸壁引流口平面 60～100cm，水封瓶长管没入无菌生理盐水中 3～4cm，并保持直立，定时挤捏引流管，持续低负压吸引，术后抬高床头 30°，循环稳定后取半卧位以利于呼吸和引流。

（2）保持无菌：严格无菌操作，防止逆行感染，搬动患者或更换水封瓶时，需双重夹闭胸腔闭式引流管，挤捏引流管时要防止引流液自引流管内逆流入胸腔或心包，切口有渗出及时更换敷料。

（3）拔管：胸腔无积气、积液，引流液逐渐减少并转为淡红色或黄色，每天＜50ml，即可拔管，拔管后注意呼吸及复查胸部 X 线片有无异常。

十五、法洛四联症术后留置尿管的观察与护理有哪些？

1. 留置尿管连接精密记尿器，术后每小时记录一次尿量，一般排尿量为 1～2ml/（kg·h），如果小于 0.5 ml/（kg·h），需考虑为肾灌注不足或肾功能不全。

2. 密切观察尿液的颜色、量、性状，体外循环所致的细胞破坏出现血红蛋白尿，即尿液浓茶色或酱油色，对肾脏有潜在危险，可与静脉给 5%碳酸氢钠碱化尿液，加强高渗性利尿，直至转清亮为止。

3. 保持尿管通畅，避免受压、打折、弯曲等情况发生。

4. 预防尿路感染，尿袋不能高于膀胱区，尿道口护理 2 次/天，注意无菌操作，每天进行尿管拔管的评估，尽早拔管。

5. 拔管时注意抽空气囊，轻柔、缓慢地将尿管拔除，以免损伤尿道。

十六、法洛四联症手术后并发症的观察与护理有哪些？

法洛氏四联症根治手术后并发症与右心室流出道、肺动脉梗阻解除是否满意，室间隔缺损闭合是否完全以及肺血管发育是否存在侧支循环有关，较典型的并发症如下所述。

1. 低心排综合征

（1）病因：患儿病情重、畸形矫正不满意、心肌保护不好、Ⅲ度或Ⅱ度房室传导阻滞、术后血容量补充不足或过量、心脏压塞等病因均可引起低心排综合征。

（2）临床表现：心率加快、中心静脉压升高、尿量减少、外周循环差、肢端发凉发绀等症状，或合并左心房压力明显高于右心房压力，发生泡沫样血痰、血液下降等左心衰竭症状。

（3）预防及处理：调整前负荷、减轻后负荷、增强心肌收缩力、延长呼吸机辅助时间，合理利用利尿剂，纠正血容量不足等改善心功能。

2. 灌注肺　是法洛四联症矫治术后的一种严重并发症，临床表现为急性进行性呼吸困难、发绀、血痰和难以纠正的低氧血症，术后血氧饱和度低，氧分压低，胸部 X 线片示两肺有渗出性改变，处理措施如下所述。

（1）呼吸机辅助呼吸，加 PEEP5～10cm H_2O，密切观察呼吸机的各项参数，注意气管压力的变化。

（2）保持呼吸道通畅，及时吸痰，但次数不宜过频，吸痰过程中使患儿充分镇静，防止躁动。

（3）严格控制出入量，遵医嘱及时补充血浆和白蛋白，以减少肺渗出。

（4）预防和治疗肺部感染。

3. 术后出血和心脏压塞

（1）患儿术前低氧血症，侧支循环丰富及术中抗凝及血液稀释等，均可导致术后出血。

（2）若血性引流量大于 4 ml/（kg·h），应想到可能发生急性出血，如果引流液偏多以后突然减少或引流不畅，可能血块堵塞引流管，血液及血块在心包腔集聚较多时即可引起急性心脏压塞。

（3）临床表现为心率加快、精神差、反应淡漠、中心静脉压升高、血压下降，脉压缩小、心音遥远、尿量减少、外周循环差、肢端发凉、发绀等症状。

（4）一旦出血心脏压塞的可能时应密切观察、及早做出诊断，及早入手术室行二次开胸清除积存血块。

十七、法洛四联症手术后应进行哪些早期活动？

1. 保证充足休息，术后呼吸循环系统稳定，可帮助患者在床上翻身，做臂部、躯干、四肢的轻度活动，促进血液循环，防止下肢静脉血栓。

2. 麻醉清醒后，拔除气管插管后即可指导患者做深呼吸，有效咳嗽。

3. 病情稳定后，可逐渐下床活动，可根据患者心功能恢复情况制定功能锻炼计划，量力而行，循序渐进。

十八、法洛四联症手术后的疼痛管理有哪些？

1. 充分止痛是有必要的，可使患者舒适，防止有害的机体反应，如呼吸急促、心动过速、肺膨胀不全、活动减弱及组织缺血等。因此要做好疼痛的管理，对患者进行疼痛程度的评估。

2. 患者胸壁切口范围大，加上进行呼吸功能锻炼时疼痛会加重，因此咳嗽时可用双手扶住伤口位置，减轻疼痛。必要时胸部进行胸带固定。

3. 评估患者疼痛承受能力，告知患者一些非药物止痛的方法，如幼儿可用抚慰、抱、低调声音和妈妈心跳声音等，大儿或成人可进行合适的活动、游戏、听音乐、看电视等。

4. 遵医嘱给予药物止痛。

十九、法洛四联症手术后的健康宣教包括哪些？

1. 养成良好的生活作息、充分休息，避免劳累。如患者出现气促、心悸、无力等症状。请停止活动，卧床休息。

2. 手术后会有很多不适，为了顺利恢复，需要患者配合医护人员。可采取听音乐、看电视、玩玩具等分散注意力的方法来缓解疼痛等不适，保持心情舒畅，我们也会根据医嘱给予少量止痛药等

3. 发热的患者家属应配合医护人员做好物理降温，如冰敷、温水擦浴，冰袋请放在患儿额部、颈部、腋下或双侧股动脉处。体温下降时出汗较多，应及时更换湿衣服。

4. 采取半卧位，床头摇高 30°～45°，这样有利于患者的呼吸及管道的引流，半卧一段时间后可更换为平卧位或侧卧位，也可以在臀下放置术垫，每 2 小时更换，翻身或活动时注意管道，防止脱落、打折或堵塞。

5. 术后家长要经常给患儿翻身、拍背，鼓励患儿多咳嗽。这样可以预防肺部感染及肺不张。咳嗽时可用双手扶住伤口位置，减轻患儿疼痛。

6. 告知患儿及家长保持引流管通畅。不要折叠、抓脱、扭曲。注意观察引流物的颜色和量。如有异常变化及时通知医护人员。

7. 切口护理。指导家属注意观察切口有无出血、渗血，伤口敷料有无脱落。切口局部有无红、肿、热、压痛等症状。告知患者不要自行抓脱敷料，必要时指导家属做好四肢约束。

8. 术后请家长每天要准确记录患者的尿量，有助于医务人员观察病情。如是婴儿每次更换尿布前后需对尿布进行称重，以便记录患儿的尿量。

9. 饮食。拔除气管插管 6 小时后无呛咳、呕吐可进流食，注意少量多餐，避免进食过饱加重心脏负担，适当添加清淡、易消化、高蛋白、高能量的食物，如乳类、粥、瘦肉、鱼虾等食品。可适当食些水果、蔬菜、尚不可进食补气活血的中药材。

二十、法洛四联症手术后的出院指导包括哪些？

1. 交代患者定期门诊复查，术后出院 3 个月后去门诊复查 B 超、X 线片、心电图，并与出院

时结果对照，了解术后恢复情况。

2. 出院后视情况适当活动，先户内再户外，逐渐增加运动量。避免剧烈活动，预防意外伤害。注意体温的变化，如有眩目、腹泻、牙龈炎、扁桃体炎、不明原因发热等，应及时就医。

3. 前胸正中切口者为防止术后胸骨形成“鸡胸”，睡眠时尽量仰卧，避免侧卧。

4. 术后减少去公共场所，外出时戴口罩。随天气变化及时增减衣物。居室应勤通风，保持清洁。

5. 严格按医嘱服用强心利尿药，服用强心药之前正确数脉率，若<60 次/分应停用。不可随意服药或增减剂量，以免发生危险。

6. 饮食应少量多餐，食用高纤维、高蛋白、易消化的饮食，适当摄入有营养的水果。适当限制盐的摄入，减轻心脏负担。

（林少燕）

第六章　三尖瓣下移畸形

一、三尖瓣下移畸形的定义是什么？

三尖瓣下移畸形是指部分或整个三尖瓣瓣环向下移位于右心室腔，同时伴有三尖瓣瓣膜的畸形和右心室结构的改变，是较少见的先天性心脏畸形。发病率不到先天性心脏病的1%，男女性别差异不大。

二、三尖瓣下移畸形存在哪些病理改变？

三尖瓣下移畸形包括三尖瓣和右心室发育异常，包括以下病理改变。

1. 三尖瓣瓣叶黏附在其下方的心肌壁，瓣叶分化障碍。

2. 瓣叶附着部位向心尖方向向下移位，移位程度隔瓣＞后瓣＞前瓣。

3. 右心室房化部分扩张，并有不同程度的肥大和心室壁变薄。

4. 前瓣冗长、穿孔和活动障碍。

5. 右心房室交界（正常的三尖瓣瓣环位置）扩张。

三、三尖瓣下移畸形应如何分型？

1. 病理解剖分型　Carpentier等将其分为4型。

（1）A型：小型可收缩的房化腔及能活动的前瓣，右心室有足够的容量。

（2）B型：大型不能收缩的房化腔及能活动的前瓣。

（3）C型：前瓣活动限制，导致右心室流出道梗阻。

（4）D型：巨大房化右心室与小的漏斗部组成，仅通过三尖瓣前瓣隔瓣交界相通。

2. 根据临床表现和血流动力学改变　可分为3型。

（1）轻型：无或轻度发绀，心功能Ⅰ～Ⅱ级，心脏轻-中度扩大，心内左向右分流为主，右心房与功能性右心室之间无压差，心血管造影无双球征。不需手术或仅关闭心内缺损即可，预后良好。

（2）三尖瓣狭窄型：发绀明显，心功能Ⅱ级以上，心脏轻-中度扩大，肺血流减少，肺瘀血，扩大的右心房与功能性右心室之间存在压力阶差，心内右向左分流，心血管造影见双球征。需手术治疗。

（3）三尖瓣关闭不全型：无或轻度发绀，心功能Ⅱ级以上，心脏重度扩大，右心房与功能性右心室之间存在相等压力，心内由左向右或由右向左分流，心血管造影见右心房极大的双球征，需手术治疗。

四、三尖瓣下移畸形的临床表现有哪些？

由于本病畸形程度轻重不同，因此临床表现差别很大，取决于三尖瓣反流的程度、是否有心房内交通、右心室功能损害程度和其他并发心脏畸形。

1. 临床表现有呼吸短促、乏力、发绀和右心衰竭等。上述症状可早在婴幼儿期出现，约半数以上病例发绀在婴儿期即已存在，重症病例出现在新生儿期。呼吸窘迫和心力衰竭者，常在出生后不久夭折。轻症病例出现症状轻且晚，甚至无任何症状。

2. 体格检查各有不同，心音不亢进，可以听到不同的心音和杂音。胸骨左缘听到三尖瓣反流的收缩期杂音。较轻的舒张期或收缩早期的解剖或功能性三尖瓣狭窄杂音也可以存在。杂音在吸气时有特征性的音调提高，第一和第二心音出现分裂。心房和心室充盈的心音比较常见，房室传导延长出现奔马律。

五、三尖瓣下移畸形应如何诊断？

1. 心电图　表现通常不正常，但没有诊断特异性。完全性或不完全性右束支传导阻滞和电轴右偏是心电图的典型表现。P 波增大，R 波在 V_1 和 V_2 导联减小，PR 间期常延长，QRS 波形不清，经常有心律失常。心室预激综合征发生率约 15%，通常在右心室游离壁或心室间隔后侧。

2. 胸部 X 线片　心脏形态区别很大，从正常到各种典型表现，包括球形心但心腰窄，与心包积液的心脏形态相似，产生这种形态的主要原因是心房增大，右心室流出道向外和向上移位。肺血正常或减少。

3. 超声心动图　可以精确评估三尖瓣瓣叶的解剖（移位、活动限制、发育不良和缺如等），右心房大小（包括房化心室）、左右心室的大小和功能。多普勒和彩色血流图可以发现房间隔缺损和血流方向。三尖瓣下移畸形的三尖瓣反流与其他先天性心脏病三尖瓣反流的超声心动图特征性区别是隔瓣向心尖下移的程度，体表面积校正后下移距离超过 $8mm/m^2$。

4. 心导管　右心房压力中度上升，右心房测压波形表现为优势性 V 波和 γ 波降支陡峭。然而如果患者右心房明显扩张，即使存在三尖瓣反流，右心房压力波形仍可以正常。右心室压力通常正常，或有舒张末压力上升，肺动脉压力正常或降低。

六、三尖瓣下移畸形的治疗方式有哪些?

三尖瓣下移畸形患者心脏功能进行性恶化，因此迟早需要外科手术治疗。

七、三尖瓣下移畸形的外科手术处理包括哪些?

1. 心室预激综合征旁路传导组织的电生理定位。
2. 关闭心房间隔缺损。
3. 修补以前的姑息性分流和并发的其他畸形包括心室间隔缺损、肺动脉闭锁和动脉导管未闭。
4. 处理心律失常，包括手术离断旁路传导、房室结折返性心动过速冷冻消融或右侧迷宫手术。
5. 如果必要时施行房化心室的折叠。
6. 三尖瓣整形或置换。
7. 右心整形减容。

八、三尖瓣下移的手术方式有哪些?

1. 姑息手术　上腔静脉与右肺动脉吻合术（Glenn 手术），在婴幼儿期如发绀、缺氧严重，心力衰竭内科治疗不能控制，施行矫治术有困难，此时可改善发绀和心力衰竭，取得近期效果，为今后纠治手术创造时间和条件。

2. 矫治手术　有以下 3 种：三尖瓣成形术、三尖瓣替换术、全腔静脉与肺动脉连接术。

九、三尖瓣下移畸形的术前准备有哪些?

1. 按心外科的一般术前护理。

2. 三尖瓣下移畸形患者术前处于慢性心力衰竭者，应密切观察强心利尿等术前准备的效果，完善各项术前检查。

3. 嘱患者卧床休息，遵医嘱吸氧，每天 3 次，每次 30 分钟，提高肺对缺氧的耐受性，降低肺动脉压，改善心功能。指导患者有效的咳嗽、深呼吸、吹气球等进行呼吸功能锻炼，有利于围术期的恢复。

十、三尖瓣下移畸形术后循环系统的观察与护理有哪些?

1. 术后持续心电监护　密切观察生命体征的变化，定时测心排血量、外周血管阻力等血流动力学各项指标，根据所测值补充血容量。对有心功能不全者，根据右心房压值补充血容量，右心房压最高不超过 18mmHg，术后及时调整血管活性药物的使用。如出现低血压、四肢凉、组织灌注不足、心率快、尿少、CVP 高于 $15cmH_2O$、代谢性酸中毒时，应积极应用多巴胺、多巴酚丁胺等正性肌力药，纠正酸中毒，补充血容量，间断给予利尿剂。

2. 血压监测　动脉压是反应血容量、心排血量的重要指标，还可以了解周围血管阻力、动脉血管壁弹性等情况，术后应采用无创性血压监测和桡动脉穿刺测压以便观察，使收缩压维持在80～113mmHg。同时也应根据其年龄、病情和术前基础血压水平来维持，严重心功能不全、术前血压偏低的患者术后血压维持在12/8 kPa（90/60mmHg），平均为8.80kPa（66mmHg）即可。术前高血压患者则应维持较高的水平，或维持术后血压在患者术前血压的90%～110%，以保证各脏器的灌注，防止发生低心排综合征。

3. 心率、心律的监测 术中由于牵拉、缺氧、电解质紊乱、损伤等因素易引起心律失常。常见的心律失常有房性期前收缩、心动过速或过缓、房室传导阻滞及室性心律失常，易致心脏骤停。术后患者心率过快或过慢都影响心排血量，使血压下降。心率过快还可使心室舒张期充盈不足，导致每搏量和心排血量降低。一般成人术后心率为60～80次/分，婴幼儿为110～160次/分，儿童为80～140 次/分。三尖瓣成形过程中易损伤传导束或局部水肿，易发生传导阻滞，术中应安置临时起搏导线或静脉泵入异丙肾上腺素。术后多见室性心律失常，可加用利多卡因和胺碘酮。如心率由快变慢，易致心脏骤停，应提高警惕，积极预防及处理。

4. 尿量的监测 术后应维持满意的前负荷，及时纠正血容量不足，保证肾脏的血液供应，防止发生肾衰竭。对于补足容量后尿量仍少的患者，及时给予利尿药，纠正酸中毒及电解质失衡，保证供氧。维持尿量成人不低于0.5ml/（kg·h），儿童不低于1 ml/（kg·h）。手术后要保证充足的肾脏灌注，尽量避免或慎用收缩肾血管的药物和肾毒性的药物。如出现血红蛋白尿，表示有溶血，对肾脏有潜在的危险，应及时碱化尿液并给予利尿剂。

5. 中心静脉压（CVP）的监测 CVP是反应右心房充盈压和血容量的客观指标，对于三尖瓣下移畸形患者，术后静脉压应维持较低水平，以防止心脏前负荷过重而导致右心衰竭。监护过程中应注意控制输液量及速度，婴幼儿尤应严格控制入液量。严密记录24小时出入量，每天出大于入，减轻心脏前负荷，有助于减轻三尖瓣反流。通过调整呼吸机参数、保持过度通气以降低肺血管阻力。

6. 保持水、电解质平衡 由于术中失血及术中、术后大量使用利尿剂，极易发生电解质紊乱，尤其钾、镁离子丢失更为严重，而低钾、低镁均可导致心律失常，所以需注意定时测定电解质，及时纠正电解质紊乱。三尖瓣下移畸形可使三尖瓣移位造成关闭不全，右心室部分血流反流入右心房，使右心房血容量逐渐加重，心房扩大压力上升，而进入肺动脉血流较少。行畸形矫正术后，心房心室功能得到改善，但大量血流进入肺组织，有可能引起肺瘀血或肺水肿。严格控制晶体液入量，根据医嘱要使晶体液入量为负平衡，术后早期补液原则是“少用晶体，胶体适度，出稍大于入”，因此必须严格遵医嘱控制液体入量，可用白蛋白、血浆及肾上腺皮质激素等，减轻右心负荷，提高胶体渗透压，促进肺水及组织间水分回收，提高肺泡顺应性，改善呼吸循环功能。

7. 末梢循环的监测 皮肤与末梢表面的温度、潮湿度、颜色、弹性、毛细血管和静脉床的充盈度、动脉搏动均可反应外周的循环状态。末梢干燥、温暖、红润、弹性好表示循环良好，反之则提示末梢循环不佳。监护中应注意肢体保暖，防止意外伤害，积极处理导致循环不良的因素。同时术后严格监测体温，每隔4小时监测1次，术后体温维持在36～37℃。

8. 三尖瓣功能监测 术后X线片示心影变小、肺血改善，临床检查示肝脏缩小，都提示三尖瓣成形术效果满意。如临床出现肝大、颈静脉怒张等右心功能不全表现，应及时报告医师。

十一、三尖瓣下移畸形术后呼吸系统的观察与护理有哪些?

1. 三尖瓣下移畸形的患者术前常有肺循环高压及肺瘀血，反复肺感染，肺间质水肿、纤维化，术后麻醉和体外循环使肺损害加重，气管插管的刺激和被压缩肺脏的复张都会使呼吸道分泌增加，加上右心巨大，压迫肺脏，使通气功能和换气功能受到不同程度损害。因此良好的辅助呼吸，不仅可减少呼吸做功、降低氧耗，还可提高组织氧供，促进心肺功能的恢复。辅助呼吸期间定时监测动脉血气，并及时调整呼吸机参数，定时听诊两肺呼吸音，及时吸痰，定时拍胸部X线片了解肺的膨胀程度及气管插管的深度。

2. 长时间手术和使用呼吸机易引起呼吸系统的并发症，常见有肺不张和肺部感染。因此，早期拔除气管插管能减少肺部并发症，促进术后康复和缩短住院时间，因此要及时做好患者拔管评估，符合条件予拔管。拔管条件：患者意识清醒，配合良好，握手有力；呼吸平稳，自主呼吸有力；循环稳定，生命体征平稳；无酸碱失衡、电解质紊乱，无恶性心律失常；胸部 X 线片正常，无肺不张和渗出，血气分析结果良好；无出血及心脏压塞；呼吸机参数正常。拔除气管插管后，并予以最佳供氧方法（面罩或鼻导管等）。如遇喉头水肿患者，应予以喉头喷雾、药物喷雾、静脉推注地塞米松。拔管后间歇性更换体位，协助排痰，痰黏稠者予以化痰药物并进行雾化吸入，保持呼吸道湿润，使分泌物易咳出，减少肺部并发症。对术后心功能不全的患者适当延长呼吸机辅助时间。

十二、三尖瓣下移术后低心排综合征的预防与护理措施有哪些？

1. 因三尖瓣下移畸形、三尖瓣关闭不全而导致右心衰竭、心功能较差、心肌收缩力减退，加之术中转流时间长，术后体温低，手术应激、血容量不足，心率加快，心肌耗氧量增加等，常使患者出现低心排综合征。术后应控制心律失常，改善心肌收缩功能和降低心室后负荷的原则进行治疗，适当延长呼吸机辅助时间，降低患者耗氧量。适当应用血管活性药物，采取措施增加心肌收缩力，应用多巴胺及多巴酚丁胺、肾上腺素，还可用米力农治疗，减轻心脏负荷，降低心肌耗氧，促进心脏功能恢复和改善组织灌注。即使血压稳定，还应适当延长血管活性药的使用时间，待生命体征安全稳定后停药。同时严格控制液体输入量及速度，维持水电解质及酸碱度平衡。

2. 患者术后接受严密的心血管功能监护，动态监测动脉压、肺动脉压、中心静脉压，定时测定心排量、外周血管阻力等血流动力学各项指标，根据测值补充血容量。对于右心功能不全的患者，根据右心房压值补充血容量，右心房压最高不超过 18mmHg。对于术前心功能减退的患者，注意在补充容量的同时调整血管活性药物的使用，使尿量达 1ml/（kg·h）以上，动脉收缩压为 100～120mmHg，保证重要脏器的血流灌注。

十三、三尖瓣下移畸形术后的出院指导有哪些？

1. 注意休息，术后 3～6 个月以休养为主，活动以不要引起心悸、气促为度。术后 6 个月根据具体情况逐步到正常工作，尽量减少从事体力劳动。

2. 饮食宜高蛋白、高维生素，如食肉类、蛋类，多食新鲜水果、蔬菜，品种多样化，少量多餐。但要避免进食动物内脏、菠菜、番茄，以免影响凝血酶原时间。

3. 预防感冒，如有感染性疾病，及时应用抗生素，预防感染性心内膜炎的发生。

4. 继续遵医嘱行强心、利尿、扩张血管治疗，强心利尿药服用 0.5～1 年，自数心率，若心率减慢至 60 次/分以下，停用地高辛，警惕药物中毒，如出现不明原因的恶心、呕吐或者视物颜色改变时，及时就医。每天尿量应大于 2000ml，若出现尿量减少、咳嗽、腿肿可加大利尿剂量并及时复诊。

5. 按医嘱及时复查凝血酶原时间，出院后第 1 个月每周复查国际标准化值（INR），第 2 个月每 2 周复查 1 次，半年后改为每 2～3 个月复查 1 次，2 年后 3 个月复查 1 次。加强抗凝宣教，抗凝期间观察有无抗凝不足或过量所引起的血栓栓塞或出血的早期征象。

6. 了解复查心脏 B 超的重要性，复查 B 超时如果有右心室舒张期负荷过重的表现，如包括颜面及下肢浮肿、尿少、腹胀、气促、疲倦、纳差等症状应及时治疗。

（李 梅）

第七章　左心发育不良综合征

一、左心发育不良综合征的定义是什么?

左心发育不良综合征是指患儿主动脉闭锁或狭窄，升主动脉和主动脉弓发育不良，二尖瓣严重狭窄或闭锁及伴有小的发育不全的左心室等复合畸形。

二、左心发育不良综合征的分型有哪些?

左心发育不良综合征根据主动脉和二尖瓣的病变可分为以下四型。

1. Ⅰ型　主动脉狭窄、二尖瓣狭窄。

2. Ⅱ型　主动脉闭锁、二尖瓣闭锁（最常见）。

3. Ⅲ型　主动脉闭锁、二尖瓣狭窄。

4. Ⅳ型　二尖瓣闭锁、主动脉狭窄。

三、左心发育不良综合征的发病原因有哪些?

左心发育不良综合征的发病与多因素有关，如遗传、基因突变、射线及病毒感染等。

四、左心发育不良综合征的辅助检查有哪些?

1. 胸部X线片　显示右心房、右心室增大，心影呈球形，有肺充血、肺水肿表现。

2. 心电图检查　P波高尖，电轴右偏和右室肥厚。

3. 超声心动图　右心房、右心室扩大，而左心室腔小壁厚，二尖瓣及主动脉瓣发育不良，或二尖瓣、主动脉瓣闭锁，升主动脉及弓部细小。肺动脉增宽，存在粗大的动脉导管未闭，可存在心室间隔及心房间隔缺损；可存在三尖瓣反流。

4. 右心导管检查　可显示心房水平分流及证实动脉导管的存在，肺动脉压力明显升高。

5. 心造影检查　血管造影；肺动脉造影可发现经动脉导管入主动脉并可显示主动脉缩窄。逆行主动脉造影显示升主动脉及弓部发育不良或伴主动脉缩窄或离断。左心房造影可了解二尖瓣发育状态。

五、左心发育不良综合征的诊断依据是什么?

左心发育不良综合征的诊断依据是根据临床表现及相关检查做出诊断。

六、左心发育不良综合征的发病率和预后如何?

左心发育不良综合征是一种少见、复杂、危重、死亡率极高的先天性心脏畸形，占先天性心脏病患儿的1%，在新生儿重症先天性心脏病患儿中占9%。在早期出现症状的先天性心脏病中排第4位，1周内与心脏有关的死亡婴儿中占25%。如不治疗，95%患儿在新生儿期（出生后4～23天）死亡。该病男婴居多，占55%～70%。此外，西方国家发病率高于东方国家。

七、左心发育不良综合征的临床表现有哪些?

左心发育不良综合征多在出生后1～2天因呼吸窘迫而被发现，伴轻度发绀，随后呼吸困难进行性加重，可出现肺水肿、充血性心力衰竭、循环性休克、多器官功能衰竭。如不治疗，患儿常在出生后1个月内死亡。

八、左心发育不良综合征确诊后应注意哪些问题?

1. 绝对避免吸入纯氧。

2. 给予前列地尔（前列腺素 E_1）。

3. 纠正代谢性酸中毒。

4. 给予正性心肌药物维持血压。

5. 用呼吸机时控制给氧浓度为21%。

6. 保持适当体温、血糖水平及营养。

九、左心发育不良综合征的患儿为什么不能吸入高浓度的氧气？

左心发育不良综合征的患儿升主动脉直径常小于 2mm，伴有不同程度的主动脉弓发育不全甚至闭锁。约 80%患儿伴有降主动脉近端缩窄。患儿均存在粗大的动脉导管未闭，肺动脉粗短，常于瓣上 3～4mm 处即分出右肺动脉，左肺动脉也常发育不良。左心房偏小，大多伴有较大的卵圆孔。由于患儿肺动脉平滑肌对吸入氧的浓度和动脉酸碱度特别敏感，故当应用呼吸机时氧浓度过高或直接吸氧可造成严重的代谢性酸中毒。其原因为肺循环阻力降低，肺血流过多，体循环和肺循环失衡所致。同时患儿手术前仅靠动脉导管分流至体循环的血液维持生命，但高浓度的氧会使导管的管壁肌肉收缩导致导管关闭，一旦动脉导管关闭便威胁患儿生命，需严格控制氧气吸入。

十、左心发育不良综合征的手术方式有哪些？

1. 升主动脉重建及生理性矫正术 即 Norwood 分期手术矫治法。

（1）Ⅰ期手术。

（2）Ⅱ期手术（半 Fontan 手术）。

（3）Ⅲ期手术（改良 Fontan 手术）。

2. 心脏移植术

十一、左心发育不良综合征患儿术前使用前列腺素 E_1 的护理要点有哪些？

左心发育不良综合征患儿的存活主要依赖体肺循环血管阻力的平衡，明确诊断后及时使用前列腺素 E_1 保持动脉导管开放，以保证体循环的血液供应。有文献报道，应用前列腺素 E_1 治疗，药物应维持在 5～13μg/（kg·min）。由于前列腺素本身是一种致热源，如剂量超过 10mg/（kg·min）时易出现呼吸抑制情况，在使用过程中密切观察患儿的体温、呼吸、皮肤的颜色等。由于体循环缺血，患儿经常出现脉搏微弱或触摸不到脉搏，若无其他心脏畸形时，脉搏在一定程度上反映了体循环的灌注量。需定时监测患儿脉搏波动，若脉搏减弱或消失时及时报告医师，并遵医嘱调整前列腺素及其他血管活性药物浓度。

十二、左心发育不良综合征的患儿应如何控制出入量？

左心发育不良综合征患儿应严格控制出入量，做到每小时监测出入量、生命体征、中心静脉压等。由于患儿有效循环血量减少，肺循环及静脉系统瘀血，极易导致水肿、尿量减少及心功能不全。如患儿在疾病早期即出现水肿及尿量减少，可以每间隔 8～12 小时静脉注射呋塞米，或给予 0.5～2mg/h 呋塞米持续泵入，维持尿量在最理想的状态，3～5ml/（kg·h），一般不能低于 2ml/（kg·h），使患儿保持负平衡，24 小时入 150ml 以内。部分患儿心功能不全，可使用微量泵严格控制输液量及速度，防止加重水肿及心脏负荷，同时严密观察尿量及水肿消退情况。有研究表明乳酸值是判断心脏手术预后的重要指标。若乳酸高于 15mmol/L，预后差，是手术禁忌证之一。如患儿术前存在严重酸中毒，予改善通气，补充血容量，静脉输注碳酸氢钠，使血气分析指标恢复正常，为患儿赢取手术机会。

十三、左心发育不良综合征术后应如何进行心功能的监测？

1. 左心发育不良综合征患儿Ⅰ期 Norwood 术后极易出现心功能不全，因此术后护理要点是维持血流动力学稳定。根据患儿心率、中心静脉压、出入量遵医嘱调整输液速度，并观察患儿肢端末梢循环是否良好。

2. Ⅰ期 Norwood 术中有大血管的吻合，且有 1 条是人造血管，要保持吻合口处有快速的血流通过，避免吻合口的狭窄。术后保持较快的心率，有研究表明，患儿心率维持在 120～140 次/分较为合适。

3. 因患儿年龄较小，心脏对容量变化承受能力低，对出入量变化极为敏感，用输液泵控制输液速度为10～15ml/h，及时给予胶体和利尿剂，保证患儿血液循环稳定。

十四、左心发育不良综合征术后应如何进行血氧饱和度的监测？

1. 左心发育不良综合征Ⅰ期Norwood手术目的是建立一个功能性单心室，维持良好的体循环和肺循环平衡，为后期Fontan手术做准备，因此术后患儿动脉血氧饱和度维持在75%～85%。

2. 术后应积极配合医师给患儿进行床边拍胸部X线片以观察肺血情况，监测动脉血氧饱和度及血气分析等。

（1）患儿肺部血流量过多，动脉血氧饱和度高于 85%，血气分析示代谢性酸中毒，提示患儿肺循环过度灌注，体循环灌注不足，可通过调整血管活性药剂量、降低分钟通气量、降低吸气峰压等处理。

（2）患儿出现肺部血流量过少，动脉血氧饱和度低于75%，代谢性碱中毒等肺循环灌注不足、体循环灌注过度的情况，可通过增加血容量，应用强心和升压药物，加强通气以降低二氧化碳分压和提高吸入氧浓度等处理。

十五、左心发育不良综合征术后应如何进行心功能的监测？

1. 左心发育不良综合征Ⅰ期Norwood手术后出现的血流动力学不稳定主要是由肺循环过度灌注和低心输出量所导致的，需应用血管活性药物来维持足够的心输出量，并根据患儿的病情变化来调整肺血管阻力。

2. 术后早期可用低剂量正性心肌药，以辅助心功能，但避免用肾上腺素，预防增高外周循环阻力。如血压稳定，末梢灌注欠佳，可适当应用硝普钠以降低左心后负荷。

3. 在使用血管活性药物时均采用恒速泵24小时单独通道持续泵入，禁止快速推注、突然停药。血管活性药物自加药时间起24小时有效，过期及时按医嘱更换，更换时动作轻柔，避免药物突然进入血管引起患儿生命体征变化。

4. 患儿术后行超声心输出量监测，根据监测结果按医嘱动态调节血管活性药物剂量。

十六、左心发育不良综合征术后应用肝素应怎样观察与护理？

1. 左心发育不良综合征Ⅰ期Norwood手术过程中植入人造血管，术后应用肝素防止人造血管栓塞，尽可能少用止血药和凝血因子。

2. 术后按医嘱动态调节肝素、华法林等抗凝药物剂量，维持活化部分凝血酶原时间在40～60秒，密切观察患儿皮肤有无出血点、有无呼吸系统、消化系统、神经系统出血的症状和体征，尽量避免股动脉等大动脉穿刺，以防引起出血等并发症。

十七、左心发育不良综合征术后应如何进行疼痛的管理？

1. 左心发育不良综合征患儿心内直视手术过程中麻醉、疼痛、非生理性灌注、血流动力学改变等刺激均会使机体产生强烈的应激反应，激活交感肾上腺系统和下丘脑-垂体-肾上腺轴，导致血乳酸、血糖、皮质醇水平及血流动力学异常改变。患儿返回监护室早期，各个器官系统尚处于恢复阶段，且多种有创性监测和操作、机械通气、陌生人或环境等均可导致患儿产生疼痛、焦虑等不良情绪，出现氧耗增加、循环波动、非计划内拔管等并发症，影响恢复，故需要给予及时适当的镇静、镇痛治疗。理想的镇静、镇痛药应具有镇静程度容易控制、对呼吸循环影响小、可适度调控患者应激反应、不良反应少等特点。

2. 咪达唑仑是苯二氮䓬类镇静剂，具有起效快、半衰期短、呼吸循环抑制作用小、代谢快等特点，被推荐用于机械通气者镇静，有利于麻醉后苏醒，缩短呼吸机辅助时间，已广泛应用。芬太尼为阿片类镇痛药，低剂量具有安全性较高、起效快、不良反应少等优点。婴幼儿先心病心内直视术后早期应用小剂量咪达唑仑联合芬太尼持续静脉输注以镇静镇痛，既起到药物协同作用，又可达到良好的镇静镇痛效果，减少镇静药物用量，使两药剂量依赖性不良反应明显减少，获得浅而稳定的镇静作用；且对血流动力学影响小，能有效抑制应激反应。

3. 婴幼儿由于理解且言语表达受限无法进行疼痛的自主评估，主要依赖于行为分析及生理反应两方面。Ramsay 镇静量表是使用最广泛的儿童镇静评估方法，及时评估镇静效果，使达到理想镇静镇痛程度，减少并发症的发生。

4. 对于重症、畸形复杂或发绀型患儿术后血流动力过快和剂量过大时易发生心动过缓，甚至窦性停搏，术后应加强监护，避免发生严重心血管并发症。

十八、左心发育不良综合征术后的护理常规有哪些?

1. 严密观察病情变化 本病由于病情危重，予以严密监护，随时监测生命体征变化。如有异常，及时报告医师，积极配合抢救。

2. 保持呼吸道通畅 患儿反应差，咳嗽反射弱，呼吸道有分泌物时无力咳出。及时吸出呼吸道分泌物。防止窒息而亡。

3. 保持水、电解质及酸碱平衡稳定

4. 加强保暖 对体温偏低者需要保暖，注意防烫伤；对体温不升者，尤其是早产儿，应入暖箱保暖，每 2～4 小时测体温一次，使体温维持在正常范围。

5. 对用强心剂及免疫抑制剂者 应注意观察药物疗效及不良反应，发现问题及时报告医师，便于调整剂量或调换药物。

6. 加强基础护理及生活护理 防止并发症发生，同时严格落实各项消毒隔离措施，防止交叉感染。

十九、左心发育不良综合征术后的并发症有哪些?

1. 低心排综合征。

2. 心力衰竭。

3. 三尖瓣与肺动脉瓣的功能问题。

4. 惊厥。

5. 脑血管意外。

6. 运动功能障碍。

（谢文鸿）

第八章　主动脉窦瘤

一、主动脉窦瘤的定义是什么？

主动脉窦瘤是由于各种原因造成主动脉窦和其邻近的主动脉瓣窦转折处的中层分离，该区域的正常主动脉弹性组织缺乏，在主动脉压力的作用下，逐渐外突形成瘤样改变。典型的窦瘤囊壁仅剩下胶原纤维组织，并伴有透明样变。主动脉窦瘤以右冠窦最为常见，占65%～85%，累及无冠窦占10%～30%，累及左冠窦最为少见，不到5%。

二、主动脉窦瘤病理分类是什么？

根据病理学分类，主动脉窦瘤可以分为先天性主动脉窦瘤和获得性主动脉窦瘤两种。

三、主动脉窦瘤病因及病理改变是什么？

1. 先天性主动脉窦瘤主要原因　胚胎发育过程中主动脉的中层与瓣环分离，缺乏肌肉与弹力纤维组织，形成结构上的薄弱点；主、肺动脉隔与心室间隔融合时，远端心球隔发育不全，留有薄弱区域；冠状动脉窦畸形。上述原因导致冠状动脉窦在长期血流冲击下形成囊样物，突向毗邻结构，最后导致破裂，出现左向右分流，使肺循环血容量增加，继而引发肺动脉高压，左心负荷增加，心脏扩大。主动脉血液分流引起动脉舒张压降低，影响冠状动脉的灌注，造成潜在的心肌缺血。

2. 获得性主动脉窦瘤主要原因　多由梅毒、感染性心内膜炎、动脉硬化、主动脉夹层、创伤及医源性损害等原因破坏窦壁组织，其后果与先天性主动脉窦瘤相似。

四、主动脉窦瘤的自然病史有哪些？

因未破裂的主动脉窦瘤无症状，有些患者可能始终没有确诊，所以其自然病史难以确定。多数患者窦瘤破裂发生在20～40岁（平均31.2岁）。主动脉窦瘤破裂发生血液分流，随着时间的延长可出现心力衰竭，窦瘤破口大者若不手术治疗，将在1年内死于心力衰竭。由于瓣环扩大，瓣叶薄弱及脱垂，可引起细菌性心内膜炎（发病率为8%）及关闭不全，进一步增加并发症及死亡率。

五、主动脉窦瘤如何分型？

Sakakibara将主动脉窦瘤分为以下四种类型。

1. Ⅰ型　窦瘤起源于右冠窦的左侧部分，突入右心室流出道最上部，即肺动脉左、右瓣之下。

2. Ⅱ型　窦瘤起源于右冠窦的中间部分，突入到右心室的室上嵴之上。

3. Ⅲ型　窦瘤起源于右冠窦的右侧部分，突向心室间隔膜部或右心房。

4. Ⅳ型　窦瘤起源于无冠窦，突入右心房。

六、主动脉窦瘤合并哪些畸形？

主动脉窦瘤常合并室间隔缺损（最为常见，占30%～60%）、主动脉瓣反流、感染性心内膜炎、肺动脉狭窄、房间隔缺损、主动脉缩窄、动脉导管未闭及永存左位上腔静脉等。

七、主动脉窦瘤的临床表现有哪些？

主动脉窦瘤患者最常见的临床表现有疲劳、呼吸困难、胸痛、心悸等。依据临床发病特点可分为以下三种形式。

1. 无症状　仅在无意的检查中发现，破口多较小，并在长时间内稳定。

2. 症状逐渐出现　此类型较多见，患者活动后呼吸困难症状逐渐加重，很难明确发病原因，可能是起病初期破口较小，以后破口逐渐增大。

3. 症状突然出现　主要表现为突然出现的胸痛和呼吸困难，症状类似心肌梗死，有时可伴有上腹部疼痛。破口一般较大，而且发病多有诱因，如重体力劳动、剧烈运动或突然用力等。

八、主动脉窦瘤的辅助检查有哪些？

1. 心电图。

2. 胸部X线片。

3. 心脏声学造影。

4. 右心导管及升主动脉造影。

5. 超声心动图　二维超声心动图、M型超声心动图、多普勒超声心动图、经食管超声心动图、三维超声心动图。

九、主动脉窦瘤的诊断要点有哪些？

1. 特征性心脏杂音，特别是破向右心室的主动脉窦瘤呈双期连续性，在收缩期或舒张期增强，响亮、粗糙、表浅，伴粗糙的震颤。杂音最强部通常位于胸骨左缘Ⅲ、Ⅳ肋间，并可触及震颤，肺动脉第二音亢进。破入右心室窦部或右心房者，杂音最响处在下段胸骨或胸骨下段的右侧。

2. 检查患者多有周围血管征（如水冲脉、毛细血管搏动征、主动脉枪击音等），和右心衰体征（如颈静脉怒张、肝大、腹水、肝颈静脉回流征阳性等）。

3. 二维超声心动图可显示窦瘤所在部位、破入的心腔、破口的位置以及并存的畸形等。

4. 窦瘤破裂彩色多普勒可见穿过窦瘤的分流信号，在破口处或破口下游可探及高速湍流频谱，多为连续性。

5. 右心声学造影可见囊性负性造影区和（或）射流负性造影区。

6. 右心导管检查可确定有无由左向右分流、分流的部位、分流量的大小，以及心腔和肺动脉压力改变。

7. 升主动脉造影是诊断本病最可靠的手段，可确切显示窦瘤的来源、突入相邻心腔的部位及破口的大小、瓣膜反流程度及冠状动脉的情况。由于二维彩超心动图对本病的诊断提供的资料全面可靠，心导管和心血管造影术一般不列为常规检查。

十、主动脉窦瘤的治疗方式有哪些？

1. 未破裂的主动脉窦瘤

（1）无症状或窦瘤较小，原则上不主张实施预防破裂的手术，可密切观察。

（2）若主动脉窦瘤增大，已突入心腔造成梗阻性血流动力学变化，产生恶性心律失常，影响冠状动脉血流或伴感染，导致临床症状出现时，应考虑手术。

（3）合并室间隔缺损时，虽无症状，也应积极手术，同时修补窦瘤和室间隔缺损，以防止窦瘤脱垂加重或导致主动脉瓣关闭不全。

2. 破裂的主动脉窦瘤　凡确诊为主动脉窦瘤破裂者，均应尽早手术。

十一、主动脉窦瘤的手术原则是什么？

主动脉窦瘤的手术原则是闭合窦瘤，除去囊袋，消除左向右分流，解除梗阻和压迫，防止复发，并避免损失周围的重要组织结构如冠状动脉开口、主动脉瓣及传导组织，同时修补心室间隔缺损，纠正主动脉瓣反流，并矫正其他合并畸形。

十二、主动脉窦瘤手术方法包括哪些？

1. 经右心室切口主动脉窦瘤切除修补术　适用于窦瘤破入右心室，伴有心室间隔缺损，无主动脉瓣关闭不全者，可同时行心室间隔缺损修补术。

2. 经右心房切口主动脉窦瘤切除修补术　适用于窦瘤破入右心房，无主动脉瓣关闭不全者，可行右心房窦瘤切除修补术。

3. 经主动脉切口行窦瘤切除修补术　适用于主动脉窦瘤伴有主动脉瓣关闭不全者，应经主动脉切口行窦瘤切除修补术，同时行脱垂的主动脉瓣成形或主动脉瓣置换术。

4. 经心房（心室）和主动脉双切口行窦瘤切除修补术　主动脉窦瘤患者均可用此切口行窦瘤

切除修补术。Cooley 等学者认为，该路径修补窦瘤效果最为可靠和满意。

5. 后天性主动脉窦瘤手术方法 由梅毒性退行性变或动脉中层囊性坏死及细菌性心内膜炎引起的主动脉窦瘤，病情重，范围广，变化大，通常整个主动脉根部受累，手术时应切除主动脉根部，置换升主动脉，并移植冠状血管，甚至用复合带瓣管道置换主动脉根部。

十三、营养不良对于主动脉窦瘤患者的术后影响有哪些？

1. 低蛋白血量、围术期严格限制液体出入量、围术期失血量等，导致患者对于麻醉、手术及手术后有效血容量降低的代偿能力下降，容易出现低血容量性休克。

2. 低蛋白血症导致胶体渗透压降低，造成组织水肿，影响患者伤口愈合。肺间质水肿会影响患者氧合功能，出现低氧血症，进一步加重心脏负荷。

3. 手术打击及手术后代谢增加可进一步加重患者营养不良，导致多脏器功能不全。

4. 营养不良、免疫功能低下还会加重患者术后感染。

十四、主动脉窦瘤手术后营养支持的时机是什么？

患者术后早期，一般循环状况极不稳定，心功能受到极大打击，加之有效循环血量的不稳定，常应用大量血管活性药物进行生命支持，输入大量胶体维持血容量，并且可能伴有呼吸功能障碍，机体内环境、水电解质、酸碱平衡均不稳定，此时给予营养支持不仅不能达到效果，还会加重代谢紊乱和各脏器功能负担。因此，一般情况下应在循环功能基本稳定后才考虑给予营养支持。

十五、主动脉窦瘤患者围术期如何选择营养支持方式？

1. 能够经口进食者，如进食量不能达到最基本的代谢需要时，可添加一定的要素饮食或匀浆膳等。

2. 不能经口进食，但胃肠功能正常者，可选择肠内营养支持。

3. 胃肠道功能完全丧失者，只能选择肠外营养支持。

4. 危重患者在完全肠外营养支持下，随着病情的逐渐稳定可逐步过渡到部分肠外营养+部分肠内营养，最终转为肠内营养支持。

十六、主动脉窦瘤患者术前准备有哪些？

1. 完善术前常规化验检查。

2. 测量患者四肢血压以排除可能合并的主动脉畸形。

3. 合并呼吸道感染者应积极使用抗菌药物治疗，待感染控制后尽早手术。在积极抗感染治疗后仍不能控制感染者，也可考虑急诊手术。

4. 婴幼儿患者心肌酶增高时，应使用心肌营养药物治疗，待复查结果正常后行手术治疗。

5. 重度肺动脉高压者，术前给予间断吸氧治疗和应用血管扩张药，降低全肺阻力，为手术创造条件。

6. 有充血性心力衰竭者，首先考虑强心利尿扩血管治疗以改善心脏功能，扩张肺血管，降低肺血管阻力。

7. 病情严重的患者应注意术前营养支持治疗，进食富含维生素及营养物质且易于消化的食物。日常饮食无法满足机体需要者，需依据需求添加肠外肠内营养，增强机体抵抗力。

8. 教会并训练患者深呼吸、腹式呼吸及有效咳嗽，改善患者呼吸功能；对于有慢性呼吸道炎症者，给予雾化吸入及祛痰治疗；对于心功能极差者，需给予术前氧疗。

9. 给予患者实施心理护理，缓解患者及其家属的极度紧张感，介绍疾病相关知识和手术方法，耐心倾听患者主诉，鼓励其说出负面情绪。

10. 指导患者卧床休息，减少活动，以减轻心脏负荷，避免心脏急性衰竭。

十七、主动脉窦瘤患者术后护理有哪些？

1. 监测患者心电图、生命体征变化、皮肤末梢温度及循环状况、自主尿量等。及时快速了解患者是否存在恶性心律失常、心肌缺血及肾功异常。

2. 监测患者血流动力学，包括肺动脉压（PAP）、中心静脉压（CVP）、肺动脉嵌压（PAWP）、心排出量（CO）、心排指数等（CI）；准确记录患者24小时出入量，量出为入，保持出入量平衡。

3. 定时监测患者血气分析，活化凝血时间（ACT）、凝血酶原时间（PT）或肝素鱼精蛋白滴定试验判断残存肝素量及鱼精蛋白的中和程度，及时发现患者是否存在术后出血和水电解质紊乱。

4. 加强血管栓塞的监测，包括患者意识状态的变化，瞳孔大小及对光反射的变化，肢体感觉运动是否存有异常，血管搏动是否正常，活动后有无呼吸困难、头痛、腹痛及特殊部位疼痛。

5. 加强管道护理 患者术后通常会身带多条管道，包括深静脉导管、气管插管、动脉血压监测管、心包引流管、纵隔引流管、尿管、输液管道、胃管或者小肠营养管。对于输液管道，应标识清晰输入液体名称，特别是各条血管活性药物输液通道，避免出现换药错误，或者调节错误。对于引流管道，要定时查看引流液的色质量，及时发现活动性出血；保持管道引流通畅，预防心脏压塞；避免管道感染。

6. 指导患者保持良好的口腔卫生，保证病房的每天空气消毒，定期对患者进行血常规检查，加强呼吸道管理，预防术后感染。

7. 患者术后需长期卧床休息，应给予患者定时翻身拍背，保持床单位平整清洁，预防压疮形成。

8. 在患者循环血流平稳的状况下，给予患者肠外肠内营养支持，增强患者免疫力，提高患者康复能力。

9. 疼痛护理。

十八、主动脉窦瘤术后并发症有哪些？

1. 出血。

2. 血栓栓塞。

3. 主动脉瓣关闭不全。

4. 主动脉窦瘤复发。

5. 窦瘤残余瘘。

6. 传导阻滞。

7. 低心排综合征。

8. 人工瓣置换术后瓣周漏等。

十九、主动脉窦瘤手术结局如何？

术后早期死亡率为0～4%，远期疗效满意。20年的生存率约为95%。主动脉瓣关闭不全是影响远期结果的主要因素。中国医学科学院阜外医院1990年后164例手术，死亡1例，手术死亡率为0.7%。

二十、主动脉窦瘤/主动脉窦瘤破裂患者出院指导有哪些？

1. 患者返家后，需定期开窗通风换气，保持床铺清洁干净，勤换衣物，防止皮肤感染；待切口结痂自行脱落后可冲凉洗澡，避免刺激性肥皂，勿用力摩擦切口处皮肤，若发现有红肿热痛或流液流脓，应及时返回医院检查。

2. 患者需终身服用抗凝药物，告知患者按时按量口服药物，定期检测凝血酶原时间。平素患者可以自我监测体温脉搏，观察自身皮肤黏膜及口腔黏膜出血状况。若需口服其他药物，为避免药物相互之间药效影响，请先咨询主管医师后再行服用。

3. 指导患者进食高蛋白、高热量、高维生素易消化食物，少量多餐，避免进食过饱，增加心脏负荷。多吃利尿和含钾高的食物，如西瓜、香蕉等。

4. 注意保暖，预防感冒，减少在公共场所的活动，预防感染性疾病。

5. 女性患者一般在术后可正常妊娠生育，少数病情复杂者是否能生育，则要依据具体情况而定，一定要结合主治医师的病情评估和建议，以免加重心脏负担，影响自身健康。

6. 出院一年内，患者不宜侧卧，应尽量取平卧位，以免影响胸骨的正常愈合。因手术多采用正中开胸方法，一些患者术后会避免疼痛，会出现含胸驼背现象，家人需鼓励患者端正走路姿势。

7. 患者返家后需将手术医院及手术医师的详细联系方式记录下来，放在家中明显且不宜丢失的位置，以便在突发状况后能及时与之取得联系。

（董 文）

第九章　单　心　室

一、单心室的定义是什么?

单心室的定义为左右两个房室瓣或一个共同房室瓣开口于一个心室腔内,不包括一个房室瓣闭锁,如三尖瓣闭锁或二尖瓣闭锁,也不包括巨大型心室间隔缺损,这类畸形绝大部分心室间隔消失,但两侧的心室发育良好。单心室也有称为心室双入口。

二、单心室的病因主要有哪些?

从胚胎学来看,胚胎期房室管未能与发育中的心室正确对线,从而使两个房室瓣都对向一个心室,单心室形成的可能的影响因素有以下几点。

1. 环境因素　孕妇早中期长期接触有害的化学物体、吸入有害的化学气体、接触放射线等。

2. 疾病因素　孕妇患风疹、麻疹和感冒等病毒和细菌性感染。

3. 药物因素　孕妇早期服用阿司匹林、四环素类、避孕药等药物。

4. 遗传因素　父母生殖细胞、染色体诱变。

5. 其他　孕妇高龄、孕妇有流产或死胎史。

三、单心室的病理性改变有哪些?

1. 肺动脉瓣狭窄。

2. 主动脉瓣瓣下狭窄。

3. 房室瓣关闭不全。

4. 心室功能低下。

5. 心室壁肥厚。

四、单心室的分型有哪些?

1. Van Praagh 根据心室主体结构将单心室分为以下四型。

(1)A 型:主腔为左心室结构,残余小腔为右心室漏斗部,心室连接正常者,残余腔位于右前方,心室反位者残腔位于左前方,此型占 78%。

(2)B 型:主腔为右心室结构,左心室残腔常位于左后或前下方,占 5%。

(3)C 型:主腔由左右心室各半组成,没有心室间隔或仅有心室间隔残迹,此型占 7%。

(4)D 型:无左右心室窦部及室间隔结构,心室形态不能确定,占 10%。

2. Anderson 根据心室主体形态将单心室分为以下三型。

(1)左心室型:以左心室形态主,右心室仅为一小残腔。

(2)右心室型:以右心室形态为主,左心室仅为残腔,临床上很少见。

(3)不确定型:左、右心室形态并存。

3. 根据与大动脉的连接关系分为以下三型。

(1)Ⅰ(正常)型。

(2)Ⅱ(右袢)型。

(3)Ⅲ(左袢)型。

五、单心室的临床表现是什么?

单心室的临床表现取决疾病类型、程度和体肺循环血流的多少。大多数单心室患者早年即有明显的先天性心脏病表现,在新生儿或婴儿早期即能引起人们注意,主要表现在以下几个方面。

1. 充血性心力衰竭症状,有气促、多汗、易疲劳、喂养困难等表现。

2. 以发绀为主要表现,出生后即明显发绀,哭闹和活动后加重。

3. 心率快，胸骨左缘收缩期杂音，P_2亢进。

4. 体重增加缓慢，有杵状指（趾）。

5. 喜欢蹲踞。

6. 晕厥。

六、单心室的辅助检查有哪些?

1. 胸部X线片检查 大多数患者有心影扩大。

2. 心电图检查 通常对诊断帮助不大，多数患者有心室肥大，P波高宽，尤其以Ⅱ导联明显。

3. 超声心动图检查 二维超声和彩色多普勒检查对诊断有决定性意义。

（1）了解心内基本解剖、大动脉的位置，以及伴随心脏畸形、肺动脉瓣狭窄、心室出口等情况。

（2）判断有无反流。

4. 定量测定 定量测定肺动脉瓣狭窄、心室输出阻塞、房室瓣关闭不全的程度。

5. 心导管检查 主要用于测定肺动脉压力和肺循环阻力。

6. 心血管造影 可了解心室类型、房室瓣的位置大小、肺动脉情况、伴随心脏畸形及心室功能。

7. CT或增强CT 可清楚显示心室形态、血管位置、肺动脉狭窄合并畸形，在三维重建影像上更为直观。

8. MRI

七、单心室的治疗方法有哪些?

1. 内科保守治疗 根据症状使用药物治疗。对严重发绀者，应用前列腺素E_1扩张体肺循环。对有充血性心力衰竭者，可予地高辛和呋塞米等强心利尿治疗。

2. 介入治疗 较少应用。当单侧房室瓣闭锁而房间隔交通受限时可用球囊进行隔开。

3. 手术治疗

（1）姑息性手术：体-肺分流术、肺动脉环束术、双向Glenn手术或Norwood手术

（2）心室排外手术（Fontan手术）：使肺循环与心室直接从心房进入肺动脉，而遗下的单心室专供体循环使用。

（3）心室分隔术：用大块人造纤维织物，将心室腔一隔为二，各接受一侧房室瓣的血液，并分别供应肺动脉和主动脉。手术复杂而困难，虽经不断改进操作技术，但早期和晚期死亡率仍不能令人满意。

八、单心室的患者术前准备有哪些?

按先心病的常规术前护理以外，还应注意以下几点

1. 新生儿时期

（1）应用前列腺素E_1。

（2）纠正代谢性酸中毒。

（3）对肺静脉回流阻塞的患者，经机械辅助呼吸和抢救后，施行紧急手术。

（4）充分给氧，使体循环和肺循环阻力处于均衡状态，并有适当的体循环血液供应心、脑和腹部脏器。

2. 婴儿期和儿童期

（1）应用洋地黄和利尿药治疗心力衰竭。

（2）心室功能减退时，应用血管紧张肽转化酶抑制剂，如卡托普利或马来酸依那普利等。

（3）术前严密观察、识别遗漏和新生成的主要解剖畸形，如主动脉下狭窄、主动脉弓发育不全、肺动脉变形，以及心室或心脏瓣膜功能减退等。

九、单心室术后的常规护理有哪些?

患者术后返回心脏外科监护室后，手术医师、麻醉医师及巡回护士与监护室医师及护士完成交接班，详细交接手术相关情况、出手术室生命体征及术后血管活性药物剂量，术后予患者呼吸机辅

助呼吸，查血气分析，并根据血气分析结果调整呼吸机参数。予特级护理和心电监护，心包纵隔引流管接负压吸引。确认及保持各管道通畅、固定妥当，约束患者双上肢。

十、单心室术后应采取怎样的体位呢？

患者术后体位为上半身抬高45°，下半身抬高30°，呈“V”字形，以利于上下腔静脉回流至肺动脉，改善循环，增加肺组织血量，防止脑水肿，促进氧合，并有助于胸腔引流。

十一、单心室术后的镇静、镇痛应如何管理？

患者术后易产生躁动、与呼吸机对抗，导致心动过速、缺氧、发绀、肺动脉压力急剧升高，甚至出现肺动脉高压危象，因此术后拔出气管插管前，应保证患儿充分镇静。如需吸痰或其他刺激性操作时，应先评估患儿镇静深度，必要时加深镇静度。由于患儿烦躁的原因多是术后伤口疼痛引起，有文献报道指出，术后使用咪达唑仑、水合氯醛镇静，并配合芬太尼镇痛治疗，效果甚佳。应用镇静药物时要严格遵医嘱使用，注意观察患者生命体征变化，尤其是血压变化。在拔出气管插管前3～4小时停用镇静、镇痛药物，防止拔出气管插管后患儿出现呼吸抑制、二氧化碳蓄积等。

十二、单心室术后呼吸道的护理要点有哪些？

1. 呼吸机辅助呼吸阶段 术后每4小时查血气分析一次，根据血气结果调整呼吸机参数，调节二氧化碳分压在3.23～4.66kPa（25～35mmHg），使患儿保持过度通气和呼吸性碱中毒，从而防止缺氧和H^+升高引起肺血管收缩，导致肺动脉高压。不主张使用呼气末正压（PEEP），避免影响肺血回流。

2. 拔除气管插管 患者循环稳定，尿量、尿色正常，全身情况稳定再考虑停用呼吸机，拔出气管插管。拔除气管插管后应持续雾化吸入，以达到解除气管痉挛及湿化痰液的作用，利于排出痰液。加强叩背，鼓励患者多做呼吸功能锻炼，必要时经口、鼻腔吸痰，吸痰前后应密切注意心率、血压变化。对于痰液多、黏稠、较难咳出的患者，可每天2次进行肺部理疗，每6小时或按需查血气分析，判断患儿酸碱平衡及氧供情况。

十三、单心室合并肺动脉高压患者，术后应用一氧化氮治疗的护理要点有哪些？

一氧化氮具有高度选择性扩张肺血管的治疗作用，它通过扩张肺血管平滑肌，使肺血管阻力下降，根据患者术后肺高压的程度可给予一氧化氮20～40 mg/L。一氧化氮是有毒气体，使用时应保持室内通风，同时还应做好以下护理内容。

1. 呼吸道的管理，由于一氧化氮在机体内可生成有毒性的物质，如二氧化氮及亚硝酸等，在吸入一氧化氮前需仔细检查管路，防止发生漏气，维持患者的血氧水平，调节吸入的流量及浓度，在使用时应保证持续吸入，整个管理保持密闭状态，防止一氧化氮的外泄。

2. 准确监测血流动力学，在患者吸入一氧化氮后每隔30分钟监测一次一氧化氮及二氧化氮浓度及心率、呼吸、动脉血压、血氧饱和度、呼吸机参数，根据血氧饱和度、血气分析结果及病情，及时调整呼吸机参数。

3. 预防出血的可能，有研究发现一氧化氮可以抑制血小板凝集功能，护理的时候应当监测患者治疗前和治疗中血小板计数，尤其对于有出血倾向的患者应密切观察，特别是早产儿更要注意是否有前囟饱满及肌张力改变等颅内出血症状，同时对患者的凝血时间和凝血酶原时间进行监测。

4. 患者成熟高铁血红蛋白还原酶缺乏，一氧化氮可以使血红蛋白变成高红蛋白能力降低，进而影响患者供氧的水平。因而在治疗过程中密切监测缺氧的症状，如果患者肺动脉压力较低、血压水平较高情况下仍有缺氧的症状，要及时停止一氧化氮的吸入。

5. 预防毒副作用。一氧化氮在有氧情况下可以被氧化成二氧化氮，而二氧化氮可以直接损伤肺部组织，甚至造成肺水肿和肺纤维化；同时吸入较高浓度的一氧化氮容易出现高铁血红蛋白血症，间接对红细胞和神经系统造成毒性损伤。

6. 在吸入一氧化氮后，应常规检查高铁血红蛋白含量，以确定是否中毒。高铁血红蛋白值一般安全范围＜3%。停用一氧化氮治疗时，应逐渐减量，防止出现反跳，使肺动脉压力突然升高，诱发肺高压危象。

十四、单心室患者术后循环系统监护的护理要点有哪些？

1. 严密监测心率、呼吸、血氧饱和度及动脉血压的变化。

2. 中心静脉压直接反映患者血容量及体循环静脉压力，术后应持续监测中心静脉压（CVP），其测量方法应正确。测压通路应避免静脉输注升压药或其他急救药，以免测压时药物中断或冲管而引起病情变化。术后中心静脉压应维持在 16～25 cmH_2O，以增加右心室舒张末期容量，提高心排出量。同时，也应注意患儿四肢肢端皮肤温度，如果皮温凉则提示末梢循环差，可能血容量不足。

3. 持续监测有创血压，力求测值能正确反映血流动力学变化。需注意以下几点：固定牢固，防止置管位置改变后测压值有误；防止体位改变引起测压值的变化；测压管各接头处严格无菌并衔接紧密；肝素稀释液（0.1mg/ml）持续滴入，防止管路血栓凝结。

4. 监测上腔静脉压，注意观察并及早发现术后是否出现上肢及头面部的瘀血、水肿等上腔静脉压增高的症状。双向 Glenn 分流术为上腔静脉与右肺动脉端侧吻合，吻合口梗阻及远端肺动脉扭曲或肺血管阻力增加是较为严重的并发症，术后注意观察是否出现上肢及头面部的淤血和水肿等上腔静脉压增高的症状。如果发现上腔静脉压急剧升高，应立即通知医师处理。

5. 血管活性药物的使用。因单心室患者独特的血流动力学特点，术后患者常规使用多巴胺 1～3μg/（kg·min），多巴酚酊胺 1～3μg/（kg·min），硝普钠 0.5～2μg/（kg·min），静脉泵入，以扩张肺血管，降低肺动脉压力及肺血管阻力，提高心肌收缩力及心输出量，改善肾供血及组织灌注。遵医嘱适时调整药物时，应做到动作迅速准确，防止血压波动，注意血管活性药物泵入管道的正确性及通畅性。

6. 尿量及四肢肢端皮肤温度直接反映脏器及末梢循环供血状况，应严密监测。尿量不得少于 1ml/（kg·h），在容量足够的情况下，如尿量减少，可适当使用利尿剂。术后早期限制液体入量，补充血容量以胶体为主。术后应注意电解质变化情况，根据血气分析调整电解质及酸碱平衡。

7. 保持水电解质、酸碱平衡。准确判断患者是否发生呼吸性或代谢性酸、碱中毒，患者术后要勤查血气分析。根据血气分析结果，判断是否需要纠酸或调节呼吸机参数，来维持机体内环境酸碱平衡。还可根据血气分析结果来判断患者在体外循环后，是否出现水电解质紊乱，以便及时补充机体所需电解质，防止发生水电解质紊乱的状况。

十五、单心室患者术后常见的并发症及其护理要点有哪些？

1. 血栓的预防　患者术后由于血红细胞计数较高，血液黏稠度相对较高，以及患者的手术类型，术后发生栓塞的概率也相对较高。因此，患者术后 4 小时根据胸液情况，应用肝素抗凝治疗，拔除气管插管后，改为低剂量阿司匹林口服，防止静脉吻合口处血栓形成。用药期间，密切观察有无出血现象，发现出血现象，应及时调整用药量，必要时应用止血药。

2. 低心排血量综合征的预防和护理　术后低心排综合征是复杂的先天性心脏病术后并发症，一旦出现对患者危害较重。患者术后出现低心排血量综合征的处理方法为：①根据红细胞压积输注全血、血浆、晶体液，增加中心静脉压；②纠正代谢性酸碱失衡，根据血气结果使用精氨酸或碳酸氢钠；③使用抗心律失常药物或起搏器调整心律及心率；④进行强心、利尿、扩血管药物治疗；⑤必要时进行辅助呼吸和辅助循环。

3. 心律失常的预防和护理　受手术影响、心肌水肿、电解质紊乱等，患者术后易并发心律失常。要严密观察心率、心律，避免各种诱发因素，及时发现，及早干预。

4. 胸腔积液的预防和护理　术中放置纵隔及心包引流管等，要定时挤压引流管，保持引流通畅，可持续低负压吸引，以免引流液大量积聚胸腔造成患者呼吸困难。观察引流液量和性质，避免引流管折叠和扭曲，防止脱出，更换胸腔引流瓶时，严格执行无菌操作。

（吴秋慧）

第十章　大动脉转位

一、大动脉转位的定义是什么?

大动脉转位又称大动脉错位，是复杂型先天心脏血管畸形之一，其定义是指主动脉与肺动脉出自心室的位置反位，分为完全型大动脉错位和矫正型大动脉错位两类。

二、完全型大动脉错位和矫正型大动脉错位的定义是什么?

完全型大动脉错位是指主动脉与肺动脉位置互换，主动脉接受体循环静脉血，而肺动脉接受肺静脉的动脉血，即氧合血，矫正型大动脉错位虽然两个大动脉的位置互换，但同时心室也反位，故右侧解剖左心室与肺动脉相连接，左侧解剖右心室与主动脉相连接，因此虽然大动脉反位，但血液循环还可得到生理矫正。

三、大动脉转位的病因有哪些?

大动脉转位的确切病因不清楚，胚胎学认为是胚胎期心球与间隔吸收及旋转发生障碍，主动脉、肺动脉与左心室、右心室连接关系倒置所致，可能的影响因素同单心室。

四、大动脉转位的病理性改变有哪些?

1. 心房间隔缺损。

2. 左心室流出道梗阻。

3. 冠状动脉畸形。

4. 肺血管疾病。

5. 差异性发绀。脚趾端呈粉红色，而手指端呈蓝色。

五、大动脉转位的分类有哪些?

根据是否合并心室间隔缺损及肺动脉狭窄可将完全性大动脉转位分为三大类。

1. 完全性大动脉转位但心室间隔完整　右心室负荷增加而扩大肥厚，随正常的肺血管阻力下降，左心室压力降低，心室间隔常偏向左心室。两者仅靠未闭的卵圆孔及动脉导管沟通混合，故青紫、缺氧严重。

2. 完全性大动脉转位合并室间隔缺损　完全性大动脉转位伴心室间隔缺损可使左右心血液沟通混合较多，使青紫减轻，但肺血流量增加可导致心力衰竭。

3. 完全性大动脉转位合并心室间隔缺损及肺动脉狭窄　血流动力学改变类似法洛四联症。

六、大动脉转位有哪些临床表现?

临床症状取决于体循环和肺循环的血液混合程度。

1. 青紫　出现早，半数出生时即存在，绝大多数始于 1 个月内。随着年龄增长及活动量增加，青紫逐渐加重。青紫为全身性，若同时合并动脉导管未闭，则出现差异性发绀，上肢青紫较下肢重。

2. 充血性心力衰竭　出生后 3～4 周出现喂养困难、多汗、心率快、呼吸急促、肝大和肺部细湿啰音等进行性充血性心力衰竭等症状。

3. 体检发现　早期出现杵状指（趾），生后心脏可无明显杂音，但有单一的响亮的第二心音。如合并动脉导管未闭，可在胸骨左缘第 2 肋间听到连续性杂音。合并室间隔缺损，可在胸骨左缘第 3、4 肋间听到全收缩期杂音。合并肺动脉狭窄，可在胸骨左缘上缘听到收缩期喷射性杂音。肝脏可增大，心前区轻微膨隆，肋间可有凹陷。

七、大动脉转位有哪些辅助检查方法?

1. 胸部 X 线检查　①心影呈“蛋形”；②心影进行性增大；③肺纹理增多，若合并肺动脉狭窄者肺纹理减少。

2. 心电图检查 新生儿期可无特殊改变。①婴儿期示电轴右偏，右心室肥大，有时有右心房肥大；②肺血流量明显增加时则可出现电轴正常或左偏；③左心室肥大或双心室肥大较少见。

3. 超声心动图 二维超声心动图对完全性大动脉转位具有诊断价值。①能有助于了解大血管、主动脉瓣、肺动脉瓣的大小；②有助于了解大动脉与心室的关系及合并畸形的检出；③测定心肌厚度和心肌质量。

4. 心导管检查 能详细了解各心房、心室和大动脉的血氧含量及压力测定。

5. 心血管造影 ①可显示大动脉的位置关系，判断是否合并冠状动脉畸形；②确定心房、心室的分流情况。

八、大动脉转位有哪些治疗方法?

诊断后首先纠正低氧血症和代谢性酸中毒等。

1. 姑息性治疗方法

（1）球囊房隔成形术：缺氧严重而又不能进行根治手术时可行球囊房隔造漏或房缺扩大术，使血液在心房水平大量混合，提高动脉血氧饱和度，使患儿存活至适合根治手术。

（2）肺动脉环缩术：完全性大动脉转位伴大型室间隔缺损者，可在 6 个月内做肺动脉环缩术，预防充血性心力衰竭及肺动脉高压引起的肺血管病变。

（3）体-肺动脉分流术：对严重低氧血症并伴有肺动脉狭窄又不能手术者，可以先行手术体肺动脉分流术，改善低氧血症。

2. 根治性手术

（1）生理纠治术：①Senning 或 Mustard 手术：手术可在生后 6 个月内进行，术后易发生心律失常，目前临床较少使用。②Rastelli 手术：适合大动脉错位伴室间隔缺损和左心室流出道梗阻者，手术在 3～4 岁以上进行为好，否则随着年龄增长，远期并发症较多。③McGoon 术：适合巨大干下型室缺者。

（2）解剖纠正手术（switch 手术）：纠正解剖关系，在出生后 2 周内进行手术最好，大于 6 个月手术有可能出现肺血管阻塞性病变。

九、大动脉转位的术前准备有哪些?

1. 根据医嘱做好各种常规术前准备，同时多和患者沟通，鼓励患者树立信心，介绍熟悉各种仪器声音及报警声，以减轻患者进入监护室恐惧心理，配合治疗。

2. 术前护理详细了解患儿的病史及心理状态，全面了解心、肺功能，完善术前各项准备，包括备皮、皮试、备血等，行心电图、B 超、胸部 X 线片、造影、血液化验检查。

3. 嘱患儿卧床休息，减少耗氧量。按医嘱给予扩血管、利尿治疗，改善心功能，以加强手术耐受力。

4. 保证其营养，给予高热量、高蛋白、高维生素易消化食物，增强机体抵抗力。新生儿术前准备同其他婴幼儿手术，但在术前禁食方面要多加注意。因为新生儿新陈代谢旺盛，术前过长时间禁食不仅会引起患儿饥饿哭闹，加重缺氧，而且减少了体内糖的储量，可增加手术风险。因此，术前仍维持 4 小时喂食 1 次的频率，且将最后一次喂食时间调整至术前 4 小时。因胃蠕动较强，一般 4 小时即能将胃内容物排空，不必担心麻醉时出现呕吐现象。

5. 前列腺素 E_1 的应用。大动脉转位患儿的循环特点为体、肺循环并行，互不连接，易引起顽固性低氧及酸中毒，前列腺素 E_1 可延缓动脉导管闭合。在应用此药期间，密切观察药物不良反应，如患儿有无发热、震颤、肌肉痉挛等，一旦出现以上症状立即停药，症状即可缓解。

6. 氧气应用。高浓度氧气易使动脉导管的管壁肌肉收缩导致闭合，应给予持续低流量吸氧。

十、大动脉转位术后应如何进行呼吸道的管理?

1. 术后呼吸机持续辅助呼吸，避免使用 PEEP，避免低频率高潮气量呼吸方式，并根据动脉血气结果及时调整呼吸机参数。

2. 充分湿化气管，妥善固定气管插管，定时床旁拍 X 线片，以了解气管插管位置、心脏及肺的情况，并及时处理各种并发症。拍 X 线片搬动患儿时确定插管深度，防止脱出。术后持续使用呼吸机＞24 小时，故需要充分镇静，避免不必要的刺激。如发生肺动脉高压危象，应减少运动治疗、吸痰的时间及次数，适当延长呼吸机辅助时间，并保持 $PaCO_2$ 在 25～35mmHg，使 pH 达到 7.5～7.6，同时选择硝酸甘油和前列腺素 E 来降低肺动脉压力。

3. 术后按需进行吸痰，保持呼吸道通畅，密切观察痰的颜色、性状及量。防止分泌物黏稠而导致分泌物滞留或形成痰栓，从而堵塞气管插管。若痰液黏稠可先注入 0.4～1ml 生理盐水，然后用简易呼吸器连接氧气膨肺 5～10 次，使痰液充分稀释利于吸出，同时，吸痰前后给纯氧约 2 分钟。在吸痰过程中应密切监测心率、心律、血压及血氧饱和度，如有异常立即停止吸痰，整个吸痰过程确保无菌操作，吸痰时间不得超过 15 秒。

4. 对于小体重且经鼻腔插管的患儿，要尽量留置胃管以减轻肠胀气、胃胀气，以免影响呼吸功能。

5. 停用呼吸机后的肺部护理。密切观察病情，严格掌握停呼吸机拔气管插管指征。要在患儿停止使用镇静、肌松剂及鼻饲 4～6 小时后考虑拔管，确定患儿神志清醒，自主呼吸有力，咳嗽反射好，循环功能稳定，心功能良好，生命体征平稳，无呼吸困难，引流液不多，无心脏压塞征象后才能逐渐减少呼吸次数，充分吸尽气管内、后鼻道分泌物及胃内容物后拔除气管插管。拔除气管插管后，立即给予面罩吸氧，给予生理盐水 3ml+肾上腺素 0.2ml +地塞米松 0.2ml 进行雾化吸入，以减轻喉头水肿。拔除气管插管 1 小时后开始做体疗，以后每 2 小时做 1 次翻身体疗，给予左右胸、背部叩击及震动各 5 分钟，但晚夜间应要让患儿充分休息，延长体疗间隔时间。对于不会咳嗽的婴幼儿应在运动治疗后按压胸骨上凹刺激咳嗽（肺高压患者禁忌）或用鼻导管吸痰。

十一、大动脉转位术后应如何进行循环系统的监测?

1. 重症监护病房护理人员在患儿进入前做好各种准备，其中包括呼吸机、监护仪、微量泵等。术后返回后立即连接各种监测管道，持续监测心率、心律、血压、呼吸、中心静脉压、左房压、末梢血氧饱和度、体温、尿量，每 30 分钟记录 1 次，严密观察各项指征。患儿应在术后尽量保持循环稳定，减少刺激。加强血流动力学监测，预防低心排综合征，维护患儿的心功能以加强心肌收缩力，适当减低后负荷为重点。密切观察中心静脉压（CVP）、左房压（LAP）或肺动脉压，CVP 应维持在较高水平，但不能超过 $20cmH_2O$，LAP 或肺动脉压应维持在低水平均要＜12mmHg，一般应维持左心房压在 8～12mmHg，利用 CVP、LAP、BP 三者的关系维持循环稳定。

2. 观察患儿面色、口唇、甲床颜色及末梢肢体温度，了解组织灌注情况。术后血压应维持在 60/30mmHg～70/40mmHg，以防血压过高引起吻合口出血。

3. 尿量是反映术后心排出量的敏感指标之一，术后尿量应不少于 1ml/（kg·h）。患儿年龄小，体重低，心脏承受能力差，对出入量极为敏感，故需要严格控制出入量。在护理中严格按照每小时总结一次出入量的原则，进行精确计算。尽量使用微量泵泵入液体，保持入量小于出量，胶体大于晶体，维持较高的胶体渗透压，预防全身组织特别是肺间质的渗出。

4. 术后要维持适宜的心率，因患儿心室收缩力差，为了维持足够的心排血量只能通过增加心率来实现。如患儿心率慢，可静脉微量泵泵入异丙肾上腺素，使心率维持在 110～140 次/分。患儿行完全性大动脉转位矫治术后，冠状动脉的位置有了改变，可能导致冠状动脉的扭曲、阻塞及损伤，从而造成供血不足，可根据医嘱每天做床边全导联心电图，要注意 ST 段、T 波及 Q 波的改变，观察心肌缺血情况，根据出入量和患儿体重补充容量，维持有效循环血量。

十二、大动脉转位术后应如何维持血糖、电解质及酸碱平衡的稳定?

血糖及电解质水平的高低对婴儿也至关重要，低血糖可造成婴儿短暂的意识障碍，高血糖可引起高渗性脑血管损伤造成脑出血，因此，需定时监测血糖. 保持血糖在 8～12mmol/L。由于心脏手术后常需利尿，血清钾离子容易偏低，每 4 小时检测血气、电解质一次，及时注意钾、镁的补充及酸碱平衡。

十三、大动脉转位术后应如何进行体温的监测？

1. 患儿术后返回监护室体温较低，需立即进行复温，改善四肢循环情况，给予持续红外线辐射床保暖。控制体温（肛温）以不超过 38℃为准，若肛温（一般婴儿为防止中枢性发热均测肛温）高于 38℃则必须给予降温。通常采取物理降温，对于持续物理降温无效且肛温超过 39℃的患儿给予物理降温和药物降温。物理降温时肛温在 37℃时，应立即停止降温，以免体温过低。

2. 体温每升高 1℃，心率增快 10 次/分，增加了机体耗氧量，易发生心律失常及缺氧，故严密观察。

3. 对于中心性发热的患儿采取中心降温，四肢保暖的措施，可用小毛巾包裹四肢进行四肢保暖，用温水擦浴、冰盐水灌肠等降温。对于患儿来讲头部降温尤为重要，头部降温可提高脑细胞对缺氧的耐受性，减少脑组织耗氧量，从而保护脑组织。头部不宜用冰袋枕敷降温，因为婴幼儿体温调节中枢发育不够完全，易使体温骤降造成不良影响。

4. 当输入冰冻血制品时，使用输血恒温器，减少由于输入低温液体对患儿造成的刺激。

5. 婴儿体温调节机制发育不全，常借环境温度维持体温，加之体表面积相对较大，缺乏皮下脂肪，周围血管舒缩机制作用差，易引起体温降低，易于脱水。由于新生儿容易出现新生儿硬肿症，故在关注物理降温的同时也要注意保暖，保持室内温度在 22～24℃，湿度 55%～60%，间断通风。

十四、大动脉转位术后应如何进行营养支持？

患儿体重低，身体虚弱，合理喂养可加快患儿的康复。营养支持术后 1 天即给予氨基酸、脂肪乳剂等静脉高营养输入，术后 2 天或 3 天待肠道功能恢复可给配方奶鼻饲喂养。早期鼻饲，防止体内蛋白分解，过度消耗能量从而引起代谢性碱中毒，防止因营养不良致呼吸肌无力难以拔除气管插管，形成呼吸机依赖。鼻饲奶量由少逐渐增多，每次鼻饲前抽吸胃液，了解有无残余奶，观察有无腹胀、肠鸣音减弱。如有残余奶未吸收，则与医师联系暂停 1 次或减半喂养。如腹胀明显可先给予开放胃管、肛管排气、开塞露通便等措施，必要时可加促消化药物，如乳酸菌素片等。拔除气管插管 4 小时可进食，进食时应注意少量多餐、循序渐进；防止误吸，在喂奶时应将头部抬高 15°，喂奶后轻拍背部，1 小时内不宜吸痰，以免造成呕吐；使用配方奶粉喂养的患儿，喂奶时要注意浓度，注意奶具的清洁和消毒；观察有无腹胀，肠鸣音减弱，腹胀时要及时处理，否则影响患儿呼吸。

十五、大动脉转位术后预防感染的措施有哪些？

1. 体温的变化是反映有无感染的重要标，术后采用肛温持续监测，通过体温探头与心电监护仪连接，监测患儿体温的动态变化。每班取出体温探头，用酒精棉球擦拭，保持导线的干净，防止污物影响数据的准确性，同时观察肛周的皮肤。

2. 患儿监护时间长，各种治疗护理操作频繁，且患儿年龄小，抵抗力差，极易引起各种感染，因此应严格遵守无菌技术操作原则。

3. 接触患儿前后均应洗手，避免无关人员探视和接触患儿。胸骨未缝合时，无特殊情况切忌随意打开胸腔，观察创面渗血、渗液情况，保持引流管通畅，如病情允许应尽早关胸，以预防感染和有利于创面愈合。防止胸部受压，尽量避免搬动患儿。

4. 加强各管道的常规护理，病情稳定后及早拔除各类管道，防止侵入性感染。防止伤口感染，敷料污染时及时更换。

5. 防止肺部感染，定期留痰液做细菌培养，选用敏感抗生素治疗，同时做好肺部物理治疗。2 ～ 4 小时翻身、叩背 1 次，定期拍摄 X 线片了解有无肺不张和肺炎的发生。

6. 预防口腔真菌感染，口腔护理每天 2 次，防止鹅口疮的发生。

7. 勤换尿布，每次大便后用温水清洗臀部并涂上护臀霜，防止红臀的发生。

8. 防止胃肠道感染，用消毒容器配奶，每次鼻饲完毕用温水冲洗胃管，注意有无恶心、呕吐、腹痛、腹泻，并观察大便性质、颜色和量，必要时留取标本检查。

9. 防止尿路感染，会阴护理每天 2 次，发现尿液浑浊不清要及时留取尿液送检。

十六、大动脉转位术后预防低心排综合征的措施和护理有哪些？

1. 患儿左心发育较差，术后以加强心肌收缩力，适当减低后负荷为重点，如肾灌注满意，尿量与心排血量基本正常，尽可能保持 LAP 低。及时应用正性肌力药物，以增强心肌收缩力来改善左心功能。为保证血管活性药物的正常发挥，在应用时要注意：①所有血管活性药物均由深静脉置管输入，防止液体外渗造成组织损害；②固定每种血管活性药物的使用通路，注明药名和剂量，便于核对；③药物输入速度由微量泵控制，以确保剂量准确；④保持输液通道的通畅，避免管道扭曲、打折或脱出。

2. 低心排综合征主要表现四肢末梢湿冷、苍白、皮肤花斑、血压下降、心率快、尿量少，如不及时处理可危及生命。调转术后的患儿，由于手术切口对心肌细胞的直接破坏，体外循环时间长，加上新生儿未成熟心肌的心肌收缩力相对较弱，术后早期易出现低心排综合征。

3. 低心排综合征是术后死亡的主要原因，如患儿术后出现低心排综合征，应调整正性肌力药物剂量，并延长应用时间，支持循环功能及减轻后负荷，同时扩张末梢血管，改善循环，进一步提高左心室充盈压。严密观察心律、心率、血压、左心房压、尿量及体温的变化，加强四肢末梢保暖。

十七、大动脉转位术后预防肺动脉高压的措施有哪些？

术后早期部分患儿可出现反应性肺高压，甚至肺高压危象。术后早期对这些高危患儿，应积极镇痛、镇静和松弛肌肉；积极纠正酸中毒、低氧血症和高碳酸血症，适当延长呼吸机使用时间，保持适度的过度通气；吸痰前后注意予纯氧通气，每次吸痰时间＜15 秒，动作轻柔；治疗上使用降低肺血管阻力药物。

十八、大动脉转位术后预防出血和心脏压塞的措施有哪些？

1. 由于大动脉调转术有大血管和冠状动脉移植，吻合口缝线孔多，体外循环转流时间长、新生儿预充液量相对较大的原因，使术后吻合口易渗血。

2. 术后持续动脉血压监测，根据动脉血压调整血管活性药物使用剂量，避免收缩压过高，以防吻合口破裂导致出血。

3. 术后保持引流管通畅，妥善固定引流管，密切观察并记录引流速度、量及性质，如出血量连续 3 小时＞200ml 或 1 小时＞4ml/kg，应及时报告医师。

4. 由于引流管很细，易发生梗阻致引流不畅，而凝血功能不良和吻合口多使得出血增加，加之胸腔狭小，很容易发生心脏压塞。护理中密切注意血压、中心静脉压、尿量、胸腔引流量情况，特别观察胸腔出血的速度、量及性质，如出血由鲜红色转为淡红色及突然减少，应警惕血凝块填塞心包，做好紧急开胸准备。在出血量多时要保持胸腔引流管通畅，勤挤压引流管，每小时记录引流量 1 次。

5. 合理抗凝。监测激活全血凝血时间（ACT），正常为 80～120 秒，ACT＞130 秒时，及时用鱼精蛋白对抗，防止抗凝药物过量导致出血。拔除气管插管后口服阿司匹林 50 mg，每天 1 次，持续 3 个月，以避免吻合口血栓形成。

6. 遵医嘱使用抗凝、止血药物，并注意观察疗效。

十九、大动脉转位术后预防肺不张的措施有哪些？

1. 由于患儿气管、支气管狭小，纤毛运动差，呼吸肌力弱，术后使用呼吸机时间长，自主咳嗽、咳痰受限制，易发生肺不张。

2. 术后使患儿尽量取左侧卧位，拍背体疗。用呼吸囊间断膨肺，严密观察生命体征及口唇颜色、胸廓起伏，确保有效通气。每次吸痰前后洗手，更换吸痰管，严格执行无菌操作原则，先吸痰，再膨肺，再吸痰。气管痰液多时，采用分段吸痰法，减少再次感染，注意观察痰液的颜色及量。

3. 勤听呼吸音，定期拍摄 X 线片，观察肺复张情况。

（吴秋慧）

第十一章　右心室双出口

一、右心室双出口的定义是什么？

右心室双出口是指主动脉全部及肺动脉的大部分发自解剖右心室，两者右、左并列，两个大动脉的瓣膜处于同一个水平，并有圆锥组织保留使主动脉瓣与二尖瓣间缺乏纤维连续性，心室间隔缺损是解剖左心室的唯一出口。

二、右心室双出口的病因有哪些？

胚胎学认为是胎儿期心脏圆锥动脉干发育异常所致，主要原因有以下几点。

1. 环境因素　孕妇早中期长期接触有害的化学物体、吸入有害的化学气体、接触放射线等。

2. 遗传因素　父母生殖细胞、染色体诱变。

3. 母体身体因素　孕妇高龄；有流产史、死胎史；孕妇全身营养不足。

三、右心室双出口有哪些类型？

1. 解剖分型

（1）根据心房、心室和大动脉位置关系分为七类，分别为 SDD 型、SDL 型、SLL 型、IDL 型、IDD 型、ILL 型、ILD 型，在临床上多见的是 SDD 型。

（2）根据 VSD 与大动脉位置关系分为以下四类。

1）VSD 位于主动脉瓣下，占 60%，常见于大动脉位置正常和左位型大动脉异位者。

2）VSD 位于肺动脉瓣下，占 20%～30%，多见于两大动脉左右并列和左位型大动脉异位者。

3）VSD 位于主动脉瓣和肺动脉瓣下，占 3%～10%，多见于漏斗间隔缺如。

4）VSD 位于远离主动脉瓣和肺动脉瓣处，占 5%～10%。

2. 病理生理分型

（1）肺动脉高压型多见于右心室流出道无狭窄者，肺动脉高压更快更早于 VSD。

（2）肺动脉低压型多见于右心室流出道明显狭窄者。

3. 外科手术分型

（1）VSD 型：主动脉瓣下 VSD。

（2）四联症型：主动脉下或双大动脉下 VSD 合并右心室流出道狭窄。

（3）TGA 型：肺动脉下 VSD 合并右心室流出道狭窄。

（4）VSD 远离型。

（5）AVSD 型。

四、右心室双出口病理性改变有哪些？

1. 心室间隔缺损。

2. 肺动脉狭窄。

3. 肺动脉高压。

4. 充血性心力衰竭。

5. 发绀。

五、右心室双出口有哪些临床表现？

1. 症状

（1）不伴有肺动脉狭窄者

1）主动脉瓣下 VSD 的症状类似于大型室缺。在出生数周内即可出现症状，发绀常不明显，主要表现为气急、喂养困难、发育缓慢、心力衰竭及反复呼吸道感染。随着肺动脉压力的不断增高，可逐渐出现发绀。

2）肺动脉瓣下 VSD 的症状类似于伴有大型室缺的完全性大血管错位，其主要表现为重度发绀、心力衰竭及反复呼吸道感染。

（2）合并肺动脉狭窄者：其症状类似于法洛四联症。其主要表现为发绀，缺氧，少见呼吸道感染及心力衰竭。

2. 体征

（1）不伴有肺动脉狭窄者：主要有程度不同的发绀及杵状指等。心脏检查大部分患者可在胸骨左缘第 3～4 肋间可叩及收缩期震颤，听到收缩期喷射性杂音。

（2）合并肺动脉瓣狭窄者：可在胸骨左缘闻及收缩期杂音，第一心音增强，第二心音增强或分裂。

六、右心室双出口有哪些辅助检查方法？

1. 胸部 X 线检查

（1）无肺动脉狭窄者：可有肺充血，肺动脉干明显扩张，心脏呈普大型，主动脉结可有可无。

（2）合并肺动脉狭窄者：可有肺血少，肺动脉段凹陷，心脏中等程度增大，以右心房、右心室扩大为主，但不成典型的靴型心脏。

2. 心电图检查

（1）无肺动脉狭窄者：心电图主要表现为电轴左偏（–170°～30°），右心室肥大，部分患者可有 P-R 间期延长。

（2）合并肺动脉狭窄者：心电图主要表现为电轴右偏（90°～160°），右心房、右心室肥大，也可有左心室肥大的表现。

3. 超声心电图 二维超声、三维超声及彩超检查几乎可以完全替代有创的心导管及造影检查。

（1）了解主动脉和肺动脉的位置和关系。

（2）VSD 的大小和位置情况。

（3）有无漏斗部和肺动脉狭窄。

（4）有无合并主动脉瓣下狭窄、冠状动脉异常、房室瓣异常等畸形。

4. 心导管检查及造影 心血管造影除可明确诊断外，尚可观察肺动脉发育情况，冠状动脉起源及走行，以及合并的其他心脏畸形。

七、右心室双出口的手术治疗方法是什么？

1. 姑息手术 包括体肺分流术、肺动脉环缩术。

2. 单心室矫治术 不适合双心室矫治术，但肺血管发育和瓣膜关闭良好者，可行单心室矫治术。

3. 双心室矫治术 心内隧道修复术、心室内隧道和右心室流出道重建术、心室内和心外双管道重建左右心室通道、大动脉调转术。

八、右心室双出口的患儿术前准备有哪些？

1. 患儿手术风险大，术前应适当进行心理干预，对患儿或家属进行心理疏导，术前组织探访成功病例，相互交流，解除焦虑、恐惧的情绪，树立战胜疾病的信心。护理中应多抚摸或爱抚患儿，减少患儿生疏及恐惧感，使患儿尽快适应新的环境。

2. 手术前需了解患儿不同的病理解剖形态（心室间隔缺损部位、有无肺高压、肺动脉狭窄、有无并发畸形等）。进行术前访视，告知咳嗽、咳痰的重要性，指导患儿进行呼吸功能锻炼，防止术后肺炎、肺不张的发生。

3. 限制患儿活动量，避免患儿哭闹、活动、用力、饮食过饱等因素而诱发缺氧发作，及增加肺动脉压力。遵医嘱行低流量吸氧 3～4 次/天，每次 0.5～1 小时，易哭闹患儿应在其睡眠时进行，以提高吸氧效果。

4. 有呼吸道感染的患儿，超声雾化吸入 4 次/天，必要时遵医嘱进行抗生素治疗。

5. 营养不良可增加手术危险，应指导家长改善患儿营养状况。对于生长发育差的患儿，适当补充必要的营养成分，如给予白蛋白。对主动脉瓣下型 VSD 合并肺动脉狭窄患儿，术前一天鼓励多饮水和补充液体，以增加血液稀释，完善术前各种检查。

6. 用药观察。应用扩血管药物，需严格掌握药物浓度、剂量、滴速，严密监测血压变化。

九、右心室双出口的患儿术后应如何采取合适的体位？

右心室双出口患儿无论采用哪种手术方式，术后均应采取“V”字形体位，即将患者上半身抬高 45°，下肢抬高 30°，以利于腔静脉血回流，增加肺循环血量，提高心排量，促进氧合，同时也有利于胸腔引流。循环稳定后 2～3 天可考虑恢复半坐位或半卧位。

十、右心室双出口的患儿术后应如何进行呼吸道的管理？

1. 根据患儿年龄、体重选择合适的呼吸机，呼气末正压通气（PEEP）可预防肺泡塌陷及减轻肺部渗出，一般设定呼气末正压通气为 3～5cmH_2O 之间，根据患儿胸部 X 线片、血气分析、痰液及循环情况调整呼气末正压通气值。改良 Fontan 术后一般不主张加用呼气末正压通气（PEEP），但严重低氧血症者在维持循环稳定的前提下，可用较低的呼气末正压通气，以减轻肺间质水肿。

2. 使用呼吸机辅助期间，为防止肺不张，采取过度通气，小潮气量、高频率的辅助方法，以免对呼吸道产生过高压力。间断监测血气变化，及时调整呼吸机参数，使 $PaCO_2$ 维持在 25～35mmHg，PaO_2 维持在 80mmHg 以上。

3. 患儿入监护室后立即拍床旁胸部 X 线片，以确定气管插管的位置，妥善固定，每班进行测量以预防气管插管脱出。患儿术前持续处于低氧状态，尤其是重症及大龄患儿（常有丰富的侧支循环），易造成肺部并发症，术后应适当延长呼吸机使用时间。

4. 插管期间充分镇静，防止因人机对抗、躁动造成的低氧血症，影响肺血管收缩、腔静脉回流。采用咪达唑仑、芬太尼联合微量泵输入，必要时间段给予维库溴胺 0.1mg/kg。每天晨间停止镇静，待药物代谢后判断意识，如需继续呼吸机支持治疗，则意识确定后继续镇静。

5. 每 2～3 小时翻身、拍背一次，根据血气分析、呼吸音情况掌握吸痰时机，吸痰前、后给予高浓度氧气及呼吸囊加压通气，严格无菌操作，每次吸痰时间不超过 15 秒。当痰液黏稠时，注入 0.5～1ml 生理盐水。遵医嘱予雾化吸入，防止肺不张及肺炎发生。

6. 听诊呼吸音的性质、强弱、两侧是否对称，可以早期发现肺部并发症。撤机后密切观察患儿的呼吸频率、节律、深浅度和血氧饱和度。

7. 留置胃管，防止进食时误吸，待患儿哭声强、口服少量水后无呛咳方可拔除胃管。

十一、右心室双出口的患儿术后应如何进行循环系统的监护？

1. 连续监测心率、动脉压、中心静脉压、心排血量及经皮血氧饱和度动态变化，发现异常及时处理。右心室双出口行 Fontan 术后中心静脉压允许维持在较高水平（16～20mmHg），以获得良好的心室充盈，维持正常的心排血量，并且作为输液、血管活性药物的重要指标，对监测低心排血量综合征也有重要意义。

2. 对患者实施有创动脉压连续监测，对畸形特别复杂的，术中放置 Swan-Ganz 导管，术后持续监测心排量（CO）、动脉压（ABP）、中心静脉压（CVP）及肺动脉压（PAP）等参数，发现异常，及时处理。患者每变换一次体位，及时调整零点，保证所测数值的准确性。

3. 当血细胞比容达 0.35 后，适量补充血浆和白蛋白，提高胶体渗透压，密切观察能早期致心律失常的多种诱因，如缺氧、发热、疼痛、酸中毒、低血容量、高碳酸血症、心脏压塞等，及时纠正。

4. 维持合适的前后负荷，增强心肌收缩力。密切监测 LAP、CVP、ABP、心电图、心率、心律的变化。术后当天补充足够的血容量，联合应用血管扩张药和正性肌力药，降低体、肺循环阻力，维持适宜的心排量。术后第 1 天加强利尿，出量＞入量，尿量＞1ml/（kg·h），准确记录 24 小时出入量。保持肺动脉压力在体循环压力的 1/3 以内，维持适宜的心率和正常的心律。

十二、右心室双出口的患儿术后应如何进行营养的支持？

1. 术后留置胃管，有利于预防腹压升高、减轻呼吸受限，减轻腹胀，预防应激性溃疡的发生。

2. 新生儿营养需求量高，但消化代谢功能有限，各器官功能不够成熟，因此在喂养方面要严格要求。

3. 早期肠内营养，可刺激胃肠激素分泌，促进肠蠕动，增加胃动力。呼吸机辅助呼吸的患儿，术后 48 小时内以静脉补液为主，经中心静脉导管由输液泵控制匀速泵入，严格按照营养液配置要求配置营养液，保证营养液成分不受破坏。术后 48～72 小时肠内与肠外营养相结合，用静脉营养液和胃管鼻饲牛奶或米汤，以糖和脂肪为主适量补充电解质和维生素，加强营养支持。

4. 鼻饲前应先抽吸胃液，若有残留奶则应减少奶量。喂奶后需将患儿抱起，轻叩背部，待患儿打嗝后再放下，防止患儿吐奶，造成误吸。

5. 腹胀是新生儿常见的症状之一，腹胀严重时，膈肌运动受限，肺活量减少，胸腔和腹腔内血液循环受到障碍，应及时发现腹胀并积极采取胃肠减压、肛管排气、灌肠等措施，有利于患儿术后康复。

十三、右心室双出口的患儿术后应如何进行体温的监测？

1. 新生儿体温调节功能尚不完善、糖原储备少，若环境温度低且持久可引起寒冷损伤，出现代谢性酸中毒、低血糖、微循环障碍、血液黏稠度高、凝血机制紊乱、尿素氮增高、皮下组织硬肿等病理生理改变，严重者发生肺大量出血，因此术后须妥善保暖。末梢循环欠佳的患儿，可应用升温毯，改善末梢循环，保持体温在 36～37℃。

2. 另一方面，患儿对高热耐受力差，高热持续时间长可以引起惊厥等严重并发症，因此，术后维持患儿体温在正常范围内尤为重要。室温尽量控制在 22～26℃之间。患儿发热时，可以适当减少被服，增加患儿体表散热，头枕凉水袋，禁忌冰袋、乙醇擦浴。若为感染发热，除物理降温外，还应仔细查找病因，进一步对症治疗。

十四、右心室双出口的患儿术后的并发症有哪些？应如何进行监测？

1. 低心排综合征 是复杂先心病术后常见的并发症，是术后死亡的高危险因素。其症状主要表现为低血压、心率快、尿量＜0.5ml/（kg·h）、肝大、四肢皮肤湿冷等。低心排综合征的治疗包括优化心肌收缩力，改善舒张功能，维持足够的心脏前负荷，减轻后负荷。

（1）应用正性肌力药物和扩血管药物来重建适宜的心肌功能。

（2）在护理上要严密监测各项生命体征指标，包括体温、心率、心律、血压、四肢末梢温度、尿量、血气分析和电解质，及时纠正酸碱失调，保持平衡。

（3）注意保暖，体外循环手术中为预防重要器官缺血、缺氧，提高灌注的安全性，常在低温下进行手术，术后进行复温，应用恒温水毯或制作棉手套包裹四肢保暖。患儿发生低心排综合征时，中心与指（趾）端温差＞4～6℃，故在采用降温措施的同时要注意保持四肢温暖。

2. 肺高压及肺高压危象的护理

（1）适当延长呼吸机支持时间，一般 24～72 小时，保持机械过度通气，维持良好的血气指标：PaO_2 为 100～150mmHg、$PaCO_2$ 为 30～35 mmHg、血气 pH 为 7.5～7.6，及时纠正酸中毒。

（2）强调在进行各项操作前保持镇静，如吸痰、动、静脉穿刺、拔除引流管等。

（3）气管内吸痰前后用呼吸气囊纯氧加压，使患儿处于短时间高氧过度通气状态，吸引时间＜15s，同时监测肺动脉压力变化。对肺动脉压力与体循环压力之比大于 1/3 者，应用降肺动脉压药物，密切观察 PAP 的变化。

（4）吸入一氧化氮（NO），降低肺阻力，提高肺血流量，改善肺通气—血流比例，在应用一氧化氮治疗期间，严密监测高铁血红蛋白水平＜3%，以减轻一氧化氮的不良反应。在停用时，应逐渐减低一氧化氮浓度，直至停用，以防肺动脉压力反跳，并使患者内源性一氧化氮的产生逐渐恢复至接近正常水平，度过术后危险期。

3. 心律失常的护理 大多发生于术后48小时内，多与传导组织的破坏及手术损伤窦房结有关。

（1）要严密观察心率、心律，避免各种诱发因素，及时发现，及早干预。

（2）药物治疗：艾司洛尔是一种新型超短时作用的β受体阻滞剂，对心脏β受体有选择阻滞作用，在运用时要观察心率和血压的变化。

4. 防治左心室或右心室流出道梗阻的发生 降低外周血管和肺血管阻力，维持合适的有效循环血量，保持 LAP 在 0.8～1.6kPa、CVP 在 0.78～1.57kPa，降低肺动脉压力，积极防治肺高压危象的发生。在临床上要特别注意气管压力的变化，保持气管压力在 0.98～2.16kPa 之间。对气管压力骤然升高者，应积极查明原因并进行对症处理，防止引起血流动力学的改变。晚期主动脉下梗阻（压力阶差＞6.7kPa）应再次手术矫治。

十五、右心室双出口的患儿术后健康教育指导有哪些？

1. 喂养指导 原则上以清淡、少盐为主，蛋白质适中，富含维生素，宜消化食物。服利尿药物时可多吃含钾的食物，如蔬菜、香蕉、橘子、番茄等，以补充因服用利尿药物而引起的低钾。

2. 安全用药指导 严格按医嘱服药，不可随意增加或减少剂量，更不可擅自停服。

3. 预防感染指导 注意休息，保证充足睡眠，不宜多去公共场所，逐渐增加营养，增加抵抗力。

4. 定期随访 根据医嘱定期复查，了解患儿恢复情况。

5. 免疫接种 一般在手术前、后 1 个月应避免免疫接种（因为体外循环可改变儿童的免疫反应）。

（吴秋慧）

第十二章　主动脉缩窄

一、主动脉缩窄的定义是什么？

主动脉缩窄是指降主动脉起始段先天性狭窄。狭窄的部位多发生在弓降部，常在动脉导管或动脉导管韧带附近。

二、主动脉缩窄的病因主要有哪些？

主动脉缩窄的确切病因尚不明确，目前常认为的因素有以下几个。

1. 血流方式异常。

2. 动脉导管组织异位。

3. 炎症。

4. 自身免疫性。

5. 主动脉夹层动脉瘤。

三、主动脉缩窄的病理性改变有哪些？

1. 左心室肥大。

2. 充血性心力衰竭。

3. 动脉硬化。

4. 血管内膜肥厚。

5. 差异性发绀。

四、主动脉缩窄的病理分型有哪些？

根据缩窄部位与动脉导管的关系，可将主动脉缩窄分为两种类型。

1. 导管前狭窄（婴儿型）缩窄　位于左锁骨下动脉与动脉导管近侧端之间，多伴有其他复杂畸形，如动脉导管未闭，多在婴儿期死亡，又称为婴儿型主动脉缩窄。

2. 导管后狭窄（成人型）　缩窄常位于导管下段（远侧端），且大部分病例动脉导管已闭合。缩窄段一般较短、较局限，并可形成广泛的侧支循环，患儿生存机会较多，又称为成人型主动脉缩窄。

五、主动脉缩窄的临床表现是什么？

1. 充血性心力衰竭　婴儿出生后数周就开始呈现呼吸急促、心率增速、出汗、喂食困难、肝大、心脏扩大等症状。年龄稍大患儿会出现劳累后气急、心悸、易倦。

2. 发绀　导管前型主动脉缩窄，会出现左手发绀而右手及口唇色泽正常的情况。

3. 高血压　可引起头痛、头胀、耳鸣、胸痛、失眠、鼻衄等症状，上肢血压比下肢高 2.7kPa（20mmHg）以上。

4. 间歇性跛行　下肢怕冷、行走无力。

5. 体征　上肢血压高，桡动脉、颈动脉搏动增强。下肢血压低，股动脉、足背动脉搏动减弱或消失。胸骨左缘可闻及收缩期、舒张期杂音或连续性杂音，年龄大的婴儿还可扪及动脉搏动和震颤。部分患者有差异性发绀。

六、主动脉缩窄的辅助检查有哪些？

1. 胸部 X 线检查　心影增大，食管钡餐检查呈现“3”字形 X 线征。

2. 心电图检查　新生儿或婴儿多表现为右心室肥厚，较大的患儿则表现为左心室肥厚。

3. 超声心动图　二维超声心动图是主动脉缩窄最主要的诊断方法之一，可以清晰地显示主动脉缩窄部位、长度与其他合并畸形的程度。彩色多普勒血流显像可测定跨缩窄段的压力阶差及局部血流速度。

4. CT 或 MRI 可确定主动脉缩窄部位、长度，以及与周围血管的关系和侧支循环分布，为目前最有效的无创检查方法。

5. 主动脉造影 可确定主动脉缩窄部位、程度及与周围血管的关系。

6. 心导管检查 已逐渐被 CT 或 MRI 检查取代。经动脉的逆行性左心导管检查可测定缩窄部位的压力阶差。

七、主动脉缩窄的治疗方法有哪些?

1. 内科保守治疗 根据症状使用药物治疗。用前列腺素 E_1 微量泵静注，延迟动脉导管关闭。应用硝普钠控血压。对有充血性心力衰竭，可用地高辛和呋塞米等强心利尿治疗。

2. 介入治疗 包括单纯球囊扩张血管成形术和支架植入术两种方式，主动脉缩窄的介入治疗尚处于摸索阶段。

3. 手术治疗 一旦明确诊断主动脉缩窄，均应尽早手术。

（1）缩窄部切除及端-端吻合术：适用于年幼儿童，狭窄比较局限者。

（2）缩窄部切除及端-侧吻合术：适用于年幼儿童，狭窄比较局限或合并主动脉弓发育不良者。

（3）左锁骨下动脉垂片成形术：适用于婴儿和 10 岁以下儿童。

（4）主动脉缩窄成形术，包括补片成型及人工血管移植术：适用于缩窄段较长，切除后两端吻合有困难者，以 16 岁以上患者为佳。

（5）主动脉缩窄旁路移植术适用于缩窄范围广泛、缩窄部位不易暴露、切除有困难及再缩窄需要再次手术者。

八、主动脉缩窄的术前准备有哪些?

1. 心理护理 做好术前宣教和健康教育工作，取得患儿及家属的信任。通过形体语言如爱抚、搂抱、逗趣等形式与患儿接触，减少其对护士的惧怕心理。耐心解答家长关心的问题，以减轻他们对手术的顾虑，并向家属说明禁食的重要性，以确保术前禁食在 4 小时以上。

2. 术前评估 阅读病历，了解患儿的各项检查、检验结果，通过监测患儿的心率、心律、血压、血氧饱和度、肝肾功能情况，结合临床症状和体征全面评估患儿对手术的承受能力。主动脉缩窄下肢血压低于上肢，可有差异性发绀。

3. 增强机体的耐受力 术前让患儿安静休息，遵医嘱予扩张血管、前列腺素 E_1 等药物，降低后负荷，改善心功能；合并肺部感染的患儿加强氧气供给，给予雾化、排痰、抗感染治疗。合并肺动脉高压的患儿要严密注意观察病情变化，加强呼吸道管理，实施雾化、排痰、吸氧治疗。

4. 做好术前的常规准备，完善各项术前检查。术前交叉配血、测体重、备皮等。

九、主动脉缩窄术后呼吸道管理的措施有哪些?

1. 保持呼吸道通畅是婴幼儿肺部护理的关键，因此术后需要加强呼吸道的管理，严格无菌操作，勤听肺部呼吸音情况，及时清除呼吸道分泌物，按需给予吸痰，注意吸痰技术，动作轻柔，把握吸痰时间，吸痰前给纯氧，吸痰过程严密观察心率、心律、血压、面色及血氧饱和度的变化，观察口唇、甲床有无发绀。

2. 固定好气管插管，每班查看气管插管的刻度并记录。做好胸部物理治疗，勤翻身拍背。

3. 患儿术前有肺动脉高压、合并肺部感染者，术后需要延长呼吸机辅助呼吸的时间，一般 3 天后才考虑拔除气管插管，尽量使二氧化碳分压保持在小于 35mmHg 和充分给氧，应用降肺动脉高压药物，以防止肺高压危象，必要时给予一氧化氮吸入，同时加强呼吸道的护理，保持呼吸道通畅，吸痰前充分镇静。

4. 患儿病情稳定、自主呼吸恢复、动脉血气结果满意，可遵医嘱尽早拔除气管导管。拔管后继续予雾化吸入和静脉使用沐舒坦等化痰药物稀释痰液，对痰量较多及发热的患儿可送痰涂片做痰培养，并根据实验室结果合理选择抗生素，预防或减少呼吸机相关性肺炎的发生。

十、主动脉缩窄术后应如何进行血压的监测？

1. 术后密切观察心率、心律、血压、呼吸及血氧饱和度的变化，维持循环系统的稳定，常规行右侧桡动脉、右足背动脉及右颈内静脉穿刺置管，建立上、下肢动脉直接监测血压，观察上、下肢血压变化。

2. 保持体位舒适，各种操作集中进行，减少对患者的不良刺激。

3. 暂时性高血压是主动脉缩窄纠治术后常见并发症之一，主要是由于主动脉缩窄近端主动脉弓和颈动脉窦的压力感受器长期处于高压状态下，一旦缩窄解除，血压下降后，压力感受器可反射性提高血压，大多数患儿在术后 3 天内血压逐渐恢复正常。术后过高的血压易导致吻合口渗血或破裂，因此，术后应严密监测患儿上下肢血压变化，使收缩压维持在 90～120mmHg 以下。

4. 大多数患儿术后早期应充分镇静、止痛、呼吸机支持，使患儿处于安静状态，防止因患儿烦躁、疼痛引起的高血压，有呼吸机的患儿在不撤呼吸机的情况下可给予肌松剂，并保持周围环境安静。

5. 术后早期如血压持续高于正常水平，可微量泵入硝普钠、硝酸甘油、米力农等，降低吻合口的压力，减少出血。使用硝普钠时要注意避光，同时标志明显，微量泵控制速度，并避免在此静脉中推注药液，以防速度突然改变而引起低血压的发生。根据患儿血压情况，逐步减量至停用，脱离呼吸机后如血压仍高于正常水平，也可口服卡托普利进行降压，观察服药前后血压变化，并根据血压调整口服剂量。婴儿和较小的儿童无须常规服用降压药物，一般不会发生持续性高血压。

十一、主动脉缩窄术后应如何进行胃肠道功能的监测与护理？

1. 术后血压的突然增高有可能导致严重的反应性急性炎症变化，引起内脏动脉炎、肠系膜充血水肿，可发生肠系膜炎。术后常规胃肠减压，留置胃管并保持胃管位置正确通畅。术后要控制高血压并严密观察患儿腹部体征，如有无腹胀、腹痛、发热，进食前听诊有无肠鸣音，注意大便颜色和性质。如无出现异常情况则遵循从流质到半流、从少到多、循序渐进的喂养方法。

2. 患儿术后由于体内高代谢反应，导致营养不良，使免疫功能下降，合理的营养支持是非常重要的。术后使用呼吸机时间长、较小的患儿，术后拔除气管插管前可鼻饲配方奶或母乳，胃肠道功能欠佳的患儿可考虑胃肠外营养。

3. 腹痛多见于术后 48 小时，据文献报道，约 10%病例在术后第 1 周尚有腹部不适、腹胀、肠蠕动减弱，可能是术后血供改变引起，但会很快恢复。加强镇静，避免哭闹时吸入空气加重腹胀，可持续胃肠减压排气，或用开塞露塞肛，用手掌在腹部顺时针方向轻揉促进排便、排气。低血钾症也是腹胀的原因之一，须及时纠正。

十二、主动脉缩窄术后应如何进行泌尿系统的监测与护理？

1. 肾脏是腹腔内对缺血最敏感的器官，主要是由于手术中主动脉阻断时间过长或侧支循环血流不足以供应远端的动脉而造成，其次为肾脏缺血后再灌注的损伤也是造成肾功能受损的原因之一。术后血流动力学的平稳及良好的血液循环是防治肾衰竭的基础，可应用低剂量的多巴胺调节肾血流的灌注，应用米力农改善心功能，避免使用对肾脏有损害的药物，保持水、电解质、酸碱平衡，控制氮质血症。

2. 尿量的监测是了解肾脏灌注功能的良好指标，要密切观察尿量，注意血压变化，防止血压过低影响肾灌注。幼儿尿量一般为 1～2ml/（kg·h）以上。当尿量减少，在血压正常的情况下观察 1～2 小时后无改善，应及时通知医师处理。在血压及中心静脉压低的情况下遵医嘱补充容量后再利尿。如患儿因心功能欠佳致尿量减少，可静脉泵入呋塞米 0.5～2.0ml/h，注意电解质的监测，发现异常及时处理，避免心律失常。若利尿、扩容后观察 3 小时以上仍然少尿或无尿，配合医师放置腹膜透析管，遵医嘱进行腹膜透析治疗。

3. 护理时要保持尿管通畅，并定期更换尿管及集尿袋，同时注意无菌操作，避免尿路感染的发生。

十三、主动脉缩窄术后应如何进行神经系统的监测与护理？

由于手术过程中要暂时阻断主动脉血流，而其侧支循环不多，极易造成脊神经缺血，故对麻醉未清醒患儿密切观察双侧瞳孔大小及对光反射，清醒时间延长可给予甘露醇、呋塞米、激素等营养脑神经的药物，尽可能行脑部CT检查明确病因。清醒后注意四肢活动情况、神志变化等，尽早发现神经系统症状，及早处理，如有抽搐需与低血钙所致的惊厥相鉴别。

十四、主动脉缩窄术后应如何进行疼痛的管理？

术后疼痛增加交感神经活性，引起外周血管阻力增加、高血压、心动过速影响呼吸等，因此术后镇痛镇静非常重要。对带有呼吸机的患儿可应用吗啡或芬太尼微量泵持续泵入，并根据患儿病情逐渐减量至停用。对拔除气管插管的年龄较大的患儿可酌情应用哌替啶镇痛。对使用镇痛药的患儿要观察呼吸抑制、呕吐等不良反应，并做好对症处理。病情稳定时与患儿玩耍及说话，轻拍幼儿背部或抚摸其额头使其增加安全感，减少噪声，还可增加环境舒适度，如操作及说话尽量小声，将各种仪器报警音量减小等。

十五、主动脉缩窄术后应如何进行动静脉通路的护理？

由于患儿病情较重，故术后常规应用强心药物，动脉通路的通畅对术后患儿血压的监测至关重要，每班要检查有无回血并定期对留置针穿刺处进行消毒再固定，防止感染及深静脉血栓的发生。保持静脉通路的通畅，以保证强心药物进入体内发挥作用，防止外渗及并发症的发生。

十六、主动脉缩窄术后并发症的预防与护理有哪些？

1. 出血 主动脉缩窄术后早期最危险的就是出血，可由于创面渗血或止血不彻底及吻合口上缝线撕裂的外科性出血造成；也可由于肝素反跳，肝素未完全中和等非手术原因及术后血压高引起吻合口或侧支残端出血所致。除了生命体征的观察以外，还应严密观察引流的量、颜色及性质，做好引流管的护理，妥善固定，防止意外脱管。术后发现引流液出血颜色红、温度热、速度快，可采取以下措施。

（1）止血药物的应用。

（2）如烦躁引起的高血压给予镇痛镇静。

（3）如持续性高血压给予降压药物。

（4）加强挤管，引流管保持其通畅防止心脏压塞。

（5）遵医嘱查激活全血凝固时间（ACT）、血浆凝血酶原时间（Pr）及血小板计数等。经处理后血性胸腔积液仍过多，且持续3小时＞4ml/（kg · h），及时报告医师，并做好二次开胸止血的准备。

2. 喉返神经损伤 由于主动脉缩窄或主动脉弓断离手术时分离范围较大，容易损伤喉返神经，拔出气管插管后观察患儿有无声音嘶哑，喝水时有无呛咳等表现。如有此类表现的患儿喂养时要耐心细致，如呛咳严重可给予鼻饲喂养。

3. 脊髓缺血性损伤 主动脉缩窄术后还应密切观察患儿下肢动脉血压变化、足背动脉搏动及下肢活动情况，采取多种保护措施，最大限度地减轻脊髓缺血性损伤，警惕因术中主动脉阻断时间过长导致脊髓缺血而出现的截瘫。术后血流动力学的平稳及良好的血液循环是防治脊髓缺血的基础，可应用低剂量的多巴胺来调节肾血流的灌注，通过米力农等正性肌力药物来改善心功能。另外应密切观察患儿有无脊髓缺血表现，如供血不足造成肢体活动度差、末梢变冷等情况。

4. 再缩窄 最多发生于婴幼儿期手术者。再缩窄与手术技术、术后组织生长、吻合口变化等因素有关。术后根据局部情况，有的狭窄可经球囊扩张，有的则需要再次手术。早期进行床边心脏彩超检查，有助于了解手术后效果和心功能情况，帮助诊断和治疗。术后严密监测，认真观察上肢、下肢血压差值的变化。

5. 低心排综合征 低心排综合征是婴幼儿心脏直视术后的严重并发症，早期发现、及时处理对降低围术期病死率至关重要。如发现低血压、脉搏细弱、心率增快、少尿、中心静脉压或左心房压增高、末梢灌注不良等低心排表现，应立即配合医师进行抢救。给予多巴胺、肾上腺素、米力农等强心、扩血管药物，严格把握给药的有效性，加大利尿剂用量，同时严格控制血容量，维持水、电解质平衡。

6. 肺动脉高压危象 是在肺动脉高压的基础上，发生肺血管痉挛性收缩，肺循环阻力升高，右心血排出受阻，导致突发性肺高压和低心排血量的临床危象状态。术后应合理使用前列腺素 E_1，充分镇静，适当应用肌松剂，过度通气，充分给氧，加强呼吸道护理，以降低肺动脉压力，预防肺动脉高压危象。

十七、主动脉缩窄术后的出院指导有哪些？

1. 对患儿家长做好宣教工作，给予患儿低盐饮食，避免水钠潴留，加重心脏负担，导致心力衰竭，同时清淡食物为主，高蛋白、高纤维素饮食。

2. 指导患儿家属测量血压的方法，监测有无远期高血压的发生。

3. 指导家属定时给患儿服药，剂量要准确，不能随意停药。

4. 出院后全休 3 个月，避免受凉、劳累及剧烈运动。观察切口愈合情况及体温变化。

5. 注意患儿查电解质、PT 的变化，嘱患儿出院 2 周后复查，出院后 3～6 个月再复查一次。

6. 门诊随访。

（吴秋慧）

第十三章　二尖瓣狭窄

一、二尖瓣狭窄的病因主要有那些？

1. 风湿性　风湿热造成的二尖瓣损害。

2. 先天畸形。

3. 感染性心内膜炎。

4. 退行性病变　二尖瓣瓣钙化。

5. 自身免疫性疾病　系统性红斑狼疮。

二、二尖瓣狭窄的病理性改变有哪些？

1. 二尖瓣瓣叶、腱索增厚、挛缩、融合。

2. 二尖瓣瓣膜交界粘连、瓣口狭窄。

3. 血栓栓塞。

4. 肺动脉高压。

5. 右心室肥厚扩大。

6. 右心衰竭。

三、二尖瓣狭窄的分型有哪些？

1. 根据二尖瓣瓣口面积，可将二尖瓣狭窄分为轻度、中度和重度，正常二尖瓣瓣口面积为4～6cm^2：

（1）轻度狭窄：二尖瓣瓣口面积<1.5～2.0cm^2。

（2）中度狭窄：二尖瓣瓣口面积<1.0～1.5cm^2。

（3）重度狭窄：二尖瓣瓣口面积<1.0cm^2。

2. 按照病变程度分为隔膜型和漏斗型。

（1）隔膜型：主瓣体无病变或病变较轻。

（2）漏斗型：瓣叶明显增厚和纤维化，腱索和乳头肌明显粘连和缩短，整个瓣膜变硬呈漏斗状。

四、二尖瓣狭窄的辅助检查有哪些？

1. 胸部X线检查　肺动脉干突出，左心房大，食管钡餐造影可见食管向后的压迹。

2. 心电图检查　轻度心电图可正常；P波增宽且呈双峰形，提示左心房增大；合并肺动脉高压时，显示右心室增大，电轴右偏；晚期常合并心房颤动。

3. 超声心动图检查　超声心动图和彩色多普勒检查是确诊二尖瓣狭窄首选无创性检查，可直接观察瓣叶活动、测量瓣口面积、房室腔大小及左房内血栓，测算血流速度、跨瓣压差及瓣口面积。

4. 心导管检查　经右心室导管检查可以测定肺动脉压及肺毛细血嵌入压。

5. CT/MRI

五、二尖瓣狭窄的临床表现是什么？

1. 症状

（1）呼吸困难：由肺静脉高压、肺瘀血引起。早期，多在运动、发热、妊娠等心排血量增加时出现。随病程进展，轻微活动，甚至静息时即可出现呼吸困难。病情加重时可出现端坐呼吸、夜间阵发性呼吸困难或急性肺水肿。阵发房颤时心室率增快也可诱发呼吸困难。

（2）咯血：长期肺静脉高压所致的支气管小血管破裂有关，多发生于瓣膜严重狭窄者。

（3）咳嗽、声嘶：咳嗽多在活动、夜间入睡后加重。声嘶因左心房极度增大压迫左主支气管或喉返神经而引起。

2. 体征

（1）心尖区可闻及第一心音增强和舒张期隆隆样杂音及开放拍击音（开瓣音）这是二尖瓣狭窄的典型体征。在胸骨左缘Ⅲ～Ⅳ肋间至心尖内上方可闻及第二心音开瓣音。心前区可有轻度收缩期抬举性搏动、心尖部常触及舒张期震颤。

（2）二尖瓣面容：面颊和口唇发绀。

（3）颈静脉压怒张、肝大、腹水、脚踝水肿。

六、二尖瓣狭窄的治疗方法有哪些?

1. 内科治疗

（1）无症状、心功能正常者无须特殊治疗，但需要定期随访。每6～12个月复查一次。

（2）预防感染性心内膜炎，不与有感冒和感染的人群接触，到人流量多的地方尽量戴口罩。做好每天的口腔卫生，进食后及时刷牙。

（3）预防风湿热。早期治疗甲链性咽炎和扁桃体炎。对有明确风湿热病史或现有风心病者都需要连续的抗生素治疗，使用长效青霉素120万U肌内注射1次/月。

（4）避免剧烈运动及过度的体力劳动。

（5）房颤治疗原则为控制心室率，争取恢复窦性心律，预防血栓栓塞。有体循环栓塞史、超声检查见左心房血栓者，应长期抗凝治疗。

（6）心力衰竭患者可用洋地黄类药物和利尿剂，限制钠盐摄入量。急性肺水肿时避免使用扩张小动脉为主的扩血管药。

2. 手术治疗

（1）经皮房间隔穿刺二尖瓣球囊扩张术。

（2）闭式二尖瓣交界分离术。

（3）二尖瓣直视分离术。

（4）人工瓣膜二尖瓣替换术。

七、二尖瓣狭窄并发症及对应的护理措施有哪些?

1. 心房颤动　易复发，应控制心率，争取恢复窦性心律，预防血栓栓塞，使用β受体阻滞剂，如维拉帕米、地尔硫䓬或洋地黄等，床旁电复律。急性发作期应绝对卧床休息。如药物或电复律不能控制，可用射频消融治疗心房颤动。

2. 急性肺水肿　高流量吸氧6～8升/分，经20%～30%乙醇湿化鼻导管吸入；取半坐卧位，双下肢下垂，减少静脉回流，给予强心、利尿、扩血管药物治疗；观察并记录患者神志、面色、血压、心率、呼吸、尿量及药物反应。

3. 大咯血　取半坐卧位，使用镇静剂，利尿、降低肺静脉压。

4. 血栓栓塞　卧床休息，避免血栓脱落，予以法华林或低分子肝素抗凝治疗。

5. 右心衰　限制钠盐的摄入，以强心、利尿为主。

6. 肺部感染　遵医嘱及时给予抗生素、化痰药物治疗。给予雾化吸入和叩背排痰。补液时，控制输液速度。

7. 感染性心内膜　根据药敏试验选择药物治疗，首选青霉素，联合用药治疗。

八、二尖瓣球囊扩张术围手术期的护理要点有哪些?

1. 术前护理

（1）心理护理：术前实施心理护理和指导可有效地降低患者抑郁、焦虑程度。护士主动与患者及家属沟通，从而了解患者的心理状况和对疾病的认识，及时解答疑问，建立良好的护患关系。

（2）患者准备：术前3天停用洋地黄、β受体阻滞剂、华法林等药物，术前1天行青霉素皮试，碘过敏试验及手术区备皮。备皮范围为双侧腹股沟区及会阴部。术前12小时禁饮食，对紧张睡眠差的患者遵医嘱给适量镇静药，保证充足的休息。

2. 术后处理

（1）术后卧床休息，限制穿刺肢体的活动。持续心电监护 1～2 天，观察生命体征及患者自觉症状的改善情况。患者平卧休息 24 小时，腹股沟穿刺口无渗血方可下床活动。

（2）出血的观察及预防：穿刺部位以弹性绷带加压包扎，沙袋压迫 6 小时，各班注意穿刺部位有无出血、足背动脉搏动，皮肤黏膜有无出血倾向、右下肢皮肤温度和皮肤颜色是否正常，并要间断地轻轻按摩右下肢腓肠肌以避免小血管栓塞。保持穿刺部位干燥清洁，避免污染。

（3）指导患者正确应用抗凝药，预防血栓形成。

（4）生活护理：为患者提供安静、舒适的环境，术后 2 小时即可进食易消化的食物，给予低盐、高维生素、高蛋白半流食，鼓励多饮水，促进造影剂的排泄。在制动的时间内床上使用坐便器，起床活动时暂避免蹲及较强的活动，防止穿刺口出血。

（5）术后使用抗生素 3～7 天，预防感染。

（6）有尿潴留者首先转移患者注意力，尽量使患者平卧位排尿，必要时可导尿。在无并发症的情况下可对患者进行超声心动图检查，以评价手术的效果。心房颤动患者继续服用地高辛、β 受体阻滞剂和华法林以控制心室率，预防栓塞并发症。若二尖瓣球囊扩张效果不理想，应继续使用利尿剂改善症状，并考虑择期施行瓣膜置换手术治疗。

（7）出院指导：注意预防感冒，继续服用抗凝药，注射长效青霉素预防链球菌感染，定期来专科复查。

九、二尖瓣置换术患者的术前护理措施有哪些？

1. 心理护理 心脏瓣膜病大多数为慢性疾病，其中风心病占绝大多数，风心病病情容易反复发作，患者及家属常承受沉重的经济负担和心理压力，对疾病的治疗缺乏信心，对反复检查和治疗没有足够的耐心，容易产生急躁情绪。特别是患者出现严重心律失常及心力衰竭时，容易产生恐惧和忧虑不安的心理，表现为惊惶失措、恐惧万分，甚至对生活丧失信心，产生轻生思想，不能很好地配合治疗。针对患者的不良情绪，护士应主动关心患者，积极评估患者存在的心理问题，采取针对性措施，嘱患者注意休息，保持精神愉快，避免情绪激动，鼓励患者闲暇时看轻松愉快的电视节目，与病友聊一些休闲话题以转移患者注意力。护理人员要用友善的态度、良好的情绪积极主动与患者进行沟通交流，消除或减轻患者的不良情绪和心理负担，增强患者战胜疾病的信心与勇气。

2. 健康教育

（1）教会患者监测尿量、体温、脉搏的方法。

（2）训练患者床上大小便，由于术后管道繁多，再加上术中留置尿管，麻醉清醒后会感觉异物刺激而有尿意，术前我们应向患者解释清楚并学会床上大小便。

（3）介绍监护室护士，带患者参观监护室环境，了解监护室的仪器设备，减少陌生感，使其充满信心迎接手术。

（4）对有吸烟史的患者劝其戒烟，并告知其吸烟会影响术后切口愈合。

（5）女性患者问清月经史，手术避开月经周期。

3. 定时吸氧 吸氧可提高血氧含量，改善组织缺氧状态，降低肺动脉压，改善心肺功能。应低流量、低浓度间断吸氧。

4. 改善患者的心功能 遵医嘱应用强心、利尿、补钾及血管扩张药物，减少患者的活动量，监测患者的尿量及电解质。

5. 一般护理

（1）注意保持患者的口腔卫生，及时处理患者隐藏的各种牙病。

（2）注意保暖，尽量避免上呼吸道感染。

（3）保持生活作息规律，保持充足睡眠。

（4）患者症状不明显时可适当活动，但不能进行剧烈活动，以免增加心脏负担。

（5）当患者出现严重心律失常及心力衰竭时，应绝对卧床休息。对长期卧床患者，需协助翻身，定时更换体位，预防压疮的发生。当患者出现呼吸困难时，给予半坐卧位，及时予以氧气吸入。咳嗽有痰时，予空心握掌拍背，以利于痰液咳出，并及时给予药物治疗，避免病情加重。

（6）限制人员探视，尤其禁止感冒、发热及上呼吸道感染者探视。

6. 饮食护理

（1）心功能良好又无风湿活动者，饮食与常人相同，保证足够热量与营养。

（2）心功能较差者应以少量多餐为原则，易软食或半流质，限制饮水量，限制脂肪摄入，少食腊制品和罐头食品，以清淡、低盐、高蛋白、高糖饮食和高维生素食物为主，如瘦牛肉、羊肉、鲤鱼、大黄鱼、黄豆、蚕豆、香菇等。

（3）尽量不吸烟、少饮酒，少饮咖啡与浓茶。

（4）可进适量蔬菜、水果等纤维食物，保持大便通畅，不偏食、挑食。

7. 用药护理

（1）给患者使用青霉素前，应询问患者是否有青霉素过敏史，即使以前没有，也要提醒注意有可能会继发过敏反应。

（2）服用水杨酸制剂如阿司匹林时，应告知患者饭后服用，并注意是否有食欲下降、上腹疼痛、黑便等情况发生。

（3）服用激素时应向患者讲明服药的目的，并要求其按医嘱定时、定量服药，不可随意加量、减量或突然停药。注意患者有无血压升高、血糖升高、溃疡生成或发生感染及情绪、行为变化等情况。

十、二尖瓣置换术患者的术前常规准备有哪些？

1. 完善心电图、心脏彩超、胸部X线片、CT或心导管检查等相关术前检查，完善血常规、出凝血时间、生化等实验室检验。

2. 术前行抗生素皮试及交叉配血。

3. 术前禁食、禁水4～6小时。

4. 术前一天给予缓泻剂，睡前适当应用镇静药物。

5. 术晨备皮，测量身高、体重。

6. 术晨遵医嘱带入术中用药，与手术室人员进行患者交接核对后，将患者送至手术室。

十一、二尖瓣置换术患者的术前呼吸道准备有哪些？

1. 注意保持患者的口腔卫生，餐后、早晚刷牙。

2. 术前禁烟、酒，避免感冒、着凉，预防呼吸道感染。

3. 术前练习有效咳嗽和深呼吸，指导患者进行腹式呼吸训练，这样可缓解紧张情绪并能减轻疼痛，可以改善患者肺功能，增强肺活量，预防术后肺部并发症。当患者深呼吸时，两手放腋下按压胸廓两侧，用腹部力量进行咳嗽，3～4次/天，每次10～15分。

十二、二尖瓣置换术患者的术前备皮的范围有哪些？

前过双侧腋中线，上至锁骨水平线，下过大腿上1/3。

十三、二尖瓣置换术患者的术后护理常规措施有哪些？

1. 护士根据患者的身高、体重调整好呼吸机各参数，呈备用状态，准备好心电监护仪及常规应用的药品、记录单、微量泵等。患者术后进入监护室后立即接上呼吸机、监护仪，监测血压、中心静脉压，观察肤色、皮温等循环系统各项指标。抽动脉血进行血气分析，根据监测结果重新调整呼吸机参数。

2. 使用微量泵泵入血管活性药物。

3. 患者若有烦躁不安，应使用约束带或床栏保护，防止坠床。适当使用镇静剂。

4. 观察末梢血运情况，保暖，必要时可使用暖风毯。

5. 观察伤口有无渗血、渗液，如果有，应及时通知医师并更换敷料。

6. 各种管道的观察及护理

（1）深静脉输液管路保持通畅，留置针妥善固定，注意仔细观察留置针穿刺部位的皮肤，避免血管活性药物外渗，造成皮肤坏死。

（2）保持尿管的固定通畅，进行拔管评估，尽早拔除尿管，拔除尿管后注意观察患者的自主排尿情况，如排尿困难需重新插尿管。

（3）心包、纵隔引流管固定通畅，观察和记录引流液的颜色、性质及量，以便及早发现出血、心脏压塞等并发症。

（4）临时起搏导线固定稳妥，临时起搏器调整处于正常工作状态。

7. 疼痛的护理。评估患者术后疼痛情况，对有镇痛泵的患者注意检查管道是否通畅。评价镇痛效果是否满意，如效果欠佳，遵医嘱重新给予镇痛药物。

8. 基础护理。做好口腔护理、会阴护理，定时翻身，雾化、叩背、擦浴，保持患者床单位清洁，防止压疮。

十四、二尖瓣置换术患者的术后呼吸道管理措施有哪些?

1. 呼吸功能监测

（1）呼吸机辅助呼吸时，未清醒时选择 A/C 控制模式，患者清醒后选择 SIMV 同步辅助呼吸模式，潮气量为 8～10ml/kg，呼吸频次为 12～16 次/分，氧浓度为 40%～50%。

（2）每班监测呼吸气囊压力，保持气囊压维持在 25～30cmH_2O。

（3）选用适当的牙垫，注意要比导管粗，以免患者将导管咬扁。使用白边带将牙垫及插管固定好，测量好气管插管外露刻度，防止脱出。

（4）麻醉未清醒或烦躁不安的患者必须使用约束带约束双手。

（5）当循环稳定，血气分析正常，自主呼吸恢复良好后，尽早给予脱离呼吸机，拔除气管插管前要进行脱机自主呼吸实验，自主呼吸试验成功后即拔除气管插管，予双腔鼻导管吸氧 4L/分，床头抬高 20°～30°。

（6）遵医嘱每天雾化吸入 3～4 次，定时拍背，鼓励患者咳嗽咳痰。

2. 保持呼吸道通畅　及时吸痰，观察痰液性状、量。

（1）吸痰应严格无菌操作，戴无菌手套进行，吸痰前、后要给予 2～3 分钟纯氧。

（2）用吸痰管应粗细合适，吸痰管插入要迅速、轻柔、准确，边吸边抽，每次吸痰≤15 秒。

（3）注意负压不宜过大，一般为 0.02～0.04MPa，在吸痰管插到气管远端前不能带负压，以免过度抽吸肺内气体而引起肺萎陷。痰液过稠不易吸出者，可先向气管内注入 3～5ml 生理盐水再吸引。

（4）吸痰前后带氧膨肺 8～10 次，以利于终末细支气管开放。

（5）在进行吸痰操作时严密观察心率、血压和血氧饱和度的变化，掌握吸痰指征，按需吸痰，勿反复多次无效吸痰而导致气管黏膜损伤。

（6）经常检查呼吸机湿化器是否正常工作，及时往湿化器内加入蒸馏水以维持正常水平液面。

十五、二尖瓣置换术患者的术后循环系统监测与管理措施有哪些?

1. 术后心功能维护　二尖瓣狭窄造成左心室失用性萎缩，手术解除瓣膜狭窄后容易导致左室过度充盈而造成低心排出量综合征，因此加强术后心功能维护是手术成功的关键。术后严密监测患者的有创动脉压、中心静脉压（CVP）、生命体征、血氧饱和度、体温。

（1）持续心电监护，维持心率在 60～100 次/分，注意心率和心律的变化。

（2）有临时心脏起搏器的患者，要准确记录起搏器的运转情况和设置数值，确保起搏器运作正常。

（3）严密观察心电图变化，及早发现并处理频发室性期前收缩、心房颤动，室上性阵发性心动过速。

（4）动脉血压监测前压力转换器要正确调零。

（5）掌握患者目标血压、心律，根据 CVP、动脉压、尿量及时调整血管活性药物剂量和输液速度。

（6）积极防治低心排综合征。低心排综合征临床表现为心率加快、心律失常、血压低、中心静脉压高、少尿或无尿等心力衰竭表现，一旦判断明确应立即通知医师处理。

2. 电解质的监测 术后早期严密监测电解质情况按照血气分析结果调整电解质，保持血钾在正常范围。换瓣术后患者血钾要求在 4.0～5.0mmol/L，严重低钾可引起恶性心律失常，最常见的心律失常为心房颤动，高血钾易造成心脏骤停。成人补钾量不宜超过 20mmol/h，高浓度补钾时，一定要选择深静脉用微量泵匀速泵入。

3. 肾功能的监测 术后每小时记录出入液体量，保持出入平衡，观察尿液颜色、比重、尿量。补液以量出为入，根据中心静脉压、血压、肺毛细血管楔压的情况，调整液体量及输液速度。维持中心静脉压在 6～12cmH_2O，平均动脉压在 75mmHg，肺毛细血管楔压在 6～10mmHg，尿量维持在 1ml/（kg·h）以上。术后 1～2 天保持负平衡，以间接降低肺动脉压力，减轻左心室前负荷。术前高血压患者，在术后早期要维持适当高的动脉压水平，以确保肾脏血流灌注。

4. 体温的监测 术后采用监护仪肛温探头持续测量患者肛温，每 4 个小时测量腋温 1 次，严密观察体温变化。患者体温稳定在 36.0～37.0℃时，能维持机体最佳生理状态。

十六、心包、纵隔引流管的观察与护理有哪些?

1. 保持管道通畅定时挤捏管道使之保持通畅，勿扭曲、折叠、压迫管道。

2. 保持管道固定引流瓶应妥善挂在床边，留有足够的长度，利于患者翻身，避免牵拉脱出，告诉患者引流管的重要性，切勿自行拔出，挤捏引流管时观察固定管道的缝线是否松动，挤捏时不可牵拉管道。

3. 观察并记录引流管情况观察引流管水柱波动情况，观察引流液的颜色、量、性状。术后 4～6 小时内每 15～30 分钟挤捏一次，防止血凝块堵塞。一般引流量＜100ml/h，如引流量＞200ml/h 且持续 3 小时，色泽鲜红，或有较多血细胞凝集块时，应通知医师，给予止血药物或输入血小板、凝血因子等，必要时需再次手术止血。

4. 拔管。心包、纵隔引流液的量 24 小时＜50ml，胸腔闭式引流瓶水柱波动不明显，胸部 X 线检查提示复张良好时，可以拔除心包、纵隔引流管。

十七、漂浮导管的观察与护理有哪些?

1. 漂浮导管（Swan-Ganz 导管）监测体、肺循环压力等各项血流动力学参数。入监护室后，记录导管插入长度并根据波形判断其位置。每次测压前，调试零点，换能器置于心脏同一水平。

2. 监测过程中病情观察。

（1）做好各指标的测定，计算体循环、肺循环阻力，心排出量、心排血指数等指标，了解患者的循环状态，以指导用药。

（2）严密观察心率、心律、血压变化，注意心律失常的出现，及时准确记录生命体征，减少并发症发生。

（3）注意观察术侧肢体有无肿胀，皮肤颜色、温度有无异常，以防止深部静脉血栓的形成。

3. 测量肺毛细血管楔压时，应将气囊缓慢充气 0.8～1.0ml，同时观察肺动脉压力波形，肺毛细血管楔压稳定后记录数值，一般充气不超过 1.5ml，以防气囊破裂。注意监护仪上肺动脉压力的波形，如因贴壁、堵塞等造成波形不准时，应冲洗管道，重新调零后测量压力。

4. 漂浮导管和其他输液通路要分别妥善固定和安放，防止在给患者翻身或拍背、吸痰或患者躁狂时移位或滑脱。

5. 严格无菌操作，三通开关、换能器等均要放在无菌巾内，测压时特别注意预防感染，插管部位要每天换一次敷料，并注意局部皮肤温度及颜色；随时注意观察穿刺点周围的皮肤血液循环及有无红肿、渗出。

6. 保持管道通畅，定期用肝素和生理盐水冲管，冲管液可用加压输血袋加压，利于保持管道的通畅，防止凝血。凝血功能差的患者可直接用生理盐水冲管。妥善固定导管，防止移位或脱位，注意观察各种压力变化，当其数值波形发生异常，在排除病情变化的因素外，注意检查压力传感器位置是否在零点，导管及传感器是否有回血、气泡，是否通畅，必要时拍摄 X 线片了解导管位置。

7. 在病情平稳的情况下应尽早拔管，以防导管周围血栓形成。一般留置导管 3～5 天为宜，不超过 2 周。过长易引起气囊老化而造成破裂或穿刺局部感染，严重者可致细菌性心内膜炎及血源性全身感染。拔管时应在心电监测下进行，拔管后局部压迫止血 15～30 分钟。

8. 预防并发症。

（1）心律失常：包括期前收缩，室性颤动、右束支传导阻滞等，备好利多卡因和除颤器。如有心绞痛，应先口服硝酸甘油，有左束支传导阻滞应先装起搏器。导管气囊破裂：常见于反复使用的导管，气囊弹性丧失所致。应在术前仔细检查导管的完整性，注意充气适度，速度不宜过快。气囊充气最大量不能超过 1.2～1.5ml。一旦发生球囊破裂应予拔出更换。气囊充气测肺楔压时将针筒与导管充气口保持锁定状态，放气时针芯经自动回弹且回缩，容积与原来充气体积一致，否则说明气囊已破裂，切不可再充气测肺楔压，尽早撤管谨防气囊碎片脱落。

（2）导管扭曲、打结：应在术前注意选择好导管，避免插入过长。如发生扭曲，应退出更换导管。

（3）肺栓塞、肺出血和肺动脉破裂：肺栓塞是漂浮导管作血流动力学监测的严重并发症。测量肺动脉楔压不宜过频，其间隔不应少于 1 小时，充气时间不可过长，一般为 10～30 个心动周期获得肺楔压波形后迅速放气。气囊充气不宜过快，充气量不宜过多，应严格按照导管说明所建议的充气量充气，注意有无肺小动脉破裂的症状，如胸痛、咯血、气急等。

（4）感染：术后患者抵抗力下降，更易引起感染。严格无菌操作，凡与导管相连的延长管、三通器、输液器、压力感受器等所有用物均应保持无菌，每 24 小时更换一次。避免引起的局部和全身的感染，导管外露部分用无菌治疗巾覆盖，每天消毒穿刺点并更换敷料，密切观察穿刺部位有无血肿、渗出；如有渗出，敷料污染随时更换，保持局部清洁干燥。定时开窗通风，病室用紫外线消毒（4 次/天），限制探视和病室人员流动，防止交叉感染。测量过程中注意无菌原则，如有不明原因的发热或寒战，要考虑导管感染的可能。

十八、二尖瓣置换术患者的术后并发症及对应护理措施有哪些?

1. 出血　手术当天如引流＞200ml/h 且连续 3 小时，色泽鲜红，伤口敷料持续有新鲜血液渗出，提示抗凝过度，及时监测 ACT 值。根据 ACT 结果，追加鱼精蛋白，积极使用止血药物、血小板凝血因子，如治疗无效者应及时再次手术。

2. 心律失常　术后严密监护心律，床边备除颤仪；注意体温变化，适时给予保暖或物理降温；维持电解质及酸碱平衡；维持心率在 90～110 次/分，过快或过慢都会导致每搏量的减少，易引起低心排出量综合征。在使用心脏起搏器过程中，密切观察起搏心律与自主心律的变化，以及起搏器是否正常运转。遵医嘱使用抗心律失常药物，观察药物的效果及不良反应。

3. 脑栓塞　患者神志不清，肢体活动受限，皮温下降，皮肤苍白，疼痛感觉减退，立即行 CT 检查，确诊脑栓塞后给予通溶栓治疗。同时保持呼吸道通畅，抬高床挡，防止坠床。给予舌垫，防止舌后坠及舌咬伤。待病情稳定后，定时按摩活动受限肢体，防止肌肉萎缩，并给予高压氧治疗。

4. 电解质的紊乱　监测电解质、血气分析，每 4 小时 1 次，积极纠正酸碱失衡，维持血钾在 4.0～5.0mmol/L。补钾后要及时复查，补钾的同时要注意补镁。准确记录 24 小时出入量，保持尿量在 1～2ml/（kg·h），维持出量大于入量。

5. 瓣周漏 出现收缩期或舒张期杂音，血流动力学不稳定，患者突然发生心力衰竭。床旁彩超确诊，则再次手术。

6. 肺部并发症

（1）肺不张，表现呼吸浅快，鼻翼翕动，不能平卧，甚至端坐呼吸。

（2）肺水肿，肺底听诊有湿啰音，咳粉红色泡沫痰，血气检测显示低氧血症。

（3）肺部感染，表现为体温升高，痰多且有色和质改变，痰培养结果呈阳性。其护理措施：①观察患者生命体征，符合气管插管拔管指征时，及早拔除气管插管。拔管后鼻导管或面罩持续吸氧，氧流量 3～8L/min，定时查动脉血气，根据结果调整氧流量，防止长时间高浓度吸氧加重对肺黏膜的损伤。②加强呼吸功能训练，拔管后早期每 2～3 小时翻身拍背 1 次，循环稳定者尽早下床活动。根据痰液量及性质，遵医嘱给予氧气雾化吸入。③加强呼吸道管理，定时翻身拍背，协助患者深呼吸及有效咳嗽，排出痰液。监测体温，定期执行痰细菌培养和药敏试验，合理使用抗生素，预防肺部感染。必须注意的是，对于肺水肿患者不得勤吸痰，以免加重肺水肿症状；痰液量过多时应做浅表性吸痰，防止深部刺激诱发缺氧，加重肺水肿症状。

7. 感染 发热，白细胞计数升高，血培养结果为阳性。伤口愈合不良，胸骨纵隔感染，感染性心内膜炎，遵医嘱使用抗生素控制感染，伤口积极换药处理。

8. 低心排综合征 是二尖瓣置换术后主要严重并发症，低心排出量综合征主要临床表现有：患者烦躁不安或精神萎靡，呼吸急促，中心性体温高而四肢末梢凉，心率快（>120 次/分），血压低，尿量减少且使用利尿药后效果不佳。低心排的常见诱因有心律失常、短时间内输液过多过快和肺动脉高压。患者一旦发生低心排，应及早治疗。

其护理措施：①控制心率。术后心率过慢导致左心室充盈过度，萎缩的左心室难以承受容积压力；而心率过快使心室充盈不足，易导致有效循环血量不足，两者都会使心功能不全，诱发低心排。因此术后应维持心率在理想范围。②监测出入量。术后短时间内输液过多或过快均会致使左心室过度充盈，导致负荷加重、心肌收缩无力，诱发低心排。术后根据血压、中心静脉压和肺动脉楔压调节补液速度和总量。术后尿量在维持 1～2ml/（kg·h），尿量减少时使用利尿药物，保证尿量满意。③积极处理肺动脉高压。重度肺动脉高压使右心室后负荷增加，导致右心室扩张甚至右心衰竭，而后影响左心收缩功能，并形成恶性循环，因此应积极处理肺动脉高压。对于术前有肺动脉高压者，术后给予药物镇静，防止躁动后增加呼吸肌做功，避免加重肺动脉高压。合理调节呼吸机参数，同时可使用扩张肺动脉药物，以降低肺动脉压力。④急救：一旦发生低心排，抢救应分秒必争。尽早行气管插管术，呼吸机辅助呼吸，防止缺氧对心、脑、肾功能的损害。在使用大剂量多巴胺、肾上腺素、去甲肾上腺素等药物后若血压仍难以维持，应尽早使用主动脉内球囊反搏辅助循环。对于再次气管插管患者，应严密察病情，加强呼吸道管理，适当镇静，延长呼吸机和 IABP 辅助时间，防止病情反复。

十九、二尖瓣置换术术后应进行哪些早期活动？

1. 全麻清醒后，给予患者半卧位，协助患者做下肢轻微抬高活动。

2. 全麻清醒术后第一天，给予患者半卧位，协助患者做臀部左右摆动和下肢抬高、脚踝转动、牵伸等活动。

3. 术后第 2 天，拔出气管插管后，可指导并协助患者增加头部、上肢及上半身活动。

4. 术后第 3 天，未使用血管活性药物或病情允许下，协助患者坐在床沿，再在床旁站立，由他人搀扶在床旁及室内慢走。

5. 术后第 4 天，且病情允许下，由他人搀扶至室外活动。

6. 术后早期下床活动，可减少肺部并发症，促进胃肠蠕动，以利于营养的消化吸收。

7. 术后早期活动，要量力而行，如有不适，可停止或减少强度。禁止患者做扩胸运动。

二十、二尖瓣置换术出院指导包括哪些？

1. 术后 3 个月内充分休息，生活有规律，保证充足睡眠。

2. 保持心情舒畅，避免到人多的场所，预防感冒。

3. 补充营养，忌暴饮暴食，限制盐的摄入，严禁烟酒、咖啡及刺激性食物。

4. 根据心功能情况适当增加活动量，避免劳累、情绪紧张、感染等增加心脏负荷、诱发心力衰竭的因素。

5. 换机械瓣者需终生抗凝，换生物瓣的患者需要抗凝治疗 3～6 个月，应向患者介绍抗凝治疗的必要性，严格定时按需服用，不得随意停用。观察有无牙龈出血、皮下出血、黑便等出血现象。

6. 术后心功能差者，在医师指导下服用强心利尿剂，不得随意增加其他药物，用洋地黄类药物时禁用钙剂，指导患者自测脉搏，并根据脉搏次数决定是否应用洋地黄。服用利尿剂的同时多食含钾丰富食物，如香蕉、橘子等。

7. 复查与随诊。出院后半年内 1～2 周复查凝血酶原 1 次，稳定后 1～3 个月复查 1 次。心功能不全加重时，应立即到医院就诊。

（余　艳）

第十四章　二尖瓣关闭不全

一、二尖瓣关闭不全的定义是什么？

当左心室内血液部分反流到左心房时即称为二尖瓣关闭不全。

二、二尖瓣关闭不全的病因主要有哪些？

1. 风湿性　风湿热造成的二尖瓣瓣叶损害所引起者最多见。

2. 感染性　心内膜炎。

3. 先天性畸形　二尖瓣裂缺、二尖瓣二叶畸形、马方综合征。

4. 退行性病变　二尖瓣环钙化、高血压病、冠脉粥样硬化。

5. 结缔组织病　系统性红斑狼疮、类风湿关节炎、强直硬化性脊椎炎。

6. 机械性　穿透性或闭合性胸外伤、人工瓣膜置换的瓣膜自发性破裂。

7. 其他　各种原因引起的腱索断裂，瓣膜毁损或破裂，乳头肌坏死或断裂、二尖瓣脱垂，左心室扩大。

三、二尖瓣关闭不全的病理性改变有哪些？

1. 二尖瓣瓣叶增厚、挛缩、融合。
2. 二尖瓣腱索增厚、挛缩、融合。
3. 二尖瓣瓣环扩大。
4. 左心房扩大、增厚。
5. 左心室扩大、增厚。
6. 左心衰竭。
7. 右心衰竭。

四、二尖瓣关闭不全的分型有哪些？

1. 按病程长短　可分为急性二尖瓣关闭不全和慢性二尖瓣关闭不全。

2. 按心功能和关闭不全程度　可分为轻、中、重二尖瓣关闭不全。

五、二尖瓣关闭不全的临床表现是什么？

病变较轻，心功能代偿良好者，可长期没有明显的症状。一旦出现有临床症状，则病情进展迅速。

1. 症状

（1）心悸：活动后因心排血量增高及心尖冲动增强引起轻度心悸。

（2）呼吸困难：中、重度二尖瓣关闭不全者，当左心功能失代偿，患者活动后可出现乏力、胸痛、呼吸困难等因心排血量减少导致的症状。随着病情加重，可出现端坐呼吸、夜间阵发性呼吸困难，甚至在晚期出现右心衰竭。

2. 体征

（1）心尖部收缩期杂音是二尖瓣关闭不全最主要的体征，心尖可闻及较粗糙全收缩期吹风样杂音，向左腋下及左肩胛部传导，肺动脉瓣第二音亢进，第一音减弱或消失。

（2）心尖搏动增强，向左下移位，心尖区抬举样搏动及全收缩期震颤。并发肺水肿或右心衰竭时，出现肝大和腹水。

六、二尖瓣关闭不全的辅助检查有哪些？

1. 胸部 X 线检查　胸部 X 线检查可见左心房、左心室均扩大，肺瘀血，肺间质肺水肿征，左心房推移压迫食管，还可见二尖瓣环和瓣膜钙化。

2. 心电图检查 ①轻者心电图正常，常见窦性心动过速。②重度者可出现左心房增大、左心室肥厚和劳损、非特异性 ST 改变、电轴左偏。③常见心房颤动、偶发性室性期前收缩、心房扑动等心律失常。

3. 超声心动图检查 超声心动图检查是检测和定量二尖瓣反流程度最准确的无创性诊断方法。可直接观察瓣叶活动、测量瓣口面积、房室腔大小及左心房内血栓，或测算血流速度、跨瓣压差及瓣口面积。

4. 心导管检查 右心导管检查可显示肺动脉和肺毛细血管压力增高，心排血指数降低。

5. CT/MRI

七、二尖瓣关闭不全的治疗方法有哪些?

1. 内科治疗

（1）无症状、心功能正常者无须特殊治疗，但需要定期随访。每 6～12 个月复查一次。

（2）预防感染性心内膜炎。

（3）风心病预防风湿热。

（4）避免剧烈运动及过度的体力劳动。

（5）心房颤动治疗原则为控制心室率，争取恢复窦性心律，预防血栓栓塞。有体循环栓塞史、超声检查见左心房血栓者，应长期进行抗凝治疗。

（6）心力衰竭患者可用洋地黄类药物和利尿剂，限制钠盐摄入量。

2. 外科治疗 二尖瓣关闭不全症状明显、心功能受影响、心脏扩大时即应手术治疗，手术方法可分为两种。

（1）二尖瓣修复成形术：二尖瓣瓣膜病变轻、活动度好的患者。

（2）二尖瓣替换术：二尖瓣严重损坏，不适宜施行瓣膜修复术的患者。

八、二尖瓣关闭不全的手术指征有哪些?

1. 左心室功能正常的有症状的患者。

2. 左心室功能不全的无症状或有症状的患者。

3. 左心室功能正常的无症状的患者。

4. 心房颤动的患者。

九、二尖瓣关闭不全的术前准备有哪些?

1. 按心外科的一般术前准备

2. 控制心力衰竭 减少患者活动，应用强心、利尿药物增加心肌收缩力并降低心脏负荷。

3. 处理慢性感染病灶 对慢性病灶要积极治疗，以防术后感染性心内膜炎的发生。

4. 营养支持 对营养不良甚至心源性恶病质者，积极加强营养支持，术前输注适当的新鲜血或血浆，必要时用少量糖皮质激素增加食欲，改善全身状况。

5. 合并心外疾病的处理 对合并糖尿病、甲状腺功能亢进、消化道溃疡的患者，术前要控制好血糖及甲状腺功能亢进等。

十、二尖瓣关闭不全术后循环系统的监测与护理措施有哪些?

1. 术后持续予心电监护，监测各项生命体征，密切观察患者心率、心律、血氧饱和度的变化，监测动脉血压及中心静脉压，控制心率在 80～100 次/分，收缩压在 90～120mmHg，右心房压在 8～12mmHg，左心房压在 15mmHg 为宜。

2. 根据病情变化，术后应合理联合应用血管活性药物，以提高心肌收缩力，减轻心脏负荷，降低心肌耗氧，促进心脏功能恢复和改善组织灌注。血管活性药物运用微量注射泵输注，确保药量精确，并根据体征随时调节用量。

3. 补充血容量以输注全血或血浆为主，尽量限制晶体入量，当红细胞比容达 0.35～0.40 时，以输注血浆为主，或输注红细胞或全血。

4. 同时密切观察患者神志、末梢循环、每小时尿量、四肢活动情况。

十一、二尖瓣关闭不全术后呼吸系统的监测与护理措施有哪些?

1. 呼吸机辅助呼吸是体外循环心脏手术后呼吸道护理及呼吸功能维持的一项重要措施。根据血气分析结果，调节呼吸机参数，维持酸碱平衡。

2. 辅助通气期间应给予充分镇静，加强气管护理，预防呼吸机相关性肺炎。加强口腔护理，及时清除呼吸道和声门下分泌物，掌握吸痰指征和正确有效的吸痰技术，严格无菌操作，吸痰前后给予 100%纯氧 3 分钟，每次吸痰时间不超过 15 秒，并监测血氧饱和度，如有异常应立即停止吸痰操作。

3. 协助患者取半卧位，床头至少抬高 30°。妥善固定气管插管并注明插入深度，每班交接，防止滑脱。

4. 采用主动气道湿化，协助患者拍背排痰，保持呼吸道通畅。

5. 对于肺动脉高压的患者，适当应用 PEEP 5～8cmH_2O，并延长呼吸机支持时间，应用芬太尼、力月西镇静，必要时加用肌肉松弛剂等保持患者安静，防止缺氧，以减轻心肺负荷，改善心肺功能。对于心力衰竭的患者，也应适当延长呼吸支持时间，帮助患者心肺功能的恢复。

6. 患者神志清楚，病情稳定，自主呼吸增强，肌力恢复，血气分析结果满意，可脱机拔管，拔管前做好解释工作，注意观察拔管前后患者的意识、循环及血气的变化，确保平稳过渡。

十二、二尖瓣关闭不全术后心律失常的防治与护理措施有哪些?

1. 手术操作、主动脉阻断、心肌缺血等可造成心肌损伤、血容量不足、动脉压低等，从而导致冠状动脉灌注不足、电解质紊乱、酸碱失衡，以及术后各种血管活性药物应用、应激引起的体内儿茶酚胺增高等因素，均可引起心肌自律性增高和（或）因心肌不应期 QT 离散度的增加形成折返而导致心律失常的发生，术后常见的心律失常有心动过缓、室上性心动过速、室性期前收缩及室性心动过速、心室颤动等。

2. 心律失常的护理应以预防为主，防治措施主要为积极处理低心排出量综合征，纠正低氧血症和电解质紊乱等诱因，使血钾维持在 4.0～5.0 mmol/L 为宜。

3. 术后应严密观察患者病情变化，尽早发现心律失常的原因和诱因，持续心电监护，随时监测患者心率、心律，做好记录，定期监测电解质，如发现异常，立即汇报医师进行处理。

4. 术中常规放置心外膜临时起搏导线，术后心动过缓或伴有室性期前收缩者，可通过调整起搏心率在 90～110 次/分，控制室性期前收缩的出现，并能维持心排血量。对于使用临时起搏器的患者，应确保起搏器在工作状态，调节好参数，保持导联线与接头连接紧密，防止脱出影响效果，并床边备好电池便于更换。

十三、二尖瓣关闭不全术后应如何维持水、电解质及酸碱的平衡?

1. 体外循环的预冲液及体外循环中非生理性循环灌注使术后细胞外液量增加，因此术后必须严格控制晶体入量，以减轻肺、心等重要器官组织间质的水肿，改善心功能。

2. 术前患者长期应用利尿剂，体内总体钾水平偏低，加上体外循环的影响和术后利尿作用，常导致术后发生低血钾，引起严重的心律失常。在补充血清钾的同时，要适当补充钙和镁，并根据化验结果及时调整。

3. 营养不良，心功能差的患者常出现低钠，如不及时纠正可引起低钠综合征。

4. 术后酸碱平衡的紊乱以代谢性酸中毒、代谢性碱中毒及呼吸性碱中毒多见，有时合并存在。对于酸碱平衡的紊乱，在消除原发病因的基础上，用药物等纠正，应复查血气结果，直到正常为止。

十四、二尖瓣关闭不全术后应如何进行抗凝治疗及护理？

1. 除植入无支架的同种或自体瓣膜术后不需要抗凝治疗以外，应用目前任何一种人造瓣膜二尖瓣置换术后都需要抗凝治疗，但抗凝方法及时间长短有别。生物瓣膜置换术后抗凝6个月，如合并心房颤动，则最好终身抗凝。当人工瓣膜植入心脏后，作为一种异物，会启动血液的凝血功能，形成血栓。因此所有接受机械瓣膜置换的患者，术后应终生抗凝。

2. 一般引流管拔除后即开始抗凝治疗，一般为术后第3～4天，开始服用华法林，首次剂量为5.0～7.5mg，第2天5mg，第3天根据测定的凝血酶原时间（PT）决定用药量，大多数患者的华法林用量为1.875～3.75mg，要求PT为正常对照值的1.5～2倍，调整药量使PT稳定一般需要7～10天。对于有胸管、气管插管或气管切开的患者，可延长抗凝治疗的开始时间，直到拔除这些管道后才开始抗凝。

3. 如因抗凝不当导致栓塞或出血等并发症则会严重影响患者的预后。因此详细反复向患者及家属说明抗凝的目的及必要性。口服华法林抗凝应根据凝血酶原时间及活动度的动态变化调整剂量。华法林一般在口服后24小时才发挥作用，36小时达高峰。因此，PT测定最好在36小时后进行。在服药期间，做好相关的药物指导，告知坚持服药重要性，用药期间应观察有无出血征象。一般晚上服用为宜，一旦忘记服药，发现后不论何时，应立即原剂量补服，且要连续3天在该时刻服药，以后每次提前或推迟2小时，连续3天，一直调整到患者方便的时间。

4. 减少或避免对抗凝药物的干扰，如需用药，应在专科医师的指导下进行（增加抗凝作用的药物：阿司匹林、苯巴比妥、双嘧达莫、吲哚美辛、氯霉素等；减弱抗凝作用的药物：维生素K及止血药，避免食用过多的深绿色蔬菜，因含维生素K较多），避免影响抗凝效果。若出现牙龈出血、皮下瘀血或穿刺点长时间出血，及时告知医务人员。观察有无血栓形成，注意患者的神志、四肢活动情况，发现异常应及时与医师联系，以便调整抗凝药物的剂量。

十五、二尖瓣关闭不全术后并发症的观察与护理措施有哪些？

1. 低心排综合征 是二尖瓣置换手术后主要的并发症，常见的原因有心肌收缩无力、代谢性酸中毒、严重心律失常、严重肺动脉高压等。低心排综合征的处理主要是先查明原因，在消除病因的同时采取必要的治疗措施。其主要的治疗措施包括根据右心房压力、肺毛细血管楔压，补充足够的循环血容量；对心肌收缩无力者，常规应用血管活性药物，增强心肌收缩力。如心动过缓，可应用异丙肾上腺素提高心率，或应用临时心外膜起搏器增加心率。同时应用小剂量血管扩张药物，减轻心脏的前后负荷。对严重肺动脉高压者，应用前列腺素 E_1 以扩张肺动脉为主的药物。严重心力衰竭时，可应用主动脉内球囊反搏等纠正心力衰竭。定时查血气分析，及时纠正酸碱失调。肾功能不全或肾衰竭时，可进行腹膜透析或血液透析。

2. 血栓栓塞 是瓣膜置换术后严重的并发症，诱因主要有抗凝不当、心房颤动、巨大左心房及左心功能下降等，人工瓣膜上血栓形成可发生急性肺水肿。血管栓塞以脑栓塞最为常见，冠状动脉、四肢血管、肾动脉及肠系膜动脉等也可发生。术后应注意观察有无栓塞和血栓形成征象，严密观察患者的意识、瞳孔、肢体活动、四肢皮温、动脉搏动等情况，及时发现问题，及时处理。对反复出现血栓栓塞并表明与人工瓣膜有关者，应考虑重新换瓣。

3. 出血 接受抗凝治疗的患者，因口服抗凝剂过量，可导致出血，如患者有消化道溃疡、慢性结肠炎、肝病等，可使出血加重。一旦发现明显的出血，应立即停用抗凝剂；严重出血者，应静脉注射维生素 K_1 拮抗剂，并针对出血病灶采取相应的治疗措施。做好心包、纵隔引流管的护理，定时挤压引流管，确保引流通畅，观察并记录引流液的性状和量，如出现引流量＞200ml/h且连续3小时，色泽鲜红，或有较多血细胞凝集块时，应通知医师，给予止血药物或输注血小板、凝血因子等，必要时需再次手术止血。

4. 人工瓣膜功能障碍 按临床特点可分为急性功能障碍和慢性功能障碍两类，按发病机制可分为内源性因素功能障碍和外源性因素功能障碍。内源性因素功能障碍是指人工瓣膜本身质量因素造成的功能障碍，瓣叶支柱变形断裂是主要原因，而支柱的变形与瓣膜制作工序、接受心瓣膜置换术患者的年龄、瓣膜大小及置入的部位密切相关。外源性因素已成为目前机械瓣膜急性功能障碍的主要原因，常见的有腱索卡瓣、线结过长卡瓣、瓣叶残边卡瓣、瓣下残留组织卡瓣和人工瓣颠倒置入。人工心脏机械瓣膜置换术后的患者如突然出现胸闷、心悸、气促、呼吸困难、发绀等临床表现，心脏瓣膜听诊二尖瓣和主动脉瓣膜区金属瓣膜音不清脆或消失，尤其在出现心源性休克、急性左心衰竭时，要高度怀疑人工心脏机械瓣功能障碍，必须行急诊床旁超声心动图检查，明确人工瓣膜功能状态。人工心脏机械瓣膜功能障碍最有效的治疗方法是争取时间尽快（急诊）再手术。

5. 人工瓣膜心内膜炎　是人工瓣膜置换术后最严重的并发症之一，其病理改变可因机械瓣或生物瓣不同而异，而且随感染发生的时间不同而有不同的病理过程。感染发生于术后 12 个月内，称为早期心内膜炎，其主要原因为术中污染所致；感染发生于术后 12 个月以后，称为晚期心内膜炎，主要为血源性传播引起，多为链球菌或葡萄球菌感染所致。术后应注意观察患者有无持续性发热，对术后发热的患者，应引起高度的重视，进行全面检查。怀疑人工瓣膜心内膜炎时，应用抗生素之前首先进行血培养，必须采用广谱抗生素，以覆盖尽可能多的菌株。如细菌培养阴性，并有高度怀疑人工瓣膜心内膜炎时，广谱抗生素应至少应用 6 周。细菌培养阴性时，应考虑霉菌、支原体或脲原体属细菌，后者需做血浆学检查才可检出，在内科治疗过程中，必须严格监护如出现心力衰竭、传导系统障碍，以及合并瓣环脓肿、瓣周漏或窦道形成，仅用抗生素治疗，死亡率很高，必须进行手术。

6. 瓣周漏　常因缝线撕裂瓣环，缝合位置不当或使用型号不匹配的人工瓣膜所致，瓣周漏可表现为心尖部全收缩期杂音，有时呈喷射性，偶尔可无明显杂音，彩色多普勒心动图有助于明确诊断，必要时可行左心室造影。瓣周漏患者如有心力衰竭症状、溶血或瓣周感染，应予手术治疗。

7. 其他并发症　左冠状动脉回旋支损伤、主动脉瓣损伤、左心室流出道梗阻、急性肾衰竭等。

十六、二尖瓣关闭不全术后的出院指导有哪些？

1. 注意休息，劳逸结合，避免过重体力活动。术后 3 个月以休养为主。术后 3～6 个月根据心功能、体力情况，进行适当的室内和室外活动，要量力而行，循序渐进，以不引起心慌、气短为度。术后一年内避免体力劳动、剧烈运动和外伤等。

2. 讲究卫生，注意保暖，尽量避免到人多、灰尘大的地方，必要时应戴口罩。注意室内空气调节，预防上呼吸道感染。

3. 加强营养，少食多餐，避免过量进食加重心脏负担。心功能不全者应控制水分的摄入，饮食中适量限制钠盐，每天以 10 克（2 钱）以下为宜，切忌食盐腌制品。多进高蛋白、高热量、高维生素、易消化饮食，禁烟酒。保持大便通畅，多食粗纤维饮食，必要时给予缓泻剂。

4. 按医嘱服用华法林，强心利尿药物，辅助心功能恢复。

（1）服用洋地黄类药物时注意每次服药前应监测心率的变化，脉搏要数够一分钟，必要时需听心率，如婴儿脉搏小于 90 次/分，年长儿心率小于 70 次/分，成人心率小于 60 次/分，应暂时停药并咨询医师何时开始服药。服用洋地黄类药物期间禁止服用钙剂。如果服药期间有出现视物变黄或变绿，以及心慌、恶心、呕吐等不适，应及时与医师联系。

（2）服用抗凝药物时注意抗凝药物是换瓣手术后的巩固治疗，注意预防出血和栓塞。应详细介绍药物的作用及不良反应，让患者了解查凝血酶原时间的意义和服药的重要性，告诫他们不能擅自停用抗凝剂，介绍其他药物与饮食对抗凝剂的影响。定期测定凝血酶原时间，用药期间应观察有无出血征象。若出现牙龈出血、黑便、皮下瘀斑、鼻衄、血尿、头晕、晕厥、偏瘫或突发性胸闷，应立即停药，及时到医院就诊找出病因。

（3）服用利尿药时，应鼓励患者食用含钾丰富的食物，如橘子、菠菜、香蕉、苋菜等，并注意观察尿量，避免出现低钾血症；如果有四肢无力、腹胀、心音低钝、心律失常等应马上与医师联系采取有效措施。

（4）应用血管扩张剂时注意改变体位时不应过快，以防发生直立性低血压。

5. 青年女性术后 6 个月至 1 年复查心功能良好，可以结婚生育，一般术后 1～3 年妊娠为宜。但孕期必须定期在条件较好的医院进行产前检查。若妊娠反应重，应住院治疗。产期必须住院分娩。并说明服用抗凝药物对胎儿一般无不良影响，很少有致畸的可能。但如果术后 1 年心功能Ⅲ级者，则不应生育。同样，男性患者术后心功能良好者可以过正常的家庭生活。

6. 心房颤动的患者不宜做剧烈活动。定期复查，如有不适及时和医院联系。

（余　艳）

第十五章　主动脉瓣狭窄

一、主动脉瓣狭窄的定义是什么？

主动脉瓣狭窄是由于先天性瓣叶发育畸形或者风湿性病变侵害主动脉瓣致增厚粘连、瓣口狭窄。

二、主动脉狭窄的病因主要有哪些？

1. 先天性畸形　二叶畸形常见。

2. 风湿性　风湿热累及主动脉瓣。

3. 感染性　心内膜炎。

4. 退行性病变　主动脉瓣钙化。

5. 代谢性

6. 其他　赘生物堵塞瓣口。

三、主动脉瓣狭窄的病理性改变有哪些？

1. 瓣叶增厚、粘连、融合、钙化。

2. 瓣口狭窄。

3. 瓣口面积缩小。

4. 跨瓣压增大。

5. 左心室肥厚。

四、主动脉瓣狭窄的分型有哪些？

正常主动脉瓣口面积超过 $3.0cm^2$。按照狭窄的程度可将主动脉瓣狭窄分为：①轻度狭窄（瓣口面积≥$1.5cm^2$）；②中度狭窄（瓣口面积 $1.0\sim1.5cm^2$）；③重度狭窄（瓣口面积≤$1.0cm^2$）。

五、主动脉瓣狭窄的临床表现是什么？

1. 症状

（1）轻度无明显症状。

（2）晕厥：常在劳动后或突然从平卧位转变为直立位时，出现眼前发黑或短暂意识丧失。

（3）心绞痛：多在夜间睡眠时及劳动后发生。60%有症状患者，常由运动诱发，休息后缓解。发生于劳累后，也可发生在静息时，表明与劳累和体力活动不一定有关。

（4）呼吸困难：常是心功能不全的表现，常伴有疲乏无力。随着心力衰竭的加重，夜间可出现阵发性呼吸困难、端坐呼吸、咳粉红色泡沫痰。

（5）猝死：多数病例猝死前常有反复心绞痛或晕厥发作，但也可为首发症状。其发生的原因可能与严重的、致命的心律失常，如心室颤动等有关。

2. 体征　在主动脉瓣听诊区可听见粗糙喷射性收缩期杂音，常伴有可触及的收缩期震颤。大多数杂音向颈部传导，少数向心尖部传导。有些患者可听到第四心音奔马律。

六、主动脉瓣狭窄的辅助检查有哪些？

1. 胸部 X 线检查　左心室增大，升主动脉扩张。在侧位透视下可见主动脉瓣钙化。晚期可有肺瘀血征象。

2. 心电图检查　左心室肥厚及劳损。其他可有左心房扩大、电轴左偏、T 波改变、房室阻滞、心房颤动或室性心律失常。

3. 超声心动图检查　是明确诊断和判定狭窄程度的重要方法。二维超声心动图，可以探测主动脉瓣异常，显示瓣膜形态及活动度，测量瓣口及房室大小，有助于确定病因。多普勒检查通过测量主动脉瓣的最大血流速度，可计算跨膜压差，瓣口面积，定量狭窄程度。

4. 心导管检查 左心导管检查可测定左心室-主动脉压力阶差，左心室造影示主动脉瓣口狭窄及狭窄后主动脉扩张。

七、主动脉瓣狭窄的治疗方法有哪些？

1. 内科治疗

（1）无症状、轻度者，2年复查一次，中、重度者6～12个月复查一次。

（2）预防感染性心内膜炎。

（3）避免剧烈运动及过度的体力劳动。

（4）频发室性期前收缩给予抗心律失常药。

（5）心绞痛时可用硝酸酯类药物。

（6）心力衰竭患者可用洋地黄类药物和利尿剂，限制钠盐摄入量。

2. 手术治疗

（1）经皮穿刺主动脉瓣球囊分离术。

（2）直视下主动脉瓣交界分离术。

（3）主动脉瓣瓣膜替换术。

八、主动脉瓣狭窄的手术适应证有哪些？

1. 绝对适应证

（1）重度主动脉瓣狭窄且有临床症状的病例。

（2）需行冠状动脉旁路术，同时伴有重度主动脉瓣狭窄的病例。

（3）需行主动脉手术或其他瓣膜手术，同时伴有重度主动脉瓣狭窄的病例。

2. 相对禁忌证

（1）需行冠状动脉旁路术，主动脉手术或其他心瓣膜手术，同时伴有中度主动脉瓣狭窄的病例。

（2）对于重度主动脉瓣狭窄，但无临床症状的病例，若有如下临床表现，可以考虑手术治疗。

1）左心室收缩功能异常。

2）对运动状态有异常反应（如低血压）。

3）左心室严重肥厚（≥15mm）。

4）主动脉瓣口面积＜$0.6cm^2$。

九、瓣膜置换术应如何选择合适的瓣膜类型？

生物瓣血流动力学特性优良，无须终生抗凝是其最大的优点，但植入体内后会逐渐发生钙质沉着及瓣叶衰退、破损等。主动脉瓣位置的生物瓣平均寿命约为10年，故仅适用于65岁以上的老年病例，或有生育要求的育龄妇女。对于其余病例，应采用人工机械瓣做主动脉瓣置换。

十、主动脉瓣狭窄的术前准备有哪些？

术前按心外科一般常规护理，但还需注意以下几点。

1. 重度主动脉瓣狭窄患者的需维持良好的循环状态，这对防止发生心脏骤停尤为重要。硝酸甘油会降低前负荷、β阻滞剂会降低心率和增加左心室舒张末容量，在主动脉瓣狭窄合并心肌缺血表现的患者中这些药物的使用要谨慎，避免发生低心排综合征。

2. 心率应控制在 70 次/分左右。心率过慢会限制心排血量，而心率过快则减少冠状动脉灌注和缩短心脏射血时间。主动脉瓣狭窄患者由于左心室舒张末压增高，协调的房室收缩对维持心排血量极为重要，突然发生心房颤动会明显影响心排血量，此时往往需要电击复律。

3. 有心绞痛症状者须与冠心病鉴别，有如下情况应考虑行冠状动脉及左心室造影检查：年龄

≥60 岁，或怀疑合并冠心病，以及有冠心病高危因素的病例；无创检查未能明确主动脉瓣狭窄程度或左心室功能状况的病例；无创检查资料与临床表现不符者。

十一、主动脉瓣置换术后应如何进行循环系统的监测与护理？

1. 加强观察患者心率、心律、血氧饱和度、体温、中心静脉压与病情变化，监测患者皮肤的颜色、温度、动脉波形、口唇、甲床的情况，判断有无血容量不足、低心排等并发症的发生。

2. 密切注意观察皮肤、末梢循环及尿量等变化，减少循环波动，避免血压忽高忽低，保持血压在稳定范围内。

3. 维持水、电解质和酸碱平衡，使钾离子维持在 4.0～5.0mmol/L，防止心律失常的发生。

4. 左心室明显肥厚的患者，由于心肌顺应性差，术后早期要维持较高的充盈压才能有合适的前负荷和每搏量，通常左心房压须大于 15mmHg。要注意的是此类患者的充盈压对容量较为敏感，甚至少量的容量补充也会使充盈压有明显的上升。患者需依据的病情及有无并发症、中心静脉压高低来决定单位时间液体入量、输液速度来维护心功能。如中度、重度心功能不全患者往往需严格控制入量和输液速度来维护左心功能，以防发生肺水肿、心力衰竭等。一般补液需根据出量（即尿量、各管道引流量、汗液丢失量、呕吐量等相加），量出为入，既不能限制入量导致有效血容量不足，也不能过多过快的补充液体，加重心功能不全，术后 24 小时出入量应基本呈平衡状态。

5. 瓣膜置换术后常规应用低剂量多巴胺和硝普钠来支持心功能，维持收缩血压在 100～110mmHg，平均动脉压 80mmHg（指非高血压患者，高血压患者收缩压不应高于 140mmHg）。如果需要应用大剂量多巴胺时仍然不能维持理想的血压，那么往往提示心功能状态较差，要加用多巴酚丁胺，甚至米力农、肾上腺素。必要时应用去甲肾上腺素。

十二、主动脉瓣置换术后应如何进行呼吸系统的监测与护理？

1. 妥善固定气管插管，防止插管脱出，保持呼吸道通畅。适当加约束带约束，并拉起床栏，避免发生意外损伤。

2. 在应用呼吸机辅助呼吸时，根据血气分析结果，及时调整呼吸机参数，彻底清除呼吸道分泌物，加强湿化，防止肺部并发症，密切观察胸部 X 线片变化。

3. 术后应按需吸痰，避免由于频繁吸痰造成气管黏膜损伤而增加感染机会。吸痰应由浅入深，以免将气管外部的痰带入气管内。吸痰管大小合适，插入深度不应超过气管插管终端 0.5cm 以外，每次吸痰应不超过 15 秒，避免在气管内反复上下提插或深部停留。吸痰前后应给患者纯氧吸入，增加氧储备。不恰当的吸痰会因为缺氧或交感神经兴奋导致心律失常、急性心功能衰竭或心脏骤停。定时行气管内雾化，以便于痰液吸出。

4. 根据患者的具体情况尽早拔除气管插管，除了病情危重或体质很差的病例，即使有明确的拔管指征，也应适当延长呼吸机使用时间。拔除气管插管前都要进行脱机自主呼吸试验。拔除气管插管后，则给患者定时运动治疗，并鼓励患者自主咳嗽、咳痰．必要时超声雾化吸入，机械排痰机深度排痰等。拔管后 24 小时着重观察患者的呼吸状况，观察有无呼吸急促、发绀等呼吸困难表现。

十三、主动脉瓣置换术后还应重点观察哪些监测指标？

1. 维持水、电解质及酸碱平衡 患者往往因术前禁食、长期利尿、体外循环的血液稀释、创伤、应激等因素，导致电解质紊乱。严重低钾血症可引起恶性心律失常，因此术后应定时抽血查血气分析、血生化，以便及时发现电解质紊乱的情况。血清钾一般维持在 4.0～5.0mmol/L，应当遵循“见尿补钾”的原则，补钾的同时还应注意补镁；同时注意血气有无酸碱失衡的发生，及时发现，及时纠正。术后在补充充足的血容量后，严格控制入量，每小时总结出入量的情况。

2. 泌尿系统的观察与护理 由于低血压及体外循环的打击，要严密观察肾功能的变化，观察尿量和尿色，使尿量维持在 1.0ml/（kg·h）。如出现血红蛋白尿、茶色尿、酱油尿等要及时通知医师，及时给予利尿、碱化尿液等措施防止肾损伤。

3. 神经系统的观察与护理 及时观察神志、瞳孔、语言及肢体运动情况，及时发现并处理脑出血或栓塞。

4. 抗凝治疗的护理 凡置换机械瓣者，需终生抗凝治疗；选用生物瓣者一般抗凝3～6个月即可。服用抗凝剂期间，定时进行凝血酶原时间及活动度的测定，观察有无出血或渗血、皮炎、发热、恶心、呕吐、肠痉挛、腹泻等。一旦出现上述症状应立即通知医师，并遵医嘱减量或停药、抽血、查凝血酶原时间及活动度来调整用药剂量。长期服药的患者如需拔牙或接受其他手术，应在术前暂停抗凝药2天，以防出血。如与其他药同时服用时，无论是增加或减少抗凝药的用量均需在医师的指导下进行服药。

5. 营养支持 术后禁食期间，适当给予静脉营养及肠内营养，拔除气管插管后6小时，无恶心、呕吐时，可试饮少量温开水。以清淡易消化食物为主，避免暴饮暴食，少量多餐，供给富含维生素及含钾高的蔬菜和水果。有较严重心力衰竭、浮肿，应严格控制食盐的摄入。术后3～4天根据病情应适当的控制摄入量，以减轻心脏负担，利于术后恢复。鼓励患者进高热量、高蛋白、维生素、易消化饮食，注意少食多餐，切勿过饱。

6. 引流管的护理 做好管道的护理，保证各种管道通畅，严格无菌操作。注意观察记录心包、纵隔引流液的颜色、性质的量。术后应每15～30分钟挤压引流管1次，持续低负压吸引，确保引流管通畅，妥善固定，防止管口被血凝块堵塞。如果发现引流量＞4ml/（kg·h）时，需要报告医师，查明原因，及时处理。

十四、主动脉瓣置换术后并发症的观察与护理有哪些？

主动脉瓣置换术后的并发症主要有脑缺氧和脑水肿、心功能不全、低心排综合征、心律失常、电解质紊乱、出血、瓣周漏、瓣膜失灵、栓塞、肺动脉高压、感染，应严密监测，及时发现，及时处理。

1. 脑缺氧和脑水肿 由于术中或术后的低血容量性休克、体外循环等均可引起脑缺氧而致脑细胞损伤、脑水肿，术后应严密观察神志、瞳孔变化、肢体活动情况，有无头痛、躁动、嗜睡等异常表现。

2. 出血 体外循环所致患者凝血机制紊乱，灌注期间使用肝素未完全中和或肝素反跳；术中止血不彻底或缝合欠妥等，都可导致术后出血，术后每小时引流液量＞4ml/（kg·h）时，需积极给予止血处理，效果欠佳者，需再次开胸止血。

3. 心律失常 换瓣术后，由于麻醉药物的影响、手术创伤、体外循环、缺血、低温、血容量不足、电解质紊乱、酸碱平衡失调等都是术后发生心律失常的原因。最常见的心律失常为室性期前收缩、心房颤动、心动过缓、心房扑动、阵发性室上性心动过速等，护士一定要熟悉上述心律失常的心电图波形，以便能及时发现异常并向医师报告。使用抗心律失常药物时，要严密观察心率、心律、血压、意识变化，严格掌握药物剂量、浓度、速度、给药总量、给药途径，观察药物的疗效及毒副作用。

4. 低心排综合征 临床主要表现为血压下降、中心静脉压升高、尿量减少、脉搏细数、烦躁不安、肢体湿冷、缺氧等。一旦判断明确，应立即通知医师，并遵医嘱运用多巴胺、多巴酚丁胺强心，适当控制液体速度，减轻后负荷，做好对症处理。

十五、主动脉瓣狭窄行经导管主动脉瓣植入术的患者，术后放置临时起搏器的观察与护理有哪些？

导管主动脉瓣植入术后由于心脏瓣膜支架的直接和间接压迫，患者可能发生暂时或永久性传导阻滞。术后常规安置临时起搏器，一般由右侧颈内静脉植入临时起搏器，术后保证头部相对制动，但不限制体位，妥善固定起搏器外鞘管，防止因起搏电极接头过大及颈部活动牵拉引起电极脱位。必要时拍摄X线片确定电极位置，每天更换穿刺部位贴膜，妥善固定导线，观察导线外露部分，观察心电图及心电监护仪，保证起搏器感知、带动等功能正常，术后3～5天经动态心电图检查无异常后可拔除。对高度依赖起搏器患者，床边备用阿托品、异丙肾上腺素、起搏器电池，必要时配合医师及时植入永久性起搏器。

十六、主动脉瓣狭窄行经导管主动脉瓣植入术的患者，术后并发症的观察与护理措施有哪些？

1. 脑卒中 导管主动脉瓣植入术由支架瓣膜上的血栓形成并脱落可致，动脉壁粥样硬化物质脱落亦可栓塞脑动脉导致脑卒中的发生，其表现为局灶性神经功能的缺失，护士应密切观察患者的神志、言语、瞳孔大小及对光反射，观察肢体感觉及活动情况，必要时评估患者肌力，发生异常及时通知医师，行CT、磁共振等检查，明确病变部位及严重程度。维持术后患者血压应不低于术前血压20～30mmHg水平。出现瞳孔对光反应迟钝、神志模糊时，应及早保护脑组织，头部予冰袋保护，应及早给予脱水药物如甘露醇、甘油果糖等。

2. 皮下血肿 由于导管主动脉瓣植入手术需要穿刺股动脉等输送主动脉瓣，术后沙袋移位、过早活动、卧位不当、穿刺侧肢体加压、包扎力度不够均会导致穿刺侧局部出血及皮下血肿。因此术后护理人员应嘱患者平卧位，穿刺血管侧肢体伸直制动8小时，未使用血管闭合器的股动脉，需正确放置1千克沙袋，压迫时间为12小时；使用血管闭合器的患者，沙袋压迫时间为6小时。撤除沙袋后听诊有无血管杂音，撤除沙袋4小时后，抬高床头15°，可进行床上活动。密切观察患者血压，穿刺处及伤口有无渗血，皮下组织的致密程度，观察有无皮下血肿及硬结形成，并做好标记。观察双侧足背动脉搏动是否良好、对称，肢端温度、感知及活动是否正常。如发现穿刺部位有渗血及血肿、足背动脉搏动消失，应立即汇报医师。

3. 急性左心衰竭 观察患者生命体征的变化，注意患者术后有无胸闷、气促、呼吸困难等症状。听诊双肺呼吸音，观察心力衰竭指数（钠尿肽）。发生急性左心衰竭时，遵医嘱给予患者面罩吸氧、半卧位及有关药物治疗，做好患者24小时尿量的观察，及时监测动脉血气的变化，防止患者出现电解质紊乱；并及时听诊患者肺部，评估患者心力衰竭症状是否缓解。

4. 股动脉、股静脉栓塞 患者的血管因素、术中对股静脉进行反复穿刺，破坏股静脉内皮结构、术中送鞘管时，鞘管选择过粗等均可导致出现股动脉、股静脉的栓塞。处理措施：术前保护好血管，禁止股动脉和股静脉采血，术前当天用油性笔标示好足背动脉搏动最明显处，以便术后观察足背动脉搏动情况，除此之外，还应观察皮肤颜色及皮温是否正常、下肢有无疼痛及感觉障碍。如术后患者出现术肢肢端苍白、厥冷，可解除止血绷带，予暖风机保暖。行床旁股静脉B超，及时按医嘱予尿激酶溶栓治疗、皮下注射低分子肝素钠，并限制患者术肢活动，绝对卧床休息。

5. 出血 主要原因为股静脉穿刺、术中肝素化、躁动、术肢过早活动；术后按压止血方法错误。处理措施：①24小时内严密观察穿刺口有无出血及局部有无血肿，术肢须伸直制动8小时，烦躁不配合时按医嘱予镇静处理。因术侧肢体长时间保持同一姿势，患者会有患肢紧绷感、麻木、肌肉痉挛、疼痛等不适，护士可为患者做腿部及足部按摩，减轻其不适感。②术后拔除鞘管后应顺着血管方向用纱布按压穿刺点，直至出血停止或减少，用无菌纱布覆盖穿刺口后，可用压力绷带呈交叉法加压包扎，注意包扎时纱布不能移位，力度适中。

6. 瓣周漏 术后瓣周漏程度与主动脉瓣膜的钙化严重程度显著相关，而支架瓣膜贴壁不佳或支架瓣膜直径较小，也可引起瓣周漏。术后密切监测瓣膜的工作状态及瓣膜反流情况，早期每天行床旁超声心动检查，以评估术后主动脉瓣的狭窄程度、心功能及血流动力学情况。对严重的瓣周漏引发的血流动力学异常，如术后出现呼吸困难、咳嗽、咳粉红泡沫痰等急性左心力衰竭症状，必要时应用球囊重新扩张、调整装置重新定位或装入“瓣中瓣”进行治疗。

7. 主动脉瓣反流 重视患者主诉，听诊患者的心脏杂音情况，适时进行心脏彩超，判断主动脉反流程度，协助医师及时处理，必要时准备再次手术。

（余 艳）

第十六章　主动脉瓣关闭不全

一、什么是主动脉瓣关闭不全?

主动脉瓣关闭不全是指因主动脉瓣和瓣环,以及升主动脉的病变导致主动脉瓣在左心室舒张期关闭不合严重，造成血液由主动脉反流入左心室。

二、主动脉瓣关闭不全的病因有哪些?

1. 主动脉瓣疾病。风湿、感染性心内膜炎、先天畸形、主动脉瓣黏性变性。

2. 主动脉根部扩张。梅毒性主动脉炎、马方综合征、强直性脊柱炎、特发性升主动脉扩张、严重高血压或动脉粥样硬化。

3. 急性感染性心内膜炎。

4. 创伤。

5. 主动脉夹层分离。

6. 人工瓣膜破裂。

三、主动脉瓣关闭不全的临床表现包括哪些?

通常情况下，主动脉瓣关闭不全患者在较长时间内无症状，即使明显主动脉瓣关闭不全者到出现明显的症状可长达 10～15 年；但一旦发生心力衰竭，则进展迅速。

1. 心悸　心脏搏动的不适感，尤以左侧卧位或俯卧位时明显。

2. 呼吸困难　劳力性呼吸困难，随着病情的进展，可出现端坐呼吸和夜间阵发性呼吸困难。

3. 胸痛　可在活动时和静息时发生，持续时间较长，对硝酸甘油反应不佳。

4. 晕厥　当快速改变体位时，可出现头晕或眩晕。

5. 其他症状 疲乏，活动耐力显著下降，过度出汗等；急性主动脉瓣关闭不全时，可很快发生急性左心衰竭或出现肺水肿。

四、主动脉瓣关闭不全的患者会出现哪些周围血管征?

1. 水冲脉（water hammer pulse）。

2. 枪击音（pistol shotsound）。

3. 动脉双重杂音（Duroziez 征）。

4. 毛细血管搏动（Qumcke 征）。

5. 点头征（DeMusset 征）。

6. 脉压差增大。

五、主动脉瓣关闭不全临床上可分为几期?

主动脉瓣关闭不全临床上共分为四期：起始期、进展期、无症状期、有症状期。

六、主动脉瓣关闭不全的常用辅助检查包括哪些?

1. X 线检查。

2. 心电图检查。

3. 超声心动图检查。

4. 放射性核素检查。

七、主动脉瓣关闭不全的治疗方法有哪些?

1. 内科治疗　避免过度的体力劳动及剧烈运动，限制钠盐摄入，使用洋地黄类药物、利尿剂及血管扩张剂，特别是血管紧张肽转化酶抑制剂，有助于防止心功能的恶化。

2. 手术治疗 包括瓣膜置换术与瓣膜成形术，手术方式采用微创手术或开放手术。人工瓣膜置换术是治疗主动脉瓣关闭不全的主要手段，应在心力衰竭症状出现前施行。左心室功能正常期间不必急于手术；可密切随访，至少每6个月复查超声心动图1次。一旦出现症状或左心室功能不全或心脏明显增大时即应手术治疗。

3. 急性主动脉瓣关闭不全的治疗 严重的急性主动脉瓣关闭不全迅速发生急性左心功能不全，肺水肿和低血压，极易导致死亡，故应在积极内科治疗的同时，及早采用手术治疗，以挽救患者的生命。术前应静脉滴注正性肌力药物如多巴胺或多巴酚丁胺，以及血管扩张剂如硝酸甘油、硝普钠，以维持心功能和血压。

八、主动脉瓣关闭不全患者的术前准备有哪些？

1. 完善各项手术常规检查，排除手术禁忌证。

2. 备皮、备血，做好药物过敏试验。

3. 做好生活护理指导，保证充足的睡眠，保持大便通畅，严防感冒。

4. 教会患者预防并发症的方法，如做好呼吸功能锻炼、指导有效的咳嗽排痰的方法。

九、主动脉瓣关闭不全患者的手术方式包括哪几种？

1. 主动脉瓣成形术。

2. 主动脉瓣置换术。

3. 主动脉瓣交界切开术。

4. 经皮球囊导管扩张术。

5. ROSS手术。

十、主动脉瓣置换的手术适应证是什么？

1. 有症状，重度主动脉瓣狭窄或跨瓣压差＞50mmHg。

2. 冠心病需行冠状动脉旁路移植术，同时合并重度主动脉瓣狭窄。

3. 升主动脉或其他心脏瓣膜病变需手术治疗，同时合并重度主动脉瓣狭窄。

4. 冠心病、升主动脉或其他心脏瓣膜病变需手术治疗，同时合并中度主动脉瓣狭窄（平均压差为30～50mmHg，或流速为3～4m/s）。

5. 无症状，重度主动脉瓣狭窄，同时有左心室收缩功能受损表现。

6. 无症状，重度主动脉瓣狭窄，但活动后有异常表现，如低血压。

十一、主动脉瓣置换手术的瓣膜种类有哪些？

主动脉瓣置换的瓣膜种类包括生物瓣和机械瓣。生物瓣主要由猪主动脉瓣制成的生物瓣和用牛心包缝制的生物瓣和人体同种瓣膜3种。生物瓣膜不需要终生抗凝治疗，但可因感染性心内膜炎或数年后瓣膜钙化或机械性损伤而失效；机械瓣经久耐用，不致钙化或感染，但需终身抗凝治疗，伴有溃疡病或出血性疾病者忌用。

十二、主动脉瓣置换手术选用机械瓣膜的患者，术后常规抗凝的参考指标是多少？

术后常规抗凝多为直接口服抗凝药物进行治疗，一般从口服华法林或芬兰3mg开始，根据化验结果再调整剂量。常用的参考指标：PT（凝血酶原时间）为正常的1.5～2.5倍，活动度为30%～40%，INR（凝血酶原国际标准化比值）为2.0～2.5。

十三、主动脉瓣置换手术选用生物瓣的患者，术后是否需要抗凝？

生物瓣置换术后无须终生抗凝治疗，仅在换瓣术后抗凝3～6个月。因术后早期瓣叶表面也出现微栓，3～6周达到高峰，4个月内因缝合环的织物未被新生心内膜所覆盖，其血栓栓塞发生率与机械瓣基本相似。

十四、主动脉瓣置换术后常见并发症有哪些？

1. 术后出血。

2. 严重低心排综合征。

3. 恶性心律失常。

4. 呼吸衰竭。

5. 肾功能严重损害及多脏器功能衰竭。

6. 瓣周漏。

7. 溶血及溶血性贫血。

8. 急性呼吸衰竭。

9. 纵隔感染。

10. 人造瓣膜血栓及血栓栓塞。

11. 人工瓣膜置换术后继发性出血与心脏压塞。

十五、主动脉瓣置换术后的观察与护理要点是什么？

1. 严密监测心律与心率的变化，若有异常如房性期前收缩、室性期前收缩、心房颤动或心率过快＞120 次/分或＜60 次/分，应及时报告医师。有起搏器的应观察起搏功能是否良好。

2. 加强强心、利尿、补钾治疗。准确记录出入量，早期保证负平衡。

3. 术后注意清理呼吸道分泌物，保持呼吸道通畅，定时进行肺部运动治疗。

4. 观察术后心包纵隔引流管的引流量，术后早期每 15 分钟挤压一次，如术后 3～5 小时内引流量达 200ml/h 以上或引流血量在 4ml/（kg · h）以上，观察 1～2 小时无明显减少趋势或可疑心脏压塞，临床体征、X 线及超声心动图提示活动性出血，应立即再次手术开胸止血。24 小时引流量＜50ml，胸部 X 线片示患者肺膨胀良好，无漏气，患者无呼吸困难，引流量颜色淡可考虑拔管。拔管后观察患者有无胸闷、呼吸困难、切口漏气、渗液、出血、皮下气肿等症状。

5. 抗凝治疗的护理。早期每天查 INR，随时观察有无出血及抗凝不足现象。

十六、主动脉瓣置换术后如何正确指导患者服用抗凝药物？

1. 宜规律服药 应每天同一时间服用（最好睡前服用，可减少或避免与其他药物同时服用而相互影响药效）。如忘记服药，4 小时以内请及时补服，超过 4 小时请勿补服，第二天正常用药，请勿服用 2 倍剂量。

2. 饮食指导 避免短期内进食过多维生素 K 含量高的蔬菜及肉类，以免干扰香豆素类药的抗凝作用，导致 PT 缩短；饮酒可以影响抗凝药物的代谢，因此在抗凝期间，要尽量不饮酒，更不能酗酒。

3. 宜定期检查 抗凝药物服用剂量因人而异，需根据凝血功能指标调整药物剂量，服药期间必须监测凝血机制中 PT（血浆凝血酶原时间）和 INR 值（国际标准化比值），治疗目标为将 INR 值控制在 2.0～2.5 之间。未达标之前需每周监测 2～4 次，平稳后改为每 1～2 周 1 次，而后每月 1 次，3 个月 1 次，间隔一般不能超过 3 个月。若 INR 未达标或超过达标值，需及时与医师联系。

4. 注意药物相互作用 常见的抗生素如甲硝唑、阿奇霉素、头孢哌酮、左氧氟沙星等都会干扰抗凝药代谢，增强其抗凝效果。苯妥英钠和口服避孕药则可能降低其抗凝效果。因此，调整药物治疗时需告知医师正在服用的药物，注意药物间相互作用，并监测 INR，必要时调整剂量。对于正在服用抗凝药又需进行手术治疗的患者，需在医师评估后手术前停用药物，一般需提前 5～7 天停药，并使用其他作用时间短的抗凝剂代替，如普通肝素或低分子肝素等。

5. 注意观察出血反应 服药期间应注意有无皮肤黏膜出血、结膜出血、牙龈出血、鼻出血及黑便、血尿等情况。患者如发生小量出血或瘀斑不必过于紧张，监测 INR 后，在医师指导下调整药物剂量或停用药物，必要时可使用维生素 K 中和抗凝药物的抗凝作用。如出现严重和长期头痛、胃痛或背痛、呕血、腹部膨胀、小便时尿中带血、严重的眼睛出血等情况，提示可能发生严重出血，需尽快到医院就诊，在专科医师的指导下治疗。

6. 注意相对固定药物类型 尽量避免更换药物类型，换药后可能出现抗凝作用的变化，如必须换药需监测 INR 重新调整剂量。

十七、主动脉瓣置换术后的饮食指导有哪些？

1. 营养要均衡，饮食结构搭配合理，少量多餐。

2. 饮食宜清淡富有营养，术后康复期应适当限制主食、盐、糖及脂肪，每天胆固醇的摄入量不超过 300mg，脂肪的摄入不超过总热量的 30%。

3. 禁食酸辣、刺激食物，少吃或不吃蔗糖、葡萄糖等精糖类食品；多食富含维生素 C 的食物，如水果、新鲜蔬菜、植物油。

4. 每日盐的摄入量应≤6g（低钠患者除外），心功能不全者还应限制水分摄入。

5. 忌烟酒、兴奋性药物及活血药材，如当归、人参类补品。

十八、主动脉瓣置换术的出院指导有哪些？

1. 休息与活动 术后 6 个月内不主张患者进行剧烈活动，3～6 个月后应在医师指导下，根据患者实际情况因人而异逐渐增加活动量，预防感冒。

2. 指导用药 遵医嘱服药，不轻易减药、停药，掌握抗凝药的服用方法。

3. 定期复诊 宜 3～6 个月到门诊复查 1 次；定时、定期复查 INR，确保抗凝药的剂量准确服用。

4. 不适就诊 如有心慌、气短、呼吸困难、发绀、恶心呕吐、尿少、浮肿等不适应及时到医院就诊，查明原因予以治疗。

5. 饮食指导 富含维生素 K 的蔬菜，如菠菜、芦笋、绿花椰菜和莴苣等都可能增强抗凝药物的作用。应尽量保持饮食结构的均衡，不必特意偏食或禁食某种食物，不要盲目改变膳食结构，添加营养品。

6. 避孕 生育期的患者，应做好避孕，以免妊娠增加心脏负担。

（梁爱琼）

第十七章 感染性心内膜炎

一、感染性心内膜炎的概念是什么?

感染性心内膜炎（IE）是指细菌、真菌、立克次体、病毒等病原体通过血路直接侵犯心内膜而引起的疾病，最常见的为心脏瓣膜炎。

二、临床上感染性心内膜炎分为几型?

根据起病急缓、病情凶险程度常可分为急性、亚急性、慢性感染性心内膜炎。

三、什么是急性感染性心内膜炎?

急性感染性心内膜炎是由毒力较强的金黄色葡萄球菌引起，起病急骤，临床症状出现于诊断前6周内，病情凶险，可引起急性心脏瓣膜溃疡、穿孔、腱索断裂，出现高调心脏杂音或原有杂音性质改变，迅速发展为急性心力衰竭，甚至死亡。

四、什么是亚急性感染性心内膜炎?

亚急性感染性心内膜炎是由毒力较弱的链球菌或表皮样葡萄球菌所致，病情进展较缓慢，临床症状出现于诊断前6周至3个月。本病多见于青年，男女比例约为2∶1。

五、感染性心内膜炎的主要病因有哪些?

急性感染性心内膜炎常因金黄色葡萄球菌侵入心内膜引起，可发生于正常心脏。亚急性感染性心内膜炎多发生于风湿性心脏病和先天性心脏病患者，主要由细菌感染所致，其中以草绿色链球菌最多见，此外有肠球菌、金黄色葡萄球菌、白色葡萄球菌、产碱杆菌等。

六、感染心内膜炎患者入院后的首次护理评估包括哪几方面?

1. 健康史评估 有无心瓣膜病、先天性心脏病、心肌病及二尖瓣脱垂等病史；近期有无上呼吸道感染及身体其他部位的感染；是否做过拔牙、导尿、心导管检查及心脏手术；有无静脉药瘾。

2. 身体状况评估 查看症状、体征及并发症。

3. 实验室及其他检查 包括血培养、血液检查、尿液检查与超声心动图。

4. 心理社会评估 是否存在烦躁、焦虑与恐惧。

七、感染性心内膜炎的临床表现有哪些?

1. 发热 不规则发热、体温在37.5～39℃之间，常伴寒战、头痛、乏力、出汗、食欲缺乏、恶心及体重减轻，晚期可有杵状指、脾大、进行性贫血等，但一部分患者可无发热症状。

2. 心脏杂音 其性质和部位在短时间内不断改变，还可出现心律失常。

3. 瘀斑 以黏膜及肢端常见。指（趾）端常出现osler结节，持续时间较短。

4. 栓塞的症状 由赘生物脱落所致。如急性脑梗死、脾梗死等。

5. 心力衰竭 常为急性充血性心力衰竭，多为左心衰。

八、感染性心内膜炎合并出现瓣膜赘生物时，常见于哪些部位?

瓣膜赘生物最常见于主动脉瓣，占46%，其次是二尖瓣25%，左向右分流的先天性心脏病以动脉导管未闭、心室间隔缺损最常见。肺动脉瓣赘生物较少见。

九、哪几类人群可能是感染性心内膜炎的高危人群？平时如何防护?

1. 高危人群可分为3类

（1）人工瓣膜或人工材料用于瓣膜修复的患者。

（2）既往感染性心内膜炎患者，其新发感染性心内膜炎的风险较高，死亡率较高，且较首次感染性心内膜炎患者的并发症发生率高。

（3）未经治疗的发绀型先天性心脏病（CHD）患者、发绀型先天性心脏病姑息性分流或导管转流术后的患者及其他人工材料修复的患者。

2. 防护措施

（1）严格口腔和皮肤卫生保健，每年应进行 2 次牙随访。

（2）伤口要消毒。

（3）消除和减少慢性带菌，如皮肤、尿道等部位。

（4）任何局灶性细菌感染均需使用抗菌药物治疗。

（5）禁忌自行选用抗菌药物。

（6）任何有风险的手术操作进行严格感染控制。

（7）避免人体穿刺和文身。

（8）尽可能限制输液置管和侵入性操作，周围血管置管好于中心血管导管，应严格遵守中心和周围血管插管的集束化护理。

十、感染性内心内膜炎的并发症有哪些？

1. 充血性心力衰竭 最常见的并发症，可发生于心内膜炎病程的任何时期，常见于各瓣膜破坏、心肌脓肿和栓子引起的心肌梗死患者。

2. 转移性感染 急性患者常见。

3. 栓塞现象 可见脾、眼和肺。脾栓塞常引起左上腹疼痛并放射到肩部，而视网膜栓塞可导致失明；肺栓塞常见于药瘾者及先天性心脏损害伴左向右分流的患者。

4. 脑血管损害 常见于大脑中动脉栓塞，可并发脑脓肿，脑出血，脑炎等，甚至脑血管意外和猝死。

十一、如何根据瓣膜赘生物的情况来划分引起肺栓塞的危险度？

1. 高度危险 二尖瓣处赘生物＞15mm。

2. 中度危险 二尖瓣或主动脉瓣赘生物 6～15mm。

3. 低度危险 三尖瓣赘生物＜5mm。

十二、感染性心内膜炎合并赘生物的患者，预防肺栓塞的措施有哪些？

1. 绝对卧床休息，避免劳累。

2. 保持大便通畅，便秘时可予缓泻剂，嘱患者勿用力排便，以防栓子脱落。

3. 教会患者进行有效咳嗽和深呼吸。

十三、感染性心内膜炎的主要治疗方法包括哪些？

感染性心内膜的治疗以抗感染和心内感染灶的清创和修复为目的。

1. 控制感染 选用有效、敏感的抗生素至关重要。早期、足量、长程静脉给药，一个疗程为 4～6 周以上。大多数病原菌对青霉素敏感，未确定病原微生物时，可首选 β-内酰胺类和氨基糖甙类联合用药增强疗效；同时做好血源微生物培养。

2. 对症处理 患者应卧床休息，给予富含营养、易消化的半流质饮食，给予维生素 B、维生素 C；高热时应行物理降温，贫血较明显者可少量多次输血。

3. 手术治疗 手术结扎、缺损修补和人工瓣膜置换等。

十四、感染性心内膜炎的患者使用抗生素的原则包括哪些？

应选用杀菌力强的药物，用药原则是早期、足量、联合、长程。一旦怀疑感染性心内膜炎，在血培养后应尽早治疗。用药剂量要求维持抗生素血浓度在杀菌水平的 4～8 倍。一般一个疗程为 4～6 周，血培养持续阳性，有并发症者应＞8 周，真菌性感染性心内膜炎为 3 个月。

十五、感染性心内膜炎的手术指征包括哪些?

1. 充血性心力衰竭，常由于严重的心瓣膜关闭不全而引起。

2. 难以控制的感染，抗生素及其他治疗疗效不明显。

3. 致病菌如为金黄色葡萄球菌或真菌，一般抗菌治疗效果不佳。

4. 人工瓣膜尤其是机械瓣膜置换术后的感染性心内膜炎。

5. 有赘生物者。

6. 有栓塞并发症尤其反复出现者。

7. 心脏传导功能出现障碍，如房室传导阻滞的出现。

8. 出现瓣环旁脓肿或动脉瘤形成者。

十六、感染性心内膜炎的护理要点主要包括哪些?

1. 休息 高热患者应卧床休息，心脏超声可见巨大赘生物的患者，应绝对卧床休息，防止赘生物的脱落。

2. 饮食 发热患者给予清淡、高蛋白、高热量、高维生素、易消化半流饮食，鼓励多饮水（有心力衰竭征象的除外)，宜少量多餐，注意血钾的调节，血钾控制在 4.0mmol/L 左右。

3. 用药 遵医嘱应用抗生素治疗，观察药物疗效及不良反应，并及时告知医师。告知患者抗生素治疗是本病的关键，需坚持大剂量、长疗程的治疗。严格时间用药，维持血药浓度。

4. 发热护理

（1）观察体温及皮肤黏膜变化，发热时，每 4 小时测体温一次，注意患者有无皮肤瘀点，指甲下线状出血与 Osler 结节和 Janeway 损害等及消退情况。

（2）正确采集血标本，急性患者入院后应立即采血，每次采血 10～20ml，同时做需氧与厌氧的细菌培养。

（3）合理饮食。

（4）高热时给予物理降温。及时更换衣物，促进舒适。

5. 栓塞的观察

（1）重点观察瞳孔、神志、肢体活动与皮肤温度。

（2）突然出现胸痛、气急、发绀、咯血，应考虑肺栓塞。

（3）出现腰痛、血尿考虑肾栓塞。

（4）出现神志和精神改变，失语、吞咽困难和肢体障碍、瞳孔大小不对称甚至抽搐昏迷，考虑脑血管栓塞。

（5）若肢体突然剧烈疼痛，皮肤温度下降，动脉搏动减弱，考虑外周动脉栓塞。

十七、抗凝治疗的并发症包括哪些?

1. 出血。

2. 栓塞。

3. 皮肤坏死。

4. 其他并发症，如过敏、药物性肝炎等。

十八、患者行抗凝治疗期间，发生 INR 增高的原因有哪些？应如何处理?

1. INR 增高的原因

（1）主要与服药（积累）过量，明显增加抗凝强度有关。

（2）其他影响因素：包括潜在的临床疾病，同时口服阿司匹林、非甾体抗炎药、损害血小板功能药物、侵蚀胃黏膜的药物或其他影响维生素 K 依赖凝血因子合成的药物。

（3）与严重出血和高龄（>65 岁)，曾患中风史、胃肠道出血史、肾功能不全、贫血等危险因素有关。

（4）INR＜3.0 时，多与创伤及胃肠道疾患有关。

2. 处理原则

（1）INR 高于正常值但＜5.0 时，临床上无明显出血征象，不需要快速逆转 INR，可将抗凝药减量或停服一次，并从小剂量开始应用，直到 INR 达到目标范围。

（2）INR 在 5.0～9.0 之间，患者无出血及高危出血倾向，可停用抗凝药 1～2 次，INR 降到目标范围后从小剂量开始使用。

（3）INR＞9.0 时，但临床上无明显出血，可口服维生素 $K_1$3～5mg，INR 将在 24～48 小时内降低，必要时可重复使用。

（4）有严重出血或口服抗凝药过程（INR＞20）时，可根据情况应用维生素 $K_1$10mg，以及新鲜血浆和凝血酶原浓缩物缓慢静脉输注，每 12 小时可重复给予维生素 K_1。

（5）出现威胁生命的出血或严重的抗凝药过量时，可用凝血酶原浓缩物替代治疗，同时静脉输注维生素 K_1，必要时可重复使用。重新使用口服抗凝药时，同时给予肝素，直到患者恢复对口服抗凝药的敏感性。

十九、感染性心内膜炎手术后的护理措施有哪些？

1. 连续心电监测 严密监测心率、心律、动脉血压、中心静脉压，发现各种不同心律失常，如房性期前收缩、室性期前收缩、心房颤动等。同时还可监测电解质紊乱、心肌缺血和药物反应，配合医师及时进行抢救。

2. 密切观察病情 ①注意体温变化，每天测体温 6 次。②注意患者有无呼吸困难、端坐呼吸、发绀、心悸及下肢浮肿等症状，一旦出现，应通知医师，给予处理。

3. 呼吸道的护理 拔除气管插管后给予鼻导管吸氧 2～5L/min，取斜坡卧位，同时协助翻身、叩背、有效咳嗽和深呼吸，雾化吸入，防止术后肺不张。并正确处理咳痰与休息的关系。

4. 加强口腔护理 高热时唾液分泌减少，口腔内食物残渣发酵，易引起口腔感染，此外由于长期大量应用抗生素，极易发生口腔霉菌感染。

5. 做好饮食指导 高蛋白、高热量、高维生素，易消化饮食，对心功能不全者，应予低盐饮食。

6. 预防并发症 做好患者的皮肤护理、口腔护理，按时翻身，活动肢体，预防压疮。根据病情鼓励患者早期活动，增加机体活动能力，促进血液循环及肠蠕动，预防腹胀。

二十、服用华法林期间，哪些食物可影响抗凝效果？

1. 使用华法林抗凝治疗中，一些食物可影响药物抗凝效果，华法林用药的安全性值得关注。

2. 有些食物可增强华法林的抗凝效果。如大蒜与华法林合用可使华法林抗凝作用增强。葡萄柚中含有香豆素类化合物，同时可抑制肝脏有关药物代谢酶的活性，减少华法林的代谢，增强华法林抗凝作用。芒果中含有维生素 A、维生素 C、维生素 B_1、维生素 B_6 等，与华法林合用也可增强其抗凝作用。鱼油可抑制血小板聚集，降低凝血相关血栓素和维生素 K_1 依赖性凝血因子的水平，从而增强华法林的抗凝作用。

3. 有些食物可减弱华法林的抗凝效果。如富含维生素 K_1 的食物菠菜、花菜、甘蓝、胡萝卜、蛋黄、猪肝、绿茶等，均可使华法林抗凝作用下降。鳄梨可诱导肝脏相关药物代谢酶活性，促进华法林代谢，同时干扰肠道对华法林的吸收，从而减弱华法林的抗凝作用。豆奶、海藻等通过改变华法林代谢，并影响其吸收，减弱华法林抗凝作用。人参和西洋参等含有人参皂甙，也可诱导肝脏相关药物代谢酶，增加华法林代谢，从而减弱华法林的抗凝作用。

二十一、如何做好感染性心内膜炎患者的出院指导？

1. 自我管理 减少到人多的公共场所，注意保暖，预防感冒；注意劳逸结合，不可过度劳累。可进行适量的体育锻炼，如散步、打太极拳等。

2. 抗凝治疗 未手术患者终身服用华法林，手术换瓣的患者根据置换瓣膜种类进行抗凝，行机械瓣置换的患者须终身服用抗凝药，生物瓣则服抗凝药3～6个月逐渐减量，于1～2周内停用。抗凝药应严格按时服用，一般不宜自行更改剂量。

3. 定期抽血 服用抗凝药或尤其是置换机械瓣的患者，应定期到医院复查凝血四项，调整药物用量，防止出血和血栓形成。出院后半年内，应在就近医院每半个月检查1次凝血酶原时间，如果比较稳定，可间隔1个月检查1次，半年后改为每2～3个月1次；2年后可3个月1次。如出现黑便、血尿、咯血、牙齿出血、头昏、晕厥、偏瘫或突发性胸闷等，应立即至就近医院检查或住院观察。

4. 饮食指导 注意饮食规律，均衡营养，熟悉食物对抗凝药的影响。

5. 定期随访 应定时监测体温变化，注意有无局部疼痛等栓塞征象，有无呼吸困难、少尿等心力衰竭表现，定期门诊随访。心功能不全的患者，出院后一般应服强心或利尿剂6～12个月。如心率减慢至70次/分以下，应怀疑洋地黄中毒的可能。嘱咐患者主动与医院联系，如有问题，可来医院或打电话咨询，如医院设有网站，也可通过网站联系。

6. 预防复发 进行侵入性操作或手术前应预防性使用抗生素，如在口腔黏膜穿孔的操作、扁桃体切除术、心脏介入术等。保持口腔和皮肤清洁，定期牙科检查，勿挤压痤疮等，以减少病原菌入侵的机会。

7. 恢复正常生活 行开放手术的患者，心肺功能的恢复，一般需6个月至1年，应根据具体情况，术后休息6～8个月才考虑恢复工作，并注意劳动强度与工作量逐渐增加，不宜过早进行强体力劳动。

（徐红秀）

第十八章　冠状动脉粥样硬化性心脏病

一、冠状动脉粥样硬化性心脏病的定义是什么？

冠状动脉粥样硬化性心脏病是冠状动脉血管发生动脉粥样硬化病变而引起血管腔狭窄或阻塞，造成心肌缺血、缺氧或坏死而导致的心脏病，也称为缺血性心脏病。

二、冠状动脉粥样硬化性心脏病的病因有哪些？

本病病因尚未明确，目前认为是多种因素作用于不同环节所致，主要有以下几点。

1. 年龄　多在40岁以后发病，每增加10岁，患病率递增约1倍。

2. 性别　多见于男性。

3. 相关疾病 高脂血症、高血压、糖尿病、肥胖、痛风等疾病。

4. 遗传因素　父/兄弟在55岁以前，母亲/姐妹在65岁以前死于心脏病。

5. 其他因素　吸烟、体重、久坐不动等不良生活方式。

三、冠状动脉粥样硬化性心脏病的临床具体分型包括哪几种？

1. 急性冠脉综合征（ACS）　不稳定性心绞痛（UA）、非ST段抬高性心肌梗死（NSTEMI）、ST段抬高性心肌梗死（STEMI）和冠心病猝死。

2. 慢性冠心病（CAD）　稳定性心绞痛、冠脉正常的心绞痛、无症状性心肌缺血和缺血性心力衰竭。

冠心病以心绞痛型和心肌梗死型最为常见。

四、稳定型心绞痛的概念是什么？

稳定型心绞痛是由于劳力引起心肌缺血，导致胸部及附近部位的不适，可伴心功能障碍，但没有心肌坏死。其特点为前胸阵发性的压榨性窒息样感觉，主要位于胸骨后，可放射至心前区和左上肢尺侧面，也可放射至右臂和两臂的外侧面或颈与下颌部，持续数分钟，往往经休息或舌下含服硝酸甘油后迅速消失。

五、稳定型心绞痛的临床表现是什么？

以发作性胸痛为主要临床表现，疼痛的特点为以下几点。

1. 部位　主要在胸骨体上段或中段之后，可波及心前区，有手掌大小范围，甚至横贯前胸，界限不很清楚。常放射至左肩、左臂内侧达环指和小指，或至颈、咽或下颌部。

2. 性质　胸痛常为压迫、发闷或紧缩性，也可有烧灼感，但不尖锐，不像针刺或刀扎样痛，偶伴濒死的恐惧感。发作时，患者往往不自觉地停止原来的活动，直至症状缓解。

3. 诱因　发作常由体力劳动或情绪激动，如愤怒、焦急、过度兴奋等所激发，饱食、寒冷、吸烟、心动过速、休克等也可诱发。

4. 持续时间　疼痛出现后常逐步加重，然后在3～5分钟内逐渐消失，一般在停止原来诱发症状的活动后即缓解。舌下含用硝酸甘油也能在几分钟内使之缓解。可数天或数星期发作一次，也可一天内发作多次。

六、稳定型心绞痛发作时的体征是什么？

稳定型心绞痛患者常表现为面色苍白、出冷汗、心率增快、血压升高。心尖部听诊有时出现“奔马律”，可有暂时性心尖部收缩期杂音，是乳头肌缺血以致功能失调引起二尖瓣关闭不全所致。

七、心绞痛的严重程度如何分级？

心绞痛的严重程度共分为四级。

1. Ⅰ级　一般活动不引起心绞痛发作，强度大、速度快、时间长的体力活动时引起发作。

2. Ⅱ级　一般体力活动轻度受限制，在快步走、饭后、冷风、紧张时更明显。

3. Ⅲ级　一般体力活动显著受限，以一般速度平步行走1～2个街区，或上一层楼即可引起心绞痛发作。

4. Ⅳ级　所有活动可引起心绞痛，甚至休息时也有发作。

八、冠状动脉粥样硬化性心脏病临床常用的辅助检查有哪些？

1. 心电图。

2. X线检查。

3. 放射性核素检查。

4. 心脏多普勒超声心动图。

5. 运动平板试验。

6. 多排螺旋CT。

7. 冠状动脉造影。

九、冠状动脉粥样硬化性心脏病患者确诊为什么要做运动试验？

冠状动脉粥样硬化狭窄后，冠状动脉的血流受到限制，心肌需氧和供氧失调。平常安静的时候，冠状动脉低流量的供应心肌，尚不显示明显的缺血，患者也无心绞痛症状。一旦增加了体力活动，心肌需氧量提高，便可出现一系列心肌供血不足的征象。运动试验就是给患者一定量的体力活动，监测血压和心电图，观察患者有无心肌缺血的征象。运动试验是诊断冠心病的重要手段。

十、患者行冠状动脉造影时术前准备包括哪些内容？

1. 完善常规检验与检查　包括血常规、尿常规、肝功能、肾功能及电解质、凝血时间、X线片、心电图。

2. 备皮　配合医师行桡动脉Allen试验，初步确定穿刺部位，局部皮肤剃除毛发（包括双侧腹股沟及会阴部）。

3. 皮试　选择30%泛影葡胺1ml静脉注射做碘过敏试验。

4. 胃肠道准备　术前禁食6小时，禁水4小时。

5. 镇静　术前当晚，可适当给予镇静安眠，消除紧张情绪。

6. 生命体征观察　术前2小时测生命体征，如有发热、血压升高、心悸、气促等不适症状，及时向医师报告。

7. 保证液路　术前当天左手留置静脉套管针。

十一、患者选择股动脉穿刺置管，术后应怎样做好观察与护理？

1. 严格观察生命体征，防止心律失常，必要时行心电监护。

2. 股动脉穿刺处沙袋加压4～6小时，术肢制动24小时，有条件者可使用专用股动脉止血器或止血钉，穿刺部位可适当抬高穿刺肢体，促进血液回流。

3. 术后如无恶心，呕吐等症状，即可进食，以少量多餐为原则，以免增加心脏负担，24小时内尽量不食用高蛋白饮食，以免产气过多导致腹胀。心功能正常的患者，术后应多饮水，以利于造影剂尽快排出。

4. 严密观察穿刺处的敷料，严格班班交接，注意保持整洁干燥，如有渗血渗液，报告医师，必要时延长加压时间。

十二、患者选择桡动脉穿刺置管，术后应怎样做好观察与护理？

1. 术后6小时腕部制动，勿做屈腕动作，术后注意手指，甲床颜色及手指活动情况。术后1～2小时内可适当抬高患肢，以缓解肿胀。

2. 桡动脉止血器加压包扎，术后2小时开始放气，每隔1小时放气1次，每次放气1～2ml，6～8小时后可摘除止血器，如放气过程中出现局部渗血或肿胀加重，应及时报告医师，减缓放气，必要时重新进行打气加压止血。

3. 拆除止血器后，穿刺处伤口3天勿沾水，术侧3天内不做静脉穿刺、采血及测血压操作，7天内不提重物。

4. 严密观察穿刺点周围有无肿胀、瘀紫，肢体有无麻木或血运障碍、疼痛等情形，及时发现，及时处置。

十三、患者行股或桡动脉穿刺置管后可能发生的不良反应有哪些？

患者行股或桡动脉穿刺置管后穿刺部位出现渗血、出血、血肿、血管痉挛、栓塞、股动脉夹层，可致术肢皮温凉、颜色发暗、剧烈疼痛、肿胀、麻木、恶心、呕吐、头晕等。

十四、冠状动脉粥样硬化性心脏病的主要治疗有哪些？

1. 改变生活习惯 戒烟限酒，低脂低盐饮食，适当体育锻炼，控制体重等。

2. 药物治疗 抗血栓（抗血小板、抗凝），减轻心肌氧耗（β受体阻滞剂），缓解心绞痛（硝酸酯类），调脂稳定斑块（他汀类调脂药）。药物治疗是所有治疗的基础。

3. 血运重建治疗 包括介入治疗（血管内球囊扩张成形术和支架植入术）和外科冠状动脉旁路移植术。

十五、如何护理心绞痛患者？

1. 发作时立刻停止所有活动 一般休息后症状即可缓解；缓解期一般不需卧床休息；不稳定型心绞痛者则应卧床休息，并密切观察；合理的运动锻炼可促进侧支循环的建立，提高体力活动的耐受量而改善症状，最大活动量以不发生心绞痛症状为度，避免参加竞赛活动及屏气用力动作。活动中一旦出现异常情况，应立即停止活动，并给予含硝酸甘油和吸氧处理。

2. 减少和避免诱因 如不吸烟、不受凉等。

3. 饮食 给予低热量、低盐低脂的食物，宜多食水果、蔬菜及选择富含高蛋白、高纤维和不饱和脂肪酸的食物，避免饱食，禁烟酒；保持排便通畅，必要时选择肠道润滑剂。

4. 合理选择药物 心绞痛频繁者给予硝酸甘油静脉滴注，但应控制滴速，不可随意调节，以防低血压发生。第一次用药时，患者宜平卧片刻，必要时可吸氧。

5. 心理护理 告知患者因精神紧张、情绪激动、饱食、焦虑不安等不良心理状态，可诱发和加重病情，应保持良好心态，鼓励表达感觉，放松情绪。

十六、心绞痛患者常用药物的注意事项包括哪些内容？

1. 硝酸酯类 硝酸甘油是缓解心绞痛的首选药。应贮存在棕褐色的密闭小玻璃瓶中，防止受热、受潮，使用时应注意有效期，每用6个月须更换药物。如含服药物时无舌尖麻刺烧灼感，说明药物已失效，不宜再使用。

2. β受体阻滞剂 如阿替洛尔（氨酰心安）、美托洛尔（倍他乐克）注意不能随意突然停药或漏服，防止引起心绞痛加剧或心肌梗死；应饭前服用，因食物能延缓此类药物吸收；同时，用药过程注意监测脉率、血压等。

十七、心绞痛患者应如何进行日常生活指导？

1. 寒冷刺激可诱发心绞痛发作，不宜用冷水洗脸，洗澡时注意水温及时间；外出应戴口罩或围巾。

2. 应随身携带心绞痛急救盒（内装硝酸甘油片）。心绞痛发作时，立即停止活动并休息，保持安静。

3. 有条件者可以氧气吸入。

4. 洗澡时应告诉家属，且不宜在饱餐或饥饿时进行，水温勿过冷过热，时间不宜过长，门不要上锁，以防发生意外。

5. 与患者讨论发作的诱因，避免发作的影响因素。

十八、冠心病“三支病变”指的是什么？

冠心病“三支病变”是三支血管以上，包括右冠状动脉、左冠状动脉前降支和左冠状动脉回旋支出现狭窄或堵塞。

十九、什么是冠状动脉旁路移植术？

冠状动脉旁路移植术即冠状动脉搭桥术，简称冠脉搭桥术（coronary artery bypass grafting，CABG），是国际上公认的治疗冠心病最有效的方法。一般是取患者本身的血管（胸廓内动脉、下肢大隐静脉等）或血管代替品，将狭窄的冠状动脉远端和主动脉连接起来，让血液绕过狭窄的部分，到达缺血的部位，改善心肌血液供应，进而达到缓解心绞痛的症状，改善心脏功能，提高患者生活质量及延长寿命的目的。

二十、冠状动脉旁路移植术的适应证包括哪些？

1. 冠状动脉多支血管病变，尤其是合并糖尿病的患者。

2. 冠状动脉左主干病变。

3. 不适合行介入治疗的患者。

4. 心肌梗死后合并室壁瘤，需要进行室壁瘤切除的患者。

5. 闭塞段的远段管腔通畅，血管供应区有存活心肌。

二十一、冠状动脉旁路移植术都有哪些方法？

1. 低温体外循环直视下冠脉搭桥手术。

2. 常温非体外循环心脏正常跳动下冠脉搭桥手术。

3. 左前胸小切口全麻或局麻下，心脏正常跳动下冠脉搭桥手术。

4. 利用胸腔镜及机械手微创冠脉搭桥手术。

二十二、冠状动脉旁路移植术如何把握选择体外循环与非体外循环的指征？

如何把握具体的适应证取决于两个方面，一是手术组医师的整体经验和技术水平；二是对每个病例的具体评判与评估，找出对体外循环禁忌或高危因素，非对体外循环可能带来困难的因素进行综合分析。

1. 常规体外循环下行冠状动脉旁路移植术，术野清晰，操作精确，吻合口通畅率高，是大多数外科医师常用的手术技术，尤其适用于血管条件较差、病变广泛弥漫的患者；若心脏显著扩大、心律失常、冠状动脉管腔小、管壁硬化严重或同时要做其他心脏手术的患者，宜在体外循环下进行手术。

2. 非体外循环心脏跳动下的冠状动脉旁路移植术可以免除体外循环对患者的不利影响，如代谢紊乱、体内血管活性物质的激活和释放、心肌顿抑、对肺功能和肾功能处于边缘状态患者的打击、出血和血栓形成等并发症；同时，还能缩短气管内插管、术后监护和住院时间，节省医疗费用。所有的非体外循环下的冠状动脉旁路移植术适用于冠状动脉的几乎所有分支。

3. 非体外循环下的冠状动脉旁路移植术术中可能出现心源性休克、心脏骤停、不能耐受牵拉心脏显露冠状动脉和吻合的因素，当出现心电图明显改变，频发室性期前收缩、血流动力学不稳定或心源性休克时，则应尽快建立体外循环。

二十三、冠状动脉旁路移植术的危险因素有哪些？

冠状动脉旁路移植术的相关危险因素比较复杂，很大程度上取决于手术者的技术水平、围术期处理是否合适、能让手术适应证的掌握是否妥当，主要包括以下几条。

1. 年龄＞70 岁。
2. 体重＞90kg。
3. 女性。
4. 陈旧性心肌梗死和反复心肌梗死。
5. 射血分数＜20%，左心室舒张末径＞70mm。
6. 手术时间长。
7. 术前肺动脉高压。
8. 血流动力学不稳定。
9. 合并重要脏器病变如肾功能衰竭。
10. 急诊手术或再手术。
11. 大量输血。
12. 血管病变广泛，远端血管条件差。

二十四、冠状动脉旁路移植手术一般选用哪些血管进行搭桥？

冠状动脉旁路移植手术，选择合适的血管移植物，采用正确的获取技术，对于患者的手术疗效至关重要。选择的原则如下所述。

1. 乳内动脉血管桥 具有发生粥样硬化的少，远期通畅率高的特点，已得到共识与广泛应用。当左前降支需要做旁路移植时，如条件允许应尽量采用左侧乳内动脉；如果其无法使用时，应尽量采用右侧乳内动脉。如果解剖与临床条件允许，应使用第二根乳内动脉移植至左旋支，或右冠状动脉。当右冠状动脉狭窄＜90%，不应使用动脉作为移植血管。

2. 桡动脉血管桥 当左冠状动脉显著狭窄≥70%和灌注左心室心肌的右冠状动脉严重狭窄时≥90%时，建议选择桡动脉。

3. 大隐静脉血管桥 仍是目前临床应用最多的冠状动脉旁路移植的血管桥材料。其容易获取，来源丰富。

4. 胃网膜右动脉血管桥 二次手术时无合适的静脉血管桥可用，或升主动脉严重钙化，无法用静脉桥做吻合时，则可应用乳内动脉加胃网膜右动脉做心肌再血管化，且不需要做主动脉端吻合。

二十五、冠状动脉旁路移植手术前需要做哪些准备？

1. 一般准备

（1）完成各项检查。

（2）向患者介绍病情及注意事项，指导患者进行咳嗽训练及深呼吸功能锻炼，做好心理护理，避免情绪激动。

（3）向家属讲清手术的必要性及术中、术后可能发生的危险情况，术前签署手术同意书。

（4）备血、备皮（取下肢静脉者，包括颈部以下所有部位均需准备）。

（5）术前晚遵医嘱应用安眠药，保证患者睡眠。

2. 其他疾病的治疗 患者如合并其他疾病，应内科治疗，做好如下准备。

（1）高血压：血压满意控制后（动脉压＜150/100mmHg），方可考虑实行手术。

（2）糖尿病：经饮食控制和药物治疗，空腹血糖＜8.3mmol/L，尿糖阴性或弱阴性。

（3）高脂血症：给予低脂饮食和降血脂药物治疗，使血脂明显下降后再手术。

（4）心功能不全：术前应用洋地黄类药物及利尿剂，待心功能改善后再手术。

（5）心律失常：严重心律失常对手术不利，术前用药物治疗，好转后方可手术。

（6）呼吸系统准备：术前 3 周戒烟，合并呼吸道感染或呼吸功能不全者，应做相应治疗，以控制感染、呼吸功能改善后手术为宜。

（7）消化系统准备：肝功能异常或有消化道疾病者，应做相应的治疗，待病情稳定后手术。

3. 术前用药的处理

（1）抗心绞痛药：高危因素患者可持续静脉注射至体外循环开始。

（2）β-肾上腺素受体拮抗药：可减少心肌氧耗量，用至术晨。

（3）洋地黄制剂：在术前3天停药，以防术后心律失常，如停洋地黄影响心功能，可用至手术当天。

（4）利尿剂：术前不必停药，但要注意脱水、血容量不足及电解质紊乱。

（5）抗高血压药物：术前不必停药，但麻醉师必须了解患者所用药物及药理作用，以便正确处理麻醉过程中出现的情况。

（6）术前1周停阿司匹林等抗凝药，改低分子肝素皮下注射，急诊手术者术中备血小板。

二十六、冠状动脉旁路移植手术后应如何进行监测及护理？

1. 血压 术后持续有创动脉血压监测，血压过高使心肌耗氧量增加，血压过低使心肌供血不足，所以术后要维持适合患者自身的血压（即要参考患者术前的血压）。对冠状动脉旁路移植术术前合并高血压的患者术后血压控制在不低于术前血压的20～30mmHg。

2. 体温及末梢循环 维持正常的体温及使末梢循环尽快恢复，可使心肌耗氧量降低。术后早期积极复温，注意保暖。体温升高，当体温＞38℃时应及时采取降温措施，用冰袋、乙醇擦浴或物理降温。

3. 心电图 术后心电监测将电极固定一个R波向上的导联，每12小时描记18导联心电图一次。

（1）及时观察各种原因引起的心肌缺血，T波及S-T段改变。

（2）及时观察及发现术后可能发生的各种心率及心律失常。

4. 全动脉化冠状动脉旁路移植术后 立即开始静脉滴注抗动脉痉挛药物，预防桡动脉术后发生痉挛影响心肌灌注。

5. 观察胸腔或心包腔出血 仔细计量引流量，参阅床旁胸部X线片，及时发现出血并确诊后及早二次开胸止血。

6. 及时发现和处理 冠状动脉旁路移植术取IMA搭桥患者肋间肌供血减少，胸膜腔切破，术后注意及时发现和处理胸腔积液，肺下叶不张或肋间引流等使呼气量和能力进一步减低的影响。

7. 维持水、电解质及酸碱平衡

（1）根据胸液量、血红蛋白、红细胞比容、血压、中心静脉压、末梢循环、尿量、心率等判断血容量是否补足及应补充的内容，维持血红蛋白在10g、红细胞比容为35%左右。

（2）维持血清钾在4.5mmol/L。

（3）维持酸碱平衡，避免人为因素造成呼吸性酸中毒或呼吸性碱中毒。

8. 呼吸功能的维护

（1）充分给氧。

（2）保证通气，保持呼吸道通畅，预防肺不张的发生，加强体疗。

（3）如氧分压低，可采用鼻导管和面罩给氧，重者可采用呼吸机间断加压给氧。

9. 肾功能的维护

（1）通过观察尿量、尿色、尿蛋白、尿比重、血清钾等判断肾功能，每天查尿素氮、肌酐一次。

（2）术前合并肾功能损害者，补钾应慎重，每天监测尿素氮、肌酐2～3次。

10. 血糖的监测

（1）每天监测血糖，如血糖高，可输入林格液并用胰岛素治疗，使血糖维持在200mg/dl左右。

（2）使用1∶1的胰岛素（即每50ml生理盐水用胰岛素50IU）泵注，＜5ml/h，2小时查血糖1次；＞5ml/h，1小时查血糖1次。

11. 患肢的护理

（1）注意观察患肢循环、温度及颜色等情况，抬高患肢 15°～30°。

（2）间断被动或主动活动患肢，防止血栓形成。术后 6 小时松解弹力绷带。

12. 心理护理 了解患者的心理，解决患者的心理问题，创造安静、舒适、清洁的修养环境。

二十七、冠状动脉旁路移植手术后常见的并发症有哪些？

1. 低心排血量综合征。

2. 围术期心肌梗死。

3. 室性心律失常。

4. 出血、心脏压塞。

5. 肺部并发症及深静脉栓塞。

6. 昏迷。

7. 急性肾衰竭。

8. 其他 高血压、糖尿病、肾功能不全等应及时防治，给予相应的药物治疗。

二十八、冠状动脉旁路移植手术后饮食方面应注意什么？

1. 特别注意避免高胆固醇和高脂的食物，如虾、蟹、蛋黄、肥肉、奶酪、黄油和动物内脏等；少吃肥肉，油煎食物；鸡蛋每周不要吃 2～4 个以上的蛋黄。

2. 食物中增加不饱和脂肪酸的摄入（如橄榄油、菜油、葵花油）。

3. 限制含有咖啡因的饮料，如咖啡和茶。

4. 控制体重、血糖，减少乙醇的摄入量。

5. 供给充足的维生素和矿物质，多吃新鲜的水果及蔬菜。

6. 低盐饮食，盐的摄入每天控制在 5g 以下。

二十九、冠状动脉旁路移植手术后行 IABP 球囊反搏植入术常见的并发症包括哪些？

1. 主动脉及股动脉夹层。

2. 动脉穿孔。

3. 穿刺点出血。

4. 气囊破裂。

5. 斑块脱落栓塞。

6. 血栓形成。

7. 溶血。

8. 血小板计数减少。

9. 感染。

10. 下肢缺血。

三十、如何观察判断 IABP 术对患者的病情是否有效？

1. 皮肤、面色见红润，鼻尖、额头及肢体末端转暖。

2. 中心静脉压、肺动脉压下降。

3. 尿量增多。

4. 舒张压及收缩压回升，前者高于后者。

5. 平均动脉压回升。

6. 心排血量回升。

7. 正性肌力药用量减少。

三十一、患者行 IABP 术后应如何做好管道的管理？

1. 严密观察 应密切观察生命体征，确保有效反搏，每 30 分钟记录 1 次中心静脉压（CVP）、肺动脉压、肺毛细血管楔压（PCWP）、心排出量、液体摄入量和排出量，结合动脉血压和肺毛细血管楔入压值的大小，随时调整血管活性药物的用量，保持患者血液循环的稳定。

2. 绝对卧床 取平卧位或半卧位时＜45°，可轴线翻身，但翻身幅度不宜过大，穿刺侧下肢宜伸直，必要时关节处可用约束带固定，避免屈膝、屈髋，以免引起球囊管打折。

3. 妥善固定 防止导管移位、打折与脱落。每天更换导管处敷料，确保敷料整洁干燥，观察穿刺部位有无渗血、血肿、皮肤发红现象，发现异常及时通知医师。

4. 防止堵管 定时冲洗中心腔，肝素和生理盐水应每小时冲洗 1 次或持续加压冲洗，肝素和生理盐水需每天更换；每班护士需对导管压力转换装置重新校零，调整压力。随时观察导管连接处有无血液，保持管道内无回血，以免形成血栓。

5. 持续抗凝 遵医嘱监测 APTT，置管期间，需观察皮肤、黏膜、尿、便、痰，有无出血现象，如有异常及时报告。

6. 被动运动 置管侧肢体应每小时被动按摩一次，并指导清醒患者做脚趾的屈伸运动。

7. 防止栓塞 注意观察穿刺侧肢体末梢循环状态，如发现皮肤苍白或青紫、皮肤温度降低、肢端动脉（如足背动脉）搏动消失、四肢胀痛等症状、体征时，应考虑血栓形成、肢体缺血的情况发生，应及时通知医师。

三十二、如何对心绞痛患者做好出院指导？

1. 减轻体重。肥胖者需限制饮食热量及适当增加体力活动，避免采用剧烈运动。

2. 防治各种可加重病情的疾病，如高血压、糖尿病、贫血、甲状腺功能亢进等，特别要控制血压，使血压维持在正常水平。

3. 慢性稳定型心绞痛患者大多数可继续正常性生活，为预防心绞痛发作，可在 1 小时前含服硝酸甘油 1 片。

4. 患者应随身携带硝酸甘油以备急用，患者及家属应熟知药物的放置地点，以备急需。

三十三、冠状动脉粥样硬化性心脏病患者如何进行预防保健？

1. 注意气候变化 注意冬、春季节，易诱发心绞痛，患者应随天气变化及时增减衣物，冷天注意保暖，避免冷风刺激。

2. 建立良好的生活方式 生活规律，控制情绪，放松精神，愉快生活，保持心情平和，保证睡眠质量，不饮浓茶、咖啡，养成定时排便的习惯，避免发生便秘，适当锻炼，避免做不胜任的体力劳动。

3. 坚持服药 需要长期服药，不可随意停用或增减，用药过程中，学会自我监测，如使用抗凝药阿司匹林、β 受体拮抗剂、钙通道拮抗剂、利尿药等。外出时要随身携带硝酸甘油，居家时硝酸甘油放在易取之处，定位放置，家人也应知道，以便发病时及时取用。

4. 警惕不明原因的疼痛 冠心病以心绞痛型、心肌梗死型最常见。心绞痛常表现为胸骨中上部的压榨痛、紧缩感、窒息感及胸痛逐渐加重，且数分钟达到高潮等症状；心肌梗死是冠状动脉血供急剧减少或中断所导致，使相应的心肌严重持久的急性缺血。发现以上情况则应赶紧服硝酸甘油和拨 120 往医院治疗。

三十四、患者行冠状动脉旁路移植手术后应如何指导进行康复锻炼？

1. 术后早期 撤除呼吸机后，可开始康复锻炼。术后 2～3 天，可在家属的帮助下抬高下肢，做握拳练习等；4～7 天，可在医师的指导下进行床上及床边活动；下床活动宜循序渐进进行，每次 5 分钟，活动后，应将下肢肢体抬高，促进下肢血液回流。

2. 出院后 每天从 25 分钟开始，前后各 10 分钟慢走，中间 5 分钟稍加快速度；每周运动 5～7 天，感觉略有气短即可，不要逞强，有明显不适时应停止运动。第 2 周如无不适，可将运动时间增加为 30 分钟；一个月后实现每天运动 1 次，每次 50 分钟，将快走时间增加至 30 分钟，逐渐至正常人水平。

（杨　靓）

第十九章　心脏黏液瘤

一、心脏黏液瘤的定义是什么？

心脏黏液瘤是起源于心内膜下多向分化潜能的间质细胞，恶性程度低，但有较强的种植和组织浸润能力。瘤体质软而脆，容易破碎，脱落的瘤屑可引起动脉栓塞或脑血管栓塞。

二、心脏黏液瘤的发病机制是什么？

心脏黏液瘤的发生机制尚不十分清楚，家族性黏液瘤的患者被认为是一种常染色体显性遗传性疾病，目前尚无特效的预防方法。但提高对本病的认识，早期诊断、早期治疗是改变本病预后的关键。

三、心脏黏液瘤的病因病理是什么？

病因学和确切的组织发生尚不清楚，一般认为属于肿瘤性新生物，起源于原始间质细胞（primitive mesenchymal cell）。

1. 血流动力学紊乱　随着肿瘤增大，肿瘤上游的血流受阻，左心房黏液瘤也引起肺静脉瘀血，右心房者引起体静脉瘀血，同时肿瘤还可干扰正常的房室瓣功能或直接累及心脏瓣膜，引起瓣膜狭窄样的改变或瓣膜关闭不全，因而表现出血流动力学异常，瘤体对血流的梗阻为间歇性发生，但呈进行性加重，梗阻的严重程度往往与体位改变及瘤体大小有关。约20%左心房黏液瘤，30%右心房或右心室黏液瘤，50%左心室黏液瘤患者出现间歇性严重梗阻并引发晕厥或导致突然死亡。

2. 栓塞　脱落的肿瘤碎片、瘤体壁附着的血栓或伴发感染均可引起栓塞，约40%左心房黏液瘤患者发生体循环栓塞，半数以上的栓塞累及脑中枢神经的动脉系统，其他常见的为周围动脉栓塞或内脏动脉栓塞等，左心室黏液瘤栓塞发生率更高。右心系统黏液瘤发生率约为10%，多引起肺栓塞发生肺动脉高压。栓塞发生后即引起相应的缺血表现，这也是黏液瘤的一个特征性表现。

3. 全身表现　多数患者由于黏液瘤出血坏死和炎性浸润，可表现为长期低热、中度贫血、食欲下降、白细胞计数增高、红细胞沉降率增快，由于机体对新生物产生免疫反应，因而可引起血液中的免疫指标变化，如血清蛋白异常，α1和α2球蛋白增加。此外，某些非特异性的症状可能与多发性小栓子栓塞肌肉关节有关。

四、心脏黏液瘤的分类包括哪些？

心脏黏液瘤包括单纯性和非良性的心脏黏液瘤。

五、特殊类型的心脏黏液瘤有哪些？

1. 家族性心脏黏液瘤。

2. 右心房黏液瘤。

3. 心室黏液瘤。

六、心脏黏液瘤的临床表现有哪些？

本病的临床表现取决于肿瘤的部位、大小、性质及蒂的有无和长短。瘤体大、蒂长者易致房室瓣口狭窄或关闭不全，发生血流动力学的改变，出现一系列的症状。瘤体小、蒂短者，可长期无症状。

1. 血液回流障碍症状　心悸、气短、端坐呼吸、晕厥、心脏杂音（舒张期或收缩期、双期）随体位改变而变化。左心房黏液瘤如梗阻肺静脉或二尖瓣口可产生类似二尖瓣病变的肺瘀血症状，如阵发性夜间呼吸困难、咯血丝痰，重者可有颈静脉怒张，肝大及下肢浮肿。右心房黏液瘤如梗阻腔静脉、三尖瓣口可出现与心包积液相似的症状，如颈静脉怒张、肝大及水肿。本病的梗阻症状有随体位变动而发作的特点，如有与体位相关的发作性眩晕及呼吸困难，肿瘤突然堵塞房室瓣口引起心搏量显著降低，可发生突然昏厥或心脏骤停。

2. 脑动脉或肺动脉栓塞症状 偏瘫、昏迷、失语等，肺动脉栓塞可发生休克、呼吸困难、胸痛、咯血等。黏液瘤碎片或瘤体表面血栓脱落可发生体、肺循环的栓塞。左心房黏液瘤约有 40% 发生栓塞，右心房黏液瘤者栓塞少见。

3. 全身症状 发热、消瘦、乏力、贫血、关节酸痛、红细胞沉降率增快等，体重减轻及血清 α_2、β 球蛋白异常增高，此可能与肿瘤内有出血坏死及炎症细胞浸润有关。

七、心脏黏液瘤的辅助检查有哪些?

1. 胸部 X 线片。
2. 心电图。
3. 超声心动图。
4. CT 扫描和磁共振（MRI）检查。
5. 实验室检查。

八、心脏黏液瘤的治疗原则有哪些?

1. 非手术治疗 只是术前准备的一部分，如处理急性肺水肿，纠正贫血、发热，脑血管栓塞的对症处理，待患者清醒、病情稳定后也应尽早手术。但若积极处理脑栓塞、急性肺水肿、心脏骤停等恶性事件后，患者仍昏迷，或极度衰竭伴多脏器功能不全，则不宜手术。

2. 手术治疗 一旦确诊，尽早手术。除非患者已极度衰竭伴多脏器功能不全，或昏迷不醒，则不宜手术。

九、心脏黏液瘤的手术适应证有哪些?

1. 左心房黏液瘤确诊后，为改善症状和避免发生严重的并发症，应及时进行肿瘤切除术。

2. 如患者发热、红细胞沉降率增快、全身虚弱，经检查排除亚急性细菌性心内膜炎与风湿性瓣膜病，也应手术，不必等待，以免病情进一步恶化。

3. 肿瘤部分阻塞二尖瓣口，引起急性心力衰竭与急性肺水肿，经短时治疗病情不好转者，应立即进行气管插管辅助呼吸，施行急诊手术。

4. 黏液瘤碎片脱落，引起脑血管或周围血管栓塞，发生偏瘫或肢体栓塞时，经积极治疗待患者意识清醒，病情稳定后，应及早手术摘除黏液瘤。

十、心脏黏液瘤的手术禁忌证有哪些?

1. 黏液瘤患者发生严重瓣膜阻塞，突发性心脏骤停复苏后，患者处于深度昏迷者，不宜手术。

2. 黏液瘤患者发生多发性脑血管栓塞及重要脏器血管栓塞，患者处于极度衰竭状态，并有肝脏功能障碍或胃肠道出血时已丧失手术治疗的时机。

十一、心脏黏液瘤的术前准备包括哪些?

1. 按心脏外科疾病术前常规护理

2. 做好各项评估 ①有无家族史；②有无栓塞史；③有无晕厥史。

3. 观察症状体征 有无心悸、气短、咳嗽咳痰、胸闷、胸痛等症状。

4. 完成辅助检查 了解彩色超声心动图、心电图、CT、X 线片检查等阳性结果。

5. 防止栓塞 黏液瘤大部分质地疏松、脆弱，表面的碎片或血栓可能脱落引起体循环和肺循环栓塞。左心房黏液瘤可发生体循环栓塞，右心房黏液瘤可发生肺栓塞，所以要及早手术。

6. 限制活动 因黏液瘤部分阻塞二尖瓣口或随体位变化有间歇性昏厥的患者，应严格限制活动，卧床休息。伴有心功能不全者，可应用强心剂、利尿剂等治疗。

十二、心脏黏液瘤常见并发症的观察包括哪些？

1. 动脉栓塞　栓塞是许多患者出现的第一个并发症，其后果是梗死出血及血管瘤形成。30%～50%的左心房黏液瘤和超过 50%的左心室黏液瘤发生栓塞。大约 50%栓塞到中枢神经系统，表现为意识障碍、失语、偏瘫等。立即进行生命体征及神经系统评估，遵医嘱吸氧、心电监测，并遵医嘱用药。

2. 二尖瓣口梗阻　表现为突然晕厥，应立即改变体位，如无大动脉搏动，即刻心肺复苏。

3. 急性心力衰竭　表现为呼吸困难、心率加快、出汗、四肢末梢冷、尿少。应严密监测生命体征、尿量变化等，遵医嘱用药并注意观察药物不良反应，监测血钾变化。

4. 心律失常　其发生与心脏黏液瘤患者的心腔结构重构有关。心脏黏液瘤局部浸润，侵蚀心房肌、心室肌而导致房室性心律失常，侵蚀传导系统或相应的供血冠状动脉侧支而导致完全性房室传导阻滞和束支阻滞等传导障碍。而且黏液瘤所致的血流梗阻、大血管阻塞及心功能不全等原因所致心肌缺血缺氧，以及心肌细胞的低钾、低镁等内环境紊乱等均可致心律失常的发生。

5. 黏液瘤复发　手术后复发率为 4%～6%。左心房黏液瘤复发率较低，即使复发也多在手术 4 年后复发，但对家族性黏液瘤及黏液瘤综合征的患者因其复发的概率高，需注意定期随访，以便早期发现。

十三、心脏黏液瘤摘除术后的护理观察要点包括哪些？

1. 术后护理与一般体外循环心内直视手术相同。

2. 术后呼吸机辅助呼吸 6～24 小时。

3. 术后早期切忌过快和过多补充胶体和晶体。

4. 严密监测肺动脉压或左心房压、中心静脉压、尿量、血气分析、体温等。

5. 少量应用强心利尿、正性肌力药物。

6. 术后并发症的预防。

（1）心律失常观察：患者术后常因麻醉、手术创伤、气管插管、代谢紊乱等因素导致各种心律失常，术后注意维持水、电解质及酸碱平衡，持续心电监护，定时监测血气分析及电解质，及时纠正低钾或高钾血症，维持血钾浓度在 3.5～5.5mmol/L。严密监测心率、心律的变化。

（2）出血的观察：患者在手术后应注意保持心包纵隔引流管通畅，经常挤压管道，应严密观察引流液的量、颜色、性质等，如出现引流液颜色鲜红，如术后 3～5 小时内每小时的引流量达 200ml 以上或每小时引流血量在 4ml/kg 以上，并伴呼吸急促、烦躁不安、血压下降、四肢湿冷等表现，应考虑有无活动性出血，如有异常应立即报告医师，以免发生血块堵塞而导致的心脏压塞，可行输血和紧急行开胸止血等处理。

（3）栓塞的观察及护理：体外循环本身有气栓的可能，再加上心房黏液瘤质软而脆，肿瘤碎屑随血流移动，可引起周围动脉栓塞或脑血管栓塞。患者在清醒前，每小时检查意识恢复程度及四肢活动能力、瞳孔大小、对光反射、血管搏动等体征，清醒后同时注意有无活动后呼吸困难、头痛、腹痛及特殊部位痛等。如患者出现短期精神异常症状，给予镇静治疗等对症处理。

十四、患者手术后行有创血压监测的管路应如何护理？

1. 监测开始时，首先对换能器进行校零；监测过程中，要随时保持压力传感器与心脏在同一水平。

2. 保持测压管道的通畅，为防止导管堵塞，要用生理盐水 500ml 使用加压袋装置，保持压力为 300mmHg 持续冲洗动脉导管，一般持续冲洗管道的速度为 2～4ml/h；每次经测压管抽取动脉血后，应立即用生理盐水冲洗管道，防止凝血。

3. 严格保证动脉测压管无菌，所用针头、管道、三通接头、换能器均为一次性应用。皮肤穿刺进针处用透明无菌膜覆盖，防止污染，便于观察，有血渍时及时更换。循环稳定后，应尽早拔除测压管，除去感染途径，且有利于患者活动。

4. 严密观察动脉穿刺部位远端皮肤的颜色和温度有无异常。如果有动脉血运受到影响时，应立即拔除测压管，并进行处理。

5. 拔除动脉穿刺针时，按外科无菌伤口换药要求进行，局部压迫时间 10 分钟。压迫后用纱布和宽胶布加压覆盖，短时间内患者活动时多注意局部观察，防止出血。

十五、患者手术后出现低血钾时的心电图有哪些改变？

患者手术后出现低血钾时的心电图示 Q-T 间期延长，S-T 段下降，T 波低平、增宽、双向、倒置，U 波出现。

十六、患者手术后如何观察有无出现活动性出血？

1. 胸部引流量连续 3 小时超过 4ml/（kg · h）或术后第 1 小时成人引流量＞200ml。若血容量补充不足，可出现血压下降、心率增快、四肢湿冷等表现。

2. 胸部引流量无明显增多，或开始增多后又突然减少，但有血压下降、心率增快、CVP 升高、胸部 X 线片显示纵隔影增宽等心脏压塞的表现。

3. 血气结果：血红蛋白、红细胞计数及红细胞比容下降。

十七、患者手术后预防低心排综合征发生的措施有哪些？

1. 严密监测患者心率、血压、中心静脉压、尿量、血气等指标；观察并记录心力衰竭的症状、体征及评估病情变化。

2. 观察伤口引流管引流是否通畅，并严格记录引流液的颜色、性状和量。

十八、心脏黏液瘤术后伤口引流管的观察与护理要点包括哪些？

1. 定时挤压引流管，保持引流通畅，并注意观察引流液的颜色、性质、量和伤口敷料有无渗出。

2. 保持管道的密闭和无菌，各衔接处要密闭。

3. 固定好引流管道，防止滑脱。

4. 每 72 小时更换引流瓶 1 次，更换时夹紧引流管，防止进气，严格执行无菌操作，防止感染。

十九、心脏黏液瘤术后复发的原因有哪些？

1. 手术切除不彻底。

2. 术中瘤体种植。

3. 心内膜下肿瘤有瘤细胞存留。

4. 多灶性肿瘤起源。

二十、心脏黏液瘤的出院指导有哪些？

1. 自我监测　观察有无胸闷、气促、尿少、水肿等，如有异常，及时来医院就诊。

2. 活动与休息　术后根据体力情况，进行适当的室内和室外活动，应量力而行，循序渐进，以不引起心慌气短为度。

3. 饮食指导　多吃蔬菜水果，保持大便通畅，切忌用力排便，必要时遵医嘱给予缓泻剂或开塞露通便。

4. 用药指导　遵医嘱服用洋地黄、利尿剂及补钾，自测脉搏或心率，低于 60 次/分钟停服。

5. 定期复诊

二十一、如何正确指导患者服用洋地黄制剂？

1. 用药前数心率，如心率＜60 次/分钟，应停用。

2. 观察有无洋地黄中毒表现。

（1）注意有没有黄、绿视表现。

（2）注意有没有恶心、呕吐、食欲缺乏、腹痛、嗜睡等消化道反应；同时注意有无发生低血钾，容易缺钾时应多吃含钾丰富的食物，如香蕉、杏、全麦粒、脱脂奶等。

（3）定期做心电图，注意是否有心律变化。

（4）观察神经系统症状，有无头痛、失眠、忧郁、眩晕，甚至神志错乱，尤其是腹泻、呕吐、应用利尿药时。

3. 地高辛片剂要注意防潮，否则会影响疗效。

4. 应控制患者钠盐摄入量。心力衰竭的患者，食盐量为 2～3g/d。应避免食用酱菜、咸鱼、咸蛋等。

5. 每周测量体重，若体重变化＞1.5kg，应及时就医。

（梁爱琼）

第二十章　缩窄性心包炎

一、缩窄性心包炎的概念是什么?

慢性炎症侵及心包壁层和脏层，使心包增厚粘连，压迫并限制了心房、心室的舒张，造成心脏功能的显著降低。

二、缩窄性心包炎的病因有哪些?

确切病因尚不明确，目前认为主要与以下因素有关。

1. 结核　最常见。

2. 感染性因素（细菌、病毒、真菌）。

3. 创伤性血心包。

4. 结缔组织病（散播性红斑狼疮、全身性硬皮病、类风湿关节病）。

5. 恶性肿瘤侵犯心包。

6. 心脏手术后。

7. 其他，如尿毒症、放疗后。

三、缩窄性心包炎的临床表现是什么?

1. 症状　劳力性呼吸困难最常见，可伴有疲乏、食欲缺乏、上腹胀满、运动后气短、心悸、腹胀、尿少。下肢水肿常出现在踝部，唇及指甲末端常呈现周围性青紫。

2. 体征　颈静脉怒张为最常见的体征，肝大，质硬、有腹水。心尖冲动不明显，当缩窄继续发展，可出现下肢踝部水肿及胸腔积液，后者多见于右侧。

四、缩窄性心包炎与限制型心肌病有什么区别吗?

1. 限制型心肌病主要侵犯左心室，表现为肺循环瘀血、肺血管阻力增加，而腔静脉淤血症则不明显。超声心动图显示左心室搏动明显减弱，而右心室搏动明显，并有左心房扩大等征象。

2. 缩窄性心包炎则慢性炎症侵及心包壁层和脏层，使心包增厚粘连，压迫并限制了心房、心室的舒张，超声心动图显示左右心室搏动均减弱，且无心房扩大征象。

五、缩窄性心包炎的辅助检查有哪些?

1. 实验室检查。

2. X 线片检查。

3. 心电图检查。

4. 右心导管检查。

5. 二维超声心动图检查。

6. CT/MRI。

六、缩窄性心包炎的治疗方法有哪些?

1. 内科治疗

（1）一般治疗：卧床休息，呼吸困难者取半卧位，吸氧。

（2）病因治疗：针对病因，应用抗生素、抗结核药物等。

（3）解除心脏压塞：可实行心包穿刺术或心包引流术。

2. 手术治疗　心包剥脱术。

七、缩窄性心包炎的术前注意事项有哪些?

1. 术前饮食予高热量、高蛋白、高纤维素、低盐易消化饮食。

2. 结核或化脓性感染引起者，术前应给予抗结核药物或抗生素治疗，使体温及红细胞沉降率降至正常或基本正常。

3. 利尿，减低血容量以减轻心脏前负荷。有大量胸腔积液、腹水者，应行胸、腹腔穿刺，抽出积液，改善呼吸和循环功能。

4. 术前有心房颤动伴有快速心室率者必须酌情低剂量应用洋地黄控制心室率。

5. 术前伴有慢性肾功能不全的患者应在术前予以积极治疗，使肌酐、尿素氮及血钾控制在基本正常范围。

八、缩窄性心包炎术后呼吸道的观察与护理有哪些？

1. 观察患者呼吸困难的程度，有无呼吸浅快，发绀，听诊双肺呼吸音是否清晰，有无缺氧症状，血气分析结果是否正常。

2. 全麻清醒前，应采取去枕平卧位，头转向一侧，以防止呕吐物及唾液吸入下呼吸道而致气管梗阻，出现舌根后坠堵塞呼吸道应使其头后仰，有痰鸣音者应及时给予吸痰。

3. 配合半坐卧位或端坐呼吸减轻呼吸困难，保持环境安静，限制探视，病室的温湿度适宜，防止呼吸道感染而加重呼吸困难。患者衣着应宽松，以免影响呼吸。

九、缩窄性心包炎术后其他护理要点有哪些？

1. 体液管理 严格控制输液速度和输液量，遵医嘱记录24小时出入量。

2. 饮食管理 高蛋白、易消化饮食为主，如牛奶、鸡蛋、鱼等，多吃水果。随着消化道瘀血慢慢减轻，鼓励患者多进食，增加营养。

3. 用药护理 遵医嘱给予强心、利尿治疗，应用洋地黄类药物前后注意观察心率、心律及电解质变化；利尿剂应用中应该注意尿量及血钾的变化，当血清钾＜3.5mmol/L时，应及时补钾。补钾时的注意事项包括以下几项。

（1）绝对禁止静脉推注氯化钾。

（2）补钾不宜过快过多，以免导致高钾血症。成人每小时补钾量不宜＞20mmol，小儿以0.2～0.5mmol/（kg·h）的速度补充。

（3）一般先补缺钾量的一半，复查血钾后再调整补钾速度，以免补钾过量导致高钾血症。

（4）低血钾可伴有碱中毒，纠正碱中毒有利于纠正低钾血症。

（5）酸中毒伴有低血钾时，应先补充钾盐后纠正酸中毒，以免纠正酸中毒后血钾更低。

（6）口服补钾最安全，能进食的患者要口服补钾，必要时辅以少量静脉滴注补钾。

（7）高浓度含钾液体应从深静脉管道输入，以免引起静脉炎。

4. 导管护理 术后一般留置气管插管、深静脉导管、有创动脉插管、心包、纵隔引流管，做好各管道的护理工作，防止管道脱出及预防感染。

5. 严密观察不良反应 缩窄性心包炎大部分存在结核，在治疗上用药时间在1～2年，因此早期、联合、适量、规律、全程的药物治疗原则尤为重要。在抗结核治疗期间，要严密观察药物不良反应，如出现皮肤瘙痒、皮疹、恶心、呕吐、腹泻、喷嚏、咳嗽、发热、血管性水肿等异常情况，应及时通知医师进行相应处理。

十、心包、纵隔引流管的观察和护理有哪些？

1. 妥善固定。用医用胶带牢固固定于患者胸部或腹部皮肤上，防止因患者躁动、翻身而造成引流管意外拔出，并于引流管处做明显标记，注明插管时间。将水封瓶悬挂于患者床底架处，注意保持合适的引流管长度，以能使患者翻身为宜，定时观察，防止引流管受压、脱开或折曲。对于躁动患者或全麻未醒者应酌情使用约束带。

2. 指导患者半卧位或者侧卧位，避免压迫引流管；妥善固定，定期从引流管的近端向远端挤捏，以保持引流通畅。引流管应低于穿刺部位，以免反流引起感染。

3. 术后 6 小时内，要每隔 30 分钟挤压 1 次，尤其是对于应用止血药物的患者，更要注意对引流管进行挤压，以免血块堵塞引流管口，引起心脏压塞，保持穿刺部位和敷料的清洁干燥，若有渗血者及时更换敷料。

4. 术后当天 3～5 小时引流管内出现大量鲜红色的血性液体，如成人＞200ml/h，小儿＞4ml/（kg · h），引流液颜色呈暗红或鲜红色，黏稠易凝，且无明显减少趋势，则可认为胸腔内存在活动出血点，常需行二次开胸止血手术。

5. 患者开始时引流量偏多，以后突然减少或引流不畅，患者血压下降，心率增快、呼吸困难、发绀、面色苍白、出汗等症状，考虑心脏压塞的可能，应及时通知医师。

6. 拔管护理。拔管指征：术后 3 天，每天引流量小于 50ml，引流液颜色变淡，无气体排出，肺膨胀良好，无呼吸困难，肺部听诊呼吸音清晰，X 线显示无肺不张，即可将引流管拔除。拔管前应给予心理辅导，说明拔管的原因，以利于患者配合。拔管时动作要迅速，嘱患儿深吸气，然后屏气至引流管拔除。插管处切口用无菌纱布按压，同时将线拉紧并打结，以防造成气胸。如发现切口存在异常情况，如出血、漏气、漏液等，应立即告知医师做相应处理。拔管后观察患者有无胸闷、憋气、心悸、伤口渗液及出血，有异常及时通知医师。

7. 鼓励咳嗽。咳痰咳嗽有利于胸腔内液体的引流。护理人员应鼓励患者做深呼吸运动和有效咳嗽，以增加胸腔内负压，尽早排出胸腔内的积气、积液和肺内痰液，促使肺膨胀及恢复胸膜腔负压，防止发生肺不张等现象。另外，胸腔置管及手术刺激均可使患者膈肌和肋间肌运动严重受限，降低肺组织的弹性回缩力，造成分泌物积聚在支气管和肺泡内，有效咳嗽可促使分泌物的排出。

十一、缩窄性心包炎术后的并发症有哪些及如何处理？

1. 低心排血量综合征 是心包切除术后最常见的并发症，也是术后死亡的主要原因，多见于大量腹水及心功能不良者。应及时适当补充体液，增加左心房充盈压，让左心房压保持在较高水平，同时应用正性肌力药物，如多巴胺，以增加心肌收缩力及改善末梢灌注。对药物治疗无效者应及时施行主动脉内球囊反搏术。

2. 心肌及冠状血管损伤 心肌损伤多发生在心包粘连致密或钙化斑块入心肌情况下，强行剥离时，引起的出血多发在心房壁及右心室流出道心肌薄处。一旦出血，应保持镇静，先轻轻压迫止血，看清出血部位，若出血量大，难以止血时，可迅速建立体外循环，在心肺转流下，心脏无张力，可彻底缝合止血。若经左侧前外开胸切口，且可经股动、静脉建立体外循环。遇有冠状血管小分支或末梢血管出血，可直接缝合止血。冠状动脉主干损伤应行手术修复及行冠状动脉旁路移植术。

十二、缩窄性心包炎手术后的出院指导包括哪些？

1. 自我监测 观察有无胸闷、气促、尿少、浮肿等，如有异常，及时来院就诊。

2. 活动与休息 根据心功能状况循序渐进加重活动量，以不出现心慌气促为度。根据心功能、体力情况和工作性质可考虑从轻到重逐渐恢复到正常工作。

3. 饮食指导 多吃蔬菜水果，保持大便通畅，切忌用力排便，必要时遵医嘱给予缓泻剂或开塞露通便。

4. 用药指导 遵医嘱服用洋地黄、利尿剂及补钾，自测脉搏或心率，低于 60 次/分停服洋地黄，并来院就诊，定期测血电解质。结核性心包炎者需抗结核治疗，并告知服药注意事项。

5. 定期复诊

十三、缩窄性心包炎手术后有可能会复发吗？

缩窄性心包炎手术后有复发的可能，复发率约为 2%，多与心包剥离不彻底有关，术后患者症状一度减轻，但以后症状又加重，严重者须再次手术。

（梁爱琼）

第二十一章　胸主动脉瘤

一、什么是胸主动脉瘤？

胸主动脉瘤是指由于各种原因造成的主动脉壁呈局部或弥漫的病理性扩张性疾病，并形成“瘤”样包块，包括主动脉根部、升主动脉、主动脉弓部、胸部降主动脉及累及至膈下的胸腹主动脉瘤。

二、胸主动脉瘤的病因有哪些？

1. 退行性　主动脉粥样硬化最常见，与高血压、吸烟及脂质代谢遗传有关，多见于老年男性。

2. 遗传性　马方综合征是最常见的结缔组织病，多发生于升主动脉。

3. 机械性　胸部钝性伤或减速伤、医源性损伤，主动脉狭窄后扩张，慢性主动脉夹层分离后。

4. 自身免疫性　巨细胞大动脉炎，多发性大动脉炎。

5. 感染性　主动脉外感染或心内膜炎。

三、胸主动脉瘤的分类有哪些？

1. 病因分类　动脉粥样硬化动脉瘤（最常见）、先天性动脉瘤、遗传性动脉瘤、外伤性动脉瘤、感染性动脉瘤、自身免疫性动脉瘤。

2. 解剖分类　主动脉根部动脉瘤、升主动脉瘤、弓部主动脉瘤、胸部降主动脉瘤、胸腹主动脉瘤。

3. 病理特点分类　真性主动脉瘤、假性动脉瘤、夹层动脉瘤。

4. 形态分类　梭形主动脉瘤、袋形或囊性主动脉瘤、混合型主动脉瘤。

四、胸主动脉瘤的病理性改变有哪些？

1. 动脉瘤增大和破裂。

2. 主动脉瓣关闭不全和主动脉夹层。

3. 局部压迫。

4. 血栓和栓塞。

五、胸主动脉瘤的临床表现有哪些？

胸主动脉瘤早期多无明显症状，在 X 线透视下偶然发现。随着动脉瘤的增大、压迫周围组织和器官时才出现症状和体征，可有动脉栓子脱落造成的动脉栓塞表现。其临床表现主要表现在三大类。

1. 疼痛　升主动脉或主动脉弓前壁的动脉瘤引起的疼痛多在胸骨后。性质多为钝痛、也有刺痛，呈持续性，可随呼吸或活动而加剧。

2. 压迫症状　升主动脉动脉瘤除侵犯主动脉瓣外，很少出现症状。主动脉弓动脉瘤常出现刺激性咳嗽和呼吸困难，严重者可出现肺不张和支气管炎、支气管扩张。压迫上腔静脉出现上腔静脉阻塞综合征（面、颈、肩部静脉怒张伴水肿），左弓部和峡部的动脉瘤可压迫喉返神经而产生声音嘶哑或失声。

3. 心功能不全与心绞痛　主要见于升主动脉根部动脉瘤（多见于马方综合征）的患者，继发主动脉瓣反流，引起充血性心力衰竭，此类患者常伴有严重的主动脉瓣关闭不全，临床上也可出现气促、气急等心功能不全的症状，严重者可出现心力衰竭而死亡。

六、胸主动脉瘤的辅助检查有哪些？

1. 心电图检查。

2. 胸部 X 线片。

3. 超声心电图。

4. 增强 CT 或 CTA。

5. MRI 或 MRA。

6. 主动脉造影。

七、胸主动脉瘤的治疗原则是什么？

1. 主动脉瘤直径＜5cm，控制血压，密切观察。

2. 主动脉瘤直径＞5cm 或伴有显著主动脉瓣关闭不全，积极考虑手术治疗。

八、胸主动脉瘤的治疗方法有哪些？

1. 一般治疗 绝对卧床休息，避免精神过度紧张和情绪波动。积极戒烟、检测和控制血压及动脉粥样硬化危险因素。避免增加胸腹腔压力的活动，如屏气、咳嗽、剧烈活动等。

2. 内科治疗 密切随访，降压、降心率，减少主动脉瘤破裂的风险。及时给予镇痛、镇静药物，禁忌翻滚、拍打、按压疼痛部位。

3. 手术治疗 腔内支架介入治疗与外科手术治疗。

九、什么情况下应考虑外科手术治疗或介入治疗？

胸主动脉瘤患者应定期进行危险性判断，以决定是否继续药物治疗或实施外科手术治疗或介入治疗。一般而言，有症状的患者应考虑外科手术治疗或介入治疗。

1. 一般人群 升主动脉根部直径≥5.5cm 或年增长速度大于 0.5cm。

2. 马方综合征患者 升主动脉根部直径≥5.0cm 或年增长速度大于 0.5cm；对准备怀孕的妇女，升主动脉根部直径≥4.0cm 时即要考虑外科手术治疗或介入治疗。

3. Loeys-Dietz 综合征患者 经食管超声心电图测定主动脉根部内径≥ 4.2cm，或 CT、磁共振测定主动脉根部外径≥4.6cm。

4. 主动脉二瓣畸形患者 主动脉根部直径＞5.5cm；患者有主动脉夹层家族史时，主动脉根部直径＞5.0cm。

5. 严重的、有症状的主动脉瓣狭窄或关闭不全 主动脉根部直径＞4.5cm。

6. 准备行主动脉瓣修补或置换术时 主动脉根部直径＞4.5cm。

十、外科手术治疗与介入治疗有哪些优缺点？应如何选择？

1. 外科手术治疗是通过手术的方法切除扩张的或损伤的血管壁，以自身血管或其他材料连接。外科手术治疗的优点是对血管壁的修复较为牢固，缺点是创伤大，围术期并发症高。

2. 介入治疗是通过介入的方法，用支架加固血管壁或封闭夹层起源。介入治疗的优点是创伤小，缺点是不能消除主动脉增宽、有时支架无法放置（如主动脉根部）。当主动脉有明显动脉粥样硬化时，放置支架也有困难。放置支架还有引起远端血栓的危险。

3. 对不同部位的胸主动脉瘤和或致胸主动脉夹层，应选择不同的干预方法。

（1）降主动脉瘤和降主动脉夹层患者中，因结缔组织疾病引起的慢性夹层、降主动脉直径＞5.5cm 等要考虑外科手术治疗，降主动脉直径＜5.5cm 可考虑安放支架。

（2）对主动脉弓动脉瘤和夹层应行外科手术治疗。

（3）主动脉弓动脉瘤发生急性夹层、主动脉弓动脉壁广泛破坏、动脉瘤累及整个主动脉弓、主动脉弓夹层伴增宽患者应行主动脉弓切除手术。对无症状、低危的主动脉弓动脉瘤可考虑行动脉修补手术。

（4）Ⅲ型胸主动脉夹层动脉瘤、内膜破口距左锁骨下动脉开口和其他重要血管开口 1.5cm 以上，移植物可以固定，可采用腔内隔绝术。

（5）对手术风险较大的患者，如有可能可考虑安放支架，也可将外科手术和安放支架结合起来，称为“杂交（hybrid）”。

十一、胸主动脉瘤的术前护理要点是什么？

控制血压，防止动脉瘤破裂，主动脉瘤一般无自觉症状。若出现急性胸痛、休克、血胸、心脏压塞等症状提示胸主动脉瘤破裂，大多数患者很快死亡，一旦发现，立即汇报医师并配合抢救。

1. 绝对卧床休息，保持病室安静，避免精神过度紧张和情绪波动。

2. 遵医嘱用药，正确使用抗高血压药，收缩压维持在 100～120mmHg 之间。

3. 避免增加胸腔和腹腔压力的活动，如屏气、咳嗽、剧烈活动等，多吃蔬菜水果，保持大便通畅，切忌用力排便，必要时使用缓泻剂或开塞露通便。

4. 疼痛管理。禁忌翻滚、拍打、按压疼痛部位，疼痛可使血压升高及心率增快，增加破裂机会，必要时遵医嘱予镇痛、镇静剂。

5. 遵医嘱使用 β-受体阻滞剂，如酒石酸美托洛尔，控制心率在 60～70 次/分。

十二、胸主动脉瘤手术前要进行哪些呼吸道准备？

胸主动脉瘤患者常有多年的吸烟史，部分患者甚至合并慢性阻塞性肺病。有条件的患者术前尽可能进行呼吸功能锻炼，如严格禁烟、应用抗生素，控制肺病感染、雾化吸入排痰、呼吸肌锻炼等。术前应常规行动脉血气检查，PaO_2＜10.64kPa 时应进一步检查肺功能。

十三、胸主动脉瘤手术前要进行哪些循环系统准备？

1. 了解患者有无心脏病史及家族史，有无呼吸困难、胸闷、胸痛、心悸等症状。

2. 术前常规性 12 导联心电图检查，注意心电图波形有无异常；术前常规心脏超声检查评价心功能、各瓣膜形态及功能。

3. 年龄超过 50 岁的患者，应常规行冠状动脉造影术或冠状动脉 CTA 检查，了解冠状动脉供血情况。

4. 术前心力衰竭的患者给予洋地黄、利尿药、ACEI 类或 ARB 类扩血管药物，以降低心脏后负荷，改善血流动力学状况。

5. 术前有窦性过缓、慢性心房颤动、房室传导阻滞的患者，术中宜放置临时起搏器，以免出现围术期意外。

十四、胸主动脉瘤手术前要进行哪些泌尿系统准备？

胸主动脉瘤合并肾疾病的患者术后急性肾衰竭可能性大，尿常规检查简单实用。尿蛋白、隐血阳性或肉眼血尿，应考虑有无泌尿系统疾病，再行进一步检查。血清肌酐清除率与肾功能关系更为密切，血肌酐较正常值增加 1 倍者说明存在肾功能障碍。术前肾超声检查可以明确肾动脉血流形态，诊断泌尿系统结石、肾囊肿等疾病。

十五、胸主动脉瘤术前对凝血功能指标有什么要求？

大血管手术术前血小板一般应用在 100×10^9/L 以上，术中、术后可给予血小板成分输血。部分患者术前服用华法林，可停药 3～4 天，待凝血酶原时间正常后再手术。若需急诊手术，可静脉或肌内注射维生素 $K_1$10～30mg。术前通知血库，多准备新鲜冷冻血浆。

十六、胸主动脉瘤术前还需要进行哪些准备？

1. 常规行肝功能检查，包括血清酶学、蛋白质代谢、胆红素代谢、病毒性肝炎等多项指标。

2. 术前备皮应该包括双下肢大隐静脉处，为术中合并冠状动脉旁路移植手术做好准备。

3. 多数动脉瘤患者合并高血压。入院后，应采用及时有效的方法控制血压，以减少动脉瘤患者猝死的风险。

十七、胸主动脉瘤术后的护理常规有哪些？

1. 手术后患者返回监护室，由专人护理，待病情稳定后转回病房。

2. 入监护室后即进行血压、心率、心律、心电示波、末梢血氧饱和度的持续动态监测；接呼吸机、妥善安置各种管道。向麻醉师、外科医师、手术室护士了解手术过程及术中用药和病情变化。核对带回药物的浓度、剂量及维持用量和各种管道及皮肤的情况。麻醉未清醒前去枕平卧，头偏向一侧，保持呼吸道通畅，注意伤口渗血、渗液、敷料是否移位。

3. 密切观察病情变化，定时监测生命体征，切口疼痛时遵医嘱给予止痛剂。

4. 控制血压，遵医嘱使用抗高血压药，避免情绪过度紧张和情绪波动，保持大便通畅，必要时遵医嘱给予缓泻剂或开塞露通便。

5. 保持各种管道及引流管通畅，密切观察引流液的性质及量，并记录在特护记录单上。

6. 认真执行各项术后医嘱，准确记录护理记录。

7. 按要求做好基础护理，做到“六洁、四无”。

8. 用药护理。术后患者需终身服用华法林抗凝治疗，服药期间应密切观察有无出血情况，如牙龈出血、呕血、紫癜、血尿等，定期复查凝血酶原时间。

十八、胸主动脉瘤手术后的注意事项有哪些?

1. 术后早期应严格控制血压、降低吻合口张力，以免造成渗血或出血的风险。但有严重动脉硬化的患者，血压过低会导致脑和肾灌注不足现象。一般成人术后早期收缩压控制在 100～120mmHg。

2. 胸主动脉瘤患者多数不合并器质性心脏病，如同期无心内手术，心功能多在正常范围内，要保证机体的有效灌注，必须维持充足的心脏前负荷，不可过分利尿。

十九、胸主动脉瘤术后出血应怎么处理?

1. 对于人工血管壁有大量渗血的风险者，可应用成品预凝人工血管，会大大降低渗血风险。

2. 对于血小板和凝血因子缺乏导致的术后凝血功能不足时，可使用血液制品和抗凝药物。

3. 对于吻合口有活动性出血，应重新缝合止血。近端吻合口出血可用残留的瘤壁包裹人工血管根部，并与右心房建立分流。

4. 对于广泛渗血者，争取尽早脱离体外循环，补充血容量，中和肝素，再给予凝血酶原复合物、纤维蛋白原和血小板等，吻合口表面热盐水纱布压迫止血。

二十、胸主动脉瘤术后有哪些神经系统并发症及护理要点?

发生于主动脉弓部瘤和降主动脉瘤的手术，采用降低循环阻断时间、改善脑灌注方法，可有效降低短暂性神经系统障碍和脑卒中的发生，主要包括：

1. 短暂性神经系统障碍　主要表现为狂躁、反应迟钝、嗜睡、定向能力差等精神症状，发生率为 19%左右，多与长时间循环阻断和高龄有关。

2. 脑卒中　发生率为 2%～8%，主要与高龄、弓部手术、降主动脉瘤血栓或粥样斑块脱落有关。

3. 截瘫　继发于降主动脉手术的脊髓缺血性损伤，发生率为 2%～4%，主要为前运动神经细胞损伤导致的运动功能障碍，2/3 患者可有不同程度恢复，1/2 患者可恢复行走功能。全身低温、分段灌注或静脉逆行灌注和术后脑脊液引流可有效避免主动脉术后截瘫的发生。

预防与观察要点如下所述。

（1）严密监测患者的意识和瞳孔变化。

（2）严密监测患者的血压，保持血压稳定。

（3）注意观察患者有无头晕、头痛、呕吐、躁动、视物模糊、球结膜水肿、颈项强直及发热等。

（4）观察并记录双下肢动脉的搏动情况，皮肤颜色及温度，帮助患者被动活动双下肢，避免出现肌肉萎缩和关节粘连。

（5）按摩足部，保持功能位，防止足下垂。

（6）做好基础护理，注意泡脚时的水温，避免烫伤。

二十一、胸主动脉瘤有哪些常见术后并发症？如何护理？

1. 出血 表现为引流管短时间内引流出较多血性液体，患者出现面色苍白，血压降低、心率加快，脉搏细速等低血容量表现。密切观察引流液量、颜色、性状，密切监测血压及心率变化，遵医嘱使用止血药、补液、输血及监测血常规、凝血功能等，协助做好床边B超及胸部X线片检查。如果观察患者胸腔引流量＞200ml/h，持续3小时以上，或总量＞1000ml，遵医嘱做好再次开胸手术准备。

2. 急性心力衰竭 表现为呼吸困难、心率加快、出汗、四肢末梢冷、尿少，可有两侧肺部湿啰音、浮肿等，密切监测心率、心律、血压、尿量变化等，遵医嘱吸氧和使用利尿药、正性肌力药物等，注意观察药物疗效及不良反应，监测血钾变化。

3. 急性肾衰竭 表现为乏力、恶心、呕吐、高钾、肌酐、尿素氮增高、尿色加深、少尿或无尿，重者出现气急、呼吸困难、体检可见水肿，肺部湿啰音、颈静脉怒张等，少尿期患者以卧床休息为主，遵医嘱予低盐、优质蛋白饮食；多尿期患者根据患者病情变化可适当下床活动，并逐渐增加活动量，予高糖、高热量、高维生素饮食，注意水电解质平衡。

二十二、胸主动脉瘤术后的出院指导有哪些？

1. 自我监测 观察有无胸闷、气促、尿少、浮肿、牙龈出血、黑便等，如有异常，及时来院就诊。若出现皮肤疖肿、牙周炎、感冒、发热、肺炎等应及时治疗。

2. 活动与休息 根据自身体力恢复情况进行适度的活动，循序渐进，量力而行，避免重体力劳动。

3. 饮食指导 清淡、低胆固醇饮食，高血压患者宜低盐饮食。

4. 用药指导 遵医嘱服用抗高血压药，定期检测血压。遵医嘱服用华法林，不可擅自停药，宣教华法林抗凝治疗注意事项。

5. 定期复诊 出院后应每月抽血查看凝血酶原时间，半年内应行CT复查，如有胸闷，胸痛或其他不适，应随时就诊。

（徐红秀）

参考文献

毕红月，王欣然，韩斌如，等，2014. 气管内吸痰术的研究与应用进展. 中国护理管理，14（7）：775-777.

曾燕霞，林婷，2014. 镍钛合金爪形钢板固定严重胸外伤合并多发肋骨骨折病人的围术期护理. 全科护理，12（9）：782-783.

陈利芬，成守珍，2013. 专科护理常规. 广州. 广东科技出版社.

陈妙霞，黄师菊，2012. 临床护理路径-外科篇. 广州：华南理工大学出版社.

陈孝平，汪建平，2013. 外科学. 8 版. 北京：人民卫生出版社.

陈子英，檀振波，2012. 心胸外科手术并发症. 北京：军事医学科学出版社.

褚秀美，祝凯，魏丽丽，2015. 胸外科临床护理手册. 北京：人民卫生出版社.

崔建国，许志华，孙春媛，等，2011. 电视胸腔镜辅助下钛镍合金接骨板内固定治疗多发肋骨骨折的临床研究. 临床肺科杂志，16（12）：1859-1860.

丁文祥，苏肇伉，2000. 小儿心脏外科学. 山东：科学技术出版社.

付军科，2008. 胸外科手册. 北京：科学出版社.

葛均波，徐永健，2013. 内科学. 8 版. 北京：人民卫生出版社.

顾恺时，2003. 胸心外科手术学. 2 版. 上海：上海科学技术出版社.

郭加强，吴清玉，2003. 心脏外科护理学. 北京：人民卫生出版社.

何国平，喻坚，2006. 实用护理学. 北京：人民卫生出版社.

胡永年，2000. 医学心理学. 北京：中国医药科技出版社.

黄惠根，黄蝶卿，陈凌，2011. 疾病护理常规. 西安：第四军医大学出版社.

黄津芳，2007. 住院病人健康教育指南. 北京：人民卫生出版社.

黄桃香，2014. 支气管扩张症患者的护理措施探讨. 长江大学学报（自科版），11（1）：44-45.

江勇，王浩，陆敏杰，等，2015. 常规及实时三维超声心动图在成人 Ebstein 畸形诊断中的应用价值. 中华医学超声杂志 12（4）：288-293.

李乐之，路潜，2017. 外科护理学. 6 版. 北京：人民卫生出版社.

李小寒，尚少梅，2010. 基础护理学. 北京：人民卫生出版社.

李兆申，梅长林，2009. 内科学及野战内科学. 2 版. 上海：第二军医大学出版社.

刘阳，于国珍，王月秋，2010. 微创非体外循环房间隔缺损封堵术患者的护理. 解放军护理杂志，27（2）：134-135.

聂卫华，卢金红，李艳茹，等，2012. 临床护理路径对肋骨骨折合并血气胸术后患者的应用. 河北医药，34（16）：2537-2538.

潘晓兰，王海霞，谭小莉，2011. 完全肺静脉异位连接围手术期的护理. 全科护理，9（5）：410-411.

庞树英，叶彩顺，冯小敏，2010. 记忆金属胸部护板治疗多根肋骨骨折的护理观察. 国际护理学杂志，29（5）：88-90.

森来庆，尹红，范国华，2012. 胸外科疾病并发症鉴别诊断与治疗. 北京：科学技术文献出版社.

邵丰，许栋生，邹卫，等，2008. 支气管、隆突成形术治疗中央型肺癌 72 例临床分析. 中国肺癌杂志，11（1）：142-143.

孙仁娟，石俊华，曹艳洁，2010. 56 例重症瓣膜病患者的术后护理. 山东医药，50（38）：44.

孙玉鄂. 2004. 胸外科手术学，2 版. 北京：人民军医出版社.

王红霞，凌希莲，2013. 优质护理服务模式在 Dupuytren 骨折术后的临床作用. 国际护理学杂志，32（1）：106-107.

王建荣，周玉虹，2012. 外科疾病护理指南. 北京：人民军医出版社.

王曙红，李庆印，2008. 实用专科护士丛书（胸心外科分册）. 长沙：湖南科学技术出版社.

魏革，刘苏君，王方，2013. 手术室护理学. 北京：人民军医出版社.

吴白云，2013. 外伤性肋骨骨折的临床护理探讨. 吉林医学，34（11）：2145-2146.

吴孟超，吴在德，2008. 黄家驷外科学（中册）. 7 版. 北京：人民卫生出版社.

徐宏耀，吴信，2007. 心脏外科监护. 2 版. 北京：人民军医出版社.

徐乐天，张志庸，2010. 协和胸外科学. 2 版. 北京：科学出版社.

徐燕，周兰姝，2015. 现代护理学. 2 版. 北京：人民军医出版社.

许蕊凤，2009. 实用骨科护理技术. 北京：人民军医出版社.

杨春玲，张瑞敏，2009. 临床护理路径. 北京：军事医学科学出版社.

杨晶，何莺，尹建敏，等，2010. 不同体位对人工气道患者气管套管气囊压力的影响. 护理学报，17（19）：51-52.

尤黎明，吴瑛，2017. 内科护理学. 6 版. 北京：人民卫生出版社.
于中麟，周吉民，李游，2005. 食管疾病. 沈阳：辽宁科学技术出版社.
张国良，2007. 实用胸部外科学. 北京：中国医药科技出版社.
张兰兰，2011. 经纤维支气管镜冷冻治疗中、晚期肺癌致气管狭窄的护理. 护士进修杂志，26（19）：1824-1825.
张伟，陈正贤，2001. 气道内支架置入治疗的并发症及其防治. 国外医学（呼吸系统分册），21（4）：221-222.
张贤芳，2013. 老年食管憩室病人的围术期护理. 全科护理，11（18）：1644-1645.
赵远霞，2012. 多发性肋骨骨折病人的护理. 全科护理，10（11）：1003.
周建平，2012. 4 例原发性气管肿瘤切除病人的围术期护理. 护理研究，26（13）：1222-1223.
周金泉，张维青，孙浩峰，2011. 心脏外科护理手册. 北京：军事医学科学出版社.
周秀芳，2015. 食管癌外科护理. 郑州：河南科学技术出版社.
朱以芳，杨恩德，韦亚娟，等，2005. 气管肿瘤 14 例的围手术期护理. 第四军医大学学报，26（21）：2013.
Ferguson，M. K，2016. 胸外科疑难病症诊断决策. 3 版. 姜格宁，王海峰，费苛，译. 北京：人民卫生出版社.
Nirula R，Diaz J R，Trunkeyd D，et al，2009. Rib fracture repair：indications，technical issues，and future directions. World Surg，33（1）14-22.